TRIUMPH OF THE CITY

How Our Greatest Invention Makes Us Richer, Smarter, Greener, Healthier, and Happier

城市的胜利

城市如何让我们变得更加富有、智慧、绿色、健康和幸福

［美］爱德华·格莱泽 (Edward Glaeser) 著
刘润泉 译

上海社会科学院出版社

献给南希
为了相濡以沫的岁月

来自媒体和读者的精彩评论[①]

■ 格莱泽先生的基本论点是，城市的繁荣会放大人类的优势——人与人之间的互动能够推动创新、吸引人才、鼓励创业，进而促进社会与经济的流动性。格莱泽针对雅典、伦敦、东京、班加罗尔、休斯顿、波士顿、新加坡等城市的状况进行了深入调查，仿佛一次世界城市的经济学巡回展。……他对城市所保持的热情令人耳目一新。

——《纽约时报》

■《城市的胜利》是一部令人心潮澎湃、广受好评的力作。透过这本书，你会发现很多令人惊奇的观念。如果你是一个讨厌城市并对乡村生活充满向往的人，那么格莱泽一定会让你改变自己的想法。

——《文学评论》

■ 哈佛大学经济学教授格莱泽异常聪明，其学术研究涉猎广泛，诺贝尔经济学奖得主乔治·阿克尔洛夫称他为"一个天才"。格莱泽的创造性魅力在于，他能将深奥的宏观的经济理论变得通俗易懂。他用自己的新作《城市的胜利》热情洋溢地赞赏了城市这一伟大奇迹！

——《展望杂志》

[①] 评论来自 http://www.amazon.com, http://www.goodreads.com, http://www.literaryreview.co.uk, http://www.prospectmagazine.co.uk 等网站。

本书脚注均为编者所加。

■ 格莱泽是都市生活的倡导者。在他的著作《城市的胜利》中，格莱泽引经据典地驳斥了以往那种认为都市存在疾病、贫穷、犯罪等诸多问题的观念，并指出城市才是最健康、最绿色、最富裕、最宜居的地方。

——哈佛大学网站

■ 《城市的胜利》指出：所有城市都面临共同的挑战与巨大的机会，人们渴望能够实现全球一系列有关城市问题的对话，这对于推动城市的发展至关重要。

——尼尔·皮尔斯，《城市的时代》等书作者，《华盛顿邮报》专栏作家

■ 如果你想改造贫民窟、变贫困为富足，或者想要把握城郊的情况，那么就读一读这本深思熟虑和发人深省的书吧。

——西蒙·约翰逊，美国经济学家，麻省理工学院教授

■ 格莱泽的学术专长使他得以开展关于全球城市盛衰的调查，他从历史、传记、经济研究、个体经历等领域分析了城市获得成功的原因。本书定会引起城市研究人士的深思。

——吉尔伯特·泰勒

■ 哈佛经济学教授格莱泽沉迷于城市研究。……本书选材广阔、娓娓道来，诸多内容都引人共鸣。即使是那些认为自己绝不会住在城市里的人，也一定愿意阅读本书。

——罗尔夫·多贝利

■ 爱德华·格莱泽纵览城市历史，辨明其发展利害，并探究了某些城市繁荣与衰落的内在原因。他始终关注使城市得以繁衍的人力资本，并坚信在高科技时代，人与人之间的亲密接触反而更加重要。

——桑德拉·柯克兰

■ 哈佛大学教授格莱泽在他的著作《城市的胜利：城市如何让我们变得更加富有、智慧、绿色、健康和幸福》中，雄辩地向我们证明：城市发展对于人类的进化具有独一无二的意义。本书打破了人们长久以来对城市生活的诸多误解。你或许不会同

意他提出的所有观点，但你会愿意换一个角度来看待城市的生活。作为一名城市居民，我很赞同格莱泽教授的分析，也很欣赏他在书中体现出的细腻、优雅的研究作风。

——格斯·桑切斯

■ 这是一本饶有趣味的书，它提供了一种从经济学与生态学层面来审视城市的视角。作者的结论简单平常，却往往被多数人忽视，他那种基于常识的逻辑对于环保领域的人士而言大有启发。

——乔治·库尔特·冯·乌费尔

■《城市的胜利》将格莱泽作为城市经济学、微观经济学和政治经济学的卓越领军者所作的广泛研究与其对历史、社会和文化的热情有机地结合在一起。你很难将本书仅仅视作一本城市经济学著作，因为它所描绘的是一幅经济学和社会学的全面图景，展现出了城市作为经济、技术、社会交换和创新中心的重要性。

——尼莫

■ 要想让一本论述城市价值的书通俗易懂、生动有趣，就需要一名有着长期城市生活经历的学者，而其背景和写作技巧又不拘于传统的社会科学陈规。幸运的是，我们有爱德华·格莱泽教授。《城市的胜利》一书将历史叙事与现代生活、严谨的实证研究与政策建言有机地结合在一起。在学院派经济学家将研究通俗化的潮流中，格莱泽表现得相当出色，不仅因为其学术能力，也因为其研究课题对社会的重要意义。

——DRDR

■《城市的胜利》带来了引人入胜的新鲜视角。无论是自由主义者还是保守主义者，可能都将面临观点被挑战的局面，但也都将从本书中获益良多。那些以怀疑乃至敌视眼光看待大都市的人将会更宽容地对待城市，那些始终热爱城市的人则会找到新的理由。《城市的胜利》无疑已让作者跻身顶级通俗经济学家的行列。

——克里斯廷·D. 朱尔根斯

■ 爱德华·格莱泽对于城市的赞颂驳斥了长久以来人们关于"城市是贫困、犯罪和苦难的温床"的观点。就像简·雅各布斯一样，格莱泽认为城市将天才聚集和联系起来，为那些寻找财富与幸福的人们提供了更多的机会。……那些对城市问题感兴趣的人们都应该读读这本书！

——吉尔

■ 这是一本充满智慧、挑战传统的书。对某些人来说，也许书中的某些观点很难令他们接受。但我认为，作者并没有刻意强调所有的结论，而是尽可能地提供更加详尽的数据和事例，以及自己在此之上得出的观点。

——安德鲁·卡派勒

■ 爱德华·格莱泽这本著作歌颂的是我们伟大城市所形成的社会、文化、经济和政治氛围，字里行间洋溢着精明、富有启发性的意见。……它适合所有对城市生活有兴趣或身在城市中的人阅读！

——保罗·弗兰德努

■ 本书言简意赅、通俗易懂，很适合我这样的外行人阅读。如果你想从中挖掘更深层次的话题，后面还有大量的参考文献供你浏览。我认为，格莱泽教授在书中提出的一些观点非常合理。第一，城市的成败通常超出了政治家的控制，但政策却对城市的发展起到了重要的作用；第二，书中讨论的重点不是城市中的建筑，而是其中的人；第三，政府不应该强迫人们选择在哪里定居，但应通过政策来激励人们选择居住在城市中。

——乔纳斯

■ 这是一部非常有意思的作品，它谈论了为何城市在发展中总是充满大量有趣的历史印记与经济信息。我很喜欢这本书，主要是因为它对以往的许多观念提出了挑战，对城市的兴衰作出了独到的分析。

——瑞恩·安德森

目录 CONTENTS

序言	城市胜利了吗？	1
引言	我们的城市人群	1
Chapter 1	他们在班加罗尔制造的是什么？	15
	知识输入的门户：雅典	17
	巴格达的智慧之家	19
	长崎的学习	21
	班加罗尔是怎样成为一座新兴城市的？	22
	教育与城市的成功	26
	硅谷的崛起	27
	明天的城市	32
Chapter 2	城市为什么会衰落？	38
	铁锈地带是如何崛起的？	40
	汽车出现之前的底特律	43
	亨利·福特和工业城市底特律	45
	为什么会发生骚乱？	48

1

　　　　　城市的复兴：1970年之后的纽约　　　　　　　　　51
　　　　　科尔曼·扬的义愤　　　　　　　　　　　　　　55
　　　　　科利效应　　　　　　　　　　　　　　　　　　57
　　　　　宏伟的建筑群　　　　　　　　　　　　　　　　58
　　　　　留守铁锈地带　　　　　　　　　　　　　　　　60
　　　　　收缩规模，寻求成功　　　　　　　　　　　　　61

Chapter 3　贫民窟有何好处？　　　　　　　　　　　　　64
　　　　　里约热内卢的贫民窟　　　　　　　　　　　　　67
　　　　　进步的平台　　　　　　　　　　　　　　　　　71
　　　　　理查德·赖特的城市之旅　　　　　　　　　　　75
　　　　　美国贫民区的兴衰　　　　　　　　　　　　　　77
　　　　　内城　　　　　　　　　　　　　　　　　　　　80
　　　　　政策是如何加剧贫困的？　　　　　　　　　　　81

Chapter 4　居住环境是如何受到制约的？　　　　　　　　86
　　　　　金沙萨的困境　　　　　　　　　　　　　　　　89
　　　　　治疗患病的城市　　　　　　　　　　　　　　　91
　　　　　街道的整洁与腐败　　　　　　　　　　　　　　94
　　　　　道路越多，交通问题越少？　　　　　　　　　　97
　　　　　让城市变得更加安全　　　　　　　　　　　　　99
　　　　　健康方面的好处　　　　　　　　　　　　　　　106

Chapter 5　伦敦是一个奢侈的度假胜地吗？　　　　　　　109
　　　　　规模经济和全球大剧院　　　　　　　　　　　　111
　　　　　劳动分工与咖喱羊肉　　　　　　　　　　　　　114
　　　　　鞋子与城市　　　　　　　　　　　　　　　　　117
　　　　　作为婚姻市场的伦敦　　　　　　　　　　　　　118
　　　　　高薪从什么时候变成了坏事？　　　　　　　　　120

Chapter 6　摩天大楼有什么好处？　125

摩天大楼的发明　126
勒夫考特的雄心壮志　131
纽约的管理　133
对高度的恐惧　135
保护的危险性　138
关于巴黎的再思考　142
孟买的管理不善　147
三条简单的法则　151

Chapter 7　为什么平面扩展会大行其道？　154

汽车出现之前的平面扩展　156
阿瑟·莱维特和大量建造的住宅　162
围绕汽车重建美国　165
欢迎来到伍德兰兹　168
解释人们的喜好：为什么有100万人搬到了休斯敦？　171
阳光地带的住房为什么如此便宜？　175
平面扩展有什么不足？　180

Chapter 8　还有什么比柏油路更环保？　185

田园生活的梦想　188
肮脏的足迹：碳排放的对比　192
环保主义导致的出乎预料的后果　195
两种环保愿景：亲王和市长　197
最大的战役：印度和中国的绿色化　202
寻求更加明智的环保主义　204

Chapter 9　城市是如何取得成功的？　206

帝国之都：东京　208

　　　　管理有方的城市：新加坡和哈博罗内　　　　　210

　　　　聪明的城市：波士顿、明尼阿波利斯和米兰　　214

　　　　消费城市：温哥华　　　　　　　　　　　　　221

　　　　成长中的城市：芝加哥和亚特兰大　　　　　　223

　　　　过犹不及的迪拜　　　　　　　　　　　　　　226

结　语　平坦的世界，高耸的城市　　　　　　　　228

　　　　给城市提供公平的竞争环境　　　　　　　　　230

　　　　通过全球化来实现城市化　　　　　　　　　　232

　　　　重视人力资本　　　　　　　　　　　　　　　233

　　　　帮助贫困人口，而非贫困地区　　　　　　　　235

　　　　城市贫困的挑战　　　　　　　　　　　　　　237

　　　　消费城市的崛起　　　　　　　　　　　　　　239

　　　　邻避主义的诅咒　　　　　　　　　　　　　　240

　　　　对于平面扩展的偏见　　　　　　　　　　　　243

　　　　绿色城市　　　　　　　　　　　　　　　　　246

　　　　城市的礼物　　　　　　　　　　　　　　　　247

致　谢　　　　　　　　　　　　　　　　　　　　　249

注　释　　　　　　　　　　　　　　　　　　　　　253

参考书目　　　　　　　　　　　　　　　　　　　　301

索　引　　　　　　　　　　　　　　　　　　　　　333

序　言

城市胜利了吗？

薛涌（学者、耶鲁大学历史博士）

哈佛大学经济学家爱德华·格莱泽（Edward Glaeser）于2011年底出版了一本新书《城市的胜利》，引起了从《经济学人》到《纽约时报》等严肃国际媒体的广泛注意。他在《波士顿环球报》上也发表了文章，题为《如果你热爱自然，就搬到城里来》。正是在这篇文章中，他把我们心目中的环境主义先知梭罗描绘为一个罪恶昭彰的环境破坏者（梭罗的一次野炊就烧毁了300英亩的森林！），解构了瓦尔登湖的神话。在他看来，人类是对自然有极大破坏力的物种。如果人类热爱自然的话，最好的办法不是到自然中去，而是离自然越远越好。

他和另外一位经济学家马休·卡恩（Matthew Kahn）的研究揭示，美国的碳排放有40%来自家用能源和交通，其中私家车又是最大的排放源。私家车的使用和人口密度紧密相关；人口越密集，私家车的使用越少。在家庭收入和住房面积同等的情况下，居住在人口密度大于10,000/平方英里地区的家庭，平均每年使用的汽油为687加仑；居住在人口密度小于1,000/平方英里地区的家庭，平均每年使用的汽油为1,164加仑。以波士顿地区为例，仅就开车这一项而言，都市家庭平均每年的二氧化碳排放量比起郊区家庭来就要少6,700磅。如果把家用能源算进去，差别就更大了。从市区移居到郊区，往往是离开公寓搬进独门独户的大房子，这意味着家庭用电量将增长88%。标准的郊区家庭比都市家庭每年多排放6吨二氧化碳，其中包括4,400磅的取暖排放和1,800磅的电力排放。

所以，格莱泽呼吁，如果你热爱自然的话，就远离瓦尔登湖，到拥挤的波士顿市中心去定居。住在钢筋混凝土建筑中比住在森林中更环保。无巧不成书的是，最近《波士顿环球报》报道，因为梭罗的崇拜者过多，瓦尔登湖人满为患，自然生态和景观都面临着危机。

　　在格莱泽看来，高密度的城市生活，不仅有利于保护自然生态，而且还能刺激创新。高密度都市中面对面的人际交流、多元文化的碰撞，自古以来就是人类进步的引擎。但是，战后美国的都市化，实际上是在否定"城市胜利"说。因为郊区化稀释了城市人口，造成了大都市的贫困和犯罪等诸多社会问题。中产阶级厌烦城市的多元性，宁愿搬到郊区，和与自己经济状况类似的人生活在一起。表面上，美国战后废除了种族隔离，但郊区化却创造了新的社会隔离，不同种族和阶层的人照样各过各的日子。

　　看看人口数据就知道，战后美国的传统城市普遍处于衰落状态。最大的城市纽约，1950年时的人口为789万多，到1990年时降至732万多；芝加哥1950年时的人口为362万多，到2010年时不足270万；费城1950年时的人口超过200万，如今只有152万出头；底特律最为明显，1950年时的人口接近185万，如今只剩下71万；我所在的波士顿属于中等城市，1950年时的人口为80万，如今才61万多。而从1950年至今，整个美国的人口整整翻了一倍。不错，一些新兴城市，如洛杉矶、休斯敦，在这一时期都经历了高速扩张，但它们都属于铺张型的汽车社会。洛杉矶居民使用公交的比例仅为10%，休斯敦才5%多一点。毫无疑问，增长的人口大多数还是跑到了郊区，或郊区和市区难分的大都市圈。这还不仅仅是居民。1942年，企业巨头AT&T-Bell把电话实验室从拥挤的曼哈顿迁到了新泽西州郊区。战后，各大企业纷纷效仿，那势头颇像今日的"外包"。在一望无际的郊区，企业盖的远不只是一两栋楼，而是工业园、科技园。这使其工作空间一下子扩大了数倍。白领职工从富裕的郊区家的车房内一路开到办公室前空旷的停车场上，无处不是梦幻般的田园景色。这种奢侈得超出前人想象的"田园资本主义"，成为战后美国的标志。

　　然而，美国的城市病、贫富分化等一系列问题也由此而来。"田园资本主义"可以使中高产阶层从自己的车房直接到达办公室门口，与一路所经过的社会隔绝开来；孩子全在本阶层所居住的富裕社区内读书。美国的公立学校大部分由本地房地产税支持，高房价的郊区自然教育经费充足。城市的贫民窟和郊区的世外桃源彼此老死不相往来，使富裕和贫困都世代化。美国原有的高社会流动消失了。

到了70年代，石油危机使人们意识到"田园资本主义"的能源瓶颈，环保运动的崛起也使人们对汽车社会开始反省。于是，80年代初期，"新城市主义"兴起了，其要旨是回归汽车社会以前城市设计的原则。比如，注重创造步行空间，以公共交通特别是轮轨通勤设施为核心来设计城市，强调密集型的发展，最大限度地减少汽车的运用等。这样，人口集中在中心城市和主要的卫星城，彼此靠轮轨连接。轮轨车站成为都市和卫星城的中心地带，各种商业和公共设施林立，大部分人口可以步行或骑自行车到达这样的中心地带。如今，"新城市主义"已经成为城市理论的主流，其建筑和规划师承担着越来越多的社区和城市设计工作。

90年代，虽然郊区化愈演愈烈，乃至发展成远郊化；但"新城市主义"的潜流也越来越强，都市的复兴使市区的环境变得越来越可以接受。其中比较成功的例子大概当属纽约市。在90年代，纽约的治安大为改进。从1990年到2010年，人口从732万猛涨到817万多。纽约居民通勤使用公交的比例接近55%，在美国大城市中名列第一。近年来，市长布隆伯格大力推行自行车，也取得了显著效果。这次经济"大衰退"导致了远郊房市的彻底崩溃，而都市和近郊则率先开始复兴。城市的吸引力越来越大。爱德华·格莱泽此时推出宣告"城市的胜利"的新书，可谓生逢其时。

不过，区区几年的"大衰退"真的能对半个多世纪的郊区化盖棺论定吗？恐怕不会这么简单。事实上，对抗"新城市主义"、支持郊区化的新建筑和规划理论——"景观都市主义"正在蓬勃崛起，并在哈佛这样的学术重镇安营扎寨。不过，这里的曲折也只能是后话了。

引言　我们的城市人群

在美国，有 2.43 亿人口拥挤在仅占全国总面积 3% 的土地上，那就是我们的城市。生活在东京及其周围的人口高达 3,600 万，这里是全球生产效率最高的城市区域。孟买的中心城区居住着 1,200 万人口，上海的人口规模与其相差无几。在一个空间如此辽阔的星球上（全球所有的人口可以全部住在得克萨斯州，而且每人拥有一套私人别墅），我们选择了城市。尽管长途旅行或者从密苏里州到阿塞拜疆的远程办公已经变得非常方便，但还是有越来越多的人正在越来越近距离地聚集在大型的城市地区。每个月有 500 多万人口迁居到发展中国家的城市里，截至 2011 年，城市人口已经占到了全球总人口的一半以上。

自从柏拉图和苏格拉底在雅典的一个集会场所展开辩论以来，作为分布在全球各地的人口密集区域，城市已经成为了创新的发动机。佛罗伦萨的街道给我们带来了文艺复兴，伯明翰的街道给我们带来了工业革命。当前伦敦、班加罗尔和东京的高度繁荣得益于它们产生新思想的能力。漫步在这些城市——不论是沿着用鹅卵石铺就的人行步道还是在四通八达的十字街头，不论是围绕着环形交叉路口还是高速公路——触目所及的只有人类的进步。

在西方较为富裕的国家，城市已经度过了工业化时代喧嚣嘈杂的末期，现在变得更加富裕、健康和迷人。在较为贫穷的国家或地区，城市正在急剧地扩张，因为城市的人口密度为人们从贫困走向繁荣提供了最为便捷的途径。尽管技术方面的突破已经导致了距离的消失，但事实证明这个世界并不是平坦的，它经过了铺装。

城市已经取得了胜利。但是,正如我们许多人通过自身的经验所看到的一样,城市的道路有时会通向地狱。城市可能会获胜,但居住在城市里的市民似乎往往会遭遇失败。每一个在城市里长大的孩子都会受到独特的人物和经历的影响——其中有些是非常美妙的,比如说一个孩子首次单独乘坐地铁所产生的成就感;有些则不然,比如说第一次听到城市里的枪声(这是35年前我在纽约上小学时的一次至今难以忘怀的经历)。每出现一条第五大道,就会有一座孟买的贫民窟;每出现一所索邦大学,就会有一所依靠金属探测器来保证安全的哥伦比亚特区中学。

事实上,对于许多美国人来说,伴随着工业化时代的结束,20世纪后半期带给他们的并不是城市的辉煌显赫,而是城市的污秽肮脏。我们如何更好地吸取城市带给我们的教训将决定我们的城市人群能否在一个可以称之为新的城市黄金时代里实现繁荣发展。

我对城市的兴趣产生于埃德·科奇、瑟曼·曼森和雷纳德·伯恩斯坦执掌纽约的时期。由于我的童年是在城市中度过的,我已经为研究城市问题花费了大量的时间。我的研究依赖于经济理论和数据,但我也曾实地考察过莫斯科、圣保罗和孟买的街道,也曾研究过繁华都市的历史,以及在那里生活和工作的人们的日常生活。

我发现,研究城市问题是很有意思的,因为它们面临着引人关注、意义重大而且经常会产生麻烦的问题。为什么这个世界上最为富裕的人口往往会与最为贫穷的人口比邻而居?曾经盛极一时的城市是如何衰落的?为什么某些情景会反复地出现?为什么许多文艺运动在某些时期会迅速地出现在某些城市里?为什么如此之多的精英人士会制定出如此之多的非常愚蠢的城市政策?

要想研究这些问题,纽约无疑是最为合适的地点,因为许多人把纽约看作是城市的典型代表。就像我本人一样,土生土长的纽约人可能偶尔会稍稍地夸大这座城市的重要性,但纽约的确是一个城市的典范,因此也是我们研究世界各地城市的一个最为合适的起点。它浓缩了我们城市中心的过去、现在和未来,为研究今后可能会出现的许多问题提供了一个跳板。

这个星期三的下午,如果你站在第47街和第五大道上,你将会遇到许多人。

有些人正赶往郊区去参加聚会,或者要到市中心的酒馆里小酌一番。有些人正向东行走,要进入纽约中央车站的地下空间,那里拥有比全球其他任何一座火车站都要多的站台。有些人可能正要去购买一枚订婚戒指——第47大街毕竟是美国首屈一指的珠宝市场。那里会有游客一边走向一座又一座的地标性建筑,一边不时地抬头仰望,而纽约人肯定不会这样做。如果你装扮成一位游客,并不断地向上仰望,你将会看到由两侧高高耸立的摩天大楼形成的熠熠生辉的峡谷,这就是第五大道。

在30年前,纽约市的前景看起来并不是那么地光明。就像几乎每一座寒冷而又古老的城市一样,哥谭镇(纽约市的别名)似乎就是一只恐龙。在一个围绕着汽车重建的世界里,这座城市的地铁和公共汽车似乎落伍了。这座城市的港口曾经是东海岸的荣耀,此时却显得无关紧要了。在约翰·林赛和艾比·毕恩的领导下,纽约市政府几乎走到了破产的边缘,尽管它的某些税率是全国最高的。不仅仅是格里·福特,历史本身似乎也在宣告纽约市即将走向没落。

纽约,或更加准确地说是新阿姆斯特丹,奠基于全球化时代的早期,它是荷兰西印度公司的一个前方基地。它当时是一个贸易村落,大量冒险家来到这里,用珠子交换皮毛,试图发上一笔横财。那些从事贸易的荷兰定居者聚集在一起,因为接近性使得商品和思想的交流更加方便,而且这个小镇的保护墙(即现在的华尔街)给人提供了一种安全感。

18世纪,纽约超越波士顿成了英国殖民地最为重要的港口。它专门承担向南方运输小麦和面粉的任务,以便养活在那里生产蔗糖和烟草的殖民者。19世纪前半期,随着业务的蓬勃发展,纽约市的人口从6万增加到了80万,纽约成为了美国的城市巨人。

人口激增的部分原因在于运输技术的进步。在19世纪初期,轮船基本上是小型的,300吨的轮船最为常见,而且就像今天的小型飞机一样,它们主要适用于点对点的运输,比如说从利物浦到查尔斯顿,或者从波士顿到格拉斯哥。在1800—1850年间,由于技术的进步和财力的充裕,人们建造出了规模更大的轮船,它们能够以更高的速度和更低的成本运输更多的货物。

如果要让这些快速的"巨型"帆船沿美国海岸从事前往每一座港口的运输,那是很难赚到钱的。就像今天的波音747飞机一样,它们只是往返于主要的交通枢纽之间,然后由小型飞机把乘客运送到目的地。大型快船把货物运送到一个主要港口，然后再由小型轮船把货物运进或运出东海岸。纽约是美国的超级大港，这里地理位置优越，港口水域很深，而且有很好的保障，还有河流通向内地。当美国准备建设一个中心辐射型的船运系统时，纽约成为了天然的交通枢纽。在运河将曼哈顿变为一个巨大的水面弧形的东端之后，开辟了中西部通向新奥尔良的通道，纽约的地位得到了进一步的加强。

船运业是纽约的经济支柱，但纽约人更喜欢从事以港口为依托的制造业——制糖、服装生产和出版。制糖厂往往开办在大型的港口城市里，如罗斯福家族，因为城市的规模使得他们可以承担固定且高昂的炼制成本，距离消费者也更近一些，从而避免生产出来的砂糖在炎热的长途运输过程中出现结块的现象。服装工业集中在纽约同样是由于有大量棉花和纺织品被运到了这座城市，而且船员们需要服装成品。甚至纽约在出版业中的龙头地位最终也反映了这座城市在大西洋航线上的中心地位，因为19世纪依靠图书行业大发其财的正是第一位盗版英国小说的印刷商。在沃尔特·司各特①的《山顶城堡》(Peveril of the Peak)第三卷通过定期邮轮运抵纽约21小时之后，哈珀兄弟就完成了盗印，从而击败其费城的竞争对手，成为了真正的出版商。

但是，进入20世纪之后，距离的消失摧毁了纽约成为一个制造业基地所依赖的运输成本优势。由于中国的人力成本十分低廉，为什么还要在海丝特大街上缝制衬衫呢？全球化给任何能够十分方便地跨越太平洋运输产品的公司和城市带来了激烈的竞争。20世纪中期纽约的经济衰退恰恰是它在19世纪的优势不断消失的反映。

当然，正如今天每一个站在第五大道上的人肯定会注意到的一样，故事并未到此结束。纽约并未就此消失。现在，在从曼哈顿第41大街到第59大街之间长达1英里的区域内，分布着5个邮政编码区域；在这里工作的雇员多达60万人（超过了新罕布什尔州或缅因州），他们的人均工资超过了10万美元，从而使得这块弹丸之地每年发放的薪资总额超过了俄勒冈州或内华达州。

全球化一方面消除了纽约作为一个制造业中心的优势，但从另一方面来看，它又提升了这座城市在创新理念方面的优势。尽管纽约不再生产多少服装，但大量的卡尔文·克莱恩和唐娜·卡兰的设计仍然是在纽约完成的，而生产则放在了

---

① 沃尔特·司各特（Walter Scott，1771—1832）：英国著名历史小说家、诗人。《山顶城堡》是其创作的长篇历史小说。

地球的另一端去进行。本田汽车公司可能会让底特律的三大汽车公司头痛不已，但资金的跨国流动管理已经让纽约的银行家们赚得盆满钵满。一个联系更加紧密的世界已经给那些提出理念的企业家们带来了丰厚的回报，因为他们现在可以在全球范围内获取利润。

在20世纪70年代的惨淡岁月里，纽约重新发现了自身的价值，当时有一批金融创新人士相互学习，提出了一系列相互关联的设想。关于平衡风险与回报的学术研究使得评估并出售风险更高的资产（如迈克尔·米尔肯的高收益债券）变得更加容易，从而使得亨利·克拉维斯利用这些债券通过融资收购的方式从经营不善的公司那里获利成为了可能。许多最伟大的创新型人才获取知识的途径并不是通过正式的培训，而是通过深入一线的实际工作，比如以老千骗局而闻名的抵押担保债券巨头刘易斯·拉涅里是从所罗门兄弟公司的收发室里起家的。今天，曼哈顿有40%的薪水是由金融服务业发放的，它是一座人口密集而且仍然繁荣兴旺的城市的基础。即使其中一些金融奇才对大衰退的出现起到了推波助澜的作用，但他们赖以生存的这座城市也已经度过了这场风暴。在2009—2010年间，美国经济基本上处于停滞状态，但曼哈顿的工资水平仍然上升了11.9%，高于任何一个规模较大的县。2010年，曼哈顿的平均周薪为2,404美元，比美国的平均水平高出170%，比硅谷所在的圣塔克莱拉县高出45%，后者是除大纽约之外工资水平最高的地区。

纽约振兴——衰退——振兴的经历向我们揭示了这座现代大都市的核心悖论：尽管远距离的交流成本已经下降，接近性却变得更有价值。从剧情的波澜壮阔来看，纽约的经历是独一无二的，但推动这座城市奇迹般地崛起、衰落和重生的关键因素也可以在芝加哥、伦敦和米兰等城市身上找到。

在本书中，我们将深入研究：为什么说城市是我们人类最为伟大的发明。我们还将研究它们的曲折历史，这深具现实意义，因为发展中国家的许多城市目前正面临着曾经让今天的城市明星（如旧金山、巴黎和新加坡）痛苦不堪的巨大挑战。我们将考察今天的城市取得成功所必须具备的那些往往令人惊讶的条件——从冬季的气温到互联网再到误入歧途的环境保护主义。

城市是人员和公司之间物理距离的消失。它们代表了接近性、人口密度和亲近性。它们使得我们能够在一起工作和娱乐，它们的成功取决于实地交流的需要。

在20世纪中期，交通方式的进步削弱了把工厂设置在人口密集的城市地区的好处，许多城市因此出现了衰落，如纽约。在最近30年里，由于技术的进步，更加适合于人们在近距离接触中产生的知识得到了更多的回报，有些城市出现了复兴，同时也出现了一些新的城市。

在美国，在大城市的大都会区工作的工人的收入比不在大都会区工作的工人高出了30%。这些高出的工资被较高的生活成本所抵消，但这并不能改变高工资体现高生产效率的事实。公司之所以能够承受设在城市所带来的更高的人力和土地成本，唯一的理由是城市能够带来足以抵消这些成本的生产效率优势。生活在居民人口超过100万的大都会区里的美国人比那些生活在规模较小的都会区里的美国人的生产效率平均高出50%以上。即使我们考虑到工人的文化程度、工作经验和行业等因素，这种关系也是一样的。甚至在我们把工人的智商考虑在内时，情况仍是如此。在其他富裕国家，城市和农村地区的收入差距也同样巨大，在较为贫穷的国家，这一差距甚至更为明显。

在美国和欧洲，通过为更加聪明的居民提供交流的便利，城市加快了创新的速度。但是，在发展中国家，城市甚至发挥着更为关键的作用：它们是不同的市场和文化之间的门户。19世纪，孟买是棉花的门户。21世纪，班加罗尔是创意的门户。

如果你在1990年对一位典型的美国人或欧洲人提到印度，他可能会有些不安地抱怨第三世界的贫穷所带来的灾难。今天，他很可能会有些不安地抱怨他的工作岗位将被外包到班加罗尔的可能性。印度仍然比较贫穷，但它正处在高速发展的过程中，作为印度的第五大城市，班加罗尔是印度次大陆最为成功的奇迹之一。班加罗尔的财富并非来自它的工业能力（尽管它仍然在生产大量的纺织品），而是来自它作为一个创意之都的实力。通过将如此众多的人才集中在一起，班加罗尔为这些人才的自我学习，以及外来人员（不论是来自新加坡还是来自硅谷）与印度人力资本的合作提供了便利。

圣雄甘地对于当时的反城市化运动是持赞赏态度的。他曾说过"在印度为数不多的几个城市里根本无法找到真正的印度人，真正的印度人生活在70万个村庄里"和"印度的发展并非依赖城市，而是依赖村庄"这样的话。这位伟人错了。印度的发展几乎完全依赖它的城市。印度的城市化与繁荣发展之间存在着近乎完美的关系。平均来看，印度的城市人口每增长10%，人均产值就会增长30%。

城市人口占多数的国家的人均收入比农村人口占多数的国家几乎高出4倍。

有一种说法认为,即使城市促进了经济的繁荣,但它们还是会让城市人口感到痛苦。但是,城市人口占多数的国家的人们认为自己更为幸福。在城市人口超过50%的国家,有30%的人口认为他们非常幸福,有17%的人口认为他们不是很幸福或者一点也不幸福。在农村人口超过50%的国家,有25%的人口认为他们非常幸福,有22%的人口认为了他们不幸福。就各个国家而言,即使考虑到本国的收入和教育水平,生活的满意度也是随着城市人口比例的提高而提高的。

因此,孟买、加尔各答和班加罗尔等城市的发展不仅促进了印度的经济,而且提升了城市的情绪。当然,它们没有走向非印度化,正如纽约没有走向非美国化一样。从多个角度来看,这些城市恰恰是它们国家的天赋得到最充分体现的地方。

城市创造共同辉煌的能力并不新鲜。多个世纪以来,创新总是来自于集中在城市街道两侧的人际交流。在布鲁内莱斯基解决了线性透视法的几何问题之后,佛罗伦萨文艺复兴时期的艺术天才开始爆发。他把自己的知识传授给了他的好朋友多纳泰罗,后者首创了透视法在浅浮雕中的应用。他们的朋友马萨乔后来将这一创新带入了绘画领域。佛罗伦萨的艺术创新是城市聚居带来的十分宝贵的副产品;这座城市的财富来自更为平凡的追求:金融业和服装业。但是,今天的班加罗尔、纽约和伦敦所依赖的完全是它们的创新能力。工程师、设计师和交易商之间的知识传播与绘画大师之间的理念传承是相通的,城市的人口密度长期以来一直是这一进程的核心。

纽约和班加罗尔的生机和活力并不意味着所有的城市都会取得成功。1950年,底特律是美国的第五大城市,拥有185万人口。2008年,它的人口规模只有77.7万,还不到从前的一半,而且人口仍在持续减少。在1950年的美国十大城市中,目前有8个城市的人口数量至少下降了1/5。底特律和其他许多工业城市的失败与其说是城市存在着任何整体性弱点,还不如说是那些与重新振兴的必备要素失去联系的城市出现了衰落。

在拥有数量众多的小型企业和熟练工人之后,城市就会繁荣起来。底特律本身曾经是一只嗡嗡作响的蜂箱,它接纳了许多规模不大但相互关联的发明家——亨利·福特只不过是众多优秀企业家中的一员。但是,福特的伟大构想所取得的巨大成功摧毁了这座古老而又富有创新精神的城市。底特律在20世纪的繁荣给各个工厂带来了数十万文化素质不高的工人，这些工厂成了独立于这座城市和整个世界的堡垒。当产业多元化、企业家精神和教育引发创新的时候，底特律模式却导致了城市的衰落。这座工业城市的时代结束了，至少在西方国家是这样的。

许多来自遭遇困境的城市的官员错误地认为，通过实施一些大型的建设项目——一个新的体育馆或轻轨系统，一个会议中心或者一个住宅项目，他们就可以领导他们的城市重现昔日的辉煌。毋庸讳言，任何公共政策都无法阻挡城市变革的潮汐力。我们绝不能忽视生活在铁锈地带的贫困人们的需要，但公共政策应该帮助贫困的人们，而非贫困的地区。

开发新的地产项目可能会为一座日益衰退的城市涂上一层亮色，但无法解决其深层次的问题。城市日益衰退的标志是它们拥有相对于其经济实力来说过多的住宅和基础设施。鉴于供应过剩而需求不足，利用公共资金建设新的项目是没有任何意义的。以开发建设为中心的城市振兴计划是非常愚蠢的，它提示我们：城市不等于建筑，城市等于居民。

在卡特里娜飓风之后，重建的拥护者希望投入数千亿美元来重建新奥尔良。但是，如果将2,000亿美元分配给在这里居住的人们，他们每人将获得40万美元，足以支持他们迁移到其他城市，或接受教育，或购买更好的住所。甚至早在洪灾之前，新奥尔良人已经做了一项很平凡的工作，即关爱那里的贫困人口。当需要大量金钱来帮助新奥尔良的孩子们接受教育的时候，投入巨资来建设这座城市的基础设施真的很明智吗？新奥尔良的伟大之处一直在于它的人民，而不在于它的建筑。认真地考虑联邦政府的开支怎样才能更好地造福卡特里娜飓风的幸存者难道不是更有意义吗？哪怕是让他们迁移到其他地区。

总之，市政府的职责不是为根本无法弥补成本的建筑或铁路项目提供资金，而是关爱它们的居民。一个能够为这座城市里的孩子提供更好的教育以便他们能够在地球的另一端找到机会的市长是成功的，即使这座城市的规模正在不断地缩小。

底特律及那些与其相似的城市中存在的难以摆脱的贫困是城市的不幸，但城市的贫困并非都是坏事。显然，在一位参观者见到加尔各答的贫民窟之后，他可能会赞同甘地的意见——质疑大规模的城市化是否明智。但是，城市的贫困也有很多值得肯定的地方。不是城市让人们变得贫困；只是它们吸引了贫困人口。弱势人群流向里约热内卢、鹿特丹等城市证明了城市的优势，而非弱势。

城市的结构可以几个世纪保持不变，但城市人口是流动的。1/4以上的曼哈顿居民五年之前并不住在那里。贫困人口不断地来到纽约、圣保罗和孟买，其目的是寻求某种更好的东西，这是一种值得欣慰的城市生活的写照。

城市贫困与否，不应该基于城市的富裕作出判断，而应该基于农村的贫困作出判断。与一片繁华的芝加哥市郊相比，里约热内卢的贫民区可能看起来十分寒酸，但是，里约热内卢的贫困人口比例远远低于巴西西北部的农村地区。贫困人口没有办法迅速地富裕起来，但他们可以在城市和农村之间作出选择，其中许多人明智地选择了城市。

富裕人口和贫困人口涌入城市，使得城市地区充满了活力；但是，贫困人口集中所带来的成本是难以避免的。接近性为理念和商品的交流提供了便利，但它同时也方便了细菌的传播和钱包的盗窃。全球所有较为古老的城市都已经遇到了城市生活的痼疾：疾病、犯罪、拥挤。这些问题从未因为消极地接受现状或愚蠢地依赖自由市场而得到解决。美国的城市在20世纪初期之所以变得更加健康，是因为它们在供水问题上投入了大量资金，几乎相当于联邦政府除军事和邮政以外的全部开支。发展中国家的城市在21世纪可能会重复欧洲和美国城市的巨大变化，只有这样才能进一步推动全球的城市化。纽约市的健康状况现在大大好于美国的总体水平，但1900年出生的纽约孩子的预期寿命曾经要比其他地区的美国孩子低七岁。

城市在打击犯罪和战胜疾病方面取得的胜利为城市成为理想的娱乐和生产场所提供了可能。城市的人口规模使得它可以承担剧院、博物馆和饭店的固定成本。博物馆需要大量价值不菲的展品，需要引人瞩目的却往往造价高昂的结构；剧院需要舞台、灯光、音响设备和大量排练。在城市里，这些固定成本是可以承受的，因为它们是由数以千计的博物馆游客和剧院观众共同分担的。

从历史上看，大多数人因为过于贫穷而无法体验他们居住地的娱乐设施，城市很难说是他们的宜居之地。当人们变得比较富裕之后，他们越来越多地根据生活方式来选择城市，于是，消费城市应运而生。

在20世纪的大部分时间里，洛杉矶等消费城市的崛起好像成为推动伦敦和纽约等城市发展的另一种力量。当较为古老的城市变得更加安全和健康之后，它们也重新成为了消费的场所，包括饭店、剧院、喜剧俱乐部、酒吧和接近性娱乐。

近30年来，伦敦、旧金山和巴黎全都繁荣发展了起来，部分原因在于人们越来越多地把它们看成了适宜居住的地方。这些大都市拥有十分高档的消费，如米其林三星大餐；但它们也拥有人们能够负担得起的消费，如在游览金门大桥或凯旋门时喝上一杯咖啡，或者在一家木头房子的小酒馆里喝上一杯新鲜的散啤酒。城市为我们找到志趣相投的朋友提供了方便，在人口密集的大城市里，比例失调的单身人口使它成了一个更加容易找到自己终生伴侣的婚姻市场。今天，不论古老还是年轻，成功的城市都部分地通过成为一个城市主题乐园的方式吸引着富有创业精神的有识之士。

反向交通的兴起可能是消费城市取得成功所带来的最为明显的结果。在20世纪70年代的萧条岁月里，如果不是在曼哈顿工作的话，很少有人愿意居住在那里。今天，成千上万的人选择在城市里居住，到城外去工作。中东的百万富翁并不是在伦敦和纽约购买公寓的唯一人群，通过向拉丁美洲的富裕人士销售第二住所，迈阿密已经取得了成功。

经济活力和城市娱乐所创造的强劲需求有助于说明具有吸引力的城市的住宅价格为什么一直在稳步上升，当然这也和供给有关。纽约、伦敦和巴黎已经在逐步地限制新建项目，因为这些城市很难承受不加限制的开发建设。

本书中的许多观点吸收了城市规划大师简·雅各布斯[①]的智慧，她知道你需要漫步在一座城市的街道上来体验它的神韵。她认为，使得一座城市富有创造力的人需要能买得起的不动产。但是，她也犯了错误，主要是过于依赖她的平民观点，而没有应用概念性工具，后者有助于全面地设计一个完整的体系。

她认为，越是古老和低矮的建筑就会越便宜。因此，她错误地相信，限制高度和保护原有建筑将会确保价格的可承受性。事实并非如此，价格的决定因素是供给和需求。当一座城市的需求上升时，价格就会上升，除非建造更多的住宅。当城市限制新的建设项目时，它们肯定会变得更加昂贵。

保护并非总是错的——我们的城市中的确有许多值得保护的东西——但保护总是要付出代价的。看一下巴黎那种井然有序的优雅吧。在巴黎，干净整洁而又富有魅力的林荫大道笔直而宽阔，与两旁建于19世纪的建筑相得益彰。我们可以欣赏到巴黎的名胜古迹，因为它们没有受到周围建筑物的遮挡。这种景观得以

[①] 简·雅各布斯（Jane Jacobs，1916—2006）：记者、编辑、自由撰稿人。其代表作《美国大城市的死与生》对于美国以及世界城市的规划与发展产生了重大影响。

保留的一个重要原因是，巴黎的任何建设项目必须通过一种始终把保护工作放在第一位的拜占庭程序。限制新的建设项目并非总是错的，尤其是在拥有建筑遗产的城市里；但这也导致现在只有富裕人士才住得起巴黎。我们不要忘记，巴黎曾经因为接纳落魄的艺术家而闻名。

同巴黎一样，伦敦对19世纪的建筑也有很高的忠诚度。威尔士亲王本人曾坚决反对建造高大而现代的建筑，以免损害圣保罗大教堂的独特景观。英国似乎已经把他们对于高度的厌恶输出给了印度。印度对于建设项目的限制是没有多少道理的，也是更加有害的。

在土地利用方面，孟买实行了发展中国家最为严厉的某些限制；在孟买最近的历史上，中心城区的新建项目平均必须低于一又三分之一层的水平。这太荒唐了！这座繁华的印度大都市将城市中心区的人口密度强行控制在郊区的水平上。这种自我毁灭式的行为导致的实际结果是价格居高不下、公寓面积过小，以及交通拥堵、平面扩展、贫民窟和腐败。尽管在经济上比孟买更为发达，但上海仍然维持着更高的可承受性，因为它的供给是与需求相适应的。与从尼布加尼撒到拿破仑三世这些追求经济增长的领袖一样，中国的领导人喜欢建设。

20世纪初期，弗里茨·朗①（Fritz Lang）等幻想家设计了一种主要由纵向的城市组成的世界，城市里的街道完全处在高楼大厦的阴影之下。威廉·范·阿伦等杰出设计师设计了著名的摩天大楼，如克莱斯勒大厦；勒·柯布西耶等设计大师则规划了一个建筑高度令人吃惊的世界。但是，20世纪的美国城市并不属于摩天大楼，而属于汽车。

交通技术总是对城市的形式起着决定性的作用。在以步行为主的城市里，如佛罗伦萨的市中心或耶路撒冷的旧城，街道是狭窄和曲折的，两侧挤满了店铺。当人们不得不依靠步行时，他们总是尽量相互靠近，并尽量靠近为他们进出这座城市提供最为便捷的交通方式的河道。在围绕着火车和电梯开发的区域，如曼哈顿中心区和芝加哥环线，往往有更宽阔的网格状街道。街道两侧也有商店，但更多是高高耸立的写字楼。在围绕着汽车建设的城市，如洛杉矶、菲尼克斯和休斯敦，往往拥有大量稍有弯曲的公路，人行道通常较少。在这些地方，商店和行人被从街道上转移到了购物中心里。较为古老的城市通常会有一个明确的中心，

---

① 弗里茨·朗（Fritz Lang，1890—1976）：德国著名编剧、导演。其作品《大都会》充满了对于未来城市景观的想象。

以一个昔日的港口或火车站为标志。汽车城市则不然，它们只是以一种基本相同的城市扩张方式水平地向外延伸。

亚特兰大和休斯敦等城市告诉我们，有些地方介于高度密集的中国香港和田园化的萨斯喀彻温之间。以汽车为主的硅谷生活和工作给人们提供了充分的接近性，至少对于计算机行业的人士来说是这样。这些地区给传统城市造成的威胁是：它们具有在城市中生活的固有优势，同时又拥有大量土地，可以自由地驾车出行。

尽管以汽车为基础的生活方式的出现对于许多较为古老的城市来说是一件坏事，但并非对每一个人都是。严厉地抨击远郊区是一种颇为流行的文化娱乐。但是，迁往郊区的人并不是傻子。城市里的朋友们学习阳光地带的水平式扩展更为明智，而不应愚蠢地贬低那里的居民。

对于以汽车为基础的生活方式来说，速度和空间是两个最大的优势。在美国，乘坐公共交通工具上下班的平均时间是 48 分钟，自己驾驶汽车上下班的平均时间是 24 分钟。汽车使大量地建造中等密度的住宅成为了可能，从而为普通美国人提供了一种按照世界标准来看十分富足的生活方式。

但是，承认水平扩展的好处并不意味着水平扩展是完美无瑕的，或者说美国实行的鼓励水平扩展的政策是合理的。水平扩展的环境成本将促使政府对以汽车为基础的生活方式踩下刹车，但美国的政策是促使人们迁往城市的边缘。托马斯·杰弗逊对城市的喜好并不比甘地高出多少，他的灵魂仍然体现在为住宅的所有权和公路提供补贴从而暗地里鼓励美国人放弃城市的政策中。

为水平扩展提供补贴的政策存在的一个问题是：以汽车为基础的生活方式给整个地球带来了巨大的环境成本。美国环境保护主义的鼻祖亨利·戴维·梭罗[①]也是一位反对城市化的人士。在瓦尔登湖畔，他"突然变得对大自然中这一甜蜜而仁慈的社会如此地敏感"，以至于"想像之中的人类比邻而居的好处"变得"不足挂齿"了。著名的建筑评论家和城市历史学家刘易斯·芒福德[②]赞美郊区"公园一般的环境"，同时批评城区的"环境恶化"。

我们现在知道，郊区环境保护主义者已经过时了。环境真正的朋友是曼哈顿

[①] 亨利·戴维·梭罗（Henry David Thoreau, 1817—1862）：美国作家、哲学家，代表作为散文集《瓦尔登湖》。

[②] 刘易斯·芒福德（Lewis Mumford, 1895—1990）：美国技术哲学家、社会学家、城市规划学家。

以及伦敦和上海的市中心，而非郊区。在几乎完整地于城市中生活了37年之后，我又不计后果地体验了郊区的生活，最后痛苦地发现：与居住在城市里的人口相比，居住在树木和草地周围的大自然爱好者们消耗了更多的能源。

如果说郊区住宅的平均环境足迹是一只15码的徒步鞋，那么纽约一套公寓的环境足迹就是一只6码的周仰杰牌高跟鞋。传统城市的碳排放更少，因为那里的人们不需要大量驾车出行。只有不到1/3的纽约人开车上下班，而开车上下班的美国人达到了86%。美国29%乘坐公共交通工具上下班的人居住在纽约的五个行政区里。在美国所有的城市中，纽约的人均耗油量是最低的，因为纽约拥有广泛的回旋余地。能源部公布的数据表明，纽约州的能源消费量为全国的倒数第二位，这充分说明了纽约市公共交通的使用效率。

很少有什么标语像"思想全球化，行动本土化"这一环境口号那样愚蠢。有效的环境保护主义需要世界的视野和全球的行动，而非狭隘地旁观自己的邻居单枪匹马地试图阻挡建筑工人。我们必须认识到，虽然我们试图通过阻止新的建筑而使得我们的邻居变得更加绿色，但通过推动某些地区开发更不符合环境友好标准的新项目，我们同样可以很轻易地使这个世界变得更加灰色。加利福尼亚沿岸的环保主义者可能已经把他们所在的地区建设得更加美好，但他们正在通过推动从伯克利郊区向偏远的拉斯维加斯转移的新建项目而损害环境。前者气候适宜，乘坐公共交通设施十分方便；后者则到处是汽车和空调。发展中国家的问题特别严重，那里的城市格局尚不确定，涉及的人口却要多得多。目前，大部分印度人和中国人仍然十分贫穷，还没有过上以汽车为基础的生活。即使在美国最为绿色的城市地区，汽车和家庭能源使用所产生的碳排放仍然要比中国城市地区的平均碳排放高出10倍以上。

但是，随着印度和中国的逐步富裕，两国人民将面临一种可能会对我们所有人的生活产生重大影响的选择。他们将会仿效美国人迁往以汽车为基础的远郊区，还是坚守在对环境更加友好的、人口密度较高的城市？如果中国和印度的人均碳排放增长到美国的人均水平，全球的碳排放将提高139%。如果它们的碳排放增长到法国的水平，全球的碳排放仅仅将提高30%。这两个国家的驾车出行和城市化模式可能会成为21世纪最为重大的环境问题。

事实上，欧洲和美国之所以能够保持其"绿色"住宅的井然有序，最为重要的原因是不作改造。而要说服印度和中国使用更少的碳将会是极其困难的。有效的环境保护主义是指把建筑物建造在对生态造成的损害最小的地方。这意味着我们必须对为了建造高层建筑而拆除城市里的低层建筑保持更高的容忍度，同时对反对可以减少碳排放的城市发展模式的活动分子保持更低的容忍度。政府应该鼓励人们在中等规模的城市高楼里居住，而非引导人们购买大型的郊区豪宅。如果这种想法成了我们当前时代的主流，那么为这种想法建造合适的住宅将会决定我们共同的命运。

人类共同努力所产生的力量是文明取得成功的核心理由，也是城市存在的主要理由。为了了解我们的城市以及应该如何对待我们的城市，我们必须坚持这些理由，放弃有害的幻想。我们必须放弃这样的观点，即环境保护主义意味着生活在绿树周围，意味着城市居民应该总是竭力保护一座城市物理上的过去。我们必须停止对住宅所有权制度的顶礼膜拜，因为它偏爱郊区的大型住宅而非高层公寓。我们也必须停止对乡间村庄的浪漫化。我们应该放弃这样一种过分简单化的观点，即更加便利的长途交通将会减少我们对于相互靠近的喜好和需要。总之，我们必须从"把城市看作是城市中的建筑"这种倾向中摆脱出来。永远不要忘记，真正的城市是由居民而非由混凝土组成的。

Chapter 1
他们在班加罗尔制造的是什么？

班加罗尔有一个命名非常贴切的办公区：地球村，有一道由绿树和灌木组成的高高的围墙环绕在 MindTree 公司的周围。在这道绿色围墙的外面，街道上到处都是沿街叫卖的商贩和机动三轮车，透露出又脏又乱的城市生活所蕴含的勃勃生机。在围墙的里面，高档写字楼从精心维护的花园里拔地而起，在棕榈树、玻璃幕墙和冷灰色的石头中间，展现出一派祥和的气氛。MindTree 公司是班加罗尔众多非常成功的信息技术公司之一，萨布罗托·巴格奇是该公司的共同创建者之一，他经常穿着一尘不染的白色旅游鞋和开领短袖衫出现在公司里。巴格奇的外表很像是一位硅谷的大亨，讲话的口气很像是一位管理大师。不论交往的对象是来自新加坡的投资者还是来自印度最贫困地区的软件工程师，甚至是不擅交际的哈佛教授，他同样显得游刃有余。

巴格奇的开放体现在公司园区的无障碍规划上，它以鼓励员工交往为宗旨。所有员工总是聚在楼顶一边吃着免费的自助午餐，一边欣赏着这座亚洲最具活力的城市之一的景色。在班加罗尔，规模较小的刚刚创业的公司通常分布在较为古老的地区，也许是在一栋较为陈旧的建筑的狭小房间里，而且周围的环境十分拥挤。在这些不太正规的办公室里，通常会凌乱地摆放着几台计算机，有时角落里还会放有供夜间加班的员工使用的床垫。但是，不论它们的办公环境有多么大的差异，刚刚创业的小公司和老牌的信息技术企业同样具有惊人的活力，同样致力于将它们的产品销往世界各地。

印度的公路设施很差，电力供应也明显不足，从而给大型生产企业的生存造成了困难，这也是印度从一个农业大国直接走向一个信息技术大国的原因。在印度，任何人在开办大型工厂和雇用非技术工人时必须与非常强势的工会打交道。信息技术企业则很少受这些因素的制约。信息技术领域的工会很少，思想在洲际之间的流动是不需要公路的，每一个成功的互联网企业都能买得起一台备用的发电机。

印度的农村地区目前仍存在大量饥饿人口，但软件企业家与处于饥饿状态的农民，以及带有种姓色彩的婆罗门之间存在着密不可分的联系。卢班·普坎是班加罗尔的互联网企业家之一，他的经历可以说明班加罗尔是如何培养和扶持才华出众的年轻人的。他是在距离班加罗尔很远的位于印度东部的古瓦哈蒂长大的，后来考入了卡纳塔克地区工程学院。2001 年，他成为了雅虎公司班加罗尔分公司的第 15 位雇员，他在公司里负责研究竞争对手的互联网搜索引擎。在雅虎公司，他遇到了一位商业伙伴；雅虎公司的股票期权则为他提供了成为一名企业家所需要的资金。

2005 年，他创办了 www.bixee.com（意思是听起来像大海一样）。这是一个印度的工作岗位搜索引擎，它的信息来自于不同的网站，如 monster.com。普坎

▲ 班加罗尔的 MindTree campus 是扁平世界中的一种新颖而精致的现象，它是通过将印度和世界各地的人才联系在一起而繁荣发展起来的。

和他的合作伙伴以很低的成本开发出了自己的软件，然后出售给 MIH 控股公司，收获颇丰（按照班加罗尔的标准）。一家知名的中介机构称，2010 年，Bixee 每天的有效访问量高达 10 万次。在 MIH 公司，普坎负责创建 ibibo.com，最初这是一家社交和视频共享网站，普通人可以在这里展示他们的才华，宝莱坞的电影制片人也可以在这里播放他们的电影。后来，他离开了 MIH 公司，准备开发新的社会媒体软件。

19 世纪时，布宜诺斯艾利斯和芝加哥等城市是牛肉和粮食跨洲流动的集散地。今天，班加罗尔成为了创意的集散地，成为了城市的教育中心。私营企业在这里培养了数以千计像普坎一样的印度青年。新技术的发展为雅虎公司的硅谷总部与班加罗尔分公司之间的联络提供了极大的便利，但是，便利的国际联络并未遍及印度各地。全球化让一些地方变得比其他地方更加重要和成功，比如说班加罗尔。如果普坎仍然生活在古瓦哈蒂的话，他绝对不可能成为一位软件企业家。

知识输入的门户：雅典

早在卢班·普坎开始在班加罗尔为雅虎公司工作之前 2,500 多年，城市就已经成了为文化交流的门户。珠江沿岸的港口、丝绸之路沿途的城市，以及古代帝国的其他中转港口，都为世界各地的旅行者提供了会面和交流思想的便利。文明的激情碰撞主要是在城市里进行的，知识通过城市从东方传播到了西方，也从西方传播到了东方。班加罗尔只不过是最新发生那种古老碰撞的一个地方。

在公元前 6 世纪，雅典刚刚成为世界的知识中心。最为著名的希腊思想家都居住在位于小亚细亚的希腊犹太人聚居区的边缘，他们在那里学习了近东的古代文明。米利都是一个位于土耳其西部的经营羊毛制品的港口，同时也是第一位哲学家泰利斯和欧洲城市规划之父希波达摩斯的诞生地，后者的网络状规划为后来的罗马人和无数城市提供了一个模板。

雅典是依靠葡萄酒、橄榄油、香料和纸草的贸易发展起来的。这座城市通过率领希腊人抵抗波斯人的入侵巩固了自己的地位，这场战争给米利都等地造成了毁灭性的打击。正如富庶而热情的纽约在第二次世界大战之后吸引了因为战争而变得千疮百孔的欧洲的作家和画家一样，雅典在公元前 5 世纪也吸引了因为战争而变得千疮百孔的小亚细亚的各行各业的人才。希波达摩斯从米利都来到这里，规划了雅典的港口。其他人也来到这里，对富庶的雅典人起到了启蒙的作用。这些第一代的雅典学者后来影响了他们的朋友和学生，如伯利克里和苏格拉底。苏格拉底开创了自己的门派，并培养出了柏拉图，柏拉图又培养出了亚里士多德。

地中海沿岸的艺术家和学者纷纷聚集到这座城市里，这里为他们交流思想提供了接近性和自由。这一辉煌的历史时期不仅诞生了西方哲学，还诞生了戏剧和历史。有些随机性事件也许是微不足道的，但它们的效应因为城市的互动而成倍地放大，雅典因此变得繁荣起来。一位智者遇到另一位智者，他们碰撞出了思想的火花。他们的思想给其他人带来了启发，于是真正具有重要意义的事情突然发生了。雅典获得成功的最终原因也许显得有些神秘，但过程是十分清楚的。思想在居住于人口密集的城市空间里的人们当中交流，这种交流有时会产生人类创造力的奇迹。

在古代的城市枢纽，如亚历山大、罗马和米兰，以及亚历山大大帝的继承人在波斯和印度北部建立的希腊化国家的一些城市，希腊人的知识得以保存和发展了近1,000年的时间。西欧的罗马式城市——伦敦、马赛、特里尔、塔拉戈纳——都是那个给曾经的荒蛮之地带来文明的时代的奇迹。通过给大城市提供必不可少的要素——清洁的饮用水，罗马式的设计让城市有了可能。

不过，尽管罗马帝国的历史非常悠久，远远超过了大英帝国或迄今为止的美利坚合众国，但它的确衰落了，并最终败给了外来的入侵者。公元5世纪，征服了罗马帝国的鞑靼军阀似乎仍有可能会把罗马的城市地区完整地保存下来。许多的征服者，比如说阿提拉，已经看到了米兰等城市所具备的优势。但是，尽管哥特人、匈奴人、汪达尔人和勃艮第人的力量足以战胜罗马帝国，但他们都不足以维持和保护罗马帝国的公路和基础设施。一旦没有了运行良好的运输网络提供粮食和水，城市就变成了死亡之都。

一派萧条的农村代替了罗马帝国的城市，后者曾经创造出了大量的文化和技术。随着城市的消亡，知识本身也陷入了落后。罗马帝国的城市注重技能，农村的武士和农民更加注重强壮的身体，而非训练有素的头脑。在罗马帝国的鼎盛时期，欧洲处于全世界的技术前沿，是中国和印度等先进国家的有力竞争者。在罗马帝国衰落之后的几个世纪里，欧洲再也没有什么值得夸耀的了。公元8世纪，欧洲之王查理曼大帝与哈龙·阿尔-拉希德建立了联系，后者是伊斯兰世界的哈里发。查理曼大帝是一个没有文化的军阀，而他的阿拉伯同行是一种先进文明的

▲ 东方与西方之间的交流发生在欧洲以农业为主的黑暗时期和伊斯兰城市的全盛时期。这是阿拉伯世界领导人哈龙·阿尔－拉希德的特使向查理曼大帝进献高级水钟时的情景。查理曼帝国没有这项技术。

优秀代表。在亚洲的重要都市里，城市的接近性正在推动着人类不断地取得进步，而农村化的欧洲则处于停滞不前的境地。

在 1,000 年以前，欧洲只有 4 座居住人口在 5 万人以上的城市，其中一个还是罗马帝国最后的遗迹——君士坦丁堡。另外 3 座城市——塞维利亚、帕勒莫和科尔多瓦——都属于伊斯兰世界。随着穆斯林从波斯到葡萄牙的军事扩张，逐渐形成了一个新的贸易网络，可以远距离地交换货物和交流思想，同时还出现了在势力强大的酋长和哈里发保护之下的城市。在他们的庇护下，1,200 年前的文艺复兴不仅出现在意大利，而且还出现在阿拉伯世界的城市里。在这些地方，希腊、印度，甚至还有中国的知识被传播给伊斯兰学者。最后，这些地方也将他们的知识传播给西方。

巴格达的智慧之家

在公元前 5 世纪的雅典和公元 20 世纪的纽约，通过在非常自由的思想市场上的竞争和合作，独立的思想家都实现了创新。但是，伊斯兰世界的统治者是通过王室的命令来实现文化交流的。阿巴斯王朝的哈里发把他们的首都建在巴格达，南距古巴比伦大约 50 英里，他们希望利用物力和人力方面的奇迹来装点这座崭新的城市。他们把各行各业的学者们聚集在一起，好像这些学者是珍贵的珠宝一样，并最终把他们集中在了智慧之家——一个研究机构，它的主要职责是引进世界各地的知识，并将其翻译成阿拉伯文。学者们在那里翻译了大量的著作，包括希波克拉底的《格言》(Aphorisms)、柏拉图的《理想国》(Republic)、亚里士多德的《物理学》(Physics) 和《旧约》(Old Testament)，以及印度的数学全书《西德罕塔》(Sindhind)。通过对《西德罕塔》的研究，穆罕默德·阿尔—花剌子密在公元9世纪初期建立了实际上由他命名的代数。阿尔—花剌子密还将印度的数字引进了阿拉伯世界。哲学家雅各布·阿尔—金迪撰写了第一批关于环境保护的论文之一，并实现了希腊哲学与伊斯兰神学的兼容。巴格达的医学知识来自波斯人，造纸技术则是由中国的战俘带到巴格达的。在一共60年的黄金时期里，一系列重大事件使得巴格达成为了中东也许是全世界的文化中心。

在中世纪，东方文化是通过欧洲的城市传入西方的。作为在意大利具有重要地位的东部港口，威尼斯在整个中世纪时期成了思想和香料的门户。在西班牙人于1085年重新夺回托莱多之后，基督教的学者可以进入那里的图书馆，他们把馆藏的经典著作翻译成拉丁文。13年之后，十字军占领了安条克，从而使得欧洲的翻译人员接触到了阿拉伯的医学和科学文献。西班牙的伊斯兰城市是西欧最大的城市地区，古代的文献在那里被重新发现、翻译和传播到基督教的世界。这些文献进入了帕多瓦和巴黎的新大学，并在希腊和伊斯兰哲学的基础上形成了一个不断壮大的欧洲团体，如艾尔伯图斯·麦格努斯和他的学生托马斯·阿奎纳[①]。

欧洲逐渐变得安全和繁荣，它的城市也重新发展了起来。随着黑暗时期的逐渐过去和欧洲的重新城市化，它的创新速度有所加快。在修道院里，本笃会的修道士重新发现了掌握知识的好处。他们学习经典著作，并进行了农业创新，如水车。商人们集中参加各种展销会，从而发挥了城市的某些优势，不需要固定的和容易损坏的基础设施。最后，在武装起来的手工艺人或雇佣军的保护下，出现了像布鲁日和佛罗伦萨一样的大城市，它们成为了技术和商业的中心。

有很多因素可以解释西方的崛起——军事力量和技术在持续的战争中得以发展；通过几个世纪的曝光，在付出了沉痛的代价之后获得了对传染性疾病的免疫；强大的民族国家的联合巩固——但是，意大利、英国和低地国家不断发展的商业

---

① 艾尔伯图斯·麦格努斯（Albertus Magnus）与托马斯·阿奎纳（Thomas Aquinas）：均为中世纪欧洲著名的哲学家和神学家。

城市的确发挥了十分重要的作用。由商人管理的城市的发展远远快于由亲王和君主领导的城市。这些人口密集的地方成为创新的天堂,成为引进东方文化的全球贸易网络的节点。商业城市建立了关于私有财产和商业往来的法律规则——今天仍然在指导着我们的行动。始于低地国家的贸易和羊毛加工城市的大动乱在荷兰建立了第一个现代共和国。商业城市和贸易公司在许多次军事胜利——从1204年攻克君士坦丁堡到555年之后的普拉西战争——中发挥了直接的作用,它们确立了西方相对于全球其他地区的霸权。

在源于中国发明的研发方面,西方人后来超越了亚洲人,如印刷术和火药。到了18世纪,西方的技术和思想逐渐在全球占据了主导地位。欧洲文化逐渐开始传播到东方,城市再一次成了传播知识的节点。

长崎的学习

到了19世纪中期,欧洲军队可能已经证明了它在技术方面相对于大多数亚洲国家的优势,但日本仍然是一个几乎完全没有受到欧洲控制的国家。当美国军舰在1853年耀武扬威地来到日本之后,日本同意开放对外贸易,但仍或多或少地掌握着一定的自主权。在此后的40年里,日本已经完全掌握了西方的行为方式,并成为了世界舞台上一个非常可怕的强国。在1894—1910年间,日本像一个欧洲殖民大国一样战胜了中国,它还击败了俄国、征服了朝鲜。到了20世纪中期,日本开始造出与美国一样,有时甚至优于美国的军舰和飞机。日本人是怎样如此迅速地赶上西方国家的呢?

这个问题的答案在于一个城市:长崎。日本和西方的第一次接触发生在1543年的长崎,当时葡萄牙人的船舶就是在长崎附近登陆的。在接下来的300年里,长崎成了日本引进所有西方技术的门户。日本实行的是将外国人集中在一个地方的排外政策,这为日本人向西方学习提供了方便。1590年,信奉耶稣的葡萄牙人在长崎创办了东亚第一家金属制版的印刷厂。46年之后,这些耶稣教的信徒因为干预政治和宗教皈依问题而被赶出了日本。取而代之的是荷兰东印度公司,后者绝不会通过有利可图的贸易机会从事这种勾当。

但是,荷兰人很快给东道主带来了超出商业范畴的东西。西药在17世纪40年代进入了日本,当时的高级官员,甚至将军本人都曾请东印度公司的医生看过病。不久,日本学生开始在长崎接受培训和考核,从而将欧洲的医学技术引进了

▲ 日本人与荷兰人通过长崎建立的联系为他们带来了相对于其亚洲邻国的巨大优势。日本海军利用荷兰在 19 世纪时送给它的这艘船进行了技术方面的研发，从而使得自己能够与欧洲的海军强国相抗衡。

日本。在 19 世纪初期，一位日本医生进行了全球第一例全身麻醉状态下的外科手术。这是一次全乳切除术，它遵循了欧洲的手术程序，但这位医生在进行麻醉时结合使用了东方的草药。通过东西方知识的融合，日本人在医药方面取得了领先地位，欧洲人用了 40 年的时间才迎头赶上。

除了西药之外，荷兰人还通过长崎给日本带来了望远镜、空气泵、地球仪、幻灯，甚至还有机械的玩具娃娃。1720 年，一位非常好奇的幕府开始允许西方的图书在日本出版，他对西方的兴趣还导致"江户（即现在的东京）逐渐成为一个新的研究荷兰问题的中心"。当美国军舰于 1853 年来到日本的时候，日本人之所以能够迅速地赶上他们的新对手，恰恰是因为他们拥有许多接受过荷兰人培训的工程技术人员。1855 年，荷兰人向日本出售了他们的第一艘轮船，这艘轮船停靠在新的长崎海军培训中心。当日本人开始积极地模仿欧洲的军事技术的时候，长崎仍然是各种知识和商品进入日本的门户。这些军事和技术知识使得日本在 100 年的时间内征服了亚洲大部分国家，并重挫了位于珍珠港的美国海军。

班加罗尔是怎样成为一座新兴城市的？

从古代的雅典到公元 8 世纪的巴格达，再到长崎，城市一直是在各种文明之间传播知识的最为有效的场合。这绝不是偶然的。一般来说，随着所传递信息的

▶ 班加罗尔的一个市场。它既不新颖也不精致,但却是人类活力一种激动人心的爆发。

增多,其中夹杂的错误东西也会增多。城市的接近性则为跨文化交流提供了方便,因为它减少了传播的复杂性可能带来的危害。简单地给出肯定或否定的答案并不难,但讲明白天体物理学或其背后的经济学理论则要难得多。

跨文化的传播总是非常复杂的,有些东西往往会"丢失在翻译的过程中"。来自不同大陆的新思想可能与我们现有的认识有很大不同,以至于我们需要通过大量的学习来取得知识方面的巨大飞跃。我们可能很清楚自己所处社会的各种思想的背景,但当遇到一个来自完全不同的社会的思想时,我们经常会感到茫然。就像一个人要翻译《西德罕塔》,却不了解它背后的欧几里得数学一样。

对于减少传播复杂性的危害来说,城市以及它们所带来的面对面的交流是非常有益的工具。长时间地面对面可以让听者确信他们的理解是正确的。无意之中冒犯一个具有不同文化背景的人是很容易的,但一个善意的微笑就可以化解本来可能会爆发的冲突。专门开展国际交流的城市,比如说长崎、巴格达或班加罗尔,培养出了擅长引进各种信息的传播专家。对于想要了解东道国的科学、艺术和商业的外国人来说,这种城市是十分方便的场合,反之亦然。

班加罗尔等城市的成功并非仅仅局限于国际智力合作上。这些城市形成了一个良性循环:它依靠大量的潜在雇员来吸引雇主,同时依靠大量的潜在雇主来吸引雇员。因此,企业往往会到班加罗尔来招聘工程师,工程师也往往会到班加罗尔来应聘企业。城市的规模为员工的跳槽提供了方便。在富有企业家精神的行业里，雇员往往是通过跳槽取得成功的。年轻人在更换了新的老板或掌握了新的技术之后，往往会取得更好的业绩和收入。大量本地雇主也为任何个人的创业失败提供了绝对的保险：在班加罗尔，永远会有另一家软件公司。此外，企业精英的高度集中鼓励了相关产业的发展，比如说在硅谷附近工作的风险资本家。

就某一个城市而言，推动集中化的力量是十分清楚的，但任何一个城市要成为信息交流中心的理由并不明显。在印度所有的城市中，为什么班加罗尔获得了今天的地位？班加罗尔的确有着相对适宜的气候——比孟买干燥，且远不像德里那么闷热。但是，班加罗尔的优势主要来自于它的技术，而非地理位置。首先，工程技术人才吸引了像 Infosys 这样的公司；然后形成了一个良性的循环——聪明的企业和聪明的雇员纷纷集中到班加罗尔，他们是相互吸引的。

就受益于班加罗尔这座城市的接近性而言，几乎没有人能够超过 Infosys 公司的三位亿万富翁。Infosys 公司成立于 1981 年，并在 1983 年迁到了班加罗尔。截至 2008 年夏天，该公司的雇员接近 10 万人，市值超过 300 亿美元。今天，Infosys 公司成了世界扁平化的一种现象，它的业务涉及软件、金融服务和咨询。实际上，Infosys 公司正在全球各地以闪电般的速度出售智力——不论这种智力来自于人力还是机器。它非常重视雇员的技能，每年有数千人在其位于迈索尔的培训中心接受培训。在 Infosys 公司的求职者中，只有不足 2% 的人有机会进入这一培训中心学习，其竞争的激烈程度远远高于任何一所常春藤名校。

纳拉亚纳·穆尔蒂是 Infosys 公司的创始人之一，他获得了迈索尔大学和坎普尔印度理工学院的工程学学位。但是，穆尔蒂最有价值的技能也许是 20 世纪 70 年代从帕特尼电脑公司那里获得的。帕特尼电脑公司是一家桥梁性质的公司，它是美国和印度之间的一座早期桥梁，它的印度创始人曾经在美国生活过。他们发现了印度软件业面临的机遇，并在普内成立了一个后台办公室。穆尔蒂曾经与 Infosys 公司的另外六位创始人一起在那里工作过，他们学会了如何在印度人才与美国市场之间建立联系。

1981 年，他们离开了帕特尼电脑公司，创办了属于自己的向外国客户销售软件的公司。穆尔蒂向他的妻子借了 250 美元来应付开支。1982 年，他们找到了自己的第一家美国客户——一家软件公司。为了向一家德国的火花塞生产厂提供软件，他们于 1983 年迁到了班加罗尔。那家工厂建成于 1954 年，它希望与

Infosys 公司的距离更近一些，以方便两家公司之间的信息交流。Infosys 公司也受到了班加罗尔的吸引，因为附近有几所一流的工程院校。

在过去的 25 年中，Infosys 公司陆续在美国、加拿大、拉丁美洲和欧洲设立了代表处，但它的总部仍然设在班加罗尔。从 Infosys 公司的崛起过程可以看出，距离不再是什么问题，但它又很容易被看作是"接近性仍然非常重要"的证据。通过将大量人才集中在一起，班加罗尔为外国企业家与印度企业家之间的合作提供了方便，不论这些外国企业家是来自圣路易斯还是上海。班加罗尔也许比印度的任何其他城市更加幸运，但这只是因为它抓住了属于自己的机遇。班加罗尔现在拥有大量的工程技术人才，这得益于它的领导人——即迈索尔邦的王公及其部长——在多年以前作出的决定。迈索尔邦具有接受新技术的悠久传统。在 18 世纪时，它的苏丹就曾经依靠进口火炮的帮助战胜过英国人，而且火炮是由引进的海员操作的。在英国统治印度期间，迈索尔邦在各个土邦中便因能力出众而闻名。但是，它最有远见卓识的领导人是 MV 爵士①，他在 20 世纪初曾担任迈索尔邦的首席部长。

MV 爵士的出生地距离班加罗尔大约 35 英里，他是在读中学时来到这座城市的。在成为一名成功的土木工程师之后，他又回到班加罗尔，并在 1908 年担任了迈索尔邦的首席部长。在极其富裕也极其开明的王公的支持下，MV 爵士推行了一项全面现代化的计划，包括修建大坝、水电站、钢铁厂，以及最为重要的学校。MV 爵士的格言是：要么实现工业化，要么等待灭亡。但他更为注重高效地建设各个项目所不可或缺的教育，而非只顾推动大型的建设项目。他推动建成的基础设施现在已经过时了，但他高度重视的教育仍在发挥着重要作用，培养出了一代又一代的人才。

在美国和欧洲，工业化对于教育的促进作用是微不足道的。对于雇主和雇员来说，大部分工厂的吸引力同样在于它们向非熟练工人而不是熟练工人提供工作岗位。但是，对于 MV 爵士来说，工业化意味着要培训出像他本人一样能够从西方引进技术的工程师。他创办了迈索尔大学和班加罗尔工程学院，后者以他的名字来命名。这些学校首先培养出了一批迄今仍在发挥作用的工程师。

在 20 世纪中期，迈索尔邦全面实现了工业化。重视商业的政府将印度斯坦宇航有限公司、印度斯坦机床公司、巴拉特重型电气公司和印度电话工业公司引

---

① MV 爵士（Sir Mokshagundam Visvesvarayya，1861—1962）：印度著名工程师、学者、政治家。

进到了班加罗尔。它还吸引了德国火花塞生产厂，后者后来又吸引来了 Infosys 公司。早期的这些公司是十分重要的，这并不是因为班加罗尔的未来要依靠重工业（事实的确如此），而是因为它们培养出了一大批工程技术人员。从1976年开始，为了吸引国际化的信息技术公司，通过一项宏伟的改善公路、电力和其他基础设施的计划，班加罗尔还为信息技术取得支配地位铺平（有时是实实在在地铺设）了道路。

教育与城市的成功

决定哪一个城市能够取得成功的首要因素是人力资本，而非物理的基础设施。在美国，通常以拥有本科学历的人口所占的比例来判定当地的技能水平。不可否认的是，就个体而言，这一标准是存在缺陷的。如果以本科学历作为衡量技能水平的标准，本应属于全球技能水平最高之列的比尔·盖茨将被划入技能水平较低的人群。然而，尽管它存有缺陷，但的确没有其他的标准可以更好地解释近年来城市的繁荣发展。拥有学士学位的成人人口所占比例每提高10%，某地区1980—2000年间的收入增长速度就相应地提高6%。拥有本科学历的人口所占比例每提高10%，城市的人均产值就相应地提高22%。

为了取得更多的收入，人们纷纷涌向技能水平更高的地区。1970年的教育水平可以很好地解释美国哪些较为古老和寒冷的城市成功地实现了复兴。在1970—2000年间，拥有本科学历的成人人口所占比例超过10%的县，人口增长了72%；而拥有本科学历的成人人口所占比例不足5%的县，人口只增长了37%。

我们生活在一个知识的时代，收入与知识之间有着密切的联系。对于每一个工人来说，上学读书的时间每增加1年，他的收入通常会增加8%左右。全国总人口平均上学读书的时间每增加1年，人均国内生产总值就会增加30%以上。教育对于一个国家的国内生产总值具有巨大影响，这可能就是经济学家们所说的"人力资本的外部性"，即人们在与其他熟练工人一起工作时会变得效率更高。当一个国家的总体教育水平提高之后，个人既可以受益于自身加强学习所产生的直接效果，也可以享受到周围的人提高技能所带来的好处。

自20世纪70年代以来，在发达国家中，城市技能水平与城市生产力水平之间的联系在逐步增强。当年，那些拥有大量工资水平较高、工会化程度较高、技能水平较低的工人的地区,其收入往往要高于那些工人技能水平较高的地区。在1970年,工业地区的人均收入水平较高,如克利夫兰和底特律;而教育水平较高的城市地区的人均收入水平较低,如波士顿和明尼阿波利斯。不过,在过去的30年中,技能水平较低的制造业城市发展缓慢,而技能水平较高的创意城市却一派繁荣。1980年,大学毕业生的收入比高中生高出33%;到了20世纪90年代中期,这一收入差距扩大并接近70%。在过去的30年里,美国社会已经变得更加不平等,部分原因在于市场为技能水平更高的人提供了更高的收入。

尽管没有人对技能的价值大幅上升提出异议,但是,关于它们上升的原因,却有着不同的理论。一派强调技术的进步。有些新技术,如计算机,提高了受教育较多的人的收入。另外一些新技术,如汽车生产厂里的机器人,降低了对非熟练工人的需求。对技能水平较高的人有利的不仅是技术本身,还有技术进步的速度。许多研究表明,技能水平较高的人可以更好地适合新的情况,如杂交玉米和计算机的引进。与技能水平较高的人一样,技能水平较高的城市似乎也可以在变革时期更好地实现复兴。

另一派则强调国际贸易和全球化。按照这一理论,不断下降的运输成本为使用技能水平较低的境外劳动力提供了可能。底特律的汽车生产商曾经几乎垄断了美国的汽车销售。但是,今天这些公司却面临着来自日本、欧洲以及韩国的激烈竞争,这使得它们很难继续向技术水平较低的工人支付很高的工资。

当然,技能水平较高的工作岗位正在被外包出去。这也是班加罗尔取得成功的原因之一。但是,至少到今天为止,技能水平较高的美国人和欧洲人从他们为全球市场提供服务的能力中得到的东西似乎要多于他们在外来竞争中失去的东西。通过在全球市场上销售他们的创意,以及通过使用全球各地的劳动力来更加低成本地生产他们的发明,富裕国家技能水平最高的人获得了巨大的利益。班加罗尔的软件公司并未挤垮硅谷,它们反而使得硅谷的企业能够更加便宜,从而更加容易地开发出各种软件。

硅谷的崛起

美国最重要的信息技术中心位于加利福尼亚州的圣塔克莱拉县,大多数人更习惯于称其为硅谷。与班加罗尔非常相似的是,硅谷也是通过对教育的重视而取得这一地位的。在一个世纪前,当纽约和长崎已经有了很久历史的时候,这个世界上还没有计算机,圣塔克莱拉县到处都是果园和农场。作为铁路巨头之一的利兰·斯坦福参议员决定在他的面积广达 8,000 英亩的马场上创办一所大学,这一农业地区由此变成了高新技术的世界之都。

与养马一样,创办大学也是镀金时代的百万富翁们花掉他们多余金钱的一种方式。在我的芝加哥大学的毕业证书上,就印有该校镀金时代的创办人约翰·洛克菲勒的名字,而且字体是镀金的。但是,洛克菲勒将芝加哥大学指定为一所浸会大学,并聘请了一位古典派学者担任校长。而利兰·斯坦福却实行开放办学的方针,他宣布:"生活归根到底是指向实用的,你们来到这里应该是为了给自己谋求一份有用的职业。"他要培养的是献身于现实世界、献身于开发美国西部、献身于传播有用知识的领军人物。

斯坦福大学第一家重要的高科技企业起源于辍学的天才弗朗西丝·麦卡蒂,他的父亲是参议员斯坦福的马车夫。麦卡蒂在 12 岁时辍学,成了一名电工学徒。1904 年,16 岁的麦卡蒂制作了一部能够通过水将声音传到 7 英里之外的"火花式电话机"。麦卡蒂并不是第一个通过无线电来传送声音的人,但他与第一个人是很接近的,他的才华得到了资金的支持。不幸的是,麦卡蒂于 1906 年死于一场交通事故,他的脑袋撞到了一根电话杆上。他去世时尚不满 18 岁。

但是,他的支持者并未放弃对无线电的兴趣,他们请求斯坦福大学的一位工程学教授推荐合适的人选来接替麦卡蒂。这位教授向他们推荐了西里尔·埃尔韦尔,他是斯坦福大学一位非常聪明的学生,曾经撰写过关于电冶炼的论文。埃尔韦尔用实际行动证明这是一个非常富有灵感的选择。他对麦卡蒂的设计进行了长达一年的研究,最终认定它无法提供可靠的无线电服务。但是,埃尔韦尔并未就此放弃,他另辟蹊径,选择了一项更新的技术——丹麦人波尔森[①]的电弧发射机。埃尔韦尔远涉重洋,前往哥本哈根,并将一台波尔森的发射机带回了帕罗阿尔托。凭借着斯坦福大学校长本人提供的资金支持,埃尔韦尔后来成立了波尔森无线电话电报公司,很快又更名为联邦电报公司。

联邦电报公司是硅谷无线电行业的领军企业,吸引了大量人才,也产生了很多相关的企业。李·德福雷斯特是音频发射机的发明人,在他自己的公司破产之后,他于 1910 年来到了联邦电报公司。他在联邦电报公司研制出了第一只电子管,这是 1947 年之前无线电技术的关键部件,直到后来帕罗阿尔托的另一项成果诞

---

① 波尔森(Valdemar Poulsen,1869—1942):丹麦发明家。

生,即威廉·肖克利领导一个小组发明了它的替代品——晶体管。甚至在德福雷斯特离开之后,依靠海军的合同和斯坦福大学高才生的加盟,联邦电报公司仍然十分兴盛。斯坦福大学的第一个电子工程学博士学位是根据其在联邦电报公司从事的研究工作颁发的。

与后来的硅谷企业一样,联邦电报公司孕育出了声名显赫的后代。两个丹麦人来到了帕罗阿尔托,他们原本是来帮助安装波尔森的电弧发射机的;后来,他们离开联邦电报公司,创建了 Magnavox 公司。联邦电报公司的另一位雇员发明了第一台金属探测器,成立了菲舍尔研究实验室。利顿工业公司也起源于联邦电报公司,它由于在第二次世界大战(下文简称"二战")期间为军方生产电子管而壮大起来。

但是,联邦电报公司的任何一位雇员为硅谷取得今天的成就所作出的贡献都远远不如弗雷德里克·特曼。特曼在很小的时候就与这家公司结下了不解之缘,大学暑假期间他都在公司里工作。他的父亲是斯坦福大学的一位教授,非常善于培养像自己儿子一样的天才少年。特曼迈入老年之后因为建立了斯坦福 – 比奈智商测试模型而名声大噪。青年时期的特曼就读于帕罗阿尔托中学和斯坦福大学,随后前往美国东部深造,并于 1924 年在麻省理工学院获得了电子工程学博士学位。他成了斯坦福大学的一位知名人士,担任教授、工程学院院长和教务长长达 40 年。但是,他最重要的贡献在于他把帕罗阿尔托变成了计算机产业的中心。

一所被果园包围的大学的优势在于充足的土地资源。特曼认识到了这一点,他在斯坦福大学附近创办了一个工业园。他的设想是开辟一块将高科技企业集中在一起的区域,这一设想后来促进了班加罗尔和全世界的技术密集型企业群的发展。大卫·帕卡德和威廉·休利特都是特曼的学生,也是他的工业园区的两位初期承租人。但是,如果只是依靠自己的学生,他是无法达到临界数量的。他找来了洛克希德公司、通用电气公司和西屋公司等承租人。最为重要的是,他说服新成立的肖克利半导体实验室来到了硅谷。

威廉·肖克利在 20 世纪 50 年代中期已经成为了一个传奇。与特曼一样,他的父亲也曾在斯坦福大学任教。实际上,在接受特曼父亲的智商测试时,年轻的肖克利成绩很差,这在一定程度上说明智商测试并不是完全可靠的。从麻省理工学院毕业后,肖克利进入了新泽西的贝尔实验室工作。他在战时的研究方向是利用技术来打击潜水艇,并因此而荣获了一枚勋章。随后,他开始负责贝尔实验室新成立的固体物理研究小组。这一小组集体发明了晶体管。1956年，肖克利和他的两位合作者分享了诺贝尔物理学奖。

肖克利那时已经离开贝尔实验室去了加利福尼亚。在那里，他的杰出才华和致命缺陷都得到了展现，也都为硅谷的成功作出了贡献。与伯里克利和阿巴斯王朝的哈里发一样，他有一项非常出众的才能，吸引着各种各样的人才。在最初的几年里，他遍访美国各所大学的校园，寻找愿意来硅谷并与诺贝尔奖获得者合作的青年才俊。但是，肖克利是一位反复无常、独断专行的管理者，他无法留住自己吸引来的人才。在一次声名狼藉的事故中，他责令他的员工接受测谎仪测试，以便确定谁应该对一位秘书的手指被大头针扎破一事负责。通过吸引人才然后再把人才逼走，肖克利既给硅谷招揽了人才，也确保了他们会自立门户，而非只给他打工。

有一次，他手下八位最优秀的青年科学家集体辞职。谢尔曼·菲尔查尔德是一位生产照相机的巨头，他为他们提供了资助，仙童半导体公司宣告成立。这家公司仍然设在硅谷。"叛逆八人组"为什么要离开一个集中了经过特曼培训的工程师的乐园呢？1959年，仙童半导体公司为第一块集成电路申请了专利。最后，精英们又厌倦了仙童半导体公司的管理层。他们中间有两个人于1968年离开仙童半导体公司，创办了英特尔公司。另外一个人在离职后创办了克莱纳－珀金斯风险投资公司，它为硅谷后来的许多创业者提供了资助。

仙童半导体公司为硅谷孕育了许多新的企业，也吸引了很多外来的企业。许多公司设在斯坦福大学附近，其业务以硬件为主，包括英特尔公司、思科系统公司和太阳微系统公司。惠普公司的两位前雇员，同时也是硅谷家酿计算机俱乐部的成员，将硬件和软件结合在一起，创办了苹果电脑公司。苹果电脑公司的一位前雇员在20世纪90年代创办了eBay公司，硅谷也成为了互联网创业的基地。雅虎公司和谷歌公司都是由斯坦福大学的毕业生在他们的母校附近创办的。

从某种意义上说，硅谷就像是一个功能完善的传统城市。它吸引来了精英人才，然后再让他们建立起彼此之间的联系。沃克开办的马车轮酒吧发挥了传奇性的作用，从事不同行业的企业精英们纷纷来到这里交流思想。硅谷的集中化也是对传播的复杂性可能带来的危害所作出的回应，因为所有先进技术可能都非常复杂，而地缘上的接近性有助于信息的传播。与今天所有成功的城市一样，它的优势在于人力资本，这是与斯坦福大学分不开的，同时也受到了经济机遇和宜人气候的吸引。

同样，从某种意义上说，硅谷似乎完全不同于任何一个较为古老的城市。它几乎完全是围绕着汽车建成的。尽管在某些地区，尤其是在帕罗阿尔托的中心城区，人们可以行走在为数不多的几条漂亮街道上，买上一只冰激淋或几本书；但是，要想从一家公司去往另一家公司，双脚是没有用武之地的。极个别的公司开通了自己的公共汽车，如谷歌公司，但公共交通是极其少见的。在圣塔克莱拉县，只有 3.7% 的人口乘坐公共交通工具上下班。以汽车为基础的生活方式是与低密度的人口分布相对应的。在圣塔克莱拉县，每一英亩的土地上大约只居住着 2.14 人。硅谷有很多活动，但你必须开车前往。

圣塔克莱拉县的经济并未给较为贫穷和技能水平较低的人留下多少发展空间。即使在房价暴跌之后，圣何塞市城区中等房屋的售价仍然在 55 万美元以上。除了成功的电脑专家之外，要想购买一套房子肯定是非常困难的。硅谷中一些最具吸引力的地区已经利用价格杠杆将技能水平较低的人以及雇用他们的企业彻底地排除在外。在帕罗阿尔托，只有 22.2% 的年龄在 25 岁以上的居民没有大学文凭。

硅谷的另一个重大缺陷在于它是一个产业单一的城市。在全县与出口相关的领域的工资收入中，似乎有一半以上来自与计算机相关的企业，比如制造、信息，甚至包括批发。按照传统观点，产业单一的城市从长远来看是没有前途的，如底特律和曼彻斯特。因为它们的单一产业不利于新思想和新企业的出现。简·雅克布斯对这一现象作出了解释。她认为，新思想是在结合旧思想的基础上形成的。即使是在信息技术领域，在过去的 30 年中，一些最为成功的企业家也都是"混血儿"，他们将多个行业的思想融合在了一起。通过准确把握华尔街商人们对信息的需求以及技术能够怎样帮助他们，迈克尔·布隆伯格创办了属于自己的极为成功的信息技术公司。Facebook[①] 起源于大学校园，它的创办人知道大学生们希望分享哪些信息。为客户或相关产业的接近性提供非常宝贵的信息可能成为创新的源泉。

当 eBay 希望拓展它的客户群体的时候，它必须走出硅谷，找来梅格·惠特曼担任首席执行官。惠特曼曾任职于宝洁公司、新泰莱公司、迪斯尼公司和孩之宝公司，积累了以美国公众为对象的丰富的营销经验。硅谷的软件专家能够通过偶尔引进几位富有经验和智慧的局外人士而继续游离于其他的美国产业之外吗？

---

① Facebook：全球著名的社交网络服务网站，于 2004 年 2 月 4 日上线。

硅谷是推动半导体更加迅速发展的一个重要基地，但它也许并不是将技术与其他企业紧密结合起来的最为理想之地。

但也许这种结合并非特别必要。互联网革命使得技术走进了普通美国民众之中，他们可以使用谷歌搜索网页、收发电子邮件，或者在 eBay 上买卖东西。软件工程师也是人，他们可以观察他们的家人和朋友——就像 Facebook 的创始人做的那样——以便了解普通民众的需求和愿望。

从长远来看，硅谷可能会因为产业的过度单一化和创新者之间相距甚远而受到损害。但是，尽管产业单一的城市表现一向不佳，如底特律，但我们仍有很多理由对硅谷持更为乐观的态度。与底特律不同，硅谷并未集中在少数几个大型企业上，这有助于该地区保持创业的激情。这里拥有一流的教育机构，而且正在继续增加对本地中学和大学的投资。硅谷拥有据说是美国最适宜的气候，这将继续吸引富裕和聪明的人们。他们愿意支付也许是全国最高的房价，继续居住在气候宜人的硅谷，何况周围还有许多全球最具创新能力的公司呢？

明天的城市

硅谷和班加罗尔告诉我们，电子方式的交流并不会导致人们放弃面对面的接触。相对于任何其他领域来说，计算机行业是人们预计最有可能利用远程通信来代替面对面会议的行业：计算机公司拥有最好的电话会议设备、最好的互联网应用软件、最好的与遍及各地的合作伙伴保持联系的方式。然而，尽管它们有能力进行远程办公，但这一行业已经成为全球最著名的受益于地缘集中的范例。能够通过电子方式很方便地保持联系的技术创新人员购买了美国一些最为昂贵的房地产，其目的只是要获得面对面的交流所带来的好处。

大量研究证实了面对面交流的重要性。密歇根大学的两位学者进行了一项试验，将每六名学生分为一组，然后进行一种让每个人都能够通过合作赚到钱的游戏。按照规定，有些小组在游戏开始之前进行 10 分钟的面对面交流，以便讨论本小组的战略；其他小组则通过电子方式进行 30 分钟的交流。结果表明，进行了面对面交流的小组合作得更好，赚的钱也更多。只通过电子方式进行交流的小组则各自为战，每一位成员都把自己的收益置于小组的需要之上。另外进行的大量试验表明，相对于任何其他形式的交流来说，面对面的交流往往会带来更多的信任、慷慨和合作，这一试验的结果显然是与此相符的。

第一次社会心理学实验是由印第安纳大学的一位心理学专家完成的，他同时也是一位狂热的脚踏车运动的爱好者。他说，运动员认为"速度或竞争对手的价值"在于将每一英里的骑行时间缩短 20 秒~30 秒。为了严格地测试人员接近性的价值，他让 40 个孩子比赛旋转缠着缆绳的轮子，看谁把缆绳拉开得更快。在所有的情况下，均假设孩子们已经发挥出了自己的最大潜力。但大部分人在与另一个孩子分在一组时还是会转得更快一些，尤其是那些速度稍慢一些的孩子。现代的统计数据表明，当年轻的专业人士生活在一个周围有很多同一职业竞争对手的大城市里时，他们的工作时间会变得更长。

关于接近性的影响力，超市的收银台提供了一个特别令人震惊的例证。任何一个去过杂货店的人都知道，收银员的速度和能力之间存在着很大差异。一家大型连锁超市对能力不等的收银员进行大致随机的重新分组，这样可以让两位经济学家看到明星收银员的影响力。结果表明，当同一班组中有一位明星收银员的时候，中等水平收银员的工作效率得到了大幅度提高；而当同一班组中都是能力较差的收银员时，同样中等水平收银员的工作效率也会下降。

统计结果还表明，电子方式的交流和面对面的交流是相辅相成的，用经济学的语言来说，它们之间是互相补充而非彼此代替的关系。在距离较近的人员之间，电话交流非常多，这也许是因为面对面的关系增加了电话交流的需要。当各国的城市化水平提高之后，它们往往会进行更多电子方式的交流。

当然，有些人仍然孤独地工作着。他们负责处理客户的投诉或机票预订，他们也许呆在远离任何城市的某个地方，通过电话来完成自己的工作。然而，大部分这种岗位对技能的要求并不高；与此相对应的是，他们得到的报酬也不高。在美国，在每英亩土地上生活着不足一人的县，平均 15.8% 的成年人拥有大学文凭。在每英亩土地上生活着两人以上的县，平均 30.6% 的成年人拥有大学文凭。互联网和长途电话为人们在家中完成基础性工作提供了可能，但是，孤独地工作很难真正地积累最有价值的人力资本。

创新为什么会集中出现在硅谷等地？原因在于创意跨越走廊和街道要比跨越大陆和海洋更为容易。专利引证证明了接近性的智力优势。1993 年，有三位经济学家发现，专利存在着一种非常明显的倾向，即引证地缘上更加接近的其他专利。在所有的公司专利引证中，有 1/5 以上是同一城市的专利，有 4/1 以上是同一国家的专利。为了纠正人们往往会引证同一家公司专利的倾向，引证同一座城市专利的倾向大约增加了一倍。地理分布不像专利年龄那么敏感，因为创意最终会在空间中传播。但是，即使在我们所处的信息技术时代，创意也往往具有地缘上的本地性。最近的研究仍然表明，专利引证具有地缘上的本地性。近期的研究还表明，位置靠近本行业发明活动的地缘中心的企业，生产效率往往要高得多。正如接近性会加快最为重要的发明的传播一样，它还能够通过世俗的学习让新手成为专家。早在一个多世纪之前，伟大的英国经济学家阿尔弗雷德·马歇尔就曾经表示，在人口密集的地区，"贸易的神秘性已经不再神秘，但它们仍然在流传中，就像过去一样"。围绕在成功的年长一些的工程师身边，有助于年轻的工程师取得更大的成功。

数据为马歇尔的看法提供了支持。工人在大城市里获得的收入大约比他们不在城市里工作的伙伴高出 30% 左右。但是，来到城市里工作的人不会在一夜之间就取得比原来更高的工资。随着确保他们取得成功的技能水平的提高，城市里工人的工资是逐年增加的。在城市里，技能水平较高的工人工资增长得尤其迅速。20 年的工作经验带来的工资增长在技能水平较高的城市要比美国农村高出 10%，而在技能水平较低的城市只能高于 3%。

最近一个世纪以来，权威人士一直在预测，新的通讯方式将使得城市生活变得毫无意义。早在 100 年以前，有人认为电话将让城市变得毫无必要。但事实并非如此。近些年来，传真、电子邮件和视频会议也被认为会减少面对面交流的必要性，但商务旅行在过去的 20 年中却出现了急剧的增加。为了减少人们对于面对面交流的需求，我们的技术狂人扭转、击败了长达数百万年的人类进步史，人类的进步已经将我们变成了向周围人学习的机器。

更好的音频和更加清晰的屏幕已经让视频会议变得更加接近于真正的现场交流，但技术真的能够模仿出所有的感官信息吗？比如说眼神的交流、嗅觉的提示、握手的感觉。这些都是有助于面对面会议取得成功的要素。此外，人员集中在一起工作的主要优势在于召开会议时不需要提前发出通知，还可以观察到周围人的随机行为。别出心裁的视频会议绝不会让一位年轻的助理掌握只有通过观察一位成功导师的日常管理才能学到的能力。Facebook 是另一种让面对面的交流变得更加重要和高效的互联网技术。研究表明，Facebook 主要是让在某一次聚会中结识的人或曾经的同学保持联系，善于面对面交流的人往往更加喜欢使用 Facebook。此外，在互联网上建立一个社交平台的最初设想似乎来自在现实网络的成员之间召开的一系列有些朦胧的会议，这些成员都是非常聪明而且雄心勃勃的哈佛大学学生。

今天，信息技术正在改变着我们的世界，让我们的世界变得更加富有创意、更加关系密切，最终变得更加城市化。信息技术的进步似乎是增加而非降低了面对面交流的重要性，这可以被称为杰文斯的互补定理。19世纪的英国经济学家威廉·斯坦利·杰文斯认为，燃烧效率更高的蒸汽机并不会导致更少的煤炭消耗。性能更好的发动机提高了能源使用的效率，降低了能源使用的成本，并帮助全世界进入了以煤炭为动力的工业化时代。杰文斯悖论这一术语后来变成了指代效率提高会导致更多而非更少消耗的任何情况，这也是为什么低热量的甜点可能会导致更肥的腰围、节能汽车最终可能会消耗更多汽油的一个原因。杰文斯悖论也适用于信息技术，这意味着在我们掌握了更加高效的传递信息的方式之后，如电子邮件或Skype，我们会花更多而非更少的时间来传递信息。

有人可能认为，更为先进的信息技术将减少通过其他方式学习的必要性，如在城市里召开面对面的会议。但是，杰文斯的互补定理——实际上是从杰文斯悖论中推导出来的——认为，信息技术的进步可能会导致更多对面对面交流的需求，因为面对面交流与通过电子方式交流的时间是互补的。通过电子方式进行的所有交流将产生一个关系更加密切的世界，就像蒸汽机的进步给我们带来了一种煤炭消耗更多的经济一样；而且，这种关系既需要电子邮件，也需要人际接触。人与人之间更好的沟通带来的是更为广泛的贸易和商业机遇。从图书到互联网，信息技术已经极大地拓展了人类的知识范围，同时也提高了掌握这些知识的难度。信息技术的进步让这个世界变得更加信息密集，它反过来又提高了知识的价值，也提高了向城市里的其他人学习的价值。

新技术带给我们的深远的、系统性的影响尚需拭目以待。因此，研究一下漫长的历史之路是很能说明问题的。事实上，远距离交流能力的提高已经让城市变得更加重要。就对远距离交流的影响而言，任何一项现代的创新都无法与印刷机相提并论。以低廉的价格大批量地将文字印刷在纸面上是人类与不在同一房间的人进行交流能力的跨越式飞跃。然而，我们没有理由认为图书对城市造成了损害，却有充分的理由相信印刷机帮助开创了一个更加城市化的世界。

我们之所以说图书帮助了城市，最为明显的理由在于印刷技术是在城市里开发出来的，而且城市自然地成为了出版业的中心。古登堡是在15世纪初长大成人的,他打算利用中世纪炼金术士的秘方来研制一台印刷机。但是,像印刷机这样庞大而昂贵的机器是不可能由一个独行侠式的天才研究成功的。古登堡需要有人提供经济资助,也需要助手,这些都是他在城市里找到的。在取得了突破之后,在游商的帮助下,活字印刷技术很快就从一座城市传播到了另一座城市。15 世纪 80 年代,威尼斯成为了全球的印刷中心。当一项技术(如印刷)需要依靠价格高昂的基础设备(如印刷机)时,城市就具有了优势。广阔的城市市场很容易弥补这些新技术的固定成本,这也是电话和宽带技术为什么会首先在城市里投入应用的一个理由,它们与印刷书籍是一样的道理。

城市里富裕的读书人口开发了本地对于图书的巨大需求,但威尼斯繁荣发展的另一个原因是,它拥有大量值得印刷的资料。威尼斯位于东西方的交汇处,这给它带来了大量的图书作者。例如,那些在君士坦丁堡于 1453 年落入奥斯曼帝国之手以后,逃到威尼斯并开始著书立说的拜占庭学者。在后来的几个世纪里,纽约逐渐主宰了美国的印刷业;因为它获得了盗版的英文小说,而且吸引来了大量的作家和艺术家。

但是,图书给城市提供的帮助并不局限于促进其出版业的发展。印刷出来的文字还以更为隐蔽和深入的方式推动了这个世界的城市化。印刷机带来的一个直接影响是让遍及各地的农民都可以读到《圣经》(*Bibles*)。但是,印刷机间接地帮助这个世界变得更加知识化、民主化、商业化,最终变得更加城市化。马丁·路德认为,印刷机是"上帝赐予的最高和最大的恩赐"。因为由他亲自翻译成德文的《圣经》为天主教传统提供了另一种宗教权威,并在宗教改革中发挥了至关重要的作用:"在 1517—1520 年间,马丁·路德的 30 种出版物可能销售了 30 余万册……再加上宗教思想的传播,印刷机的重要作用是不言而喻的。"当时的宗教改革推动了经济、政治和社会等领域的改革,从而使得城市里的商业更加具有吸引力。马克斯·韦伯非常明确地将新教与"资本主义精神"和城市商人及手工艺人的伦理价值观联系在一起。从个人的角度来说,我并不认为新教在支持城市、贸易或民主等方面具有某种内在的优势,这几个方面在今天的许多天主教国家也得到了繁荣发展。我反而认为,城市、贸易和民主在宗教改革之后的繁荣发展说明了宗教竞争的重要性,宗教竞争意味着在教会规则和教义上拥有更多的选择,它可以导致各种改革,如废除高利贷法律,从而推动了全球商业的发展。

通过宗教改革,印刷机还直接和间接地支持了构建一个更加共和制、更加城市化的欧洲的革命。伟大的荷兰革命是 1566 年在佛莱芒纺织小镇斯汀沃尔德开始的，一些加尔文教徒当时砸毁了当地一家天主教堂的圣像。1581 年，荷兰用后来英国、美国和法国的革命者都非常熟悉的语言宣布，西班牙国王腓力二世的行为是非法的；因此，他丧失了统治荷兰的权利。这一革命性的"断绝法案"写进了一份新编的新教徒（胡格诺教徒）宣传册中。这一法案在低地国家被印制出来并大量散发，以支持反抗西班牙统治的斗争。经过大约七年的艰苦斗争，荷兰成了一个独立的共和国、欧洲城市化水平最高的国家和全球贸易的中心——这一全球贸易网络东到日本长崎，西到曼哈顿岛。

作为面向大众的第一种信息技术，图书并未给城市造成损害。近两个世纪以来，图书帮助推动了宗教和政治领域的革命性变革，从而让这个世界变得更加关联化和商业化，最终变得更加城市化。我们有充分的理由认为，现代的技术革新和全球化将会产生同样的效果。

城市——班加罗尔、旧金山、新加坡——是将我们这个日益全球化的世界联系在一起的重要节点。城市地区，比如说雅典和巴格达，一直在发挥着这种作用；但是，由于世界各地的联系变得更加紧密，城市也正在变得更加重要。硅谷将土生土长的工程师与才华出众的移民集中在一起——包括雅虎公司和谷歌公司的创始人，然后又将他们与其他的工程技术中心联系起来，如班加罗尔。美国在全球市场中所占的份额在继续减少，因此，它将更多依赖于它与印度、中国等新兴经济体的城市接口。在这当中，知识的传播决定着繁荣还是贫穷。

但是，某些地区将会落后。并非每一座城市都会取得成功，因为并非每一座城市都很善于适应这个信息时代，创意此时成了财富的最终创造者。尽管有些历史性的大都市以门户和商业见长，这些也仍然是成功的源泉，但其他的城市地区已经成长为各种大规模的商品生产中心。虽然这些地方依托于城市企业家的精明创意，但它们已经演变为通过专业化和规模经济来降低成本、实现繁荣的区域。工业城市的特殊年代已经结束，至少在西方国家如此。我们面临的问题是，从前的制造业巨人已经无法在这个新的时代里重新振兴起来。

Chapter 2
城市为什么会衰落？

底特律的艾尔姆赫斯特大街和罗莎—帕克斯林荫大道交界处给人的感觉与纽约的第五大道有着天壤之别。尽管这一交叉路口位于底特律市中心，但附近的大部分土地都是闲置的。曾经建有公寓和商场的土地上现在长满了青草。圣经社区浸信会教堂是位于这一交叉路口的唯一一座建筑，它那用木板封闭的窗户和无人接听的电话号码都表明：没有多少人来这里做礼拜。

如果行走在艾尔姆赫斯特大街上，你会看到 11 栋低层住宅，其中有 4 栋是无人居住的。有两座公寓楼，其中一座的入住率不足 1/3，另一座则空无一人。另外还有 10 块左右的闲置土地和一个停车场，那些闲置的土地上曾经建有住宅和公寓。尽管看上去像是一片废墟，但它给人一种非常安全的感觉，因为这里没有可以形成某种威胁的大量人口。空旷的空间让人产生了"这里是一座鬼城"的感觉，底特律上空的亡灵正在为这座曾经的美国第四大城市所面临的困境唏嘘不已。

在 1950—2008 年间，底特律的人口下降了 100 万以上，占其人口总量的 58%。今天，1/3 的底特律市民处于贫困状态。底特律中等家庭的年收入为 33,000 美元，大约相当于美国平均水平的一半。2009 年，底特律的失业率高达 25%，比美国其他任何一座大城市至少高出 9 个百分点，同时高出全国平均水平 2.5 倍。2008 年，底特律的自杀率为美国最高，比纽约市高出 10 倍以上。在

2006—2008年间，许多美国城市出现了住宅价格的暴跌。但是，底特律独树一帜，既没有出现前几年的价格暴涨，也没有发生暴涨之后幅度高达25%的暴跌。

底特律的衰落是极为严重的，但它并不是个案。在1950年的美国十大城市中，有8座城市的人口此后至少下降了1/6。在1950年美国最大的16座城市中，有6座城市的人口此后下降了一半以上，它们分别是布法罗、克利夫兰、底特律、新奥尔良、匹兹堡和圣路易斯。在欧洲，利物浦、格拉斯哥、鹿特丹、不来梅和维尔纽斯等城市的规模也远不如从前。工业城市的时代已经结束，至少在西方国家如此，而且它们的时代已经一去不复返了。一些原来以制造业为主的城市已经成功地从生产产品转为生产创意，但大多数仍然继续行走在缓慢而无情的衰退之路上。

但是，我们不应该把人们迁出铁锈地带看作是一种对城市生活的不满；工业城市衰落的原因在于它们丧失了城市生活中最为重要的特点。古老的商业城市的优势在于技术、小型企业以及与外界的密切联系，如伯明翰和纽约。在一匹单独的布离开曼彻斯特的纺织厂或一辆单独的汽车走下底特律的组装生产线之前的很长一段时间里，这些特点让城市获得了成功，而且它们今天仍然造就着城市的繁荣。工业城市不同于这些古老的商业城市或信息化时代的现代城市。它们有大量的工厂，雇佣着成千上万技能水平较低的工人。除了向世界各地大量提供廉价和相同的产品之外，这些工厂自给自足，独立于外面的世界。

这种模式在西方完美地运行了一个世纪左右。底特律的汽车生产厂为数十万人提供了丰厚的报酬。但是，在过去的50年里，拥有大量小型企业地区的发展速度远远快于由大型企业主导的地区；技能水平较高的城市远比文化水平较低的地区更加成功。而底特律只有11%的成年人拥有大学文凭。人口和企业纷纷从较为寒冷的中西部迁往气候更加温暖的地区，中西部地区的航道曾经孕育出了现在构成铁锈地带的那些城市。相对于制造业的一枝独秀来说，产业的多元化更加有利于经济的发展，底特律实际上成为了单一产业城市的典范。

尽管将这些地方的问题过多归咎于政治是错误的，但政治上的管理不善往往是导致铁锈地带衰落的一个原因。也许，最常见的错误观点就是：通过住宅项目、高档写字楼或梦幻般的高科技运输系统，这些城市可以重塑它们往日的辉煌。这种错误观点的根源在于人们往往把一座城市与它的结构混为一谈，城市实际上是一个彼此相关的人类群体。

重新振兴这些城市需要彻底地抛弃原有的产业模式，就像一条蛇褪去它的表皮一样。在一座城市成功地重新振兴之后，蜕变往往是非常彻底的，以至于我们忘记了那里曾经是一座工业城市。在20世纪50年代末，纽约成了全国最大的服装生产基地。它雇佣的工人比底特律的汽车业雇佣的工人要多50%。美国的工业革命实际上是从大波士顿地区开始的，但是，现在任何人都不会将高高耸立的烟囱与这座城市联系在一起。这些地方已经实现了重新振兴，它们重新回到了工业革命之前的原有状态，即以商业、技术和企业创新为基础。

如果底特律以及与其相似的城市准备实现复兴，那么通过学习工业革命以前和工业革命以后伟大城市的优点，即竞争、交流和人力资本，它们是可以成功的。只有在彻底地放弃最近作出的种种努力之后，铁锈地带才能实现复兴。那些努力的结果是需求严重不足的巨大住宅存量、由少数巨头主导的单一的支柱型产业，以及问题成堆的地方政治。在这些城市近些年的发展史背后，存在一个富有教育意义的关于交流和创造力的古老故事，这也为重新振兴奠定了基础。为了了解底特律的困境及其潜力，我们必须将这座城市辉煌而悲壮的历史与那些已经成功抵御了工业衰退的其他城市（比如说纽约）的历史加以对比。

铁锈地带是如何崛起的?

底特律在法语中是海峡的意思，与纽约和芝加哥一样，它最初也是一个水运商业中心。1900年，美国最大的20座城市全部处在主要的水运航道上。水可以减少阻力。数千年来，这意味着船舶是将货物从甲地运往乙地的最好工具。纽约存在的意义曾经依赖于大自然的恩赐：一座通向又深又长的河流的天然良港，而且靠近东海岸的中心。底特律最初是由法国人在一片高地上修建的一座堡垒，从这里可以俯瞰由伊利湖通向西部五大湖的河流的最窄处。正是由于它的狭窄，法国司令官安托万·卡迪拉克才能够用枪炮控制这条河流的交通。后来，底特律成了通过位于加拿大和美国之间的水上关卡的一个理想之地，运输的货物中也许还夹杂着非法酿制的威士忌。

19世纪水运商业的发展——那个时代的全球化——推动了像底特律、纽约和芝加哥等城市的迅速发展。1816年，通过陆路将货物运输30英里的成本相当于将同样的货物运到大西洋彼岸。由于这30英里的陆上运输将使得进出东半球的货物运输成本增加一倍，因此，美国的人口主要居住在东海岸，集中在从波士顿到萨凡纳等港口。在 18 世纪，大西洋是美国的高速公路，也是我们与欧洲和加勒比海市场开展贸易的生命线。

美国的开国元勋们认为，只有人员和货物实现从国内的一个州到另一个州的自由流动，美国才能成为一个具有凝聚力的国家。在担任美国总统之前，乔治·华盛顿是波托马克运河公司的总裁。甚至早在列克星敦和康科德战斗打响之前，他就梦想着将波托马克河和俄亥俄河连接在一起。令人遗憾的是，在 18 世纪，美国没有任何一位私营企业家拥有足够的财力来修建这样一个庞大的水运航道。因为它不仅工程量大、耗时长，而且存在着巨大风险。华盛顿通过火炮而非运河证明了自己的成功。这条重要的水运通道——伊利运河——将由纽约人进一步向北拓展，它将哈得逊河与五大湖连接了起来。纽约的成功不仅体现在它的地缘优势上，而且体现在纽约政府为一条运河投入巨额公共资金的意愿上。他们取得了成功，由于东西部之间巨大的运输需求，这条运河几乎立刻就实现了赢利。

城市很快就沿着伊利运河的两岸发展起来，并形成了一个贸易网络，从而为农民迁移到西部提供了可能。在开始时，锡拉丘兹专门运输附近生产的盐。罗切斯特成为了美国的面粉之都，专门加工附近农民生产的小麦，然后通过运河销往各地。布法罗位于这条航道的西端，商品在这里进行中转：一方是横渡五大湖的大型船舶，一方是在运河里往返的平底船。像布法罗、芝加哥和纽约这样的美国城市都是在货物中转站的基础上发展起来的，货物在这里必须从一种运输方式改为另一种运输方式。装运粮食的需求导致布法罗的一位商人开始使用升降机，45这一技术后来改变了城市。

作为第二条水运航道，伊利诺斯和密歇根运河完成了一个从新奥尔良通过圣路易斯、芝加哥、底特律和布法罗到纽约的大弧。在 1850—1970 年间，美国 10 个最大的城市中至少有 5 个分布在这条弧线上。芝加哥的投机家们意识到，伊利诺斯和密歇根运河将使得他们所在的城市成为这个大弧的拱心石——沿芝加哥河过来的运河船只在这里进入五大湖——并使得芝加哥的土地市场在 19 世纪 30 年代修建运河期间出现了爆炸性的增长。在 1850—1900 年间，随着铁路的开通，芝加哥的人口规模增长了 50 倍，从不足 3 万人增长到了 150 万人以上。

作为美国 19 世纪运输网络上的节点而发展起来的城市，为许多人获取美国内陆地区的财富提供了可能。像今天一样，当时的爱荷华州拥有非常肥沃的黑土地，那里成了农民的一个梦想。1889 年，爱荷华州的粮食产量比肯塔基州等较古老地区高出了50%。也许在西部地区种植粮食比较容易，但由于每吨粮食的价格较低，使得运输成本相对较高。在西部地区的粮食运输方面，运河船只和铁路货车发挥了它们的作用，但城市同样功不可没。为了让生产出来的粮食更加容易运输，它们作出了自己的贡献。

在俄亥俄运河和伊利运河开通之前，由于粮食的运输成本居高不下，农民不得不将粮食加工成威士忌。因为威士忌不仅容易保存，而且每盎司威士忌中的卡路里含量是粮食的两倍，这就降低了单位卡路里的重量，有人也许还会觉得威士忌更加美味。随着运河和铁路运输成本的下降，以猪肉的形式运输粮食变得更加经济，因为就每盎司中的卡路里含量和持久保存性而言，火腿介于粮食和威士忌之间。辛辛那提被称为美国的猪肉之都，它和芝加哥等城市专门屠宰和腌制附近农民送来的动物。当古斯塔夫·斯威夫特引进了一列能够防止屠宰好的牛肉在运输途中变质的冷冻车皮之后，芝加哥围栏里的牲畜从猪变成了牛。与许多重要的创新一样，斯威夫特的伟大创意现在看起来好像平淡无奇。他把冰块放在顶部，而非放在底部，让冰块融化后滴在牛肉上，从而维持牛肉的低温状态。

与芝加哥一样，早在亨利·福特制造出他的第一辆T型汽车之前，底特律也是作为重要的铁路和水运网络上的一个节点发展起来的。在1850—1890年间，底特律的人口增长了十倍，从21,000人增长到了206,000人。底特律的发展同样与它的水运航道——底特律河密切相关，后者是粮食从爱荷华农场走向纽约餐桌之路的一部分。1907年，沿底特律河运输的货物达到了6,700万吨，是纽约或伦敦港口吞吐量的三倍以上。

在欧洲，工业城市同样是沿着水运航道发展起来的。德国的工业中心——鲁尔——是以通向采煤区河流的名字命名的。英国的工业重镇利物浦和曼彻斯特均与默西河以及修建于18世纪的运河密切相关。同时，乔治王朝时期修建的运河将伯明翰与布里斯托尔港口连接了起来。19世纪30年代，铁路将成为水运航道的补充，确保这些工业地区相互之间以及与全球市场的交通更加方便。

在纽约、芝加哥和底特律，来到这里创业的企业家们迫切需要找到港口、其他生产商和城市消费者。他们通过彼此之间的接近，以及靠近消费者节省下来的运输成本是集聚经济的一个例证，即在城市里聚集所带来的好处。不断发展的城市有着巨大的内部市场，再加上通向其他消费者的水运航道，使得实业家们享受到了经济学家们所说的规模回报，这意味着产量较高的大型工厂的单位成本会更低一些，例如大型的糖厂或汽车厂。

汽车出现之前的底特律

底特律的一些规模最大而且最成功的企业，如底特律干船坞公司，直接服务于在这座城市周围从事运输业务的大量船舶。底特律干船坞公司创建于1872年，在随后的30年中，它的发动机厂成了五大湖地区最为重要的造船厂之一。亨利·福特在1880年来到了底特律干船坞公司。据福特的传记作家阿兰·内文斯称，福特曾在一家规模较小的公司里担任过机械师；这家企业"也许提供了比大多数规模较大的公司更好的全面培训的机会"，但是，底特律干船坞公司是福特与技术非常复杂的发动机生产的第一次重要接触。底特律拥有丰富的木材和铁矿石资源，它的造船厂位于五大湖地区的中心。这座城市专门制造轮船发动机是理所应当的，它在制造和维修发动机方面的技术优势使得底特律成为了生产汽车的理想地点。

汽车是一个新创意，它将车厢和发动机这两个旧创意结合在了一起。底特律在很久以前就开始制造车厢和发动机了。它为五大湖地区的船舶制造和维修发动机；同时利用密歇根森林中丰富的木材资源制造车厢。当通用汽车公司的老板比利·杜兰特开始在附近的弗林特制造用马拉的车厢的时候，亨利·福特开始涉足发动机业务。

19世纪末的底特律看上去很像20世纪六七十年代的硅谷。作为刚刚起步的创新者的温床，这座汽车城逐渐繁荣了起来。其中，许多创新者从事的是同一个新兴的行业——汽车。汽车的基本技术在19世纪80年代的德国已经得到了解决，但德国创新者没有在美国获得专利保护。因此，美国人展开了激烈的竞争，试图解决如何大批量地生产出高质量汽车的问题。一般来说，小型企业的出现与某一地区后来的发展之间存在着密切的关系。竞争是一种"选手赛跑"的现象，它似乎会导致经济的成功。

在1882年离开底特律干船坞公司之后，福特返回了自己的家庭农场，并继续进行发动机的研制。通过操作邻居家的由西屋公司生产的脱粒机，他获取了很多经验，并利用自己的技术专长在西屋公司找到了一份与发动机有关的工作。同时，他利用业余时间研制蒸汽发动机，甚至制造出了一台早期的拖拉机。1891年，他在辞职之后加入了西屋公司的竞争对手——爱迪生照明公司。1893年，他被提升为底特律工厂的总工程师。在福特将自己的汽车梦想介绍给爱迪生之后，据说这位伟大的发明家给出的回答是："年轻人，那是你的事业！"

利用自己在爱迪生公司取得的经验和技术，福特开始研制汽车。1896年，在位于自己家后面的车间里辛苦了两年之后，他生产出了福特牌四轮汽车。这台四轮汽车是一部非常简单的车辆，它使用的是脚踏车的轮胎，但它的最高时速达到了20英里。这给一位经销木材的富商留下了深刻的印象，他在1899年为福特的第一家汽车公司提供了资金支持。在初期，福特公司的汽车价格昂贵，而且质量不佳。这是无法取得成功的，于是他在1901年离开了自己亲手创建的这家公司。那位木材经销商并未轻易放弃，他聘请了另一位工程师，并以底特律的创建者凯迪拉克的名字重新命名了他的公司。

事实上，1900年纽约市在全国汽车生产商中所占的比例要高于底特律，但底特律的汽车企业在20世纪初的几年中出现了爆炸式的增长。似乎底特律的每一个街道角落里都有一位崭露头角的汽车天才。福特、兰塞姆·奥兹、道奇兄弟、大卫·邓巴·别克和菲舍尔兄弟都来到了这座汽车城。其中有些人是制造汽车的，但底特律也有大量的独立供应商，比如说菲舍尔兄弟，他们可以提供启动装置。在道奇兄弟的支持下，福特得以成立了一家新的公司。道奇兄弟生产的是发动机和底盘部件，他们为福特提供了资金和零配件。

福特公司的汽车逐渐变得价格更低、速度更快。1906年，福特推出了他的N型汽车，重1,050磅，售价只有500美元，结果销量大增（超过了8,500辆）。福特也一跃进入汽车行业的前列。1908年，福特又推出了他的T型车，售价为825美元（按照2010年的币值计算，大约相当于19,000美元）。5年之后，福特开始在一条移动流水线上生产这种T型车，从而大大提高了工厂的生产速度和效率。当然，大规模工业化的流程——将复杂的生产流程分解成小而简单的任务——远远地早于福特。1776年，亚当·斯密高度称赞了一家曲别针生产厂通过分工实现的效率。福特只是在这一流程的基础上更进了一步，他利用机械设备来移动零部件，并确保工人的操作与机械设备实现完美的配合。

我们在上一章中讨论了杰文斯的互补定理。根据这一定理，更加高效的信息技术使得面对面取得的信息更有价值，但并非所有的新技术都会提高知识带来的回报。亨利·福特的生产线是那种神奇思维的一个例子，即破坏知识的创意。尽管信息技术似乎提高了学习知识带来的回报，但是，机器降低了对人的独创性的需求，它所起到的作用恰好相反。通过将个人变成一个大型工业企业中的齿轮，福特为提高产量提供了可能，而且个人不需要掌握太多知识。但是，如果人们必须掌握更少的知识，他们对于传播知识的城市的需求也就减少了。当一座城市提出了一种影响力足够大的破坏知识的思想之后，它也就注定会走向自我毁灭。

底特律令人可怜而又可悲的是，它的充满活力的小型企业和独立供应商培养出了大型的、全面一体化的汽车公司，后者却逐渐成了"停滞"的代名词。福特指出，规模化可以让他的汽车更加便宜。但是，城市的优势在于竞争和交流，规模过大、自我封闭的工厂是与此相违背的。福特明白如何合理地设计生产线，以便能够利用文化水平较低的美国人的才能。但从长远来看，技能水平较低的底特律人给底特律造成了经济上的损害。

成功的汽车公司培养了它们的供应商，如费雪车身公司，也培养了它们的竞争对手。在20世纪30年代，只有最大胆、最富有的商人才敢于向通用汽车公司和福特汽车公司发起挑战。由独立的城市创业者组成的知识密集型的群体已经被极少数的企业巨头所取代，创新的试验只会给后者带来损失，而不会带来任何收益。

亨利·福特和工业城市底特律

在汽车公司放弃了创新而专注于大批量的生产之后，他们再也看不到把工厂设在这座城市所给他们带来的任何好处了。人口密集的市中心是激发新思想的理想场所，但并不是生产数百万辆T型汽车的理想之地。福特希望扩大生产规模，他需要一座在任何城市都很难容纳的大工厂。1917年，他开始在位于底特律上游的迪尔本郊区建设他的里弗鲁日工厂。在里弗鲁日，他建造了一片拥有93栋建筑的厂区，车间面积达700万平方英尺。里弗鲁日拥有自己的码头、铁路和发电厂，原材料可以在单独的一栋建筑里变成汽车。

福特的里弗鲁日工厂开始了郊区化生产的进程，并在整个20世纪当中得到了延续。尽管汽车最初可能是在城市里诞生的，但它最终变成了一个非常叛逆的孩子。轿车使得美国人能够到偏远的郊区去居住，从而离开城市里的有轨电车或人行道。卡车使得工厂可以搬迁到远离铁路线的地方。在轿车和卡车的共同帮助下，对空间有着很高要求的人和企业可以离开人口密集的城市地区。

到了20世纪50年代，由于其他地区也可以非常方便地进入全球市场，纽约和底特律曾经凭借着它们的港口和铁路货场所取得的优势地位已经不再那么重要了，它们开始出现了衰退。从1890年至今，铁路运输每吨每英里的实际成本从20美分下降到了2美分，因此，你的工厂是否靠近某一个交通枢纽几乎变得无关紧要。在第二次世界大战之前，设在北方城市里的公司的人力成本占较大的比例，因为那里的运输网络十分发达，采购原材料和运输最终产品都非常方便。随着运输成本的大幅下降，成本效益原则促使人们在成本更低的地方设立郊区工厂，如里弗鲁日、南部保障就业权利的州，以及中国。与此同时，随着汽车的普及，原来围绕着火车和电梯建设的城市似乎已经过时了。

在那些比较古老的城市，美国的工会运动已经成熟起来。美国劳工联合会的创始人塞缪尔·冈珀斯是一位来自纽约市的雪茄生产工人。纽约的数十万服装工人成立了工会。他们通过大规模的罢工，如1910年的"大动乱"，迫使他们的雇主提高工资和改善工作条件。

城市还传播了有关公司所犯错误的信息，这在20世纪初帮助工会争取到了公众的支持。在1937年5月的一个下午，一直在试图组织福特公司工人加入工会的组织者在里弗鲁日的一座过街天桥上集会。他们散发谴责福特汽车公司的传单，并摆好姿势让《底特律新闻报》(Detroit News)拍摄照片。在拍照的过程中，福特汽车公司的安保人员殴打了手无寸铁的组织者。《底特律新闻报》拍下了这些人袭击组织者的面部和殴打女性的照片。对于福特汽车公司来说，这是一次公关灾难，它让工会会员成为了英雄。4年之后，福特汽车公司不得不俯首认输，与汽车工人联合会签署了协议，承认了北方工业城市在半个世纪之前已经取得的结社权利。

大约在同一时间，联邦政府也帮助提高了工会的地位。随着《国家劳工关系法案》(National Labor Relations Act)在1935年的通过，解雇罢工工人变得更加困难。允许成立封闭式企业，即工会和企业同意某一企业中的所有工人必须加入该工会。在这种封闭式企业中，要想雇佣没有加入工会的破坏罢工者是不可能的；它给工人提供了更多的权利，可以就他们的要求向企业施加压力。一家已经为固定资产投资了数百万或数十亿的企业不可能因为工人要求提高工资和福利、缩短工作时间或给予其他的让步而轻易搬走。如果罢工工人控制了这些重要的固定资产，就像他们在静坐罢工期间所做的一样，他们可以给工厂造成巨大的经济损失。管理层往往会低头认输。从短期来看，工会的强势给纽约的服装工人和底特律的汽车工人带来了更高的工资，但这些工资最终促使资方放弃了这些城市。

1947年通过的《塔夫脱-哈特利法案》（Taft-Hartley Act）推动了阳光地带的工业化，同时也损害了底特律和纽约等北方城市。该法案允许各州制定保护非工会会员就业权利的法律，禁止成立封闭式企业。在通常位于南部地区的保护就业权利的各州，工会代表工人进行集体协商的权利受到了限制，因为企业总是可以找到没有加入工会的工人。并不令人吃惊的是，企业逐渐开始转向保护就业权利的各州，迁出了美国较为古老的工业地区。有一份经典的报告将保护就业权利的法律对相邻两县工厂的就业岗位的影响作了对比，其中一个县保护就业权利，而另一个县不保护。报告认为，在1947—1992年间，保护就业权利的那个县的制造业发展速度要比另一个县快23.1%。

在第二次世界大战后初期，工会要求的高工资似乎并未成为底特律的一个拖累。在汽车工人联合会要求三大汽车公司提高工资之后，增加的成本大部分被转嫁给了消费者。汽车公司的利润非常可观，它们甚至可以承受全球最高的劳动力成本。当然，汽车公司决不会放弃在劳动力成本更低的州开设新工厂的机会，这正是底特律甚至在汽车工业开始衰退之前已经出现人口下降的原因。

工业衰退最终给每一座古老的城市都造成了冲击。波士顿的航海业是在19世纪上半期依靠帆船和对华贸易发展起来的。随着蒸汽机轮船的出现，它出现了衰退的迹象。纽约的服装业在20世纪60年代末和70年代出现了萎缩。在1967—1977年间，纽约丧失了30多万个制造业工作岗位。虽然城市制造业的衰退并不完全是一件坏事——在成本较低的地方生产产品会让普通人在购买这些产品时少掏腰包——但它的确对全球的工业城市构成了极大的挑战。

给美国各大工业城市造成极大冲击的力量在欧洲同样也导致了类似的铁锈地带。1937年，在约翰·列侬出生的前3年，利物浦的常驻人口为867,000人。利物浦曾经而且现在仍然是一个非常重要的连接英国与世界各地的港口。曼彻斯特的大型纺织厂使用的棉花要先运到利物浦，纺织出来的布匹也要通过利物浦销往世界各地。正如纽约一样，出于同样的原因，榨糖在利物浦也曾经兴盛一时。但是，自1937年以来，像底特律一样，利物浦的人口数量下降了大约一半。节省劳动力的技术，如集装箱化，让数千名码头工人失去了工作岗位。随着运输成本的下降，工厂可以迁往生产成本更低的地区。英国的工会甚至比美国的汽车工人联合会更加强势，在英国开办一家工厂的成本大大地高于中国。依靠创意密集型的领域,如金融,伦敦实现了重新振兴。但是,在以制造业为主的地区,如利物浦和英国北部较为古老的工业基地,仍然面临着很多的困难。

由于长期关注农村地区的发展,西班牙是欧洲实现工业化最晚的国家之一;但即使在西班牙,工业城市的时代也已经结束了。在1959年,佛朗哥终于批准成立了一个由技术专家组成的经济团队,在西班牙实行经济开放。在1960—1975年间,西班牙迅速实现了城市化,它的国内生产总值的增长速度处于全球第二位,仅次于日本。由于工资较低,再加上靠近欧洲市场,它的港口成为了发展钢铁等重工业的理想场所,如毕尔巴鄂。但是,正如底特律一样,毕尔巴鄂在20世纪70年代也受到了冲击。由于石油价格暴涨,全球陷入了经济衰退,劳动力成本较低的其他国家也开始与西班牙工业展开了竞争。在1981—1995年间,毕尔巴鄂的人口数量下降了14%。

为什么会发生骚乱?

由于工作岗位的减少和工资水平的下降,城市直接受到了经济衰退的冲击。但是,负面冲击也导致了间接的后果,如社会动荡和税收减少,这些可能是同样有害的。工业城市的衰退是20世纪60年代犯罪激增和社会动荡的背景,也是日益无能的政府一心只想着避免破产的背景。在20世纪60年代初期前途光明、乐观向上的日子里,许多美国城市从旧式的操纵政党活动的政客换成了年轻而富有魅力的领导人。在底特律和纽约,自由主义者与非洲裔美国人结成的联盟分别选出了杰罗姆·卡瓦纳和约翰·林赛。尽管他的历届前任曾经被看作是警察酷刑的教唆犯,但卡瓦纳承诺会更为公平地执法。他提出了反歧视行动的计划,并与马丁·路德·金进行了合作。约翰·林赛也反对警察酷刑,支持反歧视行动。林赛最辉煌的时刻也许是马丁·路德被枪击之后,当时他走到哈莱姆地区的街道上,用自己的爱心和同情去安抚当地居民的情绪。

但是,这两位市长最终都没有能够控制住正在动摇他们各自城市的力量。尽管没能够阻止制造业离开他们的城市,但他们是无可指责的——经济的力量实在是太强大了。尽管在20世纪60年代,美国各大城市中出现了社会动荡,他们仍然是无可指责的。深层的原因在于经济衰退、不断提高但未能实现的预期,以及传统的社会管理方式的失败。但是,这两位市长也犯下了对于他们所在城市的不幸起到推波助澜作用的一些错误。

林赛一直难以改掉的缺点在于他无法控制成本，尤其是在面对强硬的市政工会和运输工人罢工的时候。林赛最初是一位共和党人，他希望限制工会提出的提高工资的要求。但他曾担任过代表曼哈顿富人区的国会议员，这一背景决定了他很难赢得代表运输工人一方的残酷的街头斗争。他最终选择提高工资而非面对罢工，然后将市政府新增加的成本隐藏在越来越有创造性的会计账本中，此举直接导致纽约市在1975年走到了破产的边缘。卡瓦纳有一个致命的缺点，他喜欢依靠联邦政府提供的城市改造资金来拆除贫民窟并建造高楼大厦。底特律的住宅市场在20世纪50年代达到了顶峰，在卡瓦纳上任时已经开始陷入萧条。这座城市的人口在不断减少，同时却拥有大量房屋。为什么还要为建造更多的房屋提供补贴呢？成功的城市必须建造房子，以便满足人们不断增长的居住需求，但这并不意味着建造房子会带来成功。

不论是底特律还是纽约，城市改造可能已经用光彩照人的高楼大厦代替了惨不忍睹的贫民窟，但并未真正解决城市衰退的问题。那些光彩照人的高楼大厦实际上是遍布美国各地的波将金式村庄①，建造它们的目的只是为了给政客们提供一个城市成功的表象。但是，底特律拥有大量的建筑，它不需要再建了。底特律真正需要的是人力资本：像福特和杜兰特以及道奇兄弟一样的新一代企业家。他们可以开创一些新的产业，就像肖克利和仙童公司在硅谷所做的一样。在价格已经很低的地方投资大楼而非人才可能是最近60年以来城市政策的最大失误。

这两位市长在打击犯罪方面也遭到了失败。在1960—1975年间，纽约的凶杀案发生率增长了3倍，底特律也出现了同样令人不安的趋势。但是，这两座城市里的种族歧视和警察酷刑迫使两位市长首先关注的是问责，而非执法。非洲裔美国人不愿意再忍受白人暴徒的虐待，不论他们身上是否穿着警服。在底特律，白人警察占全部警察的93%。在一座黑人约占人口总量一半的城市里，这似乎是极不公平的。尽管后来的市长在20世纪60年代通过加强社会治安的方式减少了犯罪，如鲁迪·朱利安尼；但并未明确的证据表明，严厉的打击可以维持社会治安的稳定。

从艾尔姆赫斯特大街的拐角沿着罗莎-帕克斯林荫大道行走不到一英里，在克莱蒙特大街的拐角处可以看到一个破旧不堪的公园。这里曾经发生过一次重大

---

① 波将金式村庄（Potemkin village）：政治闹剧和矫饰门面的代名词，即所谓的"政绩工程""面子工程"。

事件，底特律在此后接近半个世纪的时间里仍然没有从中恢复过来。在1967年7月23日凌晨一两点钟，当天正好是星期日，一些退伍老兵正在位于这个拐角处的一家俱乐部里举办晚会时，底特律警方突然闯了进来。因为野蛮虐待底特律的黑人而臭名昭著的刑警队很快就抓捕了85名晚会的参加者。有200多位看热闹的人聚集起来，开始向警察投掷酒瓶，警察逃走了。这一群乌合之众越聚越多，底特律很快陷入了一片混乱。

骚乱是一种典型的爆发点现象。成为3位骚乱者中的一位是非常危险的——警察很可能会抓到你；但如果你是3,000位骚乱者中的一位，你被捕的几率是很低的。在底特律，1,000多名警察没能控制住大肆纵火和抢劫的数千名骚乱者。卡瓦纳彻底失去了对这座城市的控制。直到星期二，在第82空降师和第101空降师的伞兵全副武装地出现在这座城市之后，这场骚乱才平息下来。截至这场骚乱结束，共有43人死亡，1,400栋建筑被烧，1,700家商店被抢，7,000多人被捕。

底特律的非洲裔美国人卷入这场骚乱的原因是很明显的。他们一直承受着全部从南方招募来的白人警察的野蛮虐待。数十年以来，他们一直被系统性地排除在汽车行业中的白人工作岗位之外；他们所从事的工作通常要么工资很低，要么工作条件很差。统计数据表明，很难说底特律是唯一一座曾经激起过黑人的这种愤怒的城市；在拥有大量失去工作的非洲裔美国青年的城市，骚乱是极其常见的现象。

事实上，警察数量越多的城市发生骚乱的规模越小。令人遗憾的是，一旦骚乱发生以后，严厉的镇压似乎是制止骚乱唯一有效的方法。3位著名的内部骚乱问题专家用"镇压有效"这句非常简短的话总结了他们关于独裁与骚乱关系的研究成果。严厉惩治骚乱的铁血政权往往会面对更少的骚乱。也许正是由于这一原因，民主政权往往会面对比独裁政权更多的骚乱，更加进步的北方城市发生的骚乱远远多于存在种族歧视的南方城市。

骚乱是只能发生在城市里的集体行动的一个例子，它们似乎纯粹是一种无法摆脱的城市诅咒。但是，斯滕福德附近的骚乱是荷兰革命的开始，最终诞生了欧洲第一个现代共和国；发生在波士顿的毫无组织的骚乱则是美国走向革命与共和之路的重要组成部分。托马斯·杰斐逊写道："我认为，伟大的城市对于人的道德、健康和自由来说是有害的。"但是，他本人的自由应主要归功于城市的鼓吹者，如山姆·亚当斯和约翰·汉考克；他们在与英国的冲突中取得了成功，主要

▲ 1967年发生在底特律的那场骚乱摧毁了2000多栋建筑，骚乱后来成为这座曾经非常伟大的城市衰退的象征。

是因为波士顿这个重要的港口城市使得他们可以发动一场骚乱。

正如国王乔治三世一样，20世纪60年代的美国城市的领导人在应对骚乱的问题上有两种貌似正确的方法。一种是加强执法，通过控制重点人群来确保街道的安全；另一种方法是同情骚乱者，努力建设一个更加公平的社会。对曾经吸引了林赛和卡瓦纳关注的第二种方法，有必要多说几句。在20世纪六七十年代，许多思想进步的领导人试图为他们的城市引入更多种族和社会公平。令人遗憾的是，这些领导人只是证明了，在城市层面上纠正重大的社会不公是多么地困难。

非常恐怖的美国种族主义的历史有助于解释为什么很多非洲裔美国人在20世纪60年代喜欢挑起骚乱。但是，这一部分历史并未改变这样的事实：那些骚乱对美国的城市、尤其是对城市里的非洲裔美国居民造成了极大损害。归根到底，骚乱者烧毁的并不是白人位于郊区的美丽家园。这些骚乱以及不断上升的犯罪率促使人们产生这样一种印象：文明已经远离了这座城市。最终造成的结果是，许多可以离开底特律的人真的离开了。

城市的复兴：1970年之后的纽约

早在20世纪70年代，几乎每一座古老的工业城市都出现了基本相似的衰退。由于支柱型产业的萧条，纽约和底特律显得步履蹒跚。如果说有所区别的话，纽约的情况似乎更为糟糕；因为汽车工业仍然与底特律这座汽车城紧密地联系在一起，而服装工业与哥谭镇的联系已经没有那么紧密了。韦恩县与底特律市同属密

◀ 城市是如此值得纪念,以至于我们很容易忘记它们能够多么迅速地衰退和崛起。在 20 世纪 70 年代,纽约走到了破产的边缘。福特总统拒绝采取紧急措施。

▲ 卡特总统巡视南布朗克斯那可怕的废墟。在这些标志性图像出现之前 30 年,哥谭镇已经成为了一个城市的典范;30 年之后,它再次成为了典范。

歇根州,韦恩县的工人在 1977 年的工资要高于曼哈顿的工人。纽约市政府的情况似乎还不如底特律市政府。1975 年,纽约州成立了市政援助公司,以便接管纽约市的财政,避免它进入破产程序,尽管纽约征收的某些税的税率是全国最高的。

但是,当底特律还在继续衰退的时候,纽约实现了复苏。

关于纽约的复苏,存在着很多种解释。一些扬基棒球队的球迷认为,雷吉·杰克逊①的本垒打让好运重回纽约;时尚的城市规划专家看到的是安迪·沃霍尔②和艺术;市长朱利安尼则把功劳归结到自己的身上。这些观点都有一定的道理,但是,纽约复兴的根本原因是企业家精神的增强,主要集中在金融服务领域。2008年,这个被美国统计局有趣地称为"证券、商品合同和其他金融投资及相关活动"的领域共计向员工支付了超过 786 亿美元的薪水。这一数字甚至并不包括向金融公司的股东实际支付的巨额分红。

早在 60 年之前,纽约的弹性就已经令人难以捉摸了。当时的经济学家本杰

---

① 雷吉·杰克逊(Reggie Jackson,1946—):美国著名棒球运动员。
② 安迪·沃霍尔(Andy Warhol,1928—1987):波普艺术的倡导者和领袖。

明·辛内茨认为，纽约的优势在于它具有企业家精神的传统，而这促进了小型服装企业的发展。辛内茨认为，在匹兹堡的大型钢铁公司里领取薪水的工人总是教育他们的子女要服从自己的老板，不要惹麻烦；而纽约的服装工人则教育他们的孩子要敢于冒险。当然，从服装工人起家、然后从事钢材进口的金融巨头森迪·威尔培养的儿子，能很轻松地经营一家公司，而非去给别人的公司打工。

长期以来，城市创造了知识的爆炸；在这里，一个智慧的火花会激发很多的火花。佛罗伦萨的文艺复兴就是这样一种爆炸，伯明翰和曼彻斯特的工业革命也是如此。20 世纪末，纽约金融业的发展也不过是受到了这样一种创新的鼓励——对风险和收益之间的平衡加以量化的能力。这种能力使向投资者出售风险更高的资产变得更加容易，包括垃圾债券和按揭证券在内；它反过来又使高风险、高回报的行为成为了可能，如负债收购像雷诺兹 – 纳贝斯克这种经营不善的公司。在漫长的彼此相关的创新者链条中，现在的对冲基金巨头只不过是最近才出现的环节。

对于全球数百万用怀疑目光去看待纽约所有金融创新的人来说，迈克尔·布隆伯格的故事也许是很容易接受的。在这个故事中，他从一个精明的交易员变成了另一个领域中的企业家。在 20 世纪 70 年代，布隆伯格已经进入了所罗门兄弟公司的高级管理层，负责管理该公司的交易大厅，后来又被分配到令人讨厌的系统研发部门，直到 1981 年辞职。布隆伯格随后进入了信息技术领域。在接下来的 30 年里，通过准确地提供华尔街交易商们所需要的越来越量化的东西——没有术语的键盘和随时更新的天量信息流，他的公司发展成了一个庞大的商业帝国。

但是，在通过提供电子信息的方式大发其财的同时，布隆伯格深深了解面对面工作的重要价值。他把自己的办公室设在一个"开放的平面"上，采取的是华尔街交易大厅的模式，就像他在所罗门兄弟公司所负责的交易大厅一样。信息在公司内部的自由流动为他的成功助了一臂之力。在全球大多数地方，富人们往往用宽大的办公室和精心装饰的围墙把自己包围起来；但在交易大厅里，一些全球最富有的人却彼此挤在一起工作。为了获取因为靠近他人而得到的知识，非常富有的交易商们放弃了自己的隐私。从某种意义上说，交易大厅恰好是城市的缩影。当布隆伯格于 2002 年再次转行担任纽约市长之后，他把自己的开放式办公室也搬到了市政厅。

▲ 根据自己在华尔街的经验,纽约市长迈克尔·布隆伯格了解面对面交流的重要性。他把市政厅改造成了一个没有围墙的大厅,这为加快信息的流动提供了可能。

在纽约依靠金融业实现了凤凰涅槃的同时,底特律仍然继续行走在衰退的不归路上。从很多方面来看,汽车城的失败是福特成功带来的后遗症。如果发挥 19 世纪的底特律所拥有的传统的城市优势,即训练有素的工人、小型的企业家,以及不同行业之间的创造性互动,城市是可以实现复兴的。但支撑 20 世纪末的底特律的是单一产业,三大垂直一体化的企业雇用了数十万技能水平较低的工人。这是一个多么不利的组合啊!

相对于那些拥有数量更多、规模更小的企业的城市来说,像底特律这样拥有大型企业的城市一直存在着就业岗位增长缓慢的问题。在城市地区,1977 年企业和员工数量之比每增加 10%,则 1977—2000 年间就业岗位的增长速度就提高 9%。不论是哪一种产业,不论公司的历史有多长,也不论城市的规模有多大,这一关系始终不变。

大型的、垂直一体化的企业从短期来看也许是有效的,但它们无法形成充满活力的竞争关系和新的创意,而这些恰恰是城市的长远成功所不可或缺的。规模较小的企业家,即使具备了约翰·德罗宁[①] 的经验和荣耀,也无法成功地与三巨头展开竞争。底特律已经扼杀了鼓励成长的多元化和竞争机制。此外,这座充满

---

① 约翰·德罗宁(John Delorean, 1925—2005):德罗宁汽车公司的创始人,汽车制造行业的风云人物。

了组装生产线的城市从未对那些使波士顿、米兰和纽约等更加多元化的城市实现复兴的教育机构进行过投资。

与此同时，不断下降的运输成本使得欧洲和日本的竞争对手能更容易地将它们的汽车销往美国市场。底特律的三巨头长期以来已经丧失了激进冒险的欲望，但本田宗一郎正在制造更加节油的微型汽车。底特律汽车工业依靠偶尔的创新维持着自己的生存，如微型货车和SUV，但它那种一枝独秀的日子已经一去不复返了。在20世纪70年代，由于油价高企抑制了美国人对凯迪拉克公司的埃尔多拉多和克莱斯勒公司的帝王等豪华汽车的喜好，底特律走到了穷途末路。随着汽车工业的衰退，底特律的萧条越来越严重。拥有大型企业和强势工会的工业城市的时代已经结束了。

科尔曼·扬的义愤

底特律的衰退更多与经济而非与政治有关。但是，对这座城市衰退所作出的政治反应只能是雪上加霜。纽约为应对20世纪70年代的危机所作出的反应是：放弃在地方层面上结束社会不公的梦想，代之以选举中间派的、富有经验的市长——科克、迪金斯、朱利安尼和布隆伯格。他们决心让这座城市变得对雇主和中产阶级居民更具有吸引力。底特律市长是一位充满激情的十字军战士，他的愤怒是可以理解的，但也是于事无补的。

科尔曼·扬一家是于20世纪20年代从亚拉巴马迁到底特律来的。他在福特汽车公司找到了一份工作，但最终因为参与劳工和民权问题而被列入了汽车行业的黑名单。在第二次世界大战期间，科尔曼·扬在塔斯吉基空军部队服役，担任投弹手。这支全部由黑人组成的部队第一次给非洲裔美国人提供了为他们的祖国英勇作战的机会。1943年，底特律一触即发的种族仇恨终于在一场大规模的骚乱中爆发了出来，这场骚乱似乎是从几个年轻白人在贝尔艾尔公园里殴打黑人开始的。白人警官的反应是开枪击毙了17名黑人，死者中没有一名白人。联邦政府认为，将科尔曼·扬所在的全部由黑人组成的部队调开是非常明智的。这支部队当时驻扎在底特律郊区，先是被调到了肯塔基州，后来又被调到了印第安纳州的福里曼机场。

福里曼机场设有两个军官俱乐部，它们彼此独立但并不平等——一个专供白人教官使用，一个专供黑人学员使用。科尔曼·扬表现出了他从底特律街道上学到的作为一名工会组织者的能力，试图将这两个俱乐部整合为一个。黑人军官一起闯进了白人俱乐部，随即遭到了逮捕。最后，在非洲裔美国人团体的压力之下，他们才获得释放，并被调回到肯塔基州。那里的军官俱乐部对所有人开放，但白人军官也可以使用位于诺克斯堡的另一家俱乐部。

在二战结束之后的18年里，科尔曼·扬一步一步地进入了底特律政坛。1951年，他成立了全国黑人劳工理事会，它的激进主义色彩在麦卡锡时代引起了众议院非美活动调查委员会的关注。在被问到他的同伙时，科尔曼·扬拒绝回答。他解释道："我来这里不是作密探的。"1963年，他的激进主义开始成为一种潮流，他当选为州参议员。3年之后，他成为参议院的少数党领袖。他推动通过了限制种族隔离的开放住房法律，还帮助通过了底特律的第一部所得税法。

地方所得税方案揭示了试图一个城市一个城市地建设公平社会所面临的问题。科尔曼·扬的所得税方案的直接后果是：向富人征税，用于资助那些向穷人提供帮助的服务；其间接后果是：鼓励较为富裕的公民和企业离开这里。四位经济学家的研究结果表明，4个大型城市中的3个几乎都未能通过提高税率的方式取得税收的增长，因为经济活动随着税率的提高而迅速地减少了。在一个像底特律这样的经济不断衰退的城市里，不论当地善意地出台何种调整收入再分配的政策，都很容易因为促使较为富裕的企业和人口离开这里而弄巧成拙，其结果只能是穷人受到进一步的孤立。

在这场毁掉了杰罗姆·卡瓦纳职业生涯的骚乱得以平息之后，他宣布退休。1973年，随着黑人在底特律人口中所占比例的不断上升，科尔曼·扬当选为市长。他直言不讳地表达了对底特律黑人群体长期遭受压制这一情况的不满，并很轻松地赢得了连任。底特律逐渐变成了一座黑人占多数的城市，1970年时白人占全市人口总量的55.5%，2008年时仅占11.1%。

科尔曼·扬的粗犷风格成为他20年执政期间的主题。他认为，言语上的冒犯是有益的："通过使用得体的詈语，你可以更加直接、准确、简练地表达你的观点。"他坚持认为，白人甚至不知道他们身上种族主义色彩的程度："种族主义的受害者会比你本人更加准确地告诉你，你究竟是不是一个种族主义者。"当科尔曼·扬要求犯罪分子"离开底特律"和"走上那条八英里的公路"时，有些人认为科尔曼·扬正在敦促他们迁往郊区，因为那一条公路把底特律与它的北部郊区分成了两部分。这位市长肯定没有时间应付他的这些敌人，他很高兴看到他们离开这座城市。

科尔曼·扬的好战使他的许多支持者认为,他们找到了一位无所畏惧地在市政厅里为他们而战的战士。结束了多年以来一直被视为二等公民的状况后,生活在底特律的非洲裔美国人终于可以把头抬起来了。科尔曼·扬曾经饱受种族歧视之苦,所以他不愿意对这座城市里的白人说什么甜言蜜语。此外,只有底特律的白人继续减少,他的政治利益才能得到保证。

科利效应

经济学家们一直认为,公民"用脚投票"的能力导致了地方政府之间的竞争,而这种竞争带来了某些与公司竞争一样的好处。但是,美好的前景总是面临着现实的局限性。正如科尔曼·扬和底特律的故事所表明的那样,投票人的摇摆有时可能导致邪恶的政治刺激,从而让政府变得更加糟糕。当波士顿诞生了一位个性鲜明的市长詹姆斯·迈克尔·科利之后,我把这种现象命名为"科利效应"。

科利在很多方面与科尔曼·扬相似。如果说有所区别的话,那只能说科利更好争论。科利认为自己是一个贫穷的少数民族(爱尔兰人)的斗士,通过承诺纠正过去的错误而走向了胜利。科利经常发表一些让波士顿名流们愤怒不已的讲话,比如把盎格鲁-撒克逊人称作是"一个奇怪而愚蠢的种族"。科利曾四次当选为波士顿市长,虽不像科尔曼·扬那样曾五次当选,但他还曾当选过一届州长。还有一点与科尔曼·扬不同的是,科利曾两度入狱服刑——一次是因为邮件欺诈,另一次是因为顶替他人参加公务员考试。

在 1916 年的某一天,正值科利首次担任市长期间,一位英国的征兵主管曾经询问他,自己能否征召具有英国血统的波士顿人加入第一次世界大战期间英国一方的战斗。科利的回答是:"去吧,上校,把每一个该死的家伙都带走!"绝大多数英格兰后裔的波士顿新教徒毕竟是反对科利的。生活在波士顿这座城市里的贫穷的爱尔兰人越多,詹姆斯·迈克尔·科利再次当选的可能性就越大。

科利效应说明了种族政治的危险性,尤其是在那些人们很容易离开的城市里。如果较为富裕的美国人继续留在这座城市里,波士顿的经济将大为受益。但科利却要想方设法地赶走他们。同样,底特律的经济也因为较为富裕白人的大量外流而受到了伤害。科尔曼·扬也许从未明确要求他们离开,但他的确很少采取措施鼓励他们留下来。鉴于这位市长曾经遭受的不公正待遇,人们很难不对他的愤怒表示同情。但即使是正义的愤怒也很难带来明智的政策。

经济繁荣的流动性限制了任何一座城市的政府扮演罗宾汉的能力，富裕的人可以相当容易地离开陷入萧条的、不断衰退的城市。底特律的中产阶级通过迁往郊区的方式摆脱了科尔曼·扬。

宏伟的建筑群

科尔曼·扬的确为底特律制定了经济战略，但这一战略的目标是错误的。科尔曼·扬没有尽力吸引那些聪明和富裕的企业家，而是建造了高楼大厦。他犯了与杰罗姆·卡瓦纳一样的错误——把新建的城市看成了真正的城市。几个世纪以来，领导者一直在利用新的建筑来展示城市成功的形象。公元1世纪时，统治罗马的皇帝维斯帕先利用宏大的建筑项目制造了一道统治合法的光环，如罗马斗兽场。1,700年之后，据说格里高利·波将金建造了一个表面上一片繁荣的假村庄，以欺骗女皇叶卡捷琳娜二世。今天的城市领导者喜欢站在高楼大厦的门前为其剪彩，似乎这些高楼大厦可以证明他们的城市已经取得了成功或实现了复兴。几十年来，通过提供数十亿美元的资金用于建筑和交通，同时提供很少的资金用于教育或安全，联邦政府对这种倾向起到了推波助澜的作用。

认为一座城市可以通过自身的建设走出衰退的想法是一个典型的宏伟建筑误区，即认为大量的新建项目可以带来城市的成功。成功的城市通常肯定会进行建设，因为经济繁荣使得人们愿意花钱购买房子，建筑商也愿意满足这一需求。但是，建设是城市成功的结果，而非原因。在一座建筑已经供大于求的、不断衰退的城市里，过度的建设是愚蠢之极的。

20世纪70年代，底特律红翼冰球队威胁说要迁往郊区。科尔曼·扬作出的回应是，耗资5,700万美元新建了乔伊-路易斯体育馆（按照2010年的币值计算，约2.05亿美元），并按照协议价格把它出租给了红翼冰球队。底特律留住了它的运动队，但也付出了高昂的代价。1987年，底特律耗资2亿多美元开通了一个单轨的旅客捷运系统（按照2010年的币值计算，超过了4.25亿美元）。这个全长3英里的单轨运输系统每天大约运送6,500人，而每年需要高达850万美元的运营补贴。这也许是全国最荒唐的公共交通项目。尽管在向公众兜售这一项目时，政府对乘客数量的预期是十分乐观的，但实际的乘客数量只是预期的很小一部分。旅客捷运系统下面的街道上几乎空无一人。底特律根本不需要一个新的公

▲ 底特律试图通过一些愚蠢透顶的投资来扭转它的衰退，比如旅客捷运系统。这是它在基本空无一人的街道上行驶的情景。

共交通系统，公共汽车完全可以满足人们的出行需要。

文艺复兴中心在20世纪70年代被寄予了厚望。这个中心既没有得到税收减免，也没有得到卡瓦纳和科尔曼·扬的热情支持，它是个人而非政府所作出的一个典型的愚蠢之举。亨利·福特二世莫名其妙地认为，一座带有数百万平方英尺新建写字楼的巨型建筑可能会拯救底特律。令人遗憾的是，当时底特律需要的并不是新的建筑。文艺复兴中心的建设成本高达3.5亿美元，却于1996年以不足1亿美元的价格出售给了通用汽车公司。现在，这个亨利·福特二世建造的巨大累赘属于通用汽车公司。

1981年，科尔曼·扬与通用汽车公司联合实施了另一个建设项目。科尔曼·扬利用手中掌握的征用权拆除了民族聚居区波兰镇的1,400所住宅。激进分子提出了抗议，并向密歇根州最高法院提起了诉讼。但科尔曼·扬最终还是得到了这片土地，并把它交给了通用汽车公司，用于新建一家高科技工厂。这家工厂现在仍处于运营状态，在465英亩的土地上雇用了大约1,300人。但人们很难看出，付出搬迁4,000多人的代价在这座城市里新建这样一家占用大量土地的工厂究竟有什么好处。

底特律的建设项目肯定改变了这座城市的外表。文艺复兴中心成了一座地标性的建筑。乘坐旅客捷运系统的感觉好像是在游览迪斯尼乐园，如果迪斯尼乐园真是建在一座陷入绝望的城市的中心的话。但是，与其他日益衰退的地方一样，高达数十亿美元的资金被用在了这座城市并不需要的基础设施上。毫无疑问，在一个拥有大量尚未投入使用的建筑的城市开发更多的房地产是毫无帮助的。城市复兴的失败反映了各级政府的失败。它们没有认识到：真正决定一座城市成功的因素是人，而非建筑。

其他的公共政策能够拯救底特律吗？在科尔曼·扬当选为市长时，底特律已经濒临消亡了。我认为，即使是最好的政策也只能让这座城市的痛苦得到一定程度的缓解。但我们可以设想一下不同的路径。如果这座城市在很富裕的时候就采取行动的话，结果会怎么样呢？如果这座城市从20世纪20年代起就利用其财富和政治实力投资各个层次的教育机构，那它也许已经获得了后工业城市实现复兴所不可或缺的人力资本。

留守铁锈地带

工业衰退和政治失败的残酷现实意味着：2008年，底特律的人均收入为14,976美元，仅达到美国平均水平的54.3%。甚至在衰退出现之前的2006年，底特律的失业率已经达到了13.7%，远远高于其他的大城市。底特律的冬天非常寒冷，1月份的平均气温为24.7华氏度，而美国人似乎更喜欢温暖的天气。在过去的一个世纪里，就城市发展的预测指标而言，温暖的冬季是最好的变量。鉴于寒冷、贫穷这些基本因素，我们也许不应该再问底特律为什么会陷入衰退。也许我们应该问的是：为什么还有777,000人直到2008年仍在这座城市里坚守着？

有多少人选择留守底特律，就有多少种留守的理由。他们每个人都会告诉你一些他们最留恋这座城市的地方。但是，有一个理由可以帮助解释他们之中的大多数人为什么会留在这里——便宜而耐用的住宅。任何地方的人口都与当地的住宅数量密切相关，而且住宅不会在一夜之间消失得无影无踪。住宅毕竟是一种花费不菲的商品，人们很难放弃，至少是很难马上放弃。它们的价格出现了急剧下跌，但人们仍然要住在里面，而且往往一住就是几十年。根据统计局提供的信息，底特律有86%的住宅是在1960年之前建造的。这座城市住宅的平均价格为82,000美元，远远低于新建住宅的成本。

当城市繁荣的时候，住宅的价格就会迅速上涨，因为这样可以迅速地新建住宅来接纳新的居民。当城市衰退的时候，住宅的价格则会缓慢下跌，因为人们不愿意放弃像住宅这种价格较高的东西。从某种意义上说，住宅的耐用性是一件幸事，因为它为实力不强的人们提供了便宜的住所。通过低廉的住宅价格来维持城市的活力也会带来负面的效应。它们吸引来的绝大多数是穷人，从而形成了极端剥夺的中心，这些地方迫切需要社会的公平。

收缩规模，寻求成功

全球有许多城市经历过底特律命运的不同版本，政治家们采取了许多应对城市衰退的策略。美国的城市主要试图通过城市建设的方式走出衰退。西班牙则求助于交通——投资数十亿美元建造高速铁路，以此作为一种促进贫困地区经济增长的方式。其他地区则通过巨额的税收补贴来鼓励贫困地区的企业，如意大利。许多欧洲城市还尝试了文化战略，如毕尔巴鄂的古根海姆博物馆。利物浦在2008年实施了一系列新建项目，以庆祝长达一年之久的欧洲文化之都活动。其中哪些战略能够真正地扭转城市的衰退呢？又有哪些战略产生了超过其成本的效益呢？

在19世纪时，商品的运输成本非常高。因此，拥有良好的运输网络的地方往往具有很大的优势，如纽约或利物浦。今天，几乎全球各地的商品和人员的流动成本都很低，所以交通设施的进一步完善并不会带来多少优势。

当交通领域的投资极大提高了人们从贫困地区到达经济繁荣但空间不足的城市的速度时，它就是最为有效的投资。在西班牙，对高速铁路的大量投资极大地缩短了马德里与其他城市之间的旅行时间，如巴塞罗那和雷亚尔。高速铁路将相距140英里的马德里与雷亚尔之间的旅行时间缩短到了50分钟。人们可以在雷亚尔居住，并在西班牙最大的城市马德里工作。自从高速铁路开通以来，雷亚尔的人口的确有所增长。在人口较多的英国，随着通向伦敦的高速铁路的开通，伯明翰、曼彻斯特和利物浦等城市也可能会有很大的发展。

但是，帮助雷亚尔从高速铁路中受益的现实因素是处在美国铁锈地带的大多数城市所不具备的。从布法罗、克利夫兰或底特律飞往纽约总是比乘坐火车要快得多。纽约与这些城市之间有大量的空旷地带，所以这些相对偏远的地方怎么可能成为后台管理系统外迁时的首选呢？与纽约之间更加快捷的交通肯定有利于附近的城市，如费城或纽黑文。但是，由于美国幅员辽阔，仅靠更加快捷的地面交通很难实现更为偏远地区的复兴。

实现城市复兴的另一种方法是给搬迁到落后地区的<u>企业减税</u>。研究表明，税收减免可以极大增加落后地区的就业，但每增加一个就业岗位就需要减免10万美元的税收。然而，不论成本如何，中央政府应该通过税法来影响经济活动吗？对19世纪的芝加哥或底特律征税以维持马萨诸塞州塞勒姆的人口增长有何道理？国家的政策为什么要鼓励企业搬迁到不毛之地呢？

国家的政策应该致力于让每一个人都富裕和强大起来，而非促使人们生活在任何一个具体的地方。联邦政府没有权力试图鼓励落基山山脚下的经济发展，投资数十亿美元鼓励人们搬迁到某一个受到政治支持的城市是很难见到成效的。代价高昂的城市复兴行动往往使得那些与此关系密切的企业的受益远远大于生活在那些地区的贫困人口。虽然在一个经济不景气的社区新建一座博物馆会提升房地产的价值，也会吸引一些艺术爱好者到这里参观，但对于那些不关心艺术、但不得不为自己的公寓支付更多租金的承租人来说，这座博物馆是没有任何帮助的。

毕尔巴鄂古根海姆博物馆的成功让人们认识到：文化机构可以作为城市复兴的成功战略。由法兰克·盖瑞设计的标志性建筑肯定促进了当地旅游业的发展，游客数量从1984年的140万人增加到了2005年的380万人，仅这座博物馆每年吸引来的游客就达到了100万人。但是，质疑毕尔巴鄂的声音也确实存在。一份研究报告认为，只有大约900个新增的工作岗位与这座博物馆有关，但它却耗费了巴斯克州2.4亿美元的财政收入。不过，与吸取毕尔巴鄂的教训相比，更大的问题在于：它的经验根本不具有代表性。在所有那些与古根海姆博物馆情况类似的建筑当中，存在着许多代价高昂的失败例子。如在英国谢菲尔德建造起来的全国流行音乐中心，政府原本指望它每年能让当地增加40万游客；但1999年开业之后，它吸引的游客仅仅达到预估数字的1/4，不得不在当年就关门大吉。莱比锡也有一座非常漂亮的艺术博物馆，但它那豪华而高大的展厅却令人遗憾地与非常稀少的参观者形成了鲜明的对比。

莱比锡是一座值得仿效的城市，这并非由于它的文化战略，而是由于它讲求实效的政策。它承认自己出现了衰退，并减少了空余的住宅存量。2000年，全市有1/5的住宅无人居住，总量达到了62,500套。在拒绝承认衰退数十年的现实之后，莱比锡市政府终于意识到：这些住宅将不会再有任何人居住，拆除并把它们改造成绿地显然更为明智。闲置住宅的拆除降低了城市服务的成本，消除了安全隐患，并将破破烂烂、有碍观瞻的地方变成了可以利用的场所。莱比锡设定的目标是拆除 20,000 套闲置的房屋。

在美国，俄亥俄州青年城的现有人口不足 1970 年时的一半，它也赞成这种通过收缩规模来实现复兴的方式。2005 年，青年城新当选的市长马上拨出专款，用来拆除已被废弃的住宅。许多这样的住宅正在逐步被拆除。公园、开放的空间和大片的空地将取代曾经人口密集的社区。这一战略不会给青年城带来人口的增长，但将会增加这座城市的吸引力、减少其危险性，留守在这里的成本将会更低。底特律终于选出了自己的市长——大卫·宾恩。他认为，人们不会重新回到底特律，空置的住宅应该被某种更为合理的空间用途取代。宾恩市长并不缺少同情心，但他明白宏大建筑的错误。他知道，如果底特律关爱自己的市民，那么即使这里的大楼减少了很多，它也仍然可以被称为一座伟大的城市。

博物馆、交通和艺术在塑造城市形象方面确实发挥着十分重要的作用。但是，城市的规划者必须从实际出发，追求的目标应该是适度的成功，而非一时的轰动。现实主义者寻求小型且实用的项目，而非用巨大而昂贵的骰子来赌城市的未来。对文化设施进行投资的真实目的不在于发展旅游业，而在于吸引高素质的居民。这些居民能够真正地让一座城市实现复兴，尤其是如果他们能够与世界经济的发展保持紧密联系的话。

对于不断衰退的工业城市来说，复兴之路是漫长而艰难的。在未来的数十年里，它们必须放弃大城市与重工业给它们留下的饱受诟病的遗产，重新依托小型的创业企业和商业进行发展。除了通过合理的税收与管理进行教育投资和提供核心的公共服务以外，政府能够采取的加速复兴进程的措施是非常有限的。并非每一座城市都能实现复兴，但人类的创造力是十分强大的，尤其是在因城市人口密度而得到强化之后。

尽管人们在内心深处经常把贫困与城市的失败联系在一起，尤其是鉴于不断衰退的城市利用低廉的房价吸引贫困人口。但从本质上说，城市的贫困并不是什么坏事。事实上，正如我们将在下一章中所要看到的那样：贫困通常是一座城市成功的一种标志。

Chapter 3
贫民窟有何好处？

很少有比黄昏时分在里约热内卢的伊帕内玛海滩上喝一杯廉价的冰镇啤酒更为简单或单纯的快乐了。里约热内卢的海滩是最为快乐的城市空间之一。那里的天气基本上是无可挑剔的，那里的海滩上通常挤满了俊男靓女。眺望东面的大海，人们可以看到一条在甜面包山映衬下的非常美丽的海岸线。沿着海岸线，一排令人印象深刻的建筑将美丽的海景尽收眼底。里约热内卢作为巴西的首都已经是40多年前的事情了，它在政治和经济领域的重要地位也随着这段时间的过去而有所下降，但这座城市仍然是这个快乐国家中最为快乐的地方。以美丽的古老建筑和优美的自然景色为基础，里约热内卢人打造了一个令人激动的城市空间。对于游客来说，这个空间是非常令人向往的，但里约热内卢人似乎比游客更能体会到它的乐趣。

如果从伊帕内玛海滩向山顶望去，你将会为科尔科瓦杜山上一尊巨大的耶稣基督雕像所吸引。但仔细一看，你会在这座世外桃源一般的城市里发现一些大煞风景之处。里约热内卢周围的山上到处都是贫民区和棚户区，那里通常没有电力供应或下水道。它们出现在这些山上似乎有些莫明其妙，显得很不协调。里约热内卢周围的山上拥有全世界首屈一指的美丽景色，为什么还会出现凌乱破旧的棚屋呢？为什么这里的法治就像完善的基础设施一样缺乏呢？棚屋的出现让海滩上的游客们意识到：里约热内卢并不仅仅是观光客们的度假胜地，它还拥有100

多万拥挤在破烂不堪的棚屋之中的人。

柏拉图在2,500年前说过:"任何一座城市,不论它的规模有多小,其实都分为两个部分,一部分是穷人的城市,另一部分则是富人的城市。"几乎每个发展中国家的每座城市都存在着贫困人口聚居区,即棚户区。在某些城市里,如加尔各答或拉各斯,这种现象十分普遍和严重,以至于旁观者不禁要把整座城市看成是地狱。即使是在发达国家,城市中也存在着不同程度的贫困现象。在美国,城市的贫困率为17.7%,郊区为9.8%。

城市贫困现象的普遍存在似乎表明:城市是不平等和被剥夺的地方。许多研究城市问题的学者都把超大城市中的这一问题看作是一种严重的危机,它通常意味着孟买和墨西哥城中居住着大量贫困人口。对许多人来说,限制这些超大城市的发展似乎是很明智的。它们的拥挤和脏乱决定了数百万人的生活会是非常困难和没有希望的。在发达国家,舒适宜人的同质化郊区看上去可能比令人咋舌的城市鸿沟更加平等,后者将纽约第五大道上的亿万富翁与贫民区里的孩子截然分开。

但是,上面一段表述中充满了废话。从里约热内卢到鹿特丹,城市中存在的贫困现象事实上体现了城市的优势,而非劣势。超大城市的规模并非过于庞大,限制它们的发展将会导致更多的困难而非好处。城市的发展是减轻农村贫困的一个重要途径。从许多方面来看,相对于不平等的城市,表面上看似平等的郊区对整个社会来说是一个更加值得关注的问题,尤其是对那些无法享受那里快乐的人们来说。

城市里充满了贫困人口,但并非是城市让人们变得更加贫困,而是城市利用将会提高他们生活水平的前景吸引来了贫困人口。刚刚进入大城市的人口的贫困率高于常驻人口的贫困率,这表明城市居民的财富可能会随着时间的推移而大幅度地增加。从其他地方来到城市的贫困人口不是傻瓜,也没有什么错误。他们纷纷涌到城市里来,是因为城市具有他们在原来居住地所无法找到的优势。城市贫民窟的严重问题并不在于城市里的人口太多,而在于这些居民往往过于脱离大城市的经济中心。大量的城市贫困人口的确构成了我们所必须面对的挑战,这是将要在下一章中讨论的问题。但是,希望城市能够接纳数以百万计的农村贫困人口远远要比希望那些潜在的移民在农业孤岛上寿终正寝好得多。

里约热内卢的贫民窟是非常密集的,因为贫民窟里的生活仍然要好于贫困农

▲ 大多数北美人认为，里约热内卢的罗西尼亚贫民窟（前景）是衰退的一个信号，但它实际上体现出了城市的活力。住在贫民窟里的人比巴西偏远地区的人享有更多的机会和更好的服务。

村里单调乏味的生活。很长时间以来，与巴西内地的偏远地区相比，里约热内卢提供了更多的经济机遇、公共服务和乐趣。美国的贫民区里充满了逃避集体屠杀或贫困的移民，以及逃避在种族歧视盛行的南方从事农业劳动的辛苦的非洲裔美国人。19世纪时，曼彻斯特经济增长的重要推动力与大量的贫困人口有关。这并非因为这座城市正在陷入衰退，而是因为它的工厂吸引了急于来这里工作的农村贫困人口。事实上，我们应该更多地为那些贫困人口太少的城市感到担心：它们为什么不能吸引比较贫困的人口呢？

在一个充满自由的社会里，人们可以或明确、或含蓄地选择自己的居住地；前者即迁移，后者即留守在他们的出生地。一座城市的人口构成会告诉你它能够为居民提供什么。盐湖城有大量的摩门教徒，因为对摩门教徒来说那里是一个好地方。伦敦有许多银行家，因为那里是管理财富的好地方。像里约热内卢这样的城市之所以拥有大量贫困人口，是因为它们对贫困人口来说是相对较好的地方。简而言之，即使你是个一文不名的穷光蛋，也仍然可以享受伊帕内玛海滩的美丽景色。

人口的自由流动意味着城市的某些成功可以让某个地区变得更加贫困。经济学强调刺激因素的力量。当做某些事情的收入增加时，就会有更多的人去做这些事情。某个地方之所以缺少贫困人口，是因为它缺乏某些重要的东西，如可以负担得起的住宅或公共交通，或技能水平较低的人可以胜任的工作岗位。城市贫困的重大悖论是，如果某个城市通过完善公立学校或公共交通的方式改善了现有贫困人口的生活状况，那它将会吸引来更多的贫困人口。

最近30年以来，美国各个城市在建造了新的快速公交站点之后，这些站点周围的贫困率基本都是上升的。这并不意味着公共交通正在让人们变得更加贫困，而是由于贫困人口在自己没有汽车的情况下非常注重交通的便利性。事实上，公共交通大量地运送和吸引贫困人口是一件好事，而非一件坏事。

促使贫困人口来到城市的力量是什么呢？首先，他们来到城市的目的是找一份工作。城市的人口密度提供了交易的可能性，它促进了市场的出现。全球最为重要的市场是劳动力市场，一个人可以在其中把自己拥有的人力资本出租给拥有金融资本的另一个人。但是，城市的作用远远不限于为劳动力和资本家之间的互动提供可能。它提供了各种各样的工作岗位，并且往往是数以千计的岗位；一座大型的城市就是一个多样化的雇主组合。

如果城市中的某一个雇主破产了，将会有另外一个（或两个，或10个）雇主取代他的位置。这种雇主组合也许无法提供能够抵御由于严重经济衰退而导致的全球崩溃的保险，但它的确可以消除一般性的市场震荡。只有一家公司的城镇就只能依赖某个单一的雇主，如宾夕法尼亚州的赫尔西，工人们的生活完全依赖于这位雇主的兴衰。纽约或里约热内卢则不然，那里有大量各行各业的工厂。由两位经济学家完成的一项经典研究表明，在20世纪70年代和80年代经济低迷的时期，缺少多样化雇主的地方的失业率要比其他地方高出3%左右。

城市中丰富多彩的工作岗位也有利于人们发现自己适合干什么与不适合干什么。数千年以来，大多数人不辞辛苦地在农田里耕种，而不管自己是否具备耕种的任何技能。在城市里，人们可以从一家企业跳到另一家企业，也可以从一个行业跳到另一个行业。在跳槽的时候，人们了解到自己喜欢干什么与适合干什么。如果托马斯·爱迪生或亨利·福特不得不终生务农的话，这个世界将会遭受多大的损失呢？

里约热内卢的贫民窟

里约热内卢的贫民窟是从19世纪末开始出现的，当时巴西正在步履蹒跚地走出半封建的历史。在19世纪七八十年代，当其他的新世界国家（如阿根廷和美国）通过选举的方式产生领导人时，巴西的统治者仍然是一位皇帝——葡萄牙布拉干萨王朝的一位后裔。而且，奴隶制度在巴西仍然是合法的。

在19世纪中期，里约热内卢40%左右的人口是奴隶，共计有8万人。在废除黑奴主义逐渐成为一种政治潮流的过程中，奴隶们纷纷跑到里约热内卢来逃避种植园的生活。19世纪逃亡到里约热内卢的奴隶们形成了被称为逃奴堡（quilombos）的贫民窟，这就是棚户区的前身。皇帝佩德罗二世并不喜欢奴隶制度，但可能由于担心白人的政治抵制，他没有试图解放全国其他地区的奴隶。最后，在这位皇帝于1888年离开巴西之后，他的女儿以摄政者的身份签署了巴西的《解放宣言》（emancipation proclamation），从而使巴西成为美洲地区最后一个结束奴隶制度的国家。皇帝对于白人反对的担心是正确的。第二年，在由于失去人力资本而强烈不满的寡头的支持下，一场军事政变推翻了布拉干萨王朝的统治。

第一个真正的贫民窟并未出现在里约热内卢的市内，而是出现在巴西东北部的贫困农村。作为一位巡回传教士和从前的废奴主义者，安东尼奥顾问在那里建立了一个叫做卡努多的小镇。镇里的居民从前都是奴隶，他们从此开始了抗税斗争。到1895年，卡努多已经拥有了3万多人口。于是，安东尼奥拒绝纳税的行为就不仅仅是简单的威士忌叛乱了。1896年，双方爆发了公开的战争，政府派出数千名士兵占领了这座小镇。在卡努多最终陷落之前，大约有15,000人死于这场战争。

尽管巴西军队赢得了胜利，但极为吝啬的巴西政府却选择了拒绝支付军饷。士兵们作出的反应是在里约热内卢城外的山上建立自己的村庄，于不知不觉间模仿了他们刚刚击败的安东尼奥。这一棚户区变成了贫民区摩洛达普罗丹西亚。在后来的70年里，有成千上万的贫困农民来到里约热内卢，其中许多人是获得了自由的奴隶。破烂不堪的房屋也许看上去并不令人满意，但至少要比在种植园里为从前的主人劳动好得多。正如20世纪聚集在美国各个城市里获得了自由的美国奴隶一样，这些获得了自由的巴西奴隶也选择了充满希望的城市，而放弃了贫困的农村。

外国游客往往会将生活在里约热内卢的穷人与他们在其他地方见过的穷人（比如美国贫民区里的居民）进行对比，后者的生活条件无疑要好得多。但这种对比是错误的，这些贫民窟中的居民通常没有去洛杉矶生活的选择权。因此，应该把他们与外国游客基本上看不到的、生活在巴西农村地区的穷人进行对比。里约热内卢有大量的贫困人口，但它与巴西东北部农村的情况是完全不同的。最近的一份研究报告称，90% 的里约热内卢居民 1996 年的月收入在 85 美元以上，但东北部农村地区只有 30% 的人口生活在这一贫困线以上。

即使与最为悲惨的城市贫困人口相比，农村地区的情况通常仍然更为糟糕。尼日利亚的首都拉各斯经常被描述成"一个极端被剥夺的地方"。但实际上，拉各斯的极端贫困率在按照这座城市较高的物价水平进行调整之后，仍然不到尼日利亚农村的一半。大约 3/4 的拉各斯居民可以喝上安全的饮用水。这一比例看起来低得让人感到恐怖，但它却远远高于尼日利亚的任何其他地区——后者的水平通常不足 30%。加尔各答也被认为是"一个严重被剥夺的地方"，但这座城市的贫困率为 11%，而西孟加拉邦农村地区的贫困率则为 24%。近些年来，10% 以上的西孟加拉邦的农村居民面临着食品短缺的问题，而城市居民的可比数据不足 1%。

城市和城市化不仅与更加繁荣的物质有关。在较为贫穷的国家里，城市居民表示他们的生活也更为幸福。通过对 25 个较为贫困的、人均 GDP 不足 10,000 美元的国家的抽样调查，我得到了有关城市居民和非城市居民自我报告的幸福指数调查结果。我发现，表示他们生活得非常幸福的城市居民所占比例较高的有 8 个国家，较低的则有 7 个国家。表示他们生活得非常不幸福的非城市居民所占比例较高的有 16 个国家，较低的则有 9 个国家。

与偏远地区不同的是，城市里的贫民窟往往被作为跨入中产阶级的跳板。例如，尽管曼哈顿下东区的贫困率很高，但这里诞生了一系列令人惊叹不已的成功故事。在下东区定居的犹太人拥有一种长期注重学习的文化背景，生活在一个迅速增加教育投入的国家。而对于巴西的奴隶以及他们的后代来说，情况并不乐观。他们几个世纪以来没有进过学校，巴西对人力资本的投资一向很少。不过，贫民窟仍然诞生了一些值得关注的成功故事。

莱拉·贝莱斯是一个在里约热内卢的贫民窟里长大的清洁工人的女儿，她 14 岁时在一家麦当劳快餐店里找了一份工作。她的小姑子是一位理发师，她们两个人决心要找到一种拉直自己卷发的方法。她们了解这种产品的市场规模，因为她们周围的人都想拥有一头直发。这两位初出茅庐的创业者没有任何文化背景。不过，莱拉的丈夫允许自己的妹妹和妻子用她们调制的各种稀奇古怪的配方在他的头发上做试验。他一次又一次地变成秃子，但经过无数次的试验和失败之后，她们终于生产出了一种有效的头发拉直剂。

贝莱斯为这一产品申请了专利，并以3,000美元的价钱卖掉了她的大众甲壳虫汽车，然后用这笔钱作为启动资金开办了一家美发店。她们非常了解自己的顾客，产品的销售情况非常好。从那以后，她不断地增加美发店的数量，主要聘用从前的顾客作为雇员。现在，她的企业每年销售的美容产品达到了3,000万美元。从某些方面来看，她成了20世纪初的企业家沃克夫人的现代版。沃克夫人依靠自己的"神奇生发水"摆脱了贫困，并成为最成功的非洲裔美国企业家和当时全球最成功的女企业家。

偶尔出现的成功故事并不意味着城市里的贫困现象是不可怕的。它的确非常可怕。在本书的读者中，很少有人愿意在贫民窟里住上一周的时间，更不用说在那里住一辈子了。尽管城市里的贫困现象非常可怕，但它可能为贫困人口和整个国家提供了一条走向繁荣的道路。在今后的50年里，巴西、中国和印度可能会变得更加富裕，创造财富的将是与全球其他地区密切联系在一起的城市，而非封闭孤立的农村地区。

看到较为贫穷的超大城市中实际存在的问题，然后认为人们应该返回他们原来所在的农村地区——这种想法是很自然的。但是，将会拯救发展中国家的恰恰是城市，而非农村。许多贫穷国家存在着土壤质量不佳的问题，这是导致他们贫穷的原因之一。因此，它们不可能成为全球农业领域的领导者。农业生产力的提高通常需要采用新技术，而新技术的应用又会减少从事农业生产的劳动力的数量。正是由于这种原因，农业的发展不可能导致普遍的繁荣。贫穷国家农村地区的开发存在着内在的困难，因为大量地提供基础设施需要付出很高的代价。

贫穷的农村似乎可以看作是一个了解遥远过去的窗口，千年以来，它们几乎没有什么变化。城市是风力强劲的旋风，它总是处在不断的变化之中；它给一些人带来了财富，也给另外一些人带来了痛苦。城市给人带来的可能是一颗子弹，但它也提供了一个让人过上更加富裕、健康与快乐生活的机会，这种机会可能来自于与全球各地的紧密联系。农村里的生活可能比贫民窟更加安全，但那是一种让世世代代永远受穷的安全。全球最贫穷地区的现状是非常可怕的。正因如此，城市必须有所作为，尤其是因为城市可以传播各国在融入全球经济过程中需要具备的知识。

大量的移民涌入城市肯定会给城市的基础设施带来压力,这是反对发展超大城市的最为常见的论据之一。尽管新移民的涌入造成了城市原有居民道路和供水质量的下降,但新移民从几乎没有任何基础设施的地方来到了城市,他们享受到了完善的交通与公共设施带给他们的所有好处。通过阻止人们使用来维持城市基础设施优质与高效的做法是错误的。增加对城市基础设施的投资,让更多的人能从中受益,这是更加合乎道义的做法。对于整个国家来说,这也更加符合成本效益原则。

从传统上来看,政府在解决城市贫困问题上所付出的努力——如果并非总是足够的话——远远多于在解决农村贫困问题上所付出的努力。这种情况在巴西已经存在了100多年。里约热内卢在1960年之前毕竟是巴西的首都,而且贫民窟距离巴西各界精英的官邸很近。自20世纪初开始,巴西开展了一项旨在让里约热内卢的贫民窟更加健康的公共卫生运动。

政府发起了一场接种疫苗的活动,并最终在贫民窟里设立了学校和某些医疗保健机构。"上帝之城"是政府为改善贫民窟居民的居住条件而采取的一项举措,它为一部讲述里约热内卢贫困生活的电影提供了素材。维持治安一直是一个非常棘手的难题,不过贫民窟中的犯罪起码已经被视为需要中央政府去解决的一个全国性问题。因此,一些资源被投入到改善城市贫困人口的生活方面,但很难一见的农村地区的贫困人口仍然没有得到多少关注。

这些改善里约热内卢贫困人口生活的努力获得了具有讽刺意义的结果:更多的贫困人口涌入了贫民窟,从而形成了城市贫困的悖论。如果政府只在城市里提供医疗保健和教育,而没有扩展到农村地区,那么这些服务将会吸引更多的贫困人口涌入到城市中来。任何试图降低某一座城市贫困水平的努力都有可能会弄巧成拙,因为更多的贫困人口受到吸引,反而会提高这座城市的贫困水平。

进步的平台

对贫民窟的脏乱感到震惊的美国人已经忘记了他们自己城市的过去。这种极端的贫困和富裕在19世纪的美国城市中是很常见的现象。逃避饥饿的爱尔兰移民经常居住在贫民区里,如纽约的"地狱厨房"。它位于曼哈顿西区第34街到59街之间,现在已经变成了一个追求时尚、引导潮流的街区。曼哈顿上东区从第59街延伸至96街，位于第五大道与东河之间的区域，如今拥有一些非常昂贵的住宅房产，但在19世纪时也曾充斥着爱尔兰人的简陋棚屋。上东区兵工厂的位置显得很不协调，它的周围是耸立在公园大道旁边的高级公寓，贪图享受的士兵当初就是为了保护城市的精英们免受狂放不羁的移民的袭扰而驻扎在这里。

除了纽约之外，波士顿也被认为是爱尔兰裔美国人的母亲城。在20世纪40年代，纽约实际接纳的爱尔兰移民要多于波士顿，但纽约的爱尔兰移民后来被来自东欧和其他地区的大量移民淹没了。在爱尔兰马铃薯饥荒期间，波士顿接收了大量的爱尔兰移民，但它所接收的后来成为移民主流的其他种族的移民却很少。波士顿的爱尔兰特色肯定是兴旺发达的帆船时代的产物。19世纪40年代，在爱尔兰马铃薯饥荒期间，前往波士顿比前往纽约更加便捷，如果不是更加便宜的话。如果你们是一个贫穷的、缺少食物的爱尔兰家庭，那么前往波士顿并在那里定居，往往是非常明智的做法。30年之后，蒸汽机代替了船帆；前往波士顿的船只大幅度减少，19世纪末的移民大量涌向了纽约。前往波士顿的移民减少意味着：在未来的几十年中，这座城市将会为美国人与爱尔兰人之间的冲突所困扰。

波士顿作为一座爱尔兰裔美国人城市的声名与一个家族——肯尼迪家族——有着特别密切的关系，这个家族的故事可以说明城市的贫困是如何转化为机遇的。帕特里克·肯尼迪在1823年出生于爱尔兰的韦克斯福德县，他接受的教育很少。贫困的农村地区通常很少提供教育服务。当他出生的时候，禁止在爱尔兰提供天主教教育的规定依然在实行着。年轻时的肯尼迪在他哥哥的农场里工作，种植马铃薯和粮食。他所掌握的一项与农业无关的技能来自于一位更加靠近城市的朋友——帕特里克·巴伦。巴伦在一家酿酒厂工作，把制作酒桶的技术传授给了肯尼迪。

发生在爱尔兰的马铃薯饥荒给肯尼迪一家惨淡经营的农场造成了沉重的打击。面对饥饿的威胁，帕特里克·肯尼迪跟随巴伦来到了波士顿，巴伦帮助他在东波士顿找到了一份制桶工人的工作。波士顿提供了经济机遇，因为它拥有市场，肯尼迪可以在这里向拥有资本的雇主出售他的劳动力。波士顿提供了一个成熟的酒桶市场，因为这里是交通枢纽，当然也是酿酒中心。

正如里约热内卢的贫民窟一样，东波士顿的人口密度为贫困人口出售他们的劳动力提供了可能，同时也为细菌的传播提供了方便。帕特里克·肯尼迪在一场霍乱中不幸去世。不过，肯尼迪的儿子——也叫做"帕特里克"——成长了起来。他最初在码头上干苦力,并用积攒下来的辛苦钱购买了一家酒馆。他很快拥有了第二家和第三家酒吧,并逐渐偏重于为更加富裕的波士顿本地人提供服务。通过进口威士忌,他实现了自己企业的垂直一体化。

帕特里克·肯尼迪采用了前马萨诸塞州州长山姆·亚当斯的模式,即把酒精与政治结合在一起。1884年,他第一次被选入马萨诸塞州的立法机构,并多次当选为州众议员与参议员。1888年,这个来自贫穷移民家庭的儿子获得了相当高的地位,他在民主党的全国大会上发表了演讲。凭借着不断增加的财富,他把自己非常聪明的儿子约瑟夫送进了哈佛大学。鉴于帕特里克·肯尼迪的政治关系,他的儿子迎娶了波士顿市长约翰·F."亲爱的菲兹"·菲兹杰拉德的漂亮女儿,人们都认为这是一件很自然的事情。约瑟夫·肯尼迪的第一份工作是受政府指派的银行审查员,后来他接管了一家其父持有大量股份的银行。20世纪20年代,他通过基本上值得尊敬的方式在华尔街赚取了巨额的财富。同样重要的是,他适时地退出了华尔街,并找到了其他有利可图的生意,如投资房地产和进口英国烈性酒。当然,他的儿子们开创了美国历史上最伟大的政治王朝之一。

城市对于像帕特里克·肯尼迪这样的移民具有持久的吸引力。截至2008年,36%的纽约人是在国外出生的,48%的纽约人在家里使用除了英语以外的其他语言。整个美国与此相对应的数字分别是13%和20%。正如城市给移民带来了好处一样,移民也让城市受益匪浅。波士顿非常感激肯尼迪家族,正如纽约非常感激从安德鲁·卡耐基[①]到艾尔·乔尔森[②]再到祖宾·梅塔[③]等移民一样。事实上,从1891年到2009年的118年间,除了12年以外,纽约交响乐团一直依赖那些在国外出生的音乐总监。毋庸讳言,纽约文化中那些更为流行的元素也是移民的产物,如百吉饼、比萨和宫保鸡丁。

美国和它的城市从移民人才潮中获得了巨大的利益。德国裔美国人领导了击败德国和日本的第二次世界大战,如德怀特·艾森豪威尔和贾斯特·尼米兹。苏格兰人帮助我们建立了工业,如安德鲁·卡耐基和安德鲁·梅隆。爱尔兰裔美国人已经成为了重要的政治领导人,如肯尼迪家族、艾尔·史密斯和芝加哥的戴利

[①] 安德鲁·卡耐基(Andrew Carnegie,1835—1919):苏格兰移民,20世纪初的美国钢铁大王兼首富。

[②] 艾尔·乔尔森(Al Jolson,1886—1950):立陶宛移民,20世纪初百老汇最著名的音乐剧演员之一。

[③] 祖宾·梅塔(Zubin Mehta,1936—):印度籍犹太人,20世纪著名的指挥家。

家族。一位肯尼亚人的儿子①坐进了椭圆形办公室。美国不再是一个盎格鲁-撒克逊人的国家,而是一个由来自全球各地的人组成的集体,他们主要是在大城市里作出了自己的贡献。

很难说美国是唯一一个让移民发了大财的国家。罗伯特·凯恩和他的家人离开贫穷的家乡爱尔兰去了利物浦,当时他还是一个孩子。长大之后,他去海边做了一名制桶工人。19世纪40年代,他在利物浦定居,并利用自己的积蓄创办了一家中等规模的酿酒厂。他发了大财,他的儿子最后进入了英国国会上议院。卡洛斯·斯利姆可能是全球最富有的人,他是墨西哥城一位黎巴嫩移民的儿子,他父亲是靠一家纺织品商店起家的。正如这些以及许多不太著名的案例所证明的一样,世界各地的城市让人们从一贫如洗走向了大富大贵,也有人走到了介乎两者之间的任意一点上。

长期以来,城市里的劳动力市场为没有土地、牲畜或设备的人找到一份工作提供了方便。肯尼迪家族曾先后以劳方和资方的身份出现在劳动力市场上。当身无分文的帕特里克·肯尼迪刚到美国的时候,他可以向拥有资本的雇主出售他的劳动力。他的儿子在年轻时也是一样,但在长大成人并积攒了资本以后,又可以转而雇用别人。资本家和工人经常被看作是敌人。他们的确是敌人,如在罢工期间。但在更多的情况下,资本提高了劳动力的收入,正是城市里的资本使得城市对穷人产生了如此之大的吸引力。

城市不仅把缺少资本的工人与拥有大量资本的雇主联系在一起,还提供了各种各样的工作机会,让穷人(事实上是每一个人)发现自己所拥有的原本可能永远也无法被知晓的才能。芝加哥大学的著名经济学家乔治·斯蒂格勒曾经写道:"在愚昧无知的政权统治下,恩里科·费米②将成为一名花匠,冯·诺依曼③将成为药店里的一位收银员。"斯蒂格勒对这两位20世纪的伟人的设想是令人震惊的。幸运的是,他们两人都在大城市里长大,都具有相当优越的背景;而且,他们的数学与科学才华在年轻的时候就被人发现了。同样,波士顿以一种爱尔兰农村根本不可能有的方式让帕特里克·肯尼迪展示了自己的才华。

---

① 美国第44任总统贝拉克·侯赛因·奥巴马(Barack Hussein Obama Ⅱ,1961—),祖籍肯尼亚。
② 恩里科·费米(Enrico Fermi,1901—1954):意大利裔美国物理学家,1938年获得诺贝尔物理学奖。
③ 冯·诺依曼(John Von Neumann,1903—1957):匈牙利裔美国人,著名数学家,被誉为"计算机之父"。

理查德·赖特的城市之旅

美国城市中有大片大片的几乎全部是非洲裔美国人而且几乎全部是穷人的地区，它们向我们讲述了当周围的邻居与他们所在城市的经济中心切断联系后可能会出现的问题。但是，即便是这些邻居，也应该结合美国南部农村地区所出现的更为糟糕的情况来看待。著名的非洲裔美国作家理查德·赖特[①]出生在密西西比州的纳奇兹。他和他的母亲向北迁移，首先到了孟菲斯，后来又到了芝加哥；他们的目的是逃脱种族歧视法律的迫害，同时也是为了寻找挣钱的机会。正如赖特在他的自传《黑孩子》(Black Boy)中写到的一样："我向着北方走去，心里充满了某种朦胧的梦想，即可能会生活得有尊严，他人的人格不应受到侵犯，人人可以不带任何恐惧或羞愧地面对其他人；如果人们在地球上的生活是幸运的，他们会为自己曾经在星空下的奋斗和磨难而获得某些救赎意义。"

赖特向北方逃亡可能让他摆脱了密西西比州严厉的种族主义法律的迫害，但这并未立即给他带来"救赎意义"。在芝加哥，他先是做搬运工，后来又做过役童和洗碗工。与科尔曼·扬和当时成百上千颇有才华的其他非洲裔美国人一样，他试图通过在邮局里找到一份工作来改善自己的生活；但是，营养不良使他的体重比政府规定的 125 磅的最低标准低了 15 磅。最后，在 1929 年的春天，他的体重终于达到了标准，并在芝加哥中心邮局——当时全球最大的邮局——找到了一份全职的夜班工作。

这份工作很不错，他可以从事自己的写作。更为重要的是，这份工作让他与一个左翼文学沙龙建立了联系。他参加了位于芝加哥南部地区的一个 10 人小组，他们经常聚集在那里纵论时事、畅谈理想。像赖特在一份精彩而有趣的回忆录中所描述的那样，"我试图成为一名共产主义者"，他"惊讶地发现，他们中间的许多人已经加入了共产党"。很快，"索尔"请赖特去参加由莫斯科领导（隶属莫斯科）的约翰·里德俱乐部的一次会议。赖特的答复带有一定愤世嫉俗的色彩："我不希望加入任何组织。"索尔抛出了赖特在这个世界上最渴望得到的诱饵："他们可以帮助你写作。"

在大萧条导致芝加哥各大邮购商店的业务大幅度地减少之后，赖特失去了工作。他开始频繁地更换工作岗位：推销可以提取佣金的人寿保险，清扫街道，挖

[①] 理查德·赖特（Richard Wright，1908—1960）：非洲裔美国作家，代表作为长篇小说《土生子》。

掘地沟，最后在迈克尔－瑞斯医院找到了一份工作。他得到这份工作显然是因为他引起了著名城市社会学家路易斯·威尔斯的妻子的关注。她还让他撰写伊利诺斯州罗斯福新政工程振兴署的历史。1937年，他迁到了纽约，写作工程振兴署的出版物《纽约全景图》（*New York Panorama*），这本书至今仍然是对大城市生活的一次精彩描述。

1938年，即赖特来到纽约之后的第二年，他凭借一部短篇小说获得了500美元的奖金。他的第一部作品是名为《汤姆叔叔的孩子们》（*Uncle Tom's Children*）的故事集，由哈珀出版公司出版。他获得了一次古根海姆奖金，写出了《土生子》（*Native Son*），并由此成为了一位文学巨匠。在九年的时间里，芝加哥和后来的纽约使得他在大萧条这段最困难的时期从一名苦苦挣扎的搬运工变成了颇为成功的作家。他的才华以及城市在提供与其才华相匹配的任务方面的能力获得了成功。

理查德·赖特向北方迁移使他成为从存在种族歧视的南方逃离的大批非洲裔美国人中的一部分。向北迁移给他带来了巨大的经济利益。在20世纪20年代，一位南方的佃农每年能赚到445美元已经非常幸运了。而在亨利·福特的工厂里，一位黑人员工每天能赚到5美元的工资，年收入比南方佃农年收入的3倍还要多。像理查德·赖特一样，来到北方的非洲裔美国人得到的不仅是较高的工资，还有自由。

哈莱姆文艺复兴①让一群星光灿烂的作家和表演艺术家聚在了一起，前者包括兰斯顿·休斯和佐拉·尼尔·赫斯顿，后者包括艾拉·费兹杰拉德和比莉·哈莉黛。当像艾灵顿公爵这样的黑人天才闯入到白人的世界之后，所有的美国人都受益匪浅。对这些名人和数百万默默无闻的非洲裔美国人来说，人口密集的城市为他们提高自己的社会和经济地位提供了可能。

这一段历史表明，评价一个地区的依据不应该是它存在的贫困现象，而应该是它在帮助比较贫困的人口提升自己的社会和经济地位方面所作出的成绩。如果一座城市正在吸引着比较贫穷的人口持续地流入、帮助他们取得成功、目送他们离开，然后再吸引新的贫困移民，那么从社会的一个最为重要的功能来看，它是成功的。如果某个地方已经变成了那些长期处于贫困状态的贫困人口所默认

---

① 哈莱姆文艺复兴（Harlem Renaissance）：发端于20世纪二三十年代，由纽约黑人聚居区哈莱姆的黑人作家、艺术家所领导的一场文艺运动。

的家园，那么它就是失败的。

美国贫民区的兴衰

非洲裔美国人向北方移民的意义不亚于美国人那种史诗一样的经历。20世纪初期，在北方城市中很少见到非洲裔美国人。1900年，非洲裔美国人仅占纽约人口的2%，仅占芝加哥人口的1.8%。几十年之后，随着黑人纷纷选择到城市里寻找机遇，这一比例有所提高。他们向北方迁移的目的是寻求自由和繁荣，但在到达北方地区之后，他们发现了可能仍然非常严重的肤色障碍，尽管这不像在南方地区那么明显。正如新建一家工厂一样，颁布一部法律也是有固定成本的。因此，当城市里只是出现了少量黑人时，北方的种族主义者并未为颁布法律而担心；但随着黑人数量的增加，存在种族歧视的立法机构的确感到了担心。北方地区的城市逐渐找到了孤立那些日益增加的非洲裔美国人的方法。

乔治·麦克梅臣似乎是20世纪初地位提升幅度最大的非洲裔美国人。他毕业于摩根学院和耶鲁法学院，然后来到了巴尔的摩，在这里与另一位非洲裔美国人阿什比·霍金斯一起创办了一家非常成功的律师事务所。麦克梅臣希望居住在巴尔的摩一个较为富裕的社区里，当时在那里居住的全部是白人。1910年，霍金斯在麦卡洛大街1834号购买了一套房子，并把它租给了麦克梅臣。

这个从前全部都是白人的社区对此表示了强烈的反对。当地的孩子们把砖头扔进了麦克梅臣家的窗户里。一个邻里关系改进协会宣告成立，目的就是为了把他赶出去。白人试图从麦克梅臣的合作伙伴手中买下这套房子，而后者提出了相当于购买价格三倍的报价。白人邻居很不甘心，决定求助于修改法律。麦克梅臣的邻居是一位律师——《纽约时报》（New York Times）认为他是"非常杰出的"律师，霍金斯则认为他是"无人委聘的"律师——他找到了巴尔的摩市宪章的一份副本，并认为制定一个种族隔离的条例恰好在本市的权力范围之内。他起草了一部这样的法律，并顺利地获得了市议会的通过和市长的签字。市长竟然令人难以置信地宣布，这部法律的支持者是"有色人种最好的朋友"。

很快，里士满、亚特兰大、路易斯威尔和其他的南方城市纷纷制定了类似的法律。尽管种族隔离在许多南方地区已经成为了法律，但仍然有人对种族隔离的合法性表示怀疑。麦克梅臣认为，它是"违犯宪法、违背正义和歧视黑人的"。霍金斯将巴尔的摩起诉到法院，并取得了胜利：种族隔离的法律在州法院中被宣告无效。最后，全国有色人种促进会于1917年第一次取得了重大的胜利：最高法院宣布种族隔离是非法的，这可能是迄今为止美国黑人在法庭上取得的一次最为重要的胜利。

但是，最高法院的裁决仅仅是阻止了白人孤立黑人的愿望。在有些城市，如亚特兰大和芝加哥，暴徒对冒险进入白人地区的黑人采取了恐怖行动。契约中的限制性条款禁止向那些被视为不受欢迎的人出售房产。1947年的一项研究表明，纽约在两次世界大战之间所开发的房产中，有72%的房产存在着种族主义的限制性条款。

这些限制性条款意味着非洲裔美国人不仅生活在孤立的社区里，而且经常要为他们的房子支付更高的价钱。大约40年前，由经济学家约翰·凯恩和约翰·奎格利所进行的一项研究发现，在圣路易斯，在房屋相差无几的情况下，黑人支付的价钱要高于白人。与这一结论相呼应的是，"芝加哥黑人聚居区的非洲裔美国人按照每个房间每立方英尺的标准所支付的价钱相当于富人们购买位于湖滨大道的同等空间所支付的价钱。"就全国而言，在那些存在种族隔离的城市里，黑人住宅的价格都要高于白人。

但是，城市也产生了法律的拥护者，他们慢慢地拆除了贫民区的围墙。巴尔的摩的两位律师瑟古德·马歇尔和菲利普·帕尔曼——一位是黑人，一位是白人，一位代表全国有色人种促进协会，一位代表美国政府——携手向限制性条款宣战。在他们提出的依据的影响下，最高法院于1948年裁定，这些种族主义条款并不违法，但各州的权力不得被用于它们的实施，实际上是否决了它们的适用性。这就形成了一个绝妙的讽刺：一个激进主义的法庭以告诫政府不要采取行动的方式促进了种族平等。10年之后的纽约，黑人的一个强大同盟军——犹太人——和其他种族共同起草了美国第一部《公平居住法》(Fair-Housing Law)，禁止在私人住宅方面进行基于宗教或种族的歧视。其他地区纷纷效仿纽约的做法。又一个十年之后，在马丁·路德·金被暗杀后一周，国会通过了1968年的《民权法案》(Civil Rights Act)，禁止了美国所有住宅方面的歧视行为。

这些法律上的胜利为那些经济和社会地位得到提升的非洲裔美国人离开贫民区、搬入从前的白人社区提供了可能。在1970—2000年间，美国各地几乎全部消除了种族隔离，这主要是因为从前纯粹的白人地区接纳了少数非常富有的非洲裔美国人。在1970—1990年间，非洲裔美国大学毕业生的种族隔离程度大约下降了25%，同时中学肄业生的种族隔离程度下降了不到10%。

种族隔离的性质也发生了变化。在20世纪60年代之前，种族隔离体现在阻碍黑人流动的严格壁垒上。它限制了非洲裔美国人的居住选择，并导致他们在实施种族隔离的城市里要支付更高的居住费用。今天，种族隔离可能体现在一个自由的住宅市场所发挥的作用方面。在这个市场里，白人往往只是比许多黑人更愿意支付一定的溢价，从而可以居住在那些大多数是白人的社区里。因此，在存在着种族隔离的地区，非洲裔美国人的住宅价格特别便宜，与半个世纪之前的情况恰好相反。

对于美国社会来说，废除种族隔离的法律是一场胜利，但种族隔离依然存在。而且可悲的是，在取消种族隔离方面获得的胜利似乎使种族隔离带来的伤害更大了。20世纪六七十年代的研究发现，在种族隔离较为严重的城市里长大的非洲裔美国人与在种族隔离不太严重的地区生活的非洲裔美国人，他们的出路几乎没有什么差别。在较为富裕的非洲裔美国人离开了贫民区之后，情况发生了变化。1990年，那些在种族隔离较为严重的城市里长大的、年龄在20岁~24岁之间的黑人与那些在种族隔离不太严重的地区生活的同一年龄段的黑人相比，前者取得中学毕业文凭的比例要比后者低5.5%，而辍学和失业的比例则要比后者高6.2%。生活在种族隔离不太严重地区的非洲裔美国人的收入要高17%。而生活在种族隔离较为严重的城市里的白人与生活在种族隔离不太严重的城市里的白人相比，则没有什么明显的差别。在种族隔离较为严重的城市里，年轻的黑人女性成为单身母亲的比例要高3.2%。

威廉·朱利叶斯·威尔逊在30年前曾表示，当大多数受过良好教育的非洲裔美国人继续生活在种族隔离的社区里时，他们为整个社区提供了示范作用和领导力量；当他们离开之后，这些社区也失去了方向。迄今为止，已经积累了大量支持他的观点的论据。我们从这里看到了社会学家罗伯特·默顿提出的关于非预期后果法则中的智慧，它甚至经常出现在最善意的公共行为中。默顿认为，社会是十分复杂的，公共行为可能会导致预料之外的和不受欢迎的后果。没人愿意回到那样一个世界：住进白人社区里的黑人要面临死亡的威胁。但随着技能水平较高的少数人的迁出，贫民区现在成了那些落后子弟的糟糕场所。令人伤心的是，太多存在种族隔离的城市已经从向上奋斗之地变成了固守贫困之地。

内城

美国的城市中仍然存在着严重的种族隔离问题，反对种族隔离的斗争是非常困难的，部分原因在于经济方面的力量拉开了富人与穷人之间的距离。在贫困人口相对集中的背后存在着一种隐含的逻辑：穷人倾向于居住在美国各大城市的中心地区。这种倾向在一定程度上反映了交通对于城市的巨大影响力。任何形式的旅行都涉及两种成本：金钱和时间。对于穷人和富人来说，乘车上下班的现金成本是一样的。但是，当工资较高的富人把更多的时间花在上下班途中、把更少的时间用在工作上时，就等于放弃了更多的收入。因此，富人通常愿意为更加快速地到达工作地点支付更多的金钱。为什么曼哈顿和里约热内卢的中心城区要比那些较为偏远的地区更加富裕呢？因为富人能够为拥有更短通勤时间的特权支付更多。

但是，在美国的大多数城市里，情况刚好相反：穷人的住所比富人距离市中心还要近。当某种单一的交通模式占据主导地位的时候，如驾车或乘坐地铁，富人会住得离市中心更近一些，穷人则会住得离市中心更远一些。但在有多种交通模式的情况下，穷人往往会住得离市中心更近一些，以便能更方便地乘坐公共交通工具。2009 年，美国一个四口之家的贫困线标准是 22,050 美元。2008 年，一个典型的非城市家庭与汽车有关的交通支出为 9,000 美元。一个拥有两位成年人、收入仅为 22,000 美元的家庭究竟怎样才能负担得起两辆汽车呢？

纽约、波士顿和费城各有 4 个交通区和收入区：一个是中心区（如曼哈顿中心区或灯塔山），富人依靠步行或公共交通上下班；一个是第二区（如纽约周边自治城镇的边缘或波士顿的洛克斯布里），穷人依靠公共交通上下班；一个是第三区（如威斯彻斯特县或韦尔斯利），富人驾车上下班；一个是由偏远地区组成的外围区，较为贫穷的人居住在那里，并驾车上下班。巴黎同样拥有非常完善的公共交通系统，因此也有一个内城区；在那里，富人依靠地铁或步行上下班。另一个则是穷人区，人们居住在有火车通往巴黎的较为偏远的地区。

历史较短的城市对于公共交通的依赖往往比较少，如洛杉矶。因此，它们没有专供富人居住的、可以步行或乘坐公共交通工具的中心区。全城一片繁荣，只有 3 个区：一个是内城区，穷人乘坐公共交通工具（洛杉矶中南部）；一个是中间区，富人驾车（贝弗利山庄）；一个是周边区，较为贫穷的人面临着可怕的交通问题。

交通问题并不是将穷人拉进美国城市中心区的唯一力量。首先，为了靠近条件较好的学校，有实力的父母纷纷选择居住在郊区。中心城区往往具有一段较长的历史，那里的房子通常较为陈旧，在质量和价格上都有所下降。正如富人购买新的汽车并在几年之后把它们卖给比较贫穷的人一样，新房子通常是为更加富裕的人建造的；后来随着价格的下降，这些房子又成了比较贫穷的人的住所。大量便宜的二手车对于较为贫穷的人来说是一种实惠，同样，底特律或圣路易斯等地大量便宜的二手房也是很受穷人欢迎的。

贫困与内城交通之间的关系告诉我们，某些地方的贫困是有原因的，我们不应指望它们迅速地富裕起来。当一个地方提供了贫困人口所特别看重的便利设施（如公共交通或比较便宜、陈旧的住房）时，那么这个地方可能会继续贫穷下去。

政策是如何加剧贫困的？

数十年来，公共政策一直在试图降低种族隔离的成本。但是，许多这种本意很好的干预只是进一步证明了华盛顿的无能，而并未解决城市的问题。一种积极进取的方式是为贫困地区的企业提供税收减免，这些贫困地区在美国被称为"授权区"，在英国被称为"企业振兴区"。正如我们在前一章中所讨论过的一样，授权区的确给贫困地区带来了就业岗位，但付出的代价也是十分巨大的：每增加一个就业岗位，大约需要 10 万美元的税收减免。此外，我们仍然不知道对于在这些地区长大的孩子们来说，这种就业是否能够转化为长期的成功。

另一种观点认为，这种方式——正如我从前的同事约翰·凯恩曾经说过的一样——只不过是在"给贫民区镀金"。按照这种观点，只有增加人员的流动才能缓解种族隔离造成的问题，如通过住房券带来人员的流动。在 20 世纪 90 年代，住房和城市建设部进行了一次名叫"机遇迁居"的社会试验，即随机地向一些迫切需要帮助的单亲家庭发放住房券。1/3 的家庭没有得到住房券，他们成为了对照组；1/3 的家庭得到了标准配置的住房券，可以用于支付在这个城市的任何地方居住所需的费用；另外 1/3 的家庭得到的住房券只能用于低度贫困的社区。这一限制的目的是让贫困家庭住进较为富裕的社区，并评估居住地点对这些人造成的影响。通过将那些得到了住房券的家庭与对照组的家庭加以对比，可以测算出不同的社区对于父母和孩子的影响。

结果是非常令人纠结的。凭借着住房券迁入低度贫困社区的父母变得更加高兴和健康，成为犯罪受害者的可能性也随之降低，但他们的经济状况并未出现任何的好转。毕竟，老的贫民区实际上距离工作岗位更近一些。它对孩子们成就的影响同样也令人十分纠结。女孩子的学习成绩更好一些，似乎正在很好地融入她们所在的新环境。男孩子的成绩则很不理想。如果说他们由于迁入一个低度贫困的环境而产生了更多行为问题的话，这就是社会政策中很常见的另一种无法预料的后果。在女孩子和男孩子身上产生的这些令人纠结的结果反映了最近30年来的一个普遍模式：女性的非洲裔美国人远比男性更为成功。

设计住房券的目的是利用政府资金让比较贫困的人口住进比较舒适的房子里。就此而言，住房券是成功的。它们实际上是把资源配置给了存在需求的人，而非让承包商中饱私囊和建造华而不实的项目。但是，它们并非解决城市所面临的更大社会问题的方法。关于"机遇迁居"的研究结果表明，仅仅通过拿出钱来让人们迁入比较富裕社区的方法，我们是无法解决城市贫困问题的。

糟糕的政策往往会把塑造城市形象置于帮助居民之上，但通过集中精力关注某一个地区，社会企业家有时可以发挥重要的作用。最近40年以来，哈莱姆儿童地带①一直致力于为曼哈顿最著名的非洲裔美国人社区的孩子提供帮助。他们建立了一个密集的社会活动网络——如负责传授为人父母所需技能的婴儿学院——旨在提高学习成绩和减少犯罪。从某种意义上说，他们也许是在"给贫民区镀金"；但从另一层意义上说，他们正在向哈莱姆的孩子们传授振兴哈莱姆、甚至是离开哈莱姆所需的技能——如果孩子们愿意的话。

2004年，当纽约开始允许在它的学校里进行更多试验的时候，哈莱姆儿童地带创办了自己的特许学校——希望学院。这所学校的课程安排是非常紧张的，要求学生花费很长的时间，对成功也提供了经济方面的刺激。这所学校的领导人在工作中非常大胆，招聘了他们能找到的最好的老师，并在第一年中解聘了其中约50%的老师。学校的招生由抽签来决定，这导致我的同事罗兰·弗莱尔进行了一项真正自然的试验：将相似的抽签胜利者与抽签失败者加以对比。他和他的合著者发现，这所学校对它的学生有着强大而积极的影响：希望学院消除了黑人与白人在数学方面的成绩差距。老师与孩子共同取得了独特的成功，这是非同寻常和令人难忘的。

哈莱姆儿童地带证明，在存在种族隔离的地区投资是有可能取得成功的，只

---

① 哈莱姆儿童地带（Harlem Children's Zone）：美国一个非盈利性质的儿童关爱机构。

要投资的目标是孩子，而非运动场或单轨铁路。但是，它的成功就意味着奥巴马总统在2007年所做的承诺是正确的吗？他当时承诺："在我当选为总统之后，我的消除城市贫困计划的第一部分将是在全国20个城市中复制哈莱姆儿童地带。"联邦政府能够成功地复制这种在纽约市涌现出来的社会企业家精神吗？其他城市能够像纽约一样吸引来同样令人难忘的领导人、老师和捐赠者吗？尤其是在他们不得不遵守由华盛顿制定的规则的情况下。我希望如此。可是我担心，哈莱姆儿童地带的成功和全国大部分干预的相对失败可能给人留下这样一种印象：城市问题的解决可能更多地依赖于当地的倡议，而非联邦的政策。当一个城市吸引来了大量高素质人才之后，其中有些人将愿意去关注这个城市所面临的问题，并找到解决那些看似最为棘手的问题的办法。

当联邦政府的行动减少了由政府本身造成的人为的贫富隔离时，这种行动就是最为有力的。当两个相邻地区的公共服务完全不同的时候，这些不同将会对人们选择在哪里居住产生影响。有些影响完全是没有任何危害的。某一所郊区的学校可能拥有一支比它的邻校更好的足球队，并吸引了比较喜欢体育的家长。鉴于我的孩子可能从我身上遗传了体育成绩不佳的基因，我很开心自己可以选择那些不太偏重体育的学校。但是，当学校质量的差距导致了穷人的孤立的时候，人们会有更多理由感到担忧。

东圣路易斯提供了一个极端的关于城市贫困悖论的例子。它告诉我们，在某一个地区实行帮助穷人的公共政策，可能会导致穷人的大量集中。东圣路易斯位于伊利诺斯州，横跨密西西比河，与密苏里州的圣路易斯相距甚远。1989年，伊利诺斯州每年提供给需要抚养孩子的家庭的救助要比密苏里州高20%。如果你失去了工作，移居到伊利诺斯州是非常明智的，因此，东圣路易斯1990年的贫困率为43%，高于圣路易斯、布法罗、底特律或铁锈地带中任何陷入衰退的其他城市。自1996年福利制度进行改革之后，福利补贴的差距基本上消除了，圣路易斯和东圣路易斯之间的贫困率差距也随之出现了大幅度的缩小。

福利的差距已经缩小，但学校质量的差距依然存在，这有助于解释为什么有些城市的中心地区居住的是穷人（如底特律），而其他城市（如巴黎）却正好相反。巴黎拥有一些全世界最好的公立中学，而且非常富有的巴黎人希望让他们的孩子进入像亨利四世、路易大帝那样的公立中学。但在美国，公立中学的垄断导致城市的中心地区往往是条件较差的学区。郊区学校的规模比较小，竞争力比较强，对更为富裕的家长们具有很强的吸引力。

没有什么比奇怪的校车案例更能体现学校所导致的种族隔离的力量了。在1964年的《民权法案》得以通过之后，联邦和州政府开始要求在各个学区之间开通校车，以便在每个学区内部维持黑人与白人之间基本一致的比例。校车制度的拥护者认为，这种方式可以打破贫民区的文化孤立，增加非洲裔美国人的机会。校车制度的反对者（包括90%以上的美国人）则将其视作是一种侵犯，认为它挤垮了邻区学校，并且迫使孩子进行远距离的跋涉。

对这两种观点表示同情很容易，但很难看到最高法院在"米立根诉布拉德利"一案（其限制跨越学区的校车的开通）的裁决中所表现出的任何智慧。实际上，这一裁决意味着城市里的居民被迫合并他们的公立学校，而郊区的孩子则不受影响。如果一个反对城市化的朋友曾试图让人们大量地迁出古老的城市，他不可能做得比这更好了。白人邻居一起放弃了城市，如波士顿；纷纷迁到了位于学区之外的郊区，如斯基尤特。他们不想让自己的孩子乘坐校车。最高法院办妥了这件事情，从而让他们可以通过离开这座城市的方式来避免自己的孩子乘坐校车。这一结果甚至让城市里的贫困人口更加孤立了。

令人感到奇怪的是，美国的学校制度是可以减少种族隔离的，但前提是它要走向社会主义的左翼或自由市场的右翼。如果美国效仿欧洲社会主义的优点，对公立学校给予足够多的投资，让它们全部成为很好的学校，那么富人们就没有理由为了让孩子接受更好的教育而离开城市了。如果美国允许住房券或促进城市学区之间竞争的特许学校存在，那么它们的品质将会得到提升，并有可能成为富有家长的一个选择。美国的地方公立学校垄断制度对城市几乎毫无帮助，并在很大程度上确保了城市更加贫穷。

城市贫困并不是好事情——任何贫困都不是好事情——但里约热内卢的棚户区、孟买的贫民窟和芝加哥的贫民区已经为穷人提供了走出贫困的道路。在某些情况下，奋发向上的梦想也许不会成为现实，但这恰恰是继续为了我们的城市而努力奋斗的一个理由。我们不能把自己的希望寄托在农村生活上，尤其是在发展中国家。城市带来了变化，对于社会和个人来说都是如此，现状不是那些没有食物、医疗或未来的人的朋友。在这个世界上，贫穷的农村地区很少发生迁移——只有在发生饥饿、内战，或极其罕见的像绿色革命那样有助益的事件的情况下，才会偶尔地迁移——而贫穷的城市地区正在迅速地发生变化。

机会存在于变化中。

但是，人们纷纷助长"城市不利于穷人"这一无稽之谈是有理由的。数百万贫困人口涌入城市可能表明这些移民是充满希望的，但这并不一定会提高已经生活在这些地方的中等收入人口的生活质量。对于那些知道拥挤和拥堵将不会让他们的生活变得更美好的现有城市居民来说，旨在减少城市移民的政策——如孟买对于建房的严格限制——是很有吸引力的。人口密集既有代价，也有好处。

当城市很好地战胜了伴随着人口密集而来的种种弊端之后，它的发展将会给每一个人带来快乐。近3个世纪以来，比较富裕的国家已经为战胜城市里的疾病和犯罪投入了数十亿美元。发展中国家的城市尚未赢得这些战争的胜利，这是我们将要在下一章中讨论的问题。

Chapter 4
居住环境是如何受到制约的？

孟买达拉维地区的面积约为530英亩，居住着60万~100万人口。这是一个人类活动和企业经营高度集中的地区。人们没有在达拉维周围坐等自己的机会降临——变成《谁会成为百万富翁》①的主人公。在一个空间狭小、地板脏乱、没有窗户的房间里，两个人正在对硬纸板箱进行回收再利用——把它们撕开、把硬纸板翻转过来、然后重新钉上，硬纸板上面的字迹由此被换到了里面。这个房间还承担着兼作宿舍的双重功能，里面的旧纸箱可以营造出一个可供休息的场所。在它的隔壁，两位缝纫工人正在缝制乳罩，这可能会让你回想起一个世纪之前纽约的下东区。

附近有十几名制陶工人正在未经铺装的、街道旁边的房间里工作着，里面的灯光有些昏暗。他们把刚刚运来的陶土加工成罐子，然后放到门外的一口烈焰滚滚的炉窑里进行烧制。在另一个房间里，七八个妇女正在分拣使用过的塑料制品。这些回收再利用的活动让达拉维看起来很绿色。但是我确信，即使是最为热心的环保主义者也无法从注射器的回收再利用中得到多少快乐。

虽然达拉维积极创业的活力展现了城市贫困人口的正面形象——他们怀有雄心壮志，努力奋斗，并因靠近城市客户与生产要素而受益——但这一地区污浊

---

①《谁会成为百万富翁》(*Who Wants to Be a Millionaire*)：最早由英国独立电视台制作与播出的电视游戏节目，后被世界各地的电视台效仿。

的空气与污染的水源强调了城市人口密集的代价。街道没有经过任何铺装。污水管线——即使有的话——经常会溢出到供水管网中。每1,000多位居民才拥有1个公用厕所，因此，经常可以看到有人在街道上小便。在这种情况下，疾病是无法避免的，它夺走了许多印度穷人的生命。一项研究表明，在孟买，肺结核是导致人们死亡的第二大因素。它的传播导致孟买的人均寿命预期比印度其他地区低7岁。

1962年，心理学家约翰·卡尔霍恩在《美国科学》(Scientific American) 杂志上发表了一篇文章，描述的是当他建立了严重拥挤的老鼠聚集区之后所产生的非常恐怖的后果。老鼠出现的问题包括：很高的幼崽死亡率、同类相食、"狂躁的过度活动"和"病理性退缩"。人们可以合理地提出质疑：高度密集的老鼠是否向我们提供了一些关于人类在城市中生活的启示？在其他物种（如恒河猴）身上进行的试验已经发现，密度过大可能会导致杀害而非亲密。卡尔霍恩的文章是一种警告。它提示我们，密度过大可能会产生巨大的负面作用。

孟买的交通拥堵可能是令人难以忍受的——出租车往往会停在一头阉牛拉着的牛车后面。尽管达拉维是非常安全的——得益于一个运转良好的、邻里相互关照的社会体系——但整个孟买城里存在着为数不少的犯罪分子，如臭名昭著的、专门抢劫或杀害宝莱坞明星的匪徒。这些问题不是孟买或印度所独有的。每一座较为古老的城市都一直在与疾病和犯罪作斗争。每一座人口密集的城市都面临着潜在的拥堵问题。人口密集可以传播思想，同样也可以传播疾病。

这些问题并不是无法解决的，但它们往往需要某一个积极的甚至是富有侵略性的政府部门进行干预。政府部门无所作为往往被看作是促使农村贫困的一个理由——这种可怕的逻辑认为，由于城市里不够干净，人们应该留在他们农村的棚屋里。不论是从道德理性还是实践理性来看，这种逻辑都是完全错误的。发展中国家的城市政府必须采取西方国家的城市政府在19世纪和20世纪初所采取的措施：提供清洁的饮用水，同时安全地处理人类产生的垃圾。它们必须确保贫民区的安全。它们甚至必须采取许多美国城市未能采取的措施：打破那种会剥夺贫困孩子权益的孤立，让他们能够享受到大部分人由于生活在大城市里而能享受到的各种好处。西方国家在过去的两个世纪里与城市的疾病、腐败、犯罪，以及种族隔离的斗争为今天的发展中国家提供了深刻的教训。但令人遗憾的是，其中的教训之一就是：这些斗争绝不是轻松的。

▲ 一个男子运送孩子们穿过孟买达拉维贫民窟中喧闹并且散发着恶臭的街道。这种情景与巴黎、伦敦、纽约和其他大城市的许多居民在 19 世纪时面临的情况是非常相似的。

达拉维贫民窟同时展示了印度人民的伟大和马哈拉施特拉邦政府的无能。尽管这会让像我一样喜欢采取自由市场方式的人士感到不安,但解决达拉维问题的办法并不是让政府消失。事实上,在许多领域里,如土地使用和营业许可,印度政府可以并且应该减少干预;但是,对于像达拉维这样的贫民窟所面临的重大城市问题,根本没有自由市场式的解决办法。城市极其需要有实力和有能力的政府提供清洁的饮用水、安全的社区和快捷畅通的街道。

高度地推崇民主很容易,但有效的城市政府往往需要这样一位铁腕领导人的治理——他不受监督和制衡的制约、无需关注每一个心怀不满的公民的意愿。在谈到自己在纽约市打击犯罪的工作时,泰迪·罗斯福① 指出"在大多数情况下,分权制衡理论完全是自找麻烦"。我并不完全赞同他这一观点——分权制衡在限制无良的领导人方面会发挥非常有益的作用——但是,泰迪·罗斯福在遏制腐败方面的举措肯定会受到阻挠,因为他下属的警察局长有能力否决他的行动。泰迪·罗斯福关于"不受限制的改革"原则似乎是,集中权力有助于防止受益于现状的势力阻止改革。正如我们在战争期间会赋予我们的领导人更多权力一样,

---

① 泰迪·罗斯福(Theodore "Teddy" Roosevelt, 1858—1919):又被称为老罗斯福,美国第 26 任总统。他曾于 1895 年担任纽约市警察局长。

当我们的街道很不安全或者我们喝下的每一口水中都带有病菌时,我们也许不得不更多地相信他们。

我非常赞赏印度实施的令人印象深刻的民主制度,这在全球较为贫困的国家中是独一无二的。但是,喧闹的民主加上各种固定的选区,这经常会阻碍大幅度改善城市生活所必须采取的强有力的行动。印度民主中最为糟糕的一点就是,权力往往掌握在邦而非城市的手中;并且正如美国参议院一样,各邦往往是由农村的选举人来主导的,他们拥有更多的人均代表权。印度的城市需要把自己的命运更多地掌握在自己手中。

金沙萨的困境

达拉维是人类在非常困难的情况下能够坚持下来的典范。但是,有些城市则完全丧失了正常的功能,它们挫败了人们为了过上体面生活而付出的最为艰苦的努力,如刚果民主共和国的首都金沙萨。当政府部门完全无法应对数百万贫困人口聚集在一个城市里所带来的后果时,城市可能就变成了令人恐怖的地方——犯罪分子和病菌在那里肆无忌惮地兴风作浪。这种失败使得城市无法实现它的核心目的,即通过精英人士之间以及与外部世界之间的交流来实现整个国家的发展。除了最具奉献精神的人道主义者以外,谁愿意为了如此之少的回报而到一个风险如此之多的地方来呢?

金沙萨有一个很糟糕的开端。它是由冒险家亨利·莫尔顿·斯坦利于1881年建立的,并被命名为利奥波德维尔,目的是为比利时国王利奥波德提供一个贸易地点。这位国王的名字变成了野蛮的殖民主义——迫使非洲劳工开采地下资源,并利用大规模的屠杀作为统治手段——的同义词。随着时间的推移,比利时政府有所进步。在20世纪50年代,这座城市几乎已经变得很不错了。但在刚果独立之后,金沙萨发生了急剧的恶化。在32年的时间里,蒙博托·塞塞·塞科进行的是严重腐败的统治。由于对内实行工业国有化、对外穷兵黩武,并且从未进行人力资本和实物资本方面的投资,扎伊尔(他给这个国家重新取的名字)陷入了赤贫的状态。蒙博托的执政经历告诉我们,泰迪·罗斯福提出的关于"不受限制的改革"原则存在着致命的缺陷。只有当权力掌握在正确的人手中的时候,权力的集中才是好事情,但这一点并不能得到任何保证。在蒙博托下台之后,这个国家(现在又重新改名为刚果)的情况并未有什么好转,因为有数十万人死于战争，而且腐败依然十分普遍。

由于刚果的持续动荡，金沙萨出现了迅速的扩张，尽管没有一个运行有序的政府来缓解它所面临的问题。自 1960 年以来，金沙萨的城市人口从 44.6 万人增加到了 1,040 万人。

个人独裁的一个标志是权力以独裁者为中心向外辐射。因此，实行独裁统治的国家的首都要比实行稳定的民主统治的国家的首都平均大 30%。关于印度尼西亚腐败问题的一项研究发现，当照片上距离这个国家的独裁者最近的某个公司的领导人生病的时候，他治理之下的公司的股票价格受到的影响最为严重。如果你想在扎伊尔的强盗统治中分得一杯羹，你就必须来到金沙萨、必须接近蒙博托。

一些研究表明，1/3 以上的金沙萨儿童受到了疟疾寄生虫的感染。在 2004—2005 年间的一次伤寒大爆发中，数百人死亡、数千人受到了感染。除了其他问题之外，金沙萨长期以来还一直是艾滋病流行的重灾区。最早的 HIV 阳性血液样本于 1959 年来自利奥波德维尔的居民。1985 年，一次随机的抽样调查发现，有 5% 的金沙萨居民受到了感染。美国有线新闻网最近将金沙萨列为了全球十大最危险的城市之一。

金沙萨的情况是非常恐怖的，但刚果其他地区的情况往往更加糟糕。美国国务院指出，在金沙萨旅行，"白天的时间基本上是安全的"，但"偏远地区是不够安全的，因为犯罪活动十分猖獗"。1996—2003 年间，让中非国内人民饱受折磨的战争将数万人赶到了相对安全的刚果首都。在每 1,000 名出生于金沙萨省的婴儿中，有 73 人死亡时还不满 1 周岁。这大约是美国平均水平的 10 倍，但低于刚果农村的水平。2001 年的一项调查发现，在金沙萨的某些地区，10% 以上的儿童存在着营养不良的问题。这一数字听起来令人不安，但在与首都以外的地区相比时除外，后者的数字有时会超过 30%。十分可悲的是，国营的供水机构无法提供清洁的饮用水。刚果有 30% 的城市人口不得不长途跋涉 30 分钟以上去寻找饮用水，但这并未阻止来自这个国家内陆地区的移民。

由一个野蛮的殖民主义政权建立、后来由一位邪恶的独裁者统治的金沙萨实在是命运多舛。今天，从伦敦或纽约的角度来看，这座城市面临的问题也许是无法解决的；但是，纽约和伦敦曾经也不得不解决类似的问题。世界上每一座较为古老的城市都曾与疾病和暴力进行过斗争。那些艰苦卓绝的斗争所取得的最终胜利应该让金沙萨看到希望。

治疗患病的城市

瘟疫是在公元前 430 年通过比雷艾夫斯港口进入雅典的,可能导致了 1/4 雅典人的死亡。这座城市的领导人伯里克利就是它的受害者之一。大约 970 年以后,瘟疫袭击了君士坦丁堡,根据历史学家普罗柯比的记载,在高峰时期每天有 10,000 多人死亡。在 1350 年之后的 3 个多世纪里,瘟疫经常造成西欧城市居民的死亡。在 17 世纪,城市地区的死亡率甚至大大超过了英格兰农村。18 世纪初期,瘟疫突然从欧洲消失了(尽管并未从亚洲消失),但黄热病入侵了。在 1830 年之前,霍乱也开始在西方的城市中肆虐。

尽管早期针对疾病的公共卫生行动基本上仅限于隔离,但越来越聪明的城市人(如约翰·斯诺)正在逐渐获得遏制瘟疫传播所需要的知识。斯诺是一位来自约克郡的煤炭工人的儿子,他在 14 岁时跟随铁路先驱乔治·史蒂芬森的医生当学徒。9 年之后,斯诺独自一人步行了 200 英里来到伦敦,学习要成为一名外科医生所必须掌握的技术。两年之后,他拿到了资格证书,并成了一名成功的医生和医学研究者。他从自己所在的这座城市中学到了很多知识。他最伟大的成就来自于:在 1854 年霍乱爆发时,他观察到了霍乱致人死亡的方式。

伦敦是斯诺的实验室。在当地一位牧师的帮助下,他对居民进行了走访,并制作出了一张具有重要意义的霍乱发作地图。这张地图逐个街道、逐个案例地标明了这种疾病的地理分布。通过研究霍乱的分布地点,斯诺发现,某一个水泵成为了这次霍乱爆发的策源地。他通过走访得出了结论,"除了习惯饮用上述泵井里的水的人以外,伦敦这一地区没有出现具体的霍乱爆发或流行"。附近喜欢喝麦芽酒的人仍然很健康,酒精具有杀死水生细菌的能力,它长期以来帮助城市居民远离了疾病。

这口水井似乎受到了附近一个粪坑的污染,那个粪坑里存有被污染的粪便。在斯诺让人将那台水泵的手柄移走之后,这场霍乱慢慢地平息了下来。斯诺并未完全搞清楚霍乱的细菌来源,但他正确地判断出这种疾病是通过被污染的水传播的。斯诺的研究为现在看来显而易见的事实提供了初步的证据,即城市必须提供清洁的饮用水以确保城市人口的健康。斯诺还为我们提供了一个关于自我保护性的城市创新的例子,即城市能够获取解决它们自身面临的问题所需要的信息。

在美国,市政府早在 19 世纪初就已经开始承担起提供清洁的饮用水这一非常艰巨的任务,其主要的推动因素是直觉而非斯诺的科学。他们不知道通过哪一

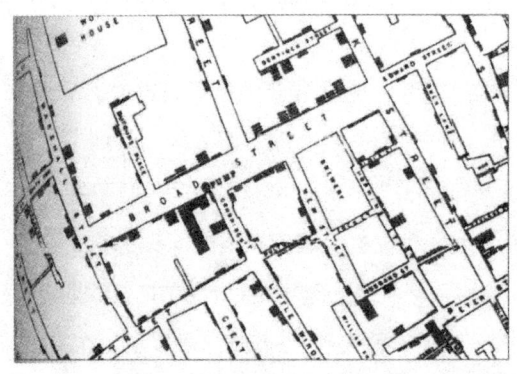

◀ 约翰·斯诺非常著名的1854年霍乱地图帮助他确定了一口水井是伦敦那场传染病的源头。

种途径认识到，受到污染的水在疾病的爆发中发挥着某种作用。于是，他们多年来一直在努力提供更加清洁的饮用水。当黄热病于1793年和1798年席卷美国的城市之后，费城和纽约决定向它们的市民提供没有被附近的粪坑污染的水。在英国建筑师和工程师本杰明·拉特罗布的指导下，费城走上了公用事业的道路。尽管建设和运营的成本远远超过了拉特罗布最初的预计，但费城最终拥有了一个功能完善的公用系统，其水源来自斯库基尔河上游。

纽约则走上了私有化的道路，但它试图节省金钱的举措意味着清洁的饮用水要在几十年之后才能到达曼哈顿。在黄热病爆发之后，纽约市议会首先提出的是公用系统的方案，但州议员、同时也是失败的副总统候选人亚伦·伯尔提出了不同的方案。为了打击他的政治对手——市议会中的联邦主义者，他拉拢自己的主要竞争对手、本身是联邦主义者的亚历山大·汉密尔顿作为盟友。汉密尔顿反对为了资助公用系统而增加税负，并说服市议会接受了伯尔提出的关于私营供水的方案。

接下来，伯尔利用自己娴熟的政治技巧通过州议会制定了一部新的私营供水公司章程。章程的主要条款允许该公司募集200万美元的资金，并将任何剩余资本用于"不违反纽约州或美国宪法和法律的有利可图的交易"。这一表面上看似并无不妥的条款意味着伯尔可以利用这家公司为所欲为，只要它能够供应一些水。他从金融而非供水中看到了更多的经济和政治利益。汉密尔顿无意之中为他自己的纽约银行树立了一个竞争对手。曼哈顿银行已经拥有了两个多世纪的成功，后来发展成了大通曼哈顿银行，现在又变成了摩根大通银行。但是，它的确没有解决纽约的供水问题。

为了节省伯尔开展金融业务所迫切需要的资本，该公司使用了一口旧井，并建造了一座规模很小的水库。曼哈顿公司似乎违背了要从布朗克斯引入清洁而新鲜的饮用水的诺言，取而代之的是将来源不明、饱受质疑的幽暗之水（aqua obscura）注入到了公司的蓄水系统当中。

许多地方实行私营供水也取得了不错的效果，但存在着两个潜在的问题。消费者无法方便地核实他们的饮用水的质量，这意味着供水公司是有机可乘的，它们可以在不影响销售的前提下节省自己的成本。即使一家私营的供水公司可以确保它提供的水是清洁的，但消费者并非总是愿意或能够为保证这种清洁处理的有利可图而支付很高的代价。在比较富裕的经济环境下，这两个问题往往并不存在，可以认为那里的人们会为了饮用水的清洁而支付较高的费用；而且一般来说，可以认为那里的供水公司会提供符合健康标准的饮用水，尤其是考虑到若非如此，它们可能会面临诉讼的风险。但在汉密尔顿和伯尔的年代，即使非常富有的市民能够派仆人到住宅区去购买新鲜的水，但这个市民肯定想得到，居住在较为贫困地方的人正在使用更加便宜和污浊的商业区供水。尽管他们非常谨慎，但不清洁的水仍然可能会杀死这位富翁或他的家人，因为全城性的瘟疫可能会从那些贫穷的地方开始，并通过廉价和污浊的供水传播开来。

这就是经济学家们所说的外部性，即某一个人的行为未经自愿的交易而对另外某些人的行为产生影响。一个多世纪以来，经济学家们一直认为，外部性需要某种形式的国家干预，供水也不例外。由于曼哈顿公司未能解决纽约清洁饮用水的问题，水生疾病一直在反复地出现。纽约市有时会因为某一年中发生的瘟疫而丧失其人口总量的 0.5% 以上，达到其正常年份死亡率的两倍，比如 1832 年的那场霍乱。

最后，纽约市采取了费城的模式，为公用供水事业投入了数百万美元，正如汉密尔顿所警告的一样。耗资 900 万美元（按照 2010 年的币值计算，超过了 1.7 亿美元）建成的克鲁顿供水系统自 1842 年开始为纽约供水，清洁的饮用水很快发挥了作用。1860 年之后，婴儿死亡率出现了连续 60 年的惊人下降，从南北战争结束时的 30‰ 下降到了 20 世纪 20 年代的 10‰ 左右。

1896 年，美国有大约 1,700 个公用供水系统，市政府用于供水方面的开支相当于联邦政府用于除军事和邮政服务以外的所有开支。在巴黎，乔治-欧仁·奥斯曼男爵利用他作为拿破仑三世代理人所享有的几乎毫无限制的权力建造了一个污水处理系统。它至今仍然为巴黎提供着服务，并吸引游客到它的隧道中参观。

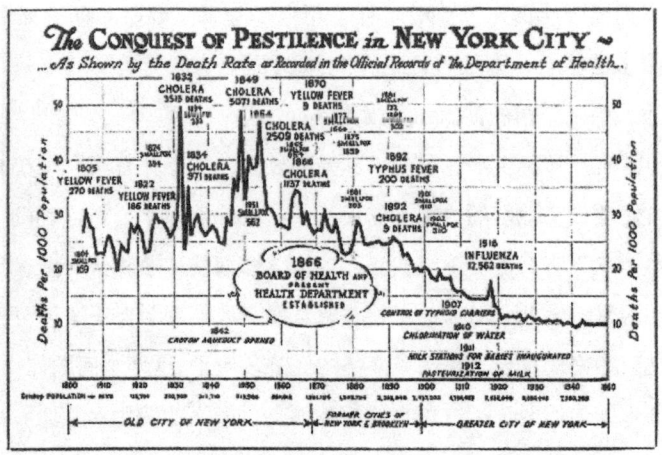

▲ 纽约市卫生局披露了纽约市死亡率的变化表。在19世纪开始提供清洁的饮用水之后,死亡率出现了急剧的下降。

经济历史学家维尔纳·特鲁伊斯根进行了大量的研究,结果表明,对城市水务领域的投资大大减少了由于伤寒和其他疾病所导致的死亡。清洁的饮用水甚至减少了那些由于并非通过供水系统传播的疾病所导致的死亡。与一个世纪以来关于马萨诸塞州清洁饮用水影响的研究相一致的是,特鲁伊斯根和他的合著者约瑟夫·费里埃发现,自从1850年开始,芝加哥较低的伤寒症发病率与其他疾病的大幅度减少基本上是如影随形的。其他疾病导致的死亡之所以出现减少,可能是因为水中传播的疾病过去被误认为是其他疾病;或者是因为水中传播的疾病破坏了人们的免疫系统,从而导致它们在遇到其他疾病的攻击时出现失败。不论是哪一种原因,费里埃和特鲁伊斯根认为,"清洁的饮用水的出现是导致1850—1925年间芝加哥死亡率下降30%~50%的原因"。

清洁的饮用水进入城市只是因为政府对基础设施进行了大规模的投资。让达拉维的贫民窟能像巴黎的街道一样消灭水中传播的疾病,这将需要政府或者受到适当补贴和管理的私营公司付出同样的努力。

街道的整洁与腐败

尽管更加清洁的饮用水导致了疾病的大幅度减少,但1901年时纽约的平均寿命预期要比全国其他地区低7岁,这主要是因为传染性疾病的流行。在一个世纪以前,美国的腐败丝毫不亚于今天的许多发展中国家。正如今天的腐败限制了发展中国家提供公共服务的效率一样，腐败使得19世纪的美国城市非常不健康。

纽约的街道之所以变得干净起来，主要得益于一次暂时让臭名昭著的坦慕尼协会失去了权力的警察丑闻。很多人不喜欢仅仅将很少一部分权力交给当地人的政治制度，但是，正确的做法也不是完全的自治。在理想的情况下，各级政府——联邦、州和市——可以相互制约，尤其是当不同的政党执掌了不同等级的权力时。如果没有联邦政府对州一级事务的干预，南方地区的非洲裔美国人是不会获得公民权利的。纽约市的街道之所以很快变得干净起来，是因为一位共和党的州参议员领导了一次对民主党市政府下属的警察局的调查。

这位参议员在长达10,000页的报告中详细描述了四处滋生蔓延的腐败现象，即使最疲惫不堪的读者也会被它惊醒。当调查人员询问声名狼藉的警察俱乐部成员威廉姆斯，他完全依靠一名警察的薪水怎么可能买得起他在纽约的联排别墅、在康涅狄格州的乡村别墅及其名下的游艇时，威廉姆斯回答："我在日本购买了房地产，它已经升值了。"这份报告是纽约1894年选举的背景，它剥夺了坦慕尼协会的权力，并将共和党商人威廉·斯特朗扶上了市长的宝座。

斯特朗本来打算让西奥多·罗斯福负责街道的整洁，但罗斯福希望担任警察局长一职。于是，斯特朗任命了乔治·华林上校。正如罗斯福非常罕见地打破自己的谨慎习惯所评价的那样，华林用自己的行动证明了"他是更加适合这一职位的人选"。当然，华林分享了罗斯福对于"不受限制的改革"的热情。华林早在40年前就开始从事环卫工作了——负责中央公园的排水系统，当时他只有二十几岁。他为南北战争期间的联邦军队招募了6个骑兵团，将娟姗牛引入到美国，并帮助建造厕所。在一系列水中传播的瘟疫导致孟菲斯成了全国知名的诉讼案例之后，他建成了孟菲斯污水处理系统。1895年，这位集工程师、农场主和一流马术师于一身的人接管了纽约的街道清扫工作。

乔治·华林马上就遭遇了惹火烧身的麻烦。他在第一年中就超支了预算的25%。据说，他曾将"共和国大军"这一联邦退伍军人组织称为"一群喜欢酗酒的懒汉"，这大约相当于今天将美国退休人员协会称为"一群懒惰的福利骗子"。此事导致了一场政治风暴。华林回应说，他只不过是把全国最强大的游说团体称为"养老金无赖"，甚至在纽约州议会要求罢免他之后也没有退缩。他坚持对闲置在城市街道上的汽车予以没收，并导致了一场"莫特大街上的骚乱"——冲突的一方是"奉命没收卡车"的街道清洁工人，另一方是一群"试图阻挠卡车被没

乔治·华林和其他卫生防疫工作的开创者将纽约街道清洁工这支杂牌军（▲1868年）改造成了一支组织得力、成绩显著的力量（▶1920年）。

收的意大利人"。他连夜工作，制定了本部门应对暴风雪的计划。即使出现了种种问题，但《纽约时报》还是认为，在他上任后的7个月里，"这座城市在环境卫生方面已经发生了奇迹"。

华林的活力、诚实和能力为他赢得了公众的支持，这种支持对于贬低他的人来说是压倒性的。他还得益于一项新的技术——沥青。在19世纪80年代，纽约的街道通常是用长方形的花岗岩铺设的，下面是一层沙砾。清扫这些街道要比保持鹅卵石的清洁容易一些，但灰尘和污渍仍然无处不在。慢慢地，沥青这种可以把小石块和沙砾粘连在一起的柏油状黏性物质被用在了街道的铺装上。当奥斯曼男爵于19世纪60年代在巴黎建造他的林荫大道时，他发现沥青可以提供一种平整的、易于管理的表面。在19世纪90年代，纽约市也转而采用了沥青路面。关于坦慕尼协会与私营沥青公司之间存在腐败关系的指控铺天盖地，但街道的铺装非常顺利。这让华林领导下的工人的清扫工作更加轻松。

为了在西班牙与美国之间的战争结束后去改善古巴的环境卫生工作，华林于1898年辞去了他的职务。他在古巴患上了黄热病，不幸去世。但是，他给我们留下了一座更加清洁也更加健康的城市。在1901—1910年间，纽约男性的预期寿命增长了4.7岁，纽约与全国平均水平之间的差距缩小了一半。预期寿命延长的最主要原因是婴儿死亡率的下降，这体现了医学知识的传播、环境卫生的改善以及医疗水平的提高。

斯特朗市长并未能够在自己的任期内解决纽约的城市腐败问题。后来接替斯特朗的是一位坦慕尼协会的成员，他依靠垄断这座城市的制冰行业发了大财。但是，市政府的腐败已经不像鲍斯·特威德时期那么严重了，因为人们的文化程度有所提升，也更加注重政治影响。一般来说，腐败会随着教育水平的提高而减少，因为公民减少了对政治机器的大老板可以提供的非正式安全网的依赖，而且能够更好地组织起对腐败的抵制。但是，政治机器在大多数美国城市里并不会受到削弱，直到新政带来了更好的会计制度。这也再一次表明，政府的分级管理可能会产生积极的效果。

旧模式的政治机器的领导者是本地人，他们通过少量地向自己的选民们派发工作岗位和小恩小惠来换取选票。支持这一机器的移民家庭可以在失业时得到一份工作或帮助，或者在感恩节时得到一只火鸡。这些服务是由政治机器的老板所管理下的城市金库来提供的。新政极大地强化了联邦安全网，削弱了本地政客通过偶尔的施舍来收买选民支持的权力。为了获得资金，当地的领导人必须小心翼翼地记录他们的资金流向。老板时代变成了官僚时代，其中许多官僚走上了官员的职业化道路，如乔治·华林上校。

道路越多，交通问题越少？

传染性疾病将城市的最大优势——人际交流——变成了一个导致死亡的原因。交通拥堵也同样削弱了城市的这一优势，因为它使得人们在城市里的交通变得非常困难。大量的城市垃圾使得城市街道成为了一种健康威胁。大量的驾车者使得城市街道成为了一座停车场。提供清洁的饮用水需要一份技术性的方案，但提供没有交通拥堵的街道需要的不仅仅是技术性的诀窍。只有在人们不过度使用的前提下，我们的街道才会变得更加可以利用，这需要经济学家们提供帮助。驾车出行带来了一个负面的外部因素，因为每一个驾车者通常都只会考虑本人的成本和利益。驾车者一般不会考虑到他们的驾驶行为导致了其他人行驶速度的下降。消除这一外部因素的最好方法是向使用道路的人收费。

把清水引入城市之中，并把污水排出城市之外是一项非常艰巨的工作，它考验着技术性诀窍的极限。交通拥堵也是一项技术性的挑战，但同时还是一项心理上的挑战，这主要是因为每一处的交通改善都会改变驾车者的行为，从而在某种程度上让此处的交通改善化为泡影。数十年以来，我们一直试图通过修建更多道路的方式来解决道路太少、汽车太多的问题。但是，每一条新修的道路或每一座新建的桥梁在投入使用之后都会吸引来更多的交通流量。经济学家吉勒·杜兰顿和马休·特纳已经发现，随着新建公路的增加，汽车的行驶里程基本上会呈现出一对一的增长。他们将这种现象称为道路拥堵的基本法则。

交通问题实际上表明，想要满足人们对于任何免费东西的需求都是不可能的。道路的修建成本和使用成本都是非常高的，但美国的驾车者似乎认为，免费通行的权利是《人权法案》（Bill of Rights）赋予他们的。苏俄曾经人为地压低消费品的运输价格，导致的结果是空旷的货架和漫长的运输线路。这基本上就是当人们被允许免费驾车行驶在城市街道上时所发生的问题。

减少交通拥堵的最好方法是由一位曾经获得过诺贝尔奖的、出生在加拿大的经济学家威廉·维克瑞提出的。维克瑞第一次研究公共交通问题是在1951年，当时他参加了一个旨在改善纽约财政状况的市长委员会。他承担的课题是地铁的票价问题，他认为，"私人轿车和出租车的使用者，也许还有公共汽车的使用者，基本上没有承担与他们使用所带来的成本增加相对应的成本。"当我们驾车出行的时候，我们考虑的是自己在时间、汽油，以及汽车贬值方面的个人成本，但通常不会考虑自己给其他任何一位驾车者带来的成本——损失的时间。我们没有考虑到自己造成的交通拥堵，因此，我们造成了道路的过度使用。

经济学家们顺理成章地对这一问题提出了解决方案，即按照驾车者出行的全部成本向他们收费。这意味着要新增一项费用，就是按照驾车者的汽车对这条道路的其余部分所造成的影响向他们收费。在20世纪50年代末，维克瑞在一份关于华盛顿公交系统的报告中进一步完善了他的核心思想，他第一次赞同对驾车者造成的交通拥堵进行收费。维克瑞的观点受到了他所在城市的启发，这是自我保护性的城市创新的另一个例证。在公路电子收费系统出现之前的数十年里，维克瑞推荐了一种收取交通拥堵费的电子系统；他还建议，当交通拥堵更加严重的时候，提高高峰时段的收费。

数十年来的经验证明，维克瑞是正确的。修建更多的公路几乎从未能有效地减少交通延误，但征收交通拥堵费做到了。1975年，新加坡采取了一种简单的征收交通拥堵费的方式——就中心城区的驾车行为向驾车者收费。现在，这一系统实现了电子化和精密化，并使得这座城市消灭了交通拥堵。2003年，伦敦开始征收交通拥堵费,也导致了交通流量的大幅度下降。

既然如此,为什么美国很少征收交通拥堵费呢?因为政治学战胜了经济学。对成千上万的驾车者新增一项收费是不受欢迎的,因此,数百万小时的宝贵时间被拥堵在路上的驾车者毫无必要地浪费掉了。维克瑞本人死于心脏病发作——深夜驾车行驶时倒在了汽车的方向盘上。我总是想像他当时还在思考着如何避免交通拥堵的问题。

在美国,交通拥堵浪费了价值数十亿美元的时间。但是,它在发展中国家的城市里造成的后果可能更加严重,因为那里的人口更加集中,可供选择的交通方式通常还有待开发,如地铁。建筑物更加低矮,从而导致了城市范围的向外延伸,再加上人行道非常不完善,使得步行的选择更加不现实。在像孟买这样的城市里,交通拥堵可能会使城市生活的运转陷入停顿。正因如此,消除交通拥堵不仅关系到生活的方便,也是一场确保城市可以实现其最基本的功能——让人们聚集在一起——的战斗。

让城市变得更加安全

犯罪可能会给城市在人际交流方面的优势造成像交通拥堵一样严重的伤害。恐惧让人们躲在紧锁的房门之后,切断了彼此之间的联系,削弱了城市生活的优势。恐惧是成千上万的人共同生活在一个人口密集的城市空间里所导致的一种极其常见的副产品。正如城市的接近性为思想和疾病的传播提供了便利一样,它也为犯罪提供了便利。

几个世纪以来,城市秩序不佳的威胁一直在促使市民缴纳税收和牺牲自由,其目的是寻求安全。第一支现代警察力量是在路易十四执政期间于巴黎组建起来的。当时巴黎可能是欧洲规模最大的城市,当然也充满了暴力犯罪。事实上,巴黎在17世纪时第一次变成了一座光明之城,因为它的警察部队领导人发起了一场声势浩大的街道照明工程,其目的是降低这座城市在夜间的危险性。

威利·萨顿说,他抢劫银行是因为"那里是存放金钱的地方"。但是,在大多数情况下,犯罪意味着穷人抢劫其他的穷人。犯罪的受害者更有可能是穷人、年轻人和男性——正如犯罪分子一样。人们加入犯罪团伙的一个重要理由是其他犯罪分子作出了为其提供保护的承诺。

在全球的大部分国家,犯罪活动不成比例地集中在城市里。1989年,在人口规模超过 100 万的城市中，20% 以上的居民在上一年度曾经是犯罪活动的受害者；而在人口规模低于 1 万的城镇中，只有不到 10% 的居民曾经是受害者。1986 年，城市人口每增加一倍，谋杀率平均增加 25%。

城市容易引发犯罪的主要原因是进入城市的贫困人口随身带来了贫困的社会问题，比如说犯罪。城市也对犯罪起到了鼓励作用，因为城市地区是潜在的受害者高度集中的地方。一个小偷很难依靠一条人迹稀少的乡村道路来维持自己的生存，但一条熙熙攘攘的地铁线路可以为他提供大量可供扒窃的钱包。我曾经估算过，城市地区的一次犯罪活动带来的经济回报平均要比城市以外的地区高出 20% 左右。

城市与犯罪之间的关系也给规模庞大、市民往往素不相识的城市带来了执法上的困难。在《妙探寻凶》(Clue) 的游戏中，玩家可以通过逐一排除所有可能的犯罪嫌疑人来破获一起凶杀案。现实生活中的警察往往也是如此，但这一过程在城市中要困难得多，因为城市中有更多需要排除的犯罪嫌疑人。因此，城市人口每增加一倍，任何已知的犯罪嫌疑人被捕的可能性就要下降 8% 左右。

犯罪率一直牢牢地与城市的规模联系在一起，但城市之间的以及不同时间段的犯罪率差异往往与执法、收入或可以被量化的任何其他指标没有多少关系。里约热内卢的贫民窟以好勇斗狠的黑帮而闻名，但孟买的贫民窟通常是非常安全的。尽管在电影《贫民窟的百万富翁》(Slumdog Millionaire) 中，犯罪分子到处都是，但孟买的总体犯罪率大大低于印度城市的平均水平。孟买的贫民窟并没有我曾在里约热内卢的贫民窟或 20 世纪 70 年代纽约的贫民区中所感受到的那种危险气氛。这种差异并不是因为孟买的警察做得更好，或孟买比里约热内卢更穷。

关于孟买贫民窟的安全，最合理的解释是，尽管这些地方可能很贫穷，但它们也是运行有序的社会空间，就像简·雅各布斯 50 年前在她的代表作《美国大城市的死与生》(The Death and Life of Great American Cities) 中所描述的格林威治村一样。在这些地方，居民看护着街道和胡同。不正当的行为很快会被社区而非警察注意到，并被给予相应的处理。

同样是在城市里，犯罪率会由于难以捉摸的原因而有高有低。谋杀是唯一一种可以用来衡量公共安全的长期变化趋势的犯罪，因为其他犯罪往往会由于各种各样的原因被少报或瞒报。当警方特别无能或腐败的时候，官方的犯罪率实际上可能会下降，因为人们纷纷停止报告大多数的犯罪情况。

犯罪历史学家埃里克·孟克南收集整理了纽约 200 多年来的谋杀案的数据。在 1800—1830 年间，谋杀案呈下降的趋势，随后又开始上升，并在南北战争期间达到了顶峰。在 19 世纪时，街头的黑帮控制了移民社区，纽约警察也因为腐败而臭名昭著，基本上每一年每 10 万名纽约人中就会发生 3 起~6 起谋杀案。108 腐败与谋杀之间看起来的确存在着一定的联系。在 1865—1961 年间，坦慕尼协会执政时的谋杀案大约比改革派执政时高出 12% 左右。

随后，谋杀案在 19 世纪末期呈现出下降的趋势，自 1900 年起又开始上升，并在咆哮的 20 年代达到了顶峰——每 10 万人发生 5.4 起谋杀案，然后在 20 世纪 50 年代下降到 4.1 起的较低水平。在 1939—1959 年间，全国的杀人犯罪率下降了 29% 左右。在 1960—1975 年间以及 1930—1960 年间取得的所有成绩都消失得无影无踪，城市甚至变得更加无法无天。纽约的谋杀犯罪率增长了 4 倍，1975 年时达到了每 10 万人发生 22 起谋杀案的水平。

许多犯罪率的波动是没有明确原因的。在所有这些时间段里，美国和纽约都正在变得更加富裕和强大，贫穷或城市规模无法解释为什么某一个时间段里会出现犯罪率的上升或下降。1960—1975 年间的犯罪率激增已经得到了广泛的分析，但迄今尚未达成共识。有人可能推测，此段的犯罪率上升可以用当时青年人口的不断增加来解释（青年人犯罪之多简直不成比例）。但是，按照斯蒂文·莱维特的估计，青年人口的增加至多可以解释这一时期犯罪率上升的 1/5。其他的解释包括城市工业经济体的经济状况不断恶化，或警察工作效率的下降。但是，仍然没有一个可以量化的指标能够真正地解释这种变化。

从某种意义上说，犯罪活动随着时空转变而发生的无法解释的变化是城市中偶然出现的无法解释的艺术与创造力大爆发所带来的有害的副产品。这两种现象都是社会互动力量的体现。一位艺术家（布鲁内莱斯基、海顿）可以给他或她所在的城市带来一系列的创新。同样，一小撮城市犯罪分子也可以打破确保城市安全的社会规范，从而让犯罪活动更具吸引力。瘸子帮是由几个年轻人创建的，现在成了一个据说拥有 30,000 多名成员的大帮派。城市可以提升个人的影响力——不论是好是坏，而个人的选择和才华是很难预测的。因此，城市中的种种现象同样是很难理解的，比如犯罪率的急剧上升。

犯罪率的急剧上升也许是很难解释的，但它们的影响可能是非常明显的。在 109 1940—1960 年间，纽约基本上像美国其他地区一样健康。纽约白人的预期寿命与全国总体水平的差距从来没有超过6个月。但是，在1960—1990年间，纽约男性的预期寿命与其他地区的差距达到了2.7岁。全国男性总体上正在变得比纽约男性更加健康。这一差距并未出现在女性身上，部分原因在于大多数谋杀案的受害者都是男性。

许多种因素共同导致了纽约男性死亡数量的增加。艾滋病传播到了纽约并开始致人死亡，大多数受害者同样是男性。从20世纪60年代到80年代，纽约由于心脏病导致的死亡率也有所增加，这也许与吸食毒品或压力过大有关。纽约的中央公园变成了一个夜间只有勇士或莽夫才会进入的无人地带。1925年，抒情诗人洛伦兹·哈特把这座城市描述为一件"专门为一对一对的青年情侣而制造的绝妙玩具"。50年之后，这座城市看起来像是为抢劫犯而建造的，但绝对不是"绝妙的"。

在1975—2005年间，纽约谋杀犯罪导致的死亡人数从每10万名居民近22人下降到刚刚超过6人。这一下降伴随着强奸、抢劫，以及几乎各种严重犯罪的同步下降。正如犯罪率的上升基本无法解释一样，犯罪率的下降也基本体现在无法量化或控制的社会力量上。约翰·唐纳休和斯蒂文·莱维特已经令人信服地表示，堕胎的合法化在犯罪率下降方面起到了一定的作用。

此外，尽管犯罪率可能经常因为与警察完全无关的原因而发生变化，但它的确与维持治安有关。由加里·贝克尔创建的犯罪与惩罚经济学首先从犯罪分子并未完全失去理性这一前提出发。正像我们其他人一样，他们会对各种刺激作出反应。如果犯罪导致的预期惩罚增大，且预期惩罚取决于被捕的可能性以及被捕之后惩罚的严重程度，那么犯罪将会减少。犯罪的理性实际上解释了经常处在90%以上的重新犯罪率。如果犯罪分子是理性的，并且在入狱之前知道监禁可能会给他带来什么影响，那么在监狱中服刑将无法改变他们对于自己毕生事业的思考。任何人都不会指望在几场比赛中因为犯规过多而被罚出场的职业篮球运动员会突然改变他们打球的风格。如果对某些人来说，在被捕之前犯罪看起来是个好主意的话，为什么事后它看起来会是个坏主意呢？

随着惩罚力度的加大，犯罪会逐步减少，这种直觉的判断得到了大量统计数据的支持。尽管许多项研究已经发现，犯罪减少的主要原因是被捕率的上升，而非刑期的增加。南美洲城市中的谋杀犯罪率非常之高，如里约热内卢和波哥大，这可以用谋杀案的定罪率偏低来解释。在美国，有50%左右的谋杀案被判定有罪。

在波哥大和里约热内卢，只有不足 10% 的谋杀案以入狱服刑的方式结案。当犯罪成本如此之低的时候，这些地方出现如此严重的犯罪问题也就不再令人吃惊了。在拉丁美洲，面对很高的犯罪率，较为常见的反应是试图解决与犯罪相伴而生的贫困问题。但令人遗憾的是，这一战略在那里还不如在美国成功。

在 20 世纪 60 年代，当美国城市遭遇了犯罪和骚乱的大爆发之后，初步达成了一项共识，我们可以通过让城市更加繁荣来确保城市更加安全。只要美国集中精力解决它的贫困问题，犯罪问题将会自动地迎刃而解。作为骚乱的应对措施，肯纳委员会建议美国"立即采取行动，在今后 3 年内创造 200 万个新增就业岗位——其中 100 万在公共领域，100 万在私营领域——以便吸收长期失业的人员，大幅度降低所有工人的失业水平，不论是黑人还是白人"。

令人遗憾的是，没有人真正知道应该怎样去为城市里的失业人员创造 200 万个新的就业岗位、怎样去更加全面地解决贫困问题，或怎样去阻止当时城市制造业的衰退。此外，非常不明确的是，仅仅依靠增加收入就能够大幅度地减少犯罪吗？在进入 20 世纪 70 年代之后，自由主义者甚至开始主张对预防犯罪采取更加直接的法律与秩序措施。

1973 年，曾被认为是"共和党自由派的希望"的纳尔逊·洛克菲勒签署了洛克菲勒禁毒法，规定对持有任何 4 盎司或以上非法毒品的任何个人处以 15 年到终生的监禁。在 1977 年的市长竞选中，埃德·柯克通过支持死刑来与他的竞争对手划清界限。柯克开创了一种潮流，他的继任者（包括鲁迪·朱利安尼在内）均赞同维持治安的"破窗理论"，即一个没有修复的破窗户会导致更多的窗户被打破。这种理论要求加大对甚至非常轻微的违法行为的处罚力度，比如为了逃票而跳越地铁的旋转栅门。严厉的处罚自然会引起一座城市的居民的注意，犯罪分子在那里似乎受到了遏制。

在 1980—2000 年间，美国刑事司法系统中的囚犯数量——包括监禁、拘留、缓刑、假释——从 180 万增加到了 649 万。监禁并未让犯罪分子洗心革面，但是通过威慑，尤其是通过让犯罪分子离开街道，他们的确阻止了犯罪。大量研究考察了监禁对于犯罪率的影响，通常刑期每增加一倍，犯罪率大约会下降 10%~40%。斯蒂文·莱维特认为，因为监禁而带来的无法兴风作浪的效果通常比威慑更加重要。他在自己的一项经典研究中使用了美国公民自由联盟针对监狱由于过度拥挤而释放犯人所提起的诉讼。在释放了犯人之后，附近的犯罪率出现了上升。据他测算，监狱人口每下降10%，暴力犯罪将会增加4%。利用这一测算数据，监狱人口的增加可以解释20世纪90年代暴力犯罪下降了40%左右这一现象。

有数百万年轻人已经因为非暴力的毒品犯罪而被判处了监禁。如果其中某些人没有入狱的话，他们可能会犯下更为严重的错误，他们入狱帮助降低了犯罪率。但是，其中许多人本来可以过上非常丰富多彩的生活。他们失去了自由和未来的前景，这是通过提高入狱服刑的比例来降低犯罪率所要付出的可怕代价。我无法判断这些囚犯以及他们的社区所付出的代价与由此增加的公共安全利益孰轻孰重，但我强烈地希望我们今后能够找到代价更低的减少犯罪的方式。

正如贝克尔的逻辑所暗示的一样，减少犯罪的另一种方式只不过是雇用更多的警察。在20世纪90年代，纽约市的警察数量增加了45%，全国的警察数量增加了15%。斯蒂文·莱维特推断说，警察数量每增加10%，犯罪将会减少5%。如果人们认可这一数据，那么警察数量的增加可以解释全国犯罪减少了1/7、纽约的暴力犯罪大幅减少了1/4左右的现象。警察数量的增加不是免费的，但他们的成本效益看起来至少是与延长服刑时间持平的。

有免费的午餐吗？即有一种方法能在不增加对警察的投入或监禁数百万年轻人的前提下减少犯罪。在最近的20年里，有两种战略受到了广泛的宣传，它们的目标都是改善警察内部的信息交流。一种战略是利用技术手段，另一种战略是依靠城市的互动。它们似乎都很见成效，尽管我们无法像讨论延长服刑时间或增加警察数量的影响一样充满信心地这样说。

警方使用新技术已经有很长的历史了，比如指纹、汽车、测谎仪、双向无线电以及911报警系统。最新的高科技浪潮在20世纪90年代席卷了纽约等地的执法部门，创新的数据驱动系统帮助警方将警力资源投入到了麻烦频出的地区。这一思想似乎是由一位名叫杰克·梅波的车站警察首先提出来的。他画了一张关于纽约交通系统的地图，以便能够看到哪些地方发生的抢劫案最多。他利用这张地图来决定将自己手下的警力派到哪些地方，在地图绘制和自我保护性的城市创新方面取代了约翰·斯诺的领先地位。

这一系统逐渐变得更加先进。当某个地铁站发生犯罪案件之后，大批警察将会迅速地赶到现场。地铁抢劫案件的数量出现了急剧下降，梅波的思想受到了他的新上司、警察局长威廉·布拉顿的借鉴。布拉顿和梅波后来建立了CompStat

系统。这是一个计算机统计系统，辖区的警长和他们的上司通过它可以准确地看到哪些地方正在发生犯罪案件，并采取相应的行动。通过准确定位哪些地方最需要警力和让警察对发生在自己辖区内的犯罪案件更好地负责，CompStat 系统让城市变得更加安全了。

CompStat 系统依靠时髦的新技术来加强执法工作，而"社区治安"则依靠个人的接触。从本质上说，社区治安仅仅意味着警察应该与某个社区维持良好的关系，并利用面对面的交流来搜集可能有助于预防犯罪的信息。犯罪分子，尤其是犯罪团伙中的成员，通常会受到他们所在社区的保护。这既是因为恐惧，也是因为即使最该死的犯罪团伙也会经常照顾他们的邻居。不过，尽管社区治安的概念可能很简单，但执行起来却可能相当困难。

警察往往是外来者，因为他们与生活在他们所巡逻的社区里的居民来自不同的地方或种族。此外，从前进行的警察职业化的尝试往往中断了警察与社区之间的关系。许多城市采取了轮换警察的方式，即定期将警察派往新的社区。因为它们认为，通过削弱像"俱乐部成员"威廉姆斯那样心术不正的警察与可能向其行贿的居民之间的联系，这种方式可以减少腐败的发生。但是，20 世纪 60 年代的骚乱往往起源于当地的团伙袭击警察。这促使警察局增加了对社区关系的投入，以便改善警方与心怀不满的社区之间的关系。

1992 年，暴力袭击了波士顿的晨星浸礼会教友教堂，当时的一场葬礼演变成了敌对帮派之间的斗殴。一个主要由神职人员组成的社区领袖联合会宣告成立，并创建了"十点联盟"。这是一个由宗教领导人组成的联盟，它致力于减少这座城市中较为贫困社区的暴力犯罪。在这些领导人的支持下，波士顿警方与麻烦不断的社区之间建立了良好关系，并大大提高了他们的工作效率。犯罪率出现了急剧下降。

如今，波士顿警察局提出了许多社区治安倡议，包括"安全街道小组"和大量的社区咨询理事会。负责这些辖区的警官表示，女性往往是他们的主要联系人；在建立这些联系方面，少数民族和女性警官可能更加有效。

尽管很难看到利用城市在跨越空间传播知识方面的能力来维持治安的战略存在任何不足之处，但也几乎没有可靠的数据支持这样的观点，即社区治安或类似 CompStat 一样的系统已经导致了犯罪率的大幅度下降。这些方法的采用几乎没有对比性的实验。但是，大量的案例研究确实表明，它们可能帮助维持了城市街道的安全。

无论是 CompStat 系统还是社区治安，均未能保护在 2001 年 9 月 11 日当两架波音 767 飞机撞毁世贸中心大楼时死去的 2,794 名纽约人。尽管如此之多的纽约人表现得非常勇敢，就像那些死去的英雄一样——其照片仍然悬挂在我母亲所在街道的消防站里——但仍有许多人怀疑这座城市的恢复能力。他们担心的是，对那些试图向我们文明的真正核心发动袭击的恐怖分子来说，城市的人口密集地区将成为一个无法抗拒的目标。但是，几乎没有证据表明，城市面对恐怖主义的威胁将无法继续生存下去。从历史上看，世界各地的恐怖主义从未能阻止城市化或高楼大厦的建设。耶路撒冷和伦敦都一直面临着持续不断的恐怖主义活动，但这两座城市的人口增长似乎都没有因此而出现下滑。城市拥有强大的资源——大量的警力、遵纪守法的公民、完善的基础设施——它们有能力在甚至最为恐怖的威胁面前保护自己。

健康方面的好处

当大量人口生活在一片面积很小的土地上时，巨大的健康风险就会产生。但是，截至 2007 年，如果继续维持目前的死亡率的话，一个出生在纽约市的婴儿预计会比出生在美国其他地区的婴儿多活 1 岁半。洛杉矶、波士顿、明尼阿波利斯、旧金山，以及其他许多城市可能也会夸口说，它们的标准年龄死亡率低于全国平均水平。每平方英里拥有居民 500 人以上的县的平均预期寿命比每平方英里拥有居民 100 人以下的县要长 9 个月。在 1980—2000 年间，每平方英里拥有居民 500 人以上的县的平均预期寿命比人口密度低于上述标准的县多增加 6 个月。

纽约人身体健康不是偶然的。纽约投入了巨额的财政资金以便引入清洁的饮用水。它拥有一位强硬的、准军事化的领导人，他大幅度地增加了本部门的开支，以便确保曼哈顿的街道干净整洁。大量的警察和较高的定罪率确保了纽约市的安全。只有敢于负责，并获得了授权的政府领导人才能赢得每一场战争的胜利，他们投入了巨额的资金，而且扩展了公共领域。如果发展中国家那些麻烦不断的城市想要变得更加安全和清洁的话，它们必须经历类似的艰难过程。

但是，这些投资只能说明为什么大城市不再是屠宰场。城市传染性疾病和谋杀案的减少无法说明为什么许多像纽约这样的城市的健康水平要高于全国平均水平。最容易理解的是，为什么年龄在25岁~34岁之间的曼哈顿人的死亡率会比全国平均水平低60%。意外和自杀是导致这些较为年轻的人死亡的两个主要原因，它们在大城市中都是比较少见的。这个年龄段的纽约人死于交通事故的可能性要比全国平均水平低75%以上。醉酒驾车的死亡率远远高于醉酒后乘坐公共汽车的死亡率。

纽约年轻人的自杀率大约是全国平均水平的56%，这表明自杀在农村地区更为常见。阿拉斯加、蒙大拿和怀俄明的自杀死亡率超过马萨诸塞、新泽西和纽约的2.5倍以上。这种结果在一定程度上反映了因地理位置的孤立而导致的孤独。我与大卫·卡特勒以及卡伦·诺伯格进行的关于青年人自杀的研究也表明，小城镇的持枪比例大约是大城市的四倍。

大多数青年人的自杀均与枪支有关。许多研究报告认为，持枪越普遍，自杀越常见。这多少会令人感到奇怪，因为很难说枪支是可以用来杀死自己的唯一工具。在美国，打猎是持有枪支的最强烈的信号，这可以解释为什么某县年轻人的自杀率会随着打猎许可证的数量增加而大幅度上升。

更为年轻的城市人口死亡率较低，这一点反映出公共汽车的大量使用和稀少的持枪数量。但老年人口的死亡率较低则更加令人困惑。全国55岁~64岁的老年人的死亡率要比纽约的高5.5%，65岁~74岁的老年人要高17%，75岁~84岁的老年人要高24%以上。教育、就业或收入等方面的差距似乎无法解释这种死亡率上的差异。

通过大幅度地提高烟草税与限制人们合法抽烟的地点，布隆伯格市长开始了控制吸烟的斗争。但是，在他上任之前，纽约的健康水平已经超过了全国平均水平。也许是步行让纽约人更加健康，但步行能够解释为什么纽约人较少死于癌症吗？洛杉矶的健康水平也大大高于全国，但步行在那里并不常见。我倾向于认为，纽约老年人的健康反映了城市生活充满活力的性质，但我不能排除这种可能性——拥有更多的选择或许也发挥了某种作用。健康状况不佳增加了退休的可能性，而退休又增加了离开这座城市，迁往较为温暖的某个地方的可能性。

在纽约、洛杉矶和旧金山这样的城市，健康状况出现了一种令人惊讶的历史性转变，人口密集在历史上经常意味着死亡。在人类历史的大部分时间里，接近性为传染性疾病的传播提供了可能，从而导致了那些敢于冒险生活在彼此附近的人的死亡。为了阻止霍乱和黄热病的传播，对大规模的供水系统投入巨额资金是十分必要的，正如20世纪90年代为了减少犯罪而必须大量投资于社会治安一样。当数百万人集中生活在一片面积不大的土地上时，需要一个强有力的政府部门负责打击犯罪和消灭疾病。这也许可以解释为什么纽约人比以农村为主的堪萨斯人更加喜欢大政府。

传染性疾病将会继续存在下去。在克罗顿输水管线向曼哈顿提供清洁的饮用水很久以后，1918年的流行性感冒和艾滋病都导致了数百万人的死亡。但是，通过在公共卫生方面的投资，城市中的疾病传播现在已经得到了控制，自我保护性的城市创新也像从前一样发挥了重要作用。艾滋病病毒的发现得益于巴黎一位正在给患者治疗的临床医生与巴黎巴斯德研究所的一位逆转录病毒专家的交流。城市的健康取决于城市生活中有利于创造健康的各个方面——高水平的医院、更加快速的信息交流、更少的小轿车和枪支——它们决定着因人口密集而导致的疾病传播的后果。

卡尔霍恩的警告仍然是非常中肯的：城市的人口密集可能会创造奇迹，但也会付出代价。当瘟疫在2,400年以前毁灭了雅典、当艾滋病在20世纪80年代重创了纽约的时候，整个世界都蒙受了巨大的损失。犯罪和交通拥堵仍然伴随着我们，在发展中世界那些正在成长中的城市里，它们带来的代价是非常恐怖的。但对城市的成功来说，这些问题并不是无法克服的障碍。城市创造了它们自身的捍卫者，比如约翰·斯诺博士、华林上校或威廉·维克瑞，他们正在努力地让城市变得更加宜居。他们已经取得了很多成功。在他们的努力下，城市不仅变得更加宜居，而且变得更加快乐。因为集中生活在城市里的精英不仅提高了城市的生产效率，而且提高了城市的开心指数。

Chapter 5
伦敦是一个奢侈的度假胜地吗？

温斯顿·丘吉尔和富兰克林·罗斯福①通常被认为是意志坚定、无所畏惧的救世主。但在邦德街道上，他们的铜像坐在那里一边聊天，一边抽烟，所有人都会认为他们刚刚吃过一顿价格不菲的法国大餐，正在那里等候着埃利诺和克莱门汀一起去购物。在伦敦最危急的时刻，这两个男人之间的友谊帮助拯救了它，此刻他们似乎正在享受这座城市作为享乐胜地的最新功能。伦敦任何地方的奢华都无法与邦德街相提并论。这里的商店与伦敦的历史之间存在着完美的共鸣，到处都是价格昂贵的珠宝：大号的格拉夫钻石、百达翡丽手表、香奈儿时装、鲁布托鞋，以及苏富比拍卖行现在正在拍卖的各种物品。

邦德街位于全球最伟大城区之一的中心，这里充满了值得观赏、购买、品尝和了解的各种东西。如果价格不成问题的话，你可以在邦德街附近的克拉里奇酒店享受具有艺术气息的豪华住宿，并品尝著名厨师戈登·拉姆奇亲手烹制的美食。如果你沿着与邦德街平行的伯灵顿市场街行走，经过街道两边排列着的、优美的前维多利亚女王风格的商店，然后跨过皮卡迪利大街去看一眼正在皮卡迪利市场街上出售的华丽马甲，你可能很快就会看到丘吉尔的衬衫生产商 New & Lingwood、他的雪茄零售商 JJ Fox、他的皮鞋生产商 John Lobb，以及他的葡萄

---

① 富兰克林·罗斯福（Franklin Delano Roosevelt，1882—1945）：又被称为小罗斯福，美国第32任总统。

酒销售商 Berry Brothers and Rudd。它们仍然在向全球的精英们销售着自己生产的产品。

当然，伦敦还有其他更加高尚的享乐。这座城市的某些文化机构——林奈学会、皇家天文学会和皇家艺术学院——都紧邻着伯灵顿市场街，位于同一座辉煌壮丽的帕拉迪奥风格的大厦中。乘坐伦敦的出租车只需要几分钟就可以到达伦敦西区的剧院，或看到国家美术馆的藏品。塞缪尔·约翰逊①的名言仍然在空中回荡："当一个人厌倦了伦敦的时候，他就厌倦了生活，因为伦敦拥有生活能够提供的所有东西。"

享乐是丰富多彩的，伦敦的快乐远远不只是徒有其表的旅行杂志的素材。城市里的快乐有助于判断一座城市的成功。精英人才是流动的，他们寻找合适的地方去消费和工作。据《福布斯》(Forbes)杂志称，伦敦的舒适环境已经帮助这座城市吸引了32位亿万富豪，这在全球最富有的富豪中占了相当高的比例。在这些拥有巨额财富的伦敦人中，大约一半的人并不是英国人，如拉克什米·米塔尔。米塔尔的巨额财富在是印度赚取的，但他生活在位于肯辛顿宫花园的一幢豪宅里，他在2004年购买这幢豪宅时花费了一亿美元。有些亿万富豪可能是为了英国的税收优惠而来到这里的，但他们在英国境内又选择了伦敦，因为伦敦是一个享受富豪生活的理想之地。

19世纪的城市通常位于一个工厂享有生产优势的地方，与此不同的是，21世纪的城市通常更可能位于一个工人享有消费优势的地方。一个世纪之前，工厂往往会设在利物浦或匹兹堡等地，因为它们具有天然的优势，如港口和煤矿。全球的运输成本下降意味着公司现在是不受约束的，可以设在任何人们愿意在那里生活的地方。在某些情况下，这种自由已经导致了郊区化或阳光地带。但是，像伦敦这样越来越具有吸引力的城市也凭借其生活的质量吸引着企业和企业家。

在20世纪70年代，当我还是一个生活在曼哈顿的孩子时，人们纷纷离开了纽约，因为许多人认为纽约的犯罪和脏乱已经让它变成了一个不适于生活的地方。居住价格并不是特别昂贵，因为纽约不那么受人欢迎。当然，很少有人会疯狂到在曼哈顿居住，并到郊外去上班的地步。尽管纽约在斯科塞斯20世纪70年代的经典电影中被描绘成一个充满罪恶的地方，但21世纪的纽约又变成了一个繁荣兴旺的大舞台。在2006年开始暴跌之前，纽约房地产的价格上涨远远超

---

① 塞缪尔·约翰逊（Samuel Johnson, 1709—1784）：英国著名的文学评论家、诗人、散文家。

过了收入的上涨，这表明人们愿意为生活在纽约而支付更高的价钱。

伦敦、纽约和巴黎如此受人欢迎的一个原因是，它们包含了长达几个世纪的在建筑、博物馆和公园等方面的巨额投资。但是，它们也受益于城市在放大人类的创造性这一方面的能力，这种能力在让人更加勤奋的同时也让人更加快乐。城市的创新并非仅仅意味着新型的工厂或金融工具，它还意味着新式的菜肴和游戏。首先，在像伦敦这样的地方，大量人才的汇聚带来了与你所感兴趣的人进行交流的机会。亿万富豪喜欢像伦敦和纽约这样的地方的一个理由是，他们可以与其他亿万富豪居住在一起，他们假定后者可能会对他们所经历的痛苦和磨难表示同情。

在人类变得更加富裕之后，更多的人将会在休闲和生产的基础上选择他们的居住地点。为了弄清楚城市为什么会取得成功以及它们今后能否继续繁荣下去，我们必须弄清楚城市的休闲是如何发挥作用的以及消费城市是如何取得成功的。

规模经济和全球大剧院

2003年，奥斯卡奖获得者凯文·史派西来到伦敦，担任老维克剧院的艺术总监。他当然是非常聪明和富有创业精神的。许多美国人认为，这一决定就像这位天才演员的其他行为一样令人费解。史派西是一位在加利福尼亚长大的新泽西人。好莱坞肯定可以留住这样一位著名的电影明星。如果他如此不顾一切地喜欢现场的戏剧表演，毕竟还有百老汇，他已经在那里取得了很多次成功。是什么东西把像他这样知名的演员吸引到一家位于泰晤士河畔的伦敦剧院呢？

伦敦剧院以及全球其他许多地方对凯文·史派西的吸引力反映了城市的永恒优势。首先，现场戏剧表演需要高昂的固定成本。任何一个5岁的孩子都可以演戏剧。但是，一次现代的西尾区表演包括大型的舞台、复杂的照明和音响设备，往往还有装饰华丽的室内空间。戏剧的固定成本还包括演员记忆他们的台词和完善他们的角色所需要的时间。而大多数五岁的演员可以跳过其中的某些东西。戏剧是普通人也能看得起的，因为老维克剧院面向的是兰贝斯区较为贫穷的观众，这些固定成本是由数以千计的观众共同分担的。

与剧院、剧场和博物馆有关的固定成本说明了它们与城市之间的关系。大城市有大量的观众，可以共同分担一台非常复杂的戏剧的成本。今天的百老汇是依靠成千上万的游客来维持的。但在50年以前，不夜城的服务对象是大量的纽约人，他们会定期地来这里观看戏剧。

英语国家中第一座重要的公共剧院是由詹姆斯·伯比奇在1576年建造的，并相应被命名为"剧院"。伦敦在16世纪里发生了巨大的变化，迅速增加的人口迫切需要娱乐。伯比奇把他的剧院建在了这座城市的附近，但位于城墙之外。这是一块无人管理的地方，各种声名狼藉的场所都可以在这里开办，如妓院、小酒馆和剧场。

中世纪的剧院主要是宗教性的，大部分设在教堂里，那里有可供表演使用的现成的基础设施。在文艺复兴和宗教改革之后，英国人对世俗戏剧产生了一定的兴趣。英国喜剧的第一次表演是在16世纪50年代，剧目包括《拉尔夫·罗伊斯特·多伊斯特》(*Ralph Roister Doister*)和《葛顿老太太的针》(*Gammer Gurton's Needle*)；这些剧目现在几乎没有人表演了，除非是前伊丽莎白风格的极端主义者。在16世纪60年代，升降式舞台开始流行起来。关于之前的宫廷剧中是否有这种舞台，学术界至今仍然颇有争议。贵族为戏剧的生产提供了一定的需求，但即使是最为超前的贵族也不希望夜复一夜地观看同一个剧目。因此，表演性的剧团开始面向更为广泛的观众。

伯比奇属于一个得到了女王宠臣莱切斯特伯爵支持的剧团。尽管这位伯爵是一位出手阔绰的赞助者，但剧团还是要定期进行巡回演出，以便增加收入。通过巡演，演员们可以接触到大量支持他们的观众，但舟车劳顿不可避免地导致了作品的减少。不过，正如中世纪时临时性的集市演变成了永久性的商业城市一样，巡回演出的剧团演变成了固定的戏剧公司。伦敦的城市发展为它转变成一个更加固定的体系提供了可能，即演员固定在某一个地方演出，观众到这个地方来观看，这就是今天百老汇仍在采用的运营方式。伯比奇的剧院是这一传统的鼻祖，后来它受到了伊丽莎白时期多家剧院的效仿，比如帷幕剧院、玫瑰剧院和环球剧院。

在伦敦剧院的初期，没有戏剧学校；因此，演员们相互学习。例如，詹姆斯·伯比奇那个更为有名的儿子理查德就是从他父亲那里学习表演的。更加令人惊奇的是，一系列非常伟大的剧作家——马洛、琼森、莎士比亚——都曾经在这座城市的戏剧圈里进行过交流，并创作出了第一批伟大的英国戏剧。伦敦戏剧界第一次书面提及莎士比亚是在1592年，当时他受到了罗伯特·格林的攻击；后者是一位有些放荡不羁的剧作家，可能是莎士比亚所创作的"法尔斯塔夫"这一人物的原型。格林、托马斯·基德和马洛都是出身名牌大学的才子，接受过良好的教育。

这些剧作家似乎在伦敦人口密集的街头和小酒馆里相互学习过,莎士比亚可能也曾与参与其间。

关于他们的交往,我们只知道一些片断,但他们的戏剧肯定是相互攻讦的——剧本之间的关系透露出了某种关联创作的模式。格林可能曾经攻击过莎士比亚,但这并未妨碍这位青年剧作家在创作《冬天的故事》(*The Winter's Tale*)时借鉴格林的传奇剧《潘朵斯托》(*Pandosto*)的结构。托马斯·基德被普遍认为是 1589 年上演的原始版《哈姆雷特》(*Hamlet*)的作者。基德还可能是《李尔王》(*King Leir*)的合著人(与格林)之一,这部戏剧是莎士比亚另一部作品的前身。基德与英国戏剧界的狂人克里斯托弗·马洛住在一个房间里,后者因为是一名间谍、无神论者、秘密的天主教徒、大烟鬼,并做过其他各种各样明显非常可恶的事情而饱受指责。

莎士比亚的戏剧直接参考了马洛的作品,比如《哈姆雷特》和《皆大欢喜》(*As You Like It*)。人们对《威尼斯商人》(*The Merchant of Venice*)与马洛早期的《马耳他的犹太人》(*The Jew of Malta*)之间的关系进行了长期的研究。《安东尼与克里奥佩特拉》(*Anthony and Cleopatra*)被认为受到了《迦太基女王黛朵》(*Dido, Queen of Carthage*)的影响。浮士德博士与麦克白的道德选择看起来是非常相似的。以哈佛大学教授斯蒂芬·格林布拉特为代表的一些专家认为,他们两人是相互认识的。鉴于伦敦的戏剧圈子并不大,这怎么不会是真的呢?

莎士比亚与马洛之间的关系不仅丝毫无损于莎士比亚的辉煌成就,反而提醒我们:天才就是天才,他们知道借鉴周围邻居的创意。伦敦也已经对戏剧天才进行了长时间的培养,他们通过参加演出和向身边更资深演员学习的方式来提高自己。莎士比亚肯定通过这种方式学到了他自己的表演技巧,两个世纪以后的爱德蒙·基恩也是如此。20 世纪的英国戏剧巨匠——劳伦斯·奥利弗、约翰·吉尔古德、佩吉·阿什克罗夫特和拉尔夫·理查森——曾经一起表演、相互学习,并且面对面地帮助培养戏剧界的未来之星。在开始到老维克剧院担任国家剧院公司的艺术总监之初,奥利弗对《哈姆雷特》里的青年演员彼得·奥图尔进行了指导。通过进入老维克剧院,凯文·史派西选择了这座作为英语戏剧中心的城市,它在教育和娱乐方面仍然处于全球领先地位。

伦敦拥有大量的观众,从而使得老维克剧院承担得起高昂的戏剧创作的固定成本。不过,这座城市的人口规模也为规模更小、实验性更强的现场戏剧表演提供了生存的可能。1959年，第二城市剧团在芝加哥一块价格较低的地方建成，那里曾经是一家中式洗衣店。它们的演出规模较小，即使观众不多——哪怕只有100名——也可以维持生存。但是，它们在20世纪50年代的美国小城镇里找到对前沿喜剧的合理需求了吗？迄今为止，像纽约和洛杉矶这样的大城市仍然以实验性的现场喜剧剧院而闻名，如正直公民旅剧院。

现场表演与城市的创新传播有关，因为某种新的艺术现象首次引起轰动几乎总是通过戏剧表演来实现的，很久以后才会通过电子方式加以传播。大型城市拥有较多的观众，这有助于分担支付给现场DJ的成本。比如DJ库·哈克[①]，他于20世纪70年代开始摆弄他那些像乐器一样的电唱盘，播放一首又一首的唱片。一些想要当歌手的人，比如闪耀大师[②]，他在西布朗克斯的一次家庭派对上听说了哈克，随后得到灵感的启发。如果把唱片作为工具的话，为什么不能加入一些声乐呢？闪耀大师和梅勒·梅尔共同组成了令人耳目一新的、以布朗克斯为基地的组合，他们把说唱与混声唱片结合在了一起。德弗-詹姆唱片公司开始只是一个在城市里成立的组合：一位是布朗克斯的嘻哈DJ爵士杰伊，一位是说唱音乐推广人罗素西蒙斯，另一位是纽约大学的学生里克·罗宾。罗宾是一支朋克摇滚乐队的成员，后来他们通过大量的演出把嘻哈文化推向了主流社会，表演者包括Run DMC、LL Cool J和the Beastie Boys。

劳动分工与咖喱羊肉

今天，人们在大城市里的晚间娱乐项目很可能是去饭店里吃一顿晚餐，而不是到剧院里去欣赏戏剧。由于许多人宁可去吃饭也不愿去看戏，对大多数城市来说，大饭店的吸引力远远超过了大剧院。在整个美国，2008年在杂货店里工作的人口是在提供全方位服务的饭店里工作的人口的1.8倍。但在纽约，这一比例完全颠倒过来还不止。在曼哈顿，在饭店里工作的人口是在杂货店里工作的人口的4.7倍；在1998—2008年间，曼哈顿地区的饭店就业人口增长了55%。

剧院说明了城市在支付固定成本方面的优势，饭店则说明了城市提倡劳动分工和专业化所带来的好处。亚当·斯密认为，劳动分工受到市场化程度的限制。他写道："孤独的住宅和很小的村庄分布在像苏格兰高地一样荒凉的国家中，在

[①] DJ库·哈克（DJ Kool Herc, 1955— ）：曾被称为"嘻哈音乐之父"。
[②] 闪耀大师（Grandmaster Flash, 1958— ）：美国嘻哈音乐的先驱之一。

那里，每一位农民都必须成为自己家的屠夫、面包师和酿酒师。"孤立意味着每一个家庭不得不自己生产所需的食品。在斯密的时代，城市里已经有了专门的屠夫和酿酒师。今天，城市拥有各种各样的饭店，可以提供各种口味、价位和风格的美食。

在人口密度较低的远郊，去一家饭店需要 30 分钟的时间。各个家庭往往会自己做饭吃，无论他们是否擅长厨艺。我本人偶尔也会在家人面前展示一下我那糟糕的厨艺，这本身就是对郊区生活的强烈控诉。在城市里，人们发现外出就餐和品尝经过专门培训的厨师的手艺非常方便，这些厨师的烹饪才能已经得到了证实。在城市里就餐还能享受到专业化的基础设施，如高档的厨房和优雅的餐厅，这些设施的成本是由成千上万的消费者共同承担的。

职业厨师的存在是专业化的一种体现。但是，大城市肯定会远远地超越这种简单的劳动分工。在纽约、旧金山、芝加哥或伦敦，有数百家专门服务于特定消费群体的餐馆；它们烹制全球各地的美食，融合各地不同的烹调方式，可以满足富裕或贫穷消费者的不同需求。

尽管小酒馆和小酒店有着非常悠久的历史，但是在 18 世纪末的巴黎，饭店——真正依靠它们的烹调手艺吸引消费者的地方——还是显示出了它们的价值。如今，马士衡·荷斯·狄·宋陀苏被公认为餐馆老板第一人。之所以令人奇怪地用"餐馆（restaurant）"这个词来表示供人吃饭的地方，是因为荷斯当时正在销售各种滋补养生汤，它们的意思是"恢复（restore）"或"修复（restaurer）"巴黎人的身体健康。城市的密集人口为专业化的产品提供了一个市场，滋补养生汤就是其中之一。荷斯的餐馆让人们分开而坐和自行选择要吃的食品，并按照他们选择的食品收费，而非收取固定的费用。他成功地避开了饮食行业协会关于不得通过支付大额款项的方式成为皇室的官方饮食供应商的严格规定，体现了他精明过人的地方。

荷斯的餐馆面临的问题是，饭菜的质量似乎没有那么好。甚至在最好的情况下，滋补养生汤也不总是令人满意的。而且，荷斯是一位老板而非一位厨师长。但是，他的座落于巴黎人口密集区的餐馆开始了一系列创新。1782 年，La Grande Taverne de Londres 餐厅在巴黎开业。据大美食家布里亚·萨瓦兰说，它的厨师长"首次将优雅的餐厅、聪明的服务员、上等的酒窖和一流的烹饪这四大餐馆要素结合在了一起"。

在巨大的城市市场形成之前，像世俗的戏剧一样，奢侈的美食也成了一种贵族的娱乐，贵族是唯一能够支付得起他们的厨师和他们的演出剧团费用的客户。在这两种情况下，城市里的企业家们认识到，如果能够吸引到足够数量的老客户，他们就能够摆脱皇室的庇护。当然，这种老客户只能在城市里寻找。随着戏剧和烹饪的逐步大众化而非小众化，每一种创新的快乐和知识都得到了更好的传播。好的餐馆既培养了厨师，也帮助它们的客户提高了他们在自己家中的烹饪水平。

就像酒馆或咖啡厅一样，餐馆也是一种与城市里的高物价相适应的生活方式。城市里的公寓往往只有很小的厨房，而且没有餐厅。外出就餐或饮酒是一种分享公用空间的方式，其目的是让城市居民不被封闭在狭小的公寓房间里。从某种意义上说，城市把人们从私人空间拉到了公共空间里，这有助于把这些公共空间变成社会交往和炫耀性消费的中心。19世纪的新晋富豪们随时可以去大威福餐厅或马克希姆餐厅炫耀他们的财富，而不必等到自己的盛大节日。

城市已经成为烹调知识传遍世界各地的渠道，就像它们曾经帮助传播了数学知识和销售技巧一样。曼哈顿的戴尔莫尼克餐厅也许曾经拥有第一位在美国这片土地上工作的法国大厨，它向纽约群星闪耀的美食家们提供过镀金时代的美食，包括龙虾纽堡和火焰冰淇淋。把法国文化引进伦敦的最伟大的人物是奥古斯特·爱斯克菲耶。他在巴黎和尼斯学会了厨艺，然后在19世纪90年代去了伦敦，在Savoy Grill餐厅和Ritz餐厅担任厨师。爱斯克菲耶拥有独创的精品美食，比如蜜桃冰淇淋和罗西尼嫩牛肉片；他还培养出了自己的学生，他们又把老师的厨艺带到了纽约的餐桌上。

尽管有了爱斯克菲耶，但40年之前伦敦美食中更为出名的还是那些并不可口的猪肉食品（比如苏格兰鸡蛋），而不是创新的菜肴。不过，今天的伦敦拥有了一些全球最好的餐厅。通过引进国外的人才，并为聪明的厨师提供相互学习的机会，伦敦已经成为了亿万富豪或大小富翁们品尝美食的理想之地。罗欧兄弟从法国来到伦敦，开办了第一家被《米其林指南》（Michelin Guide）评为三星级的伦敦餐厅。他们培养出了新一代的英国名厨，比如名噪一时的戈登·拉姆奇，这些名厨后来又培养出了其他人。

伦敦最为知名的餐馆从那些比法国更远的地方引进了菜肴。印度是维多利亚女王时代最为耀眼的明珠。此后，富有创业精神的印度人来到了伦敦。现在，有超过20万的伦敦人是在印度出生的，有5%以上的伦敦人是印度后裔。正如罗马尼亚人将五香熏牛肉带到了纽约、意大利人将匹萨带到了芝加哥一样,印度人将咖喱羊肉带到了伦敦。伦敦的印度美食为"移民经常给城市带去好处"的说法提供了一个非常充分的例证。大城市里聚集着各种各样的人,所以即使是最为专业化的烹饪方法也拥有巨大的需求。而美国的小城镇必须迎合各种各样的口味,以至于它们迷失了自己,只能提供千奇百怪的混搭食品——"欧式西餐"。

当然,现在伦敦的印度餐馆在数量上已经超过了纯粹的咖喱餐厅。2001年,《米其林指南》打破了自己法式高档菜系的传统,为伦敦的两家印度餐馆评定了星级。其中一位赢得了星级评定的厨师长走的是城市企业家的道路,他开办了自己的餐厅 Rasoi Vineet Bhatia。2010年,Zagat 调查公司对它的美食的评价达到了27分,仅比戈登·拉姆奇获得的评价低1分,它的确是名不虚传。伦敦最顶级的印度大厨通常是在印度出生的,但他们也已经在竞争十分激烈的伦敦餐饮界闯荡了很多年。他们烹饪出来的美食是创新性的,他们用高级的烹饪技术展示了亚洲的传统。完全有理由认为,这种印度与欧洲的结合超过了在孟买烹制出来的任何美食。

城市里拥有大量的娱乐设施,这可以解释城市人口为什么更有可能去参加公众娱乐活动。在收入、文化水平、婚姻状况和年龄相当的情况下,在12个月当中,相对于他们的农村亲戚来说,城市居民出席摇滚音乐会或流行音乐会的可能性要高19%,参观博物馆的可能性要高44%,去电影院看电影的可能性要高98%,到酒吧去喝酒的可能性要高26%。这些高端的娱乐活动对较为富裕和较有文化的人而言具有某种特殊的吸引力。与消极地看电视不同的是,它们具有现场的互动性。如果这个世界继续向更加富裕和更有文化的方向发展,那么城市的娱乐优势将会变得更为重要。

鞋子与城市

美食和戏剧是城市具有某种优势的两个方面。时装是另一个方面。甚至早在18世纪时,伦敦就吸引了全世界最好的裁缝,其中许多裁缝的传承人至今仍在与邦德街和伯灵顿市场街平行的萨维尔街上开有自己的商号。凭借着大规模的生产和低廉的销售成本,在网络上或在塔吉特百货商店购买非常便宜的服装是完全可能的,而且它们的质量肯定会让我们的祖父母妒忌不已。但是,城市仍然是人们大量地穿着和购买昂贵服装的地方。

在 1998—2007 年间，在服装和饰品店里工作的曼哈顿人口增加了 50% 以上。尽管经济衰退肯定已经导致了这一数字的下滑，但长期的趋势肯定仍然是非常积极的。虽然网上商店出现了迅速增加，但纽约的时装店和大型百货商场的规模还是有所扩大，因为纽约的富人们愿意为去富丽堂皇的商店里购物支付一定的溢价。尽管美国经济基本上是一种满足中产阶级需要的服务型经济，但曼哈顿销售人员的服务对象是城市里的高端人群和驱车进城去购买他们的周仰杰牌鞋子的郊区客户。

曼哈顿时装店的成功说明了人们对服装的日益推崇，它们所做的远远不只是把我们与自然界隔开。对于价格昂贵的、只有在城市里才能买到的服装的需求说明了人们对让我们感到心情愉快的艺术品和帮助我们向外界展示自己的道具的热爱。在一个多元化的纷繁复杂的城市里，服装代表了它们的穿着者的兴趣和收入。由于城市具有更强的社会异质性和更多的社会互动性，所以服装发挥着比它们在其他地方更加重要的作用。这可能有助于解释这样一种现象：在那些拥有 100 万人口以上的城市的家庭里，女士服装开支占家庭总开支的比例要比非城市家庭高出 42%。

在《欲望都市》(Sex in the City) 中，城市人口对鞋子追捧的背后甚至有一个数据统计的现实。同样相对于它们的总体预算来说，大城市里的家庭用于鞋类的支出要比城市以外的家庭高 25%，这主要是因为他们购买的鞋子更加时尚。尽管由于城市路面的原因，他们鞋子的皮革可能磨损得更快一些。正如在《欲望都市》中一样，城市人口往往喜欢展示富有吸引力的外表。这也说明大城市的密集人口有利于人们更加浪漫地交往，从而创造一个在某种程度上与劳动力市场同样重要的衍生品市场。

作为婚姻市场的伦敦

伦敦拥有不少富有创造力的酒吧调酒师，他们可以调制出创新的、有时令人吃惊的鸡尾酒，如圣马丁酒店的酒吧提供的荔枝和接骨木花柯林斯。但是，对于许多单身以及少数配偶不在身边的人士来说，喝酒只不过是酒吧生活中的一小部分。酒吧提供了浪漫邂逅的机会。对于单身人士来说，城市比其他地方具有更强的吸引力，其中部分原因在于城市里的人口密度增加了为自己找到一位未来伴侣的机会。同样的逻辑不仅把工人和企业集中在了人口密集的地区，也把男人和女人集中到了城市。

城市作为婚姻市场的作用有助于我们理解人口密集的城市地区不同寻常的人口分布。2008年，曼哈顿岛上居住着140万年龄在15周岁以上的人口。在这一群体中，大约1/3的人（46万人）已经结婚，并与他们的配偶生活在一起。还有一半左右的人尚未结婚，另有13.9万人已经离婚。在整个美国，大约半数以上年龄在15周岁以上的人已经结婚，并与他们的配偶生活在一起。在25岁~34岁的人口当中，曼哈顿人比其他地方的美国人更有可能是单身。

由于多方面的原因，人口密集的城市吸引着更为年轻的单身人士。城市是努力工作和学习的好地方。郊区更适合于年轻的父母，因为那里有更好的学校和更大的房子。不过，城市也吸引着年轻的单身人士，因为它们是适合年轻人和单身人士的地方。城市的人口密度以及从一个酒吧走到另一个酒吧，或从一家餐厅走到另一家餐厅的可能性让它成为了他们心目中的理想之地，他们可以与成千上万为了同样目的来到这里的年轻的单身人士相聚在一起。

城市像磁铁一样吸引着单身人士。但是，它们也吸引大多数在经济上颇有成就的夫妻，因为夫妻两人都可以在一个巨大的城市劳动力市场中找到合适的工作岗位。学者多拉·科斯塔和马休·卡恩发现，在其中一人持有本科文凭的夫妻中，大约有40%的人会生活在大城市里；在两人均持有本科文凭的夫妻中，有50%的人会生活在大城市里。

在20世纪初时，家境富裕的女性通常不会出去工作，文化程度较高的成功男性可能会去资源丰富的内陆地区经营他的企业。他的妻子无法在那里找到一份体面的工作，但那通常是无关紧要的。今天，那位刚刚结婚的富豪的配偶很可能是一位精明强干的律师，她可能不愿意生活在偏僻的地方。于是，像华盛顿和洛杉矶这样的大城市对颇有成就的夫妻来说，吸引力就更大了，因为他们两人都需要很好的工作岗位。

城市在让我们聚集在一起的优势不只是浪漫的邂逅。生活在城市里的人能够接触到更多与自己志趣相投的朋友。巴黎以它的文学沙龙闻名于世。纽约拥有很多由志趣相投的人组成的团体，如阿尔冈昆圆桌会议。19世纪的政治运动（比如意大利的复兴运动和阿根廷的"1837一代"）都是在米兰和布宜诺斯艾利斯的咖啡厅及书店里举行的知识分子对话的重要议题。人口稀少的地方给人带来的是更小范围的潜在的聚餐伙伴，从而形成了另一项生活在城市之外的与工作无关的成本。

1892年，西奥多·德莱塞从印第安纳州的一个小镇来到芝加哥，开始为《芝加哥环球报》(Chicago Globe)撰稿。在接下来的40年里，他成了美国城市生活的伟大的编年史学家，用公平的眼光描述了劳动阶层在城市里的艰苦生活和城市这一人类奇迹的微小瑕疵。嘉莉·米柏是他的第一部小说《嘉莉妹妹》(Sister Carrie)的女主角，也是他笔下最伟大的人物之一。

这部小说以嘉莉从威斯康星州的农村乘坐火车来到工业城市芝加哥为开端。芝加哥给嘉莉提供了经济机遇，但更为重要的是，芝加哥让她脱离了单调乏味的农村生活。在体验大城市给她带来的快乐与诱惑的同时，她成功地"毁灭"了几个城市骗子。但德莱塞让我们毫无疑问地相信，如果她留在农场里，并嫁给那个离她家只有五英里的最真诚的农夫的话，她的生活将远远没有现在快乐、有趣。

嘉莉妹妹有些污秽不堪的生活反映了在城市里获得享乐的可能性，但也反映了传统社会习俗在大城市里往往会被打破的事实。如果嘉莉在威斯康星州的农村如此随意地与男人们保持不正当的关系，她一定会遭到排斥。在芝加哥，她可能显得有些声名狼藉，并受到了上流社会的驱逐，但她仍然有许多同样声名狼藉的同伴可以一起玩耍。同样的事情也发生在弗兰克·考普斯维特的身上，他是德莱塞以现实中的有轨电车巨头查尔斯·耶基斯为原型创作的一位非英雄式的人物。尽管耶基斯有一些放荡不羁的行为，但他创建了许多城市社团。不论是好是坏，城市已经长时间地让人们摆脱了社会习俗的约束。在一个村庄里实施规则是很容易的，因为违反这些规则的人可能会被切断所有的社会联系，并且像霍桑①笔下那位红字的佩戴者一样承受着与外界隔绝的痛苦。

不管怎样，一座大城市里总会有一些新的社交网络可以去尝试。因此，没有任何一个非政府组织能在不诉诸法律以外的暴力的情况下实施严格的行为准则。某些城市，如清教徒的波士顿或加尔文教徒的日内瓦，都曾经在一段时间内维持了当地的社会风俗，但这些束缚最终还是被打破了。对于一座城市来说，比较正常的结果是限制较少的巴黎或芝加哥。

高薪从什么时候变成了坏事？

腰包越来越鼓、文化程度越来越高的人自然而然地被吸引到了大城市，他们

---

① 霍桑（Nathaniel Hawthorne，1804—1864）：美国小说家，代表作为长篇小说《红字》。

渴望体验新的快乐，而大城市恰恰在创造新鲜的快乐方面独具优势。新奇本身是一件奢侈品。只有富人才有足够的财力对每天享用精美的日常饮食感到厌倦。在这个世界变得更加富裕、更加不平等以后，很多人愿意为不断获得在大城市里更容易获得的新颖和高端的体验而支付溢价。

各种各样的出版物和网站都在努力跟踪每一周在巴塞罗那、洛杉矶或东京等城市举办的所有的艺术展览开幕式、餐厅开业庆典、音乐会和其他活动，但都不可避免地遭到了失败。这种体验多如牛毛，而且转瞬即逝，要想评估它们对于一座城市总体生活质量的影响几乎是不可能的。我们应该如何对它们进行分类整理，并判定城市是否正在变得更加适合居住呢？

经济学的一个基本原则是：天下没有免费的午餐，市场是需要平衡的。只有在同时承担较大风险的前提下，投资者才能选择回报更高的资产。郊区居民可以通过较长的通勤时间来换取面积较大的房子。在比较不同的城市地区时，存在着一种工资、物价和生活质量之间的三方平衡。在大多数情况下，高工资和高物价是相辅相成的，高昂的居住成本是进入高工资的城市所要付出的代价。但是，即使考虑到物价和个人能力的因素，各地的实际工资水平仍然是有差异的。某些城市的实际收入非常之低，如圣地亚哥和檀香山；而另一些城市的实际收入又非常之高，如得克萨斯州的达拉斯和明尼苏达州的罗切斯特。

檀香山的每一个人都应该涌向达拉斯吗？当然不是。较高的实际工资是对罗切斯特那寒冷的冬季和达拉斯那炎热的夏季作出的补偿。较低的实际工资是在圣地亚哥和檀香山享受舒适生活所要付出的代价。市场或多或少地发挥着它的作用。当某一座城市的实际居住价格相对于收入来说偏高时，你可以确信这座城市一定存在着某些吸引人的东西。如果某一个极具吸引力的地方工资很高而物价又很低的话，它将会吸引成千上万的新居民涌入，这很快就会抬高那里的生活成本。

我曾经评估过，在工资相等的情况下美国哪一座城市的物价最高。结果发现，排名靠前的十大城市中有九座位于加利福尼亚州的沿岸。檀香山是第十座城市。在研究哪个地方的物价相对于收入来说严重偏低时，你会发现有的地方非常寒冷，如阿拉斯加州的安克雷奇；有的地方非常炎热，如得克萨斯州的米德兰。在排名靠后的十大城市中，它们各自存在各自的问题，如底特律或特伦顿的犯罪和失业。

实际工资——按照当地的物价水平进行修正之后的收入——是评价城市舒适性的一个非常有效的工具。如果某个地方的实际工资非常低，那么它的生活质量一定会很高。如果某个地方的实际工资非常高，那么它一定出现了某种问题。有些自相矛盾的是，某些地方（如纽约）的实际工资的下降为我们提供了最充分的证据，证明大城市的舒适性竟然已经变得更有价值了。

在1970年，城市规模与实际工资之间存在着非常正面的关系。城市人口每增加一倍，实际工资就会增加3%。1980年也出现了同样的关系。在20世纪70年代，当纽约成为了一个战场的时候，工人们必须被支付战斗津贴才能够忍受这座城市存在的种种问题。那些很高的实际工资是城市遭遇失败——令人痛苦的犯罪率和城市舒适生活的崩溃——而非取得成功的一个信号。

自从1980年以来，城市人口与实际工资之间的关系第一次持平，现在则变成了负的。在2000年，人们愿意接受较低的实际工资而在纽约生活。这意味着他们正在涌向纽约，尽管较高的物价完全抵消了较高的工资。这并不意味着纽约的生产效率有所下降，这座城市反映生产效率的名义工资仍然高于从前的水平。但是，受到在纽约生活和娱乐的旺盛需求的推动，它的居住价格的涨幅甚至超过了名义工资的涨幅。如果居住价格的涨幅大大超过了名义收入的涨幅，那么就像在城市变得更加宜居之后的情况一样，实际收入可能会在城市取得巨大成功的过程中出现事实上的下降。曼哈顿已经从一个战场变成了一个市内的游戏场，而且人们愿意通过得到较低实际工资的方式，为享有在这里居住的特权付出代价。

经济学的逻辑认为，相对于收入来说，居住价格较高的地方肯定是快乐的。因此，根据1980年相对于中位数收入的居住价格，按照从高到低的顺序对各县进行排序，我一直在试图找到某个地方的那种快乐。总体而言，舒适程度较高的县，即按照这个指标的排序处于前1/4的县，人口的增长幅度为40%。按照这个指标的排序处于后1/4的县平均来看没有出现人口的增长。舒适程度较高的县还呈现出28%的实际中位数收入的增幅，而舒适程度较低的县只有14%的增幅。消费城市正在崛起。

在城市中生活这一需求的增长也推动了反向交通的增长。在一个地方生活、在另一个地方工作正在表明他们对于自己家乡舒适的生活或较低的居住成本的欣赏。我们知道，纽约不存在较低的居住成本。但是，越来越多的人在这座城市里生活，同时到这座城市之外去工作。从全国范围来看，从中心城区到郊外的通勤人口所占的比例已经从 1960 年的 2.4% 增长到今天的 6.8%。许多人将会忍受城市里高昂的物价，同时到其他地方去工作，这进一步表明大城市的舒适性已经变得更有价值了。

代表某一个地方具有吸引力的其他变量也宣告了城市的成功，比如大量的游客。在英国和法国，这种关联似乎是存在的，美国也不例外。人们越来越愿意根据生活质量来选择自己生活的地方。技术人才来到富有吸引力的地方，又带来了新的思想，从而促进了本地区的经济发展。聪明而富有创业精神的人才是一座城市经济实力的最终来源，随着这些人变得更加富有，他们往往更加注重生活的质量。

哪些公开提供的舒适性对于吸引技术人才来说是最为重要的？人们将会把大量金钱花在让自己的孩子拥有安全的街道和优质的学校上，尤其是那些文化程度较高的人。对消费城市的日益重视将主要有助于让城市领导人专心致志地履行地方政府的基本职责：维持街道的治安和提高公立学校的质量。餐厅和剧院也很有吸引力，但它们既不像治安和学校那么重要，也不需要政府的干预。这些舒适性是一座繁荣兴旺的城市自然会拥有的，无论如何只要这座城市没有过分限制它的快乐就可以了。

消费乐趣的重要地位也为应对经济衰退提供了一个教训。市政府绝对不能通过降低它的服务（比如说社会治安）来应对财政困难。要想确保某一座城市不能度过一场经济危机，最简单的办法就是把它变成十分危险的无人地带。充满危险的街道将会赶跑对于城市复兴来说至关重要的技术人才。

纽约、伦敦和巴黎也许是全球最高端的消费城市，但还有许多其他城市也通过成为休闲胜地而取得了成功。大学城已经吸引了许多退休人员，如弗吉尼亚州的夏洛特维尔。拉斯维加斯依靠它的赌场正在成为美国发展速度最快的大城市。事实上，这座城市的支持者为这里的所有餐厅和赌场而感到兴奋不已，以至于它经历了一场非常严重的住宅泡沫。一旦房屋建造过多的阵痛消失之后，拉斯维加斯仍然可以恢复成为一个正常的、中等规模的城市，并且通过推动某种娱乐业的发展而取得成功。

纽约、伦敦和巴黎面临的问题有所不同。繁荣的经济和大量的娱乐使得这些城市受到了人们的热烈追捧。人们希望在那里生活，当没有足够的住宅可以满足人们的需求时，住宅的价格可能会迅速上升。如果最具有吸引力的城市不能建造更多的住宅，它们就面临着精品店城市的风险——剥夺了除却最富有的人以外的那些人享受它们的快乐和真正优势的权利。在这些非常成功的地方建造房屋的障碍是下一章的主题。

Chapter 6
摩天大楼有什么好处？

  沿着巴黎的香榭丽舍大道从凯旋门走向卢浮宫，可能就像在穿越历史一样。出发的地点是具有200年历史的用来庆祝法兰西帝国胜利的凯旋门，它受到了位于罗马的一座更为古老的帝国拱门——提图斯凯旋门——的启发。这条大道是全球最著名的林荫大道之一，法国王后玛丽亚·安东尼特曾在这里骑马，希特勒曾在这里阅兵，无数游客曾在这里吃过冰淇淋。沿途经过克利翁大酒店，海明威曾在这里饮酒，美国总统伍德罗·威尔逊在出席巴黎和会时曾在这里下榻。然后穿过杜乐丽公园，这里是古代的皇家运动场。最后抵达卢浮宫，它最初是一座12世纪的城堡，现在成了一座藏有大量历经数千年的精美展品的博物馆。就像巴黎本身一样，这次漫步给人的感觉是穿越时空的：一次没有任何变化的城市之旅。巴黎不像一些充满活力的城市那样拥有不断变化的街道景观，比如说中国香港和新加坡。

  当然，巴黎也有自己的起源和建设者。今天，从保护历史的重要性这个角度而言，这座城市看起来像是一个完美的论据。但是，稍微从历史的角度来看，巴黎也为允许巨大改变所带来的好处提供了一个理由。人们最为喜爱的巴黎的主要部分均出自一人之手，即乔治-欧仁·奥斯曼男爵。他率领一代人重建了这座城市。

  当你想到巴黎的时候，你的脑海中会浮现出什么？也许是沿着圣日耳曼大街走上一段之后，到从前萨特经常光顾的双叟咖啡厅里喝上一杯咖啡。与圣米歇尔大街一样，这条大街也是由奥斯曼男爵修建的，它将若干条较为古老的街道连接了起来。如果你像我所说的那样漫步在香榭丽舍大道上、欣赏一番凯旋门的美丽风光，那你就会像是重新回到了奥斯曼男爵管辖的地方一样。街道和拱门的修建时间早于这位男爵，但提供了一览无余的景观的这座广场是由他规划的。巴黎街头所有的建筑一律只有五层，你喜欢这种不可思议的一致性吗？这也是奥斯曼男爵的设计。歌剧院？同样出自奥斯曼男爵的设计。在所有那些法兰西风情的背后，有一个污水处理系统将洁净水与污水分开了。这同样要感谢奥斯曼男爵。在1853—1870年间，奥斯曼拆除了巴黎一半以上的建筑。事实上，奥斯曼真的毁掉了一座城市，但他的目的是保护它。

巴黎是一个井然有序的整体。我们喜欢巴黎的历史遗迹，因为它们很容易看到，不会受到附近建筑物的遮挡。显然，巴黎不是按照底层城市规划专家所建议的通过逐步增加人口密度的方式建成的。不，巴黎是高度统一的，因为它是一位单独的建筑大师精心设计的作品，他的帝国君主赋予了他充分的权力。

莎士比亚有一句诗"城市即人"，的确如此，但人也需要建筑。城市通常需要向高空或四周拓展空间；当一座城市不进行建设的时候，人们就无法体验到城市接近性的魅力。事实上，保护一座城市就需要拆除其中的一部分。现代人希望保护奥斯曼男爵留下来的巴黎，这已经帮助人们把从前人人能住得起的巴黎变成了如今只有富人才能享受得起的一座精品店城市。巴黎的历史上有许多伟大的艺术家，他们在这里度过了穷困潦倒的成长岁月，但贫穷的艺术家今天能够承担得起在巴黎市中心生活的费用吗？当有些地方过度限制建设的时候，它们就会面临经济停滞和物价逐步上升的风险。

对我们城市的历史中最为美好的部分加以保护，这具有非常重要的意义。但是，城市不应该被涂上一层琥珀。过度的保护会阻碍城市为当地居民提供更新、更高和更好的建筑。在巴黎、纽约和孟买，关于建筑高度的限制可能成了模糊不清的禁忌，只有规划专家才对它感兴趣。没有什么事比这更糟糕了。这些规则正在决定着我们的城市和我们的世界的未来。如果城市的历史变成了一件紧身衣，那么它们就失去了最为重要的资产之一：向高空拓展空间的能力。

摩天大楼的发明

在《创世纪》（Genesis）中，巴别塔的建设者宣布："来吧，让我们为自己建设一座城市和一座高塔吧，它的高度可以通往天国；让我们为自己传扬名声吧，以免我们被分散在地球的表面上。"这些最初的建设者准确地认识到，城市可以把人类联系在一起，但上帝对他们进行了惩罚，因为他们纪念的是地球上的而非天国里的荣耀。在长达 2,000 多年的历史中，西方的城市建设者在大部分时间里一直牢记着这个故事发出的警告，最高的建筑物通常是教堂的塔尖。布鲁日的纺织中心是首开先例的地方之一。人们在那里建造了一座世俗的建筑——高度为 354 英尺的钟楼——以庆祝布匹的生产。它的高度超过了附近的一座宗教建筑——圣多纳图大教堂。

在世俗的布鲁日，羊毛的重要性在 15 世纪末超过了礼拜。但在其他地方，世俗建筑超过宗教建筑被推迟了四个世纪。在 1890 年之前，284 英尺高的三一教堂的塔尖一直是纽约的最高建筑。它距离华尔街的证券交易所很近，我的曾祖母曾经在那里跪拜祈祷。这座宗教建筑在旁边一座摩天大楼的映衬下黯然失色，这个日子也许应该被看作是反宗教的 20 世纪的真正开始。那座大楼就是约瑟夫·普利策的《纽约世界报》(*New York World*) 的总部。几乎在同一时间，巴黎为了庆祝它的日益繁荣，也建成了 1,000 英尺高的艾菲尔铁塔。它比巴黎圣母院高出了 700 英尺。

自从巴别塔以后，高度一直被看作是在固定不变的土地面积上提供更多空间的一种方式，也是一种实力的象征。三一教堂上的钟楼和古斯塔夫·艾菲尔的标志性建筑并未提供可以利用的空间，它们分别是上帝和法国的大型纪念碑。普利策的世界大楼当然是普利策的一座纪念碑，但它也是一种将他日益庞大的新闻帝国放进一幢单一大厦之中的相对可行的方式。记者、编辑和普利策先生本人可以在那里相互交流。

几个世纪以来，更高的建筑已经使得这件事变成了可能，即将越来越多的人塞到一块面积只有一英亩的土地上。而且，这并不需要把这些人塞进只有棺材大小的房间里，就像东京某些非常差劲的旅馆一样。在 19 世纪之前，向高空拓展空间是一种渐进式的演变，两层的建筑逐渐被四到六层的建筑取代。在 19 世纪之前，建筑的高度受到了建筑成本和人们对于爬楼梯的耐受度的限制。教堂的塔尖和钟楼可以刺向天空，但这只是因为这些塔楼非常狭窄，而且除了敲钟人偶尔上去以外，很少有人去攀爬它们。高大的建筑在 19 世纪成为了可能。当时美国的创新者解决了建造高楼的两大难题：一是不需要在下面砌出非常厚的墙体，二

◀ 在周围的商业建筑于1890年开始令它相形见绌之前,三一教堂在40年的时间里一直是纽约最高的建筑。这座教堂左侧的两栋建筑将这一荣誉保持了30年,直至它们在一次非常可怕的袭击中被摧毁。那次袭击证明了一座伟大城市的复原能力。

是可以安全地上下楼。

伊利莎·奥蒂斯还没有发明电梯。据说阿基米德在220年前建造了一部升降机,可能是在西西里岛。路易十五在凡尔赛建造了一部个人专用的升降机,以便能够去看望他的情妇。为了让升降机变成公用的便利设施,它需要一个很好的动力来源,还需要更加安全。马休·博尔顿先生和詹姆斯·瓦特先生提供了早期的蒸汽机,用来为工业升降机提供动力;它们要么依靠绳子向上拉,要么依靠水力向上推。随着蒸汽机的改进,升降机的速度和动力得到了改善。它可以从煤矿中运出大量的煤炭,或者从船上运出大量的粮食。

但是,人们对于乘坐一部机器做长距离的爬升仍然非常谨慎。因为它可能很容易断裂,并把乘坐者摔到地面上。在纽约州扬克斯市做补锅匠的奥蒂斯解决了垂直升降带来的危险。他制造了一个安全制动器——可以用在升降机或火车上——并在1853年的纽约世界博览会上展示了这一发明。他利用一个由一根绳子拉动的平台把自己提升起来。然后,戏剧性的一幕出现了:一位樵夫砍断了那根绳子。那个平台下降了一段距离之后,安全制动器开始发挥作用,平台随即停了下来。这部奥蒂斯升降机引起了轰动,奥蒂斯的公司至今仍然是全球领先的电梯制造商。

最先安装电动安全升降机的两栋建筑都位于纽约市：一栋是位于百老汇大街的百货商场，另一栋是第五大道饭店。19世纪70年代，电梯为建造具有开创意义的建筑提供了可能。比如理查德·莫里斯·亨特的纽约论坛报大厦，它就达到了十层。在大西洋的对岸，伦敦的圣潘克拉斯火车站也达到了十层，它的高度为269英尺，大大超过了亨特在纽约建造的摩天大楼。

但是，圣潘克拉斯火车站那种像城堡一样的外观也反映了它存在的核心问题。这座火车站缺少现代摩天大楼那种关键性的降低成本的元素：一个承重的钢结构。传统的建筑，如圣潘克拉斯火车站或纽约论坛报大厦，需要非常坚固的基础墙体来承载整栋高楼的重量。为了进一步提高建筑的高度，基础墙体不得不修得越来越厚；这导致了成本的大幅度增加，除非你正在修建的是一个实际上很窄的塔尖。

承重的钢结构基本上是一座摩天大楼的骨架，它采用的是与早期修建轻捷骨架结构的房屋时一样的施工原则。在轻捷骨架结构的房屋中，整个建筑的重量是由标准化的模板——规格为 2×4，2×8，1×10——所组成的很轻的结构来支撑的。接下来，墙体实际上是悬挂在这一结构上的帷幔。在19世纪的美国农村，

▶ 建造于1885年的芝加哥家庭保险大厦被普遍认为是全球第一座金属结构的摩天大楼。这项技术在20世纪及以后主导了大多数城市的风格。

轻捷骨架结构的房屋降低了建造的成本。像轻捷骨架结构的房屋一样，摩天大楼把它们的重量放在了骨架结构上。但是，这时的骨架结构是用钢材制成的，它的成本在 19 世纪末变得越来越能为人们所承受了。

威廉·勒巴隆·詹尼于 1885 年在芝加哥建成的高达 138 英尺的家庭保险大厦通常被认为是第一座真正意义上的摩天大楼。但是，关于詹尼是否真的是摩天大楼的发明者这一问题，建筑界一直争论不休。这一争论表明，正如城市里的其他许多东西一样，摩天大楼的兴建并不是发生在社会真空中的，也不是一步建成的。詹尼的"第一座摩天大楼"没有采用完整的钢结构，它只有两道用铁加固的防火墙。芝加哥从前的高楼同样使用了钢筋加固，比如两年之前由丹尼尔·伯纳姆和约翰·鲁特建造的蒙托克大厦。工业建筑在几十年前也都使用了钢结构，比如纽约的麦卡洛子弹塔和巴黎附近的圣图安码头仓库。

詹尼的第一座摩天大楼是一件拼凑而成的东西，它把詹尼自己的发明与在建筑师众多的芝加哥非常流行的思想结合了起来。其他的建筑商（如伯纳姆和鲁特）和他们的工程师乔治·富勒，以及詹尼从前的徒弟路易斯·沙利文，这些人后来进一步发展了这一思想。沙利文的重大突破出现在 1890 年，当时他设计了一座摩天大楼——圣路易斯市的韦恩赖特大厦，它取消了大量的装饰性石头墙面。尽管詹尼的建筑带有维多利亚时期的风格，但韦恩赖特大厦明确地指向了现代主义风格的高楼，这种高楼至今仍然定义着许多城市的天际线。

艾茵·兰德的小说《源泉》（The Fountainhead）基本上取材于路易斯·沙利文的徒弟弗兰克·劳埃德·赖特的早期生活。沙利文和赖特被描述为孤独的雄鹰，贾莱·古柏扮演的英雄、顽强的个人主义的典范。实际上，他们不是。他们是深深地陷入到城市发明链中的伟大的建筑师。赖特继承了沙利文"形式服从功能"的思想，沙利文继承了詹尼，詹尼继承了彼得·怀特发明的防火墙。

他们共同的创造——摩天大楼——为城市在同样的土地面积上大量地增加建筑面积提供了可能。鉴于对城市中心区房地产需求的不断增加，摩天大楼似乎成为了一个天赐的礼物。然而，市中心已经有了建筑物。除了像芝加哥这样因为火灾而出现了一片空白的城市以外，那些城市都需要先拆除，然后才能建设。

纽约对空间的需求比芝加哥更为强劲，摩天大楼很快就出现在了曼哈顿。1890 年，普利策的世界大楼使用了一些钢柱，但它的重量仍然是由 7 英尺厚的砌石墙来支撑的。1899 年，世界大楼的高度被公园街大厦超过；后者的高度为 391 英尺，是用钢结构支撑的。丹尼尔·伯纳姆转战东部，于 1907 年建造了他的标志性的熨斗大厦。1909 年，怀特的国家设计学院被拆除，以便建造高达 700 英尺的大都会人寿保险大楼，后者是当时全球最高的建筑。1913 年，伍尔沃思大厦的高度达到了 792 英尺；在 20 世纪 20 年代末的经济繁荣之前，它一直是全球最高的建筑。

勒夫考特的雄心壮志

那些高高耸立的大楼并不仅仅是一座一座的纪念碑。它们为纽约的发展和工业的繁荣提供了可能，它们为企业主和工人们提供了更加人性、也更加高效的空间。曼哈顿的建筑大师让这一切成为了可能，比如勒夫考特。

就像霍雷肖·阿尔杰笔下的某一位英雄一样，勒夫考特出身于贫困家庭；他在十几岁的时候就开始工作了，当过报童和擦鞋工。在找到一份全职的零售工作以后，他仍然坚持每天早上卖报纸、晚上给人擦皮鞋。他用积攒下来的钱买了一张 1,000 美元的美国国库券，并把它别在了自己的衬衫上。在他 25 岁的时候，他所在服装店的老板决定退休。勒夫考特希望购买下这家企业，此举令他的老板大为震惊。用了大约 10 年的时间，勒夫考特建立了自己的商业王国，它的年销售额达到了 200 万美元（按照 2010 年的币值计算，超过了 4,000 万美元）。

1910 年，纽约市遭到了大动乱的重创。6,000 名服装工人在警戒线上坚守了 10 周。当时，勒夫考特只有 30 岁出头，他是这场战斗中的资方领袖，是斗篷、西服和衬衫生产商保护联合会的主席。尽管法院似乎一直愿意支持生产商一方，但勒夫考特还是接受了调解人、未来的最高法院法官路易斯·布兰戴斯提出的条件。这些条件后来被广泛地称为和平协议。尽管匹兹堡的亨利·克莱·弗里克因为使用压倒性的武力平息了农场罢工而在历史上赢得了一席之地，但勒夫考特仍然是值得称赞的，因为他找到了一个更少血腥、可能也更为有利的中间立场。

1910 年夏天，在与工会进行劳资谈判的同时，勒夫考特开始了新的职业生涯，他成为了一名房地产开发商。他把自己的全部资金都投入到了位于西 25 大街那座高达 12 层的建筑上，这栋大楼将成为他的企业总部。后来，他建造了很多这样的大楼，并帮助服装行业从破破烂烂的血汗工厂搬到了现代化的服装加工区。尽管位于市中心的、古老的服装加工区具有靠近港口的优势，但勒夫考特建造的崭新的服装加工区位于宾夕法尼亚火车站和中央火车站之间，得到了铁路线的支持。这条铁路线仍在继续为纽约提供着运输优势。交通技术造就了城市，曼哈顿中城是围绕着可以运载大量人流的两大火车站建造的。（基岩可能也发挥了某种作用，但它的影响似乎并不明显。）

勒夫考特发现，他对建筑业的喜爱甚至超过了服装业。在接下来的20年里，他建造了31座大厦，其中许多是摩天大楼。勒夫考特在高楼中使用了奥蒂斯电梯。这些大厦共计占用了150英亩的土地，建筑容量达到了1亿立方英尺，容纳的工人人数几乎相当于整个特伦顿市所容纳的。《华尔街日报》（*Wall Street Journal*）指出"他在纽约市内拆除的历史建筑的数量超过了任何其他人敢于设想的数量"。在20世纪20年代初，由贫民窟、廉价公寓和镀金时代的大厦所组成的纽约变成了一座由摩天大楼组成的城市。像勒夫考特一样的建筑商每年建造的住宅达到了10万套，这使得这座城市得到了合理的发展，也使得居民能负担得起这里的生活。

1928年，勒夫考特名下不动产的估价达到了1亿美元。如果按照今天的币值计算，他已经成为了亿万富翁。他的庆祝方式是开办了一家以他自己的名字命名的联邦注册银行。勒夫考特的乐观情绪没有受到证券市场暴跌的影响，他计划1930年的建设投资为5,000万美元，并确信它将是一个"伟大的建筑年"。但是，勒夫考特错了。随着纽约经济的崩溃，他的房地产帝国也崩溃了。他不得不将它们一栋一栋地廉价抛售出去，以便偿还投资者的投资。他死于1932年，当时他的身价只有2,500美元。他似乎由于自己的狂妄自大而受到了惩罚，就像巴别塔的建设者一样。

据我猜测，像许多开发商一样，勒夫考特更加关心的是他的建筑遗产，而非他的现金。那些建筑帮助接纳了具有创造力的人才，他们今天仍然让纽约显得与众不同。有两位经济学家试图通过两类地区的对比来弄清楚建筑高度对于经济效率的影响。一类地区拥有先天性的优势，如基岩，这降低了向高空拓展空间的成本；另一类地区则存在着向高空拓展空间的先天性困难。他们发现，在人口密度更有利于开发的那些地区，劳动生产率和工资要高得多。

勒夫考特建造的最为知名的建筑甚至没有使用他的名字，但它逐渐成为了一种完整的音乐风格的象征：布里尔大厦之声。在1958—1965年间，聚集在布里尔大厦的艺术家们创作出了一系列风靡一时的音乐作品，比如"Twist and

Shout""You've Lost That Lovin' Feeling"以及与这一建筑非常契合的"Up on the Roof"。说到底,城市是人与人之间的交流。但是,建筑让这种交流更加方便,比如说由勒夫考特建造的那些建筑。通过建造大楼,勒夫考特让服装工人的生活变得更加快乐,也为其他领域那些具有创造力的人才提供了大量新的空间。

纽约的管理

纽约向高空拓展的趋势并非没有批评者。1913年,著名的第五大道委员会的主席发起了一场"反对拆毁第五大道"的斗争,他本人也是一位建筑师。当时,第五大道仍然是一条两侧都是精美建筑的街道,那些建筑属于阿斯特家族和洛克菲勒家族。反对开发的激进分子认为,除非把建筑的高度限定为不超过125英尺,否则第五大道将会变成一条峡谷。对于房地产的价值、交通拥堵以及整个城市来说,那是灾难性的结果。对于历史上的变化和当前的变化一概持反对态度的人也提出了类似的论调。该委员会的主席是一位很好的建筑师,但不是一位很好的预言家——他认为第五大道的密度已经非常合理了。

1915年,在纽约市中心百老汇与拿骚大街的交汇处,公平人寿保险协会建造了一座高达538英尺的庞然大物。它拥有近200万平方英尺的办公面积,并给这座城市投下了7英亩的阴影。这座建筑成了向反对提高建筑高度的人士发出的动员令,后者希望看到更多的阳光。一个政治联盟宣告成立,并通过了对这座城市来说具有里程碑意义的《1916年区域规划条例》(1916 Zoning Ordinance)。该条例规定,只有在放弃了建筑的周长之后,才能允许它们建得更高一些。纽约有许多通灵塔式的建筑,它们随着高度的增加而变得越来越窄。这些建筑都是为了满足1916年这部法规中关于外墙逐步缩进的要求而建造的。

这部法规改变了建筑的造型,但几乎没有能够阻止20世纪20年代的建设高潮。真正的高楼大厦多多少少地提供了一些关于非理性繁荣的指标。在纽约市的十大最高建筑中,有五座是在1930—1933年间建成的,包括帝国大厦在内。所有较为古老地方的开发都是在20世纪20年代末的沸腾岁月里开始的,当时这座城市的未来似乎是无可限量的。像勒夫考特一样的许多建筑商都相信,他们可以吸引到承租人,而且他们的银行家非常乐意把钱借给他们。

在20世纪20年代末,位于华尔街40号的克莱斯勒大厦的建设者与帝国大厦的建设者展开了一场具有重要意义的竞赛:他们都想建造出纽约乃至全球最高的建筑。纽约的两座最高、也最具地标意义的建筑——克莱斯勒大厦和帝国大厦——都是利用销售汽车赚到的钱建成的。而汽车又使美国人从垂直化的城市搬迁到了平面化的郊区，这的确是一件令人奇怪的事情。果不其然，获胜的帝国大厦在第二次世界大战结束之前既没有全部出租出去，也没有实现赢利。人们给它起了一个"空国大厦"的别名。让它的建设者感到幸运的是，这座大厦的建筑成本是低于预算的，因为大萧条期间有大量的廉价钢材可以利用。

在1933年以后的岁月里，纽约放慢了建造摩天大楼的步伐，它的法规也变得更加复杂了。在1916—1960年间，原有的区域规划法规被进行了2500多处修改。1960年，纽约市规划委员会颁布了一部新的《区域规划条例》，大大加强了对建筑的限制。这部共计420页的法规取消了简单的区域（商务区、居住区和非限制区）划分，代之以数量之多足以令人眼花缭乱的不同区域，而每一个区域只允许进行范围非常有限的活动。一共有13种不同的居住区、12种不同的工业区，以及不少于41种的商业区。

每一类区域均严格限定了能在其中从事的活动。商业性的艺术画廊禁止设在居住区，但可以设在工业区；而非商业性的艺术画廊禁止设在工业区，但可以设在居住区。艺术品商店禁止设在居住区和某些商业区。不同的区域对停车场的要求也是不同的。在R5类区域，医院必须每5张病床设1个不靠街道的停车位；但在R6类区域，医院必须每8张病床设1个停车位。有关这部法规的详细细节，可以用它的标识限制来举例说明："关于多户住宅楼（包括公寓式旅馆在内）、经允许的非居住类建筑或其他结构，允许悬挂一块面积不超过12平方英尺的标识牌，且只能标明许可用途的名称、建筑的名称或地址、或其管理方的名称。"

这部法规还取消了非常复杂的关于外墙逐层缩进的规定，并代之以一个以容积率——室内面积与占地面积的比率——为基础的复杂系统。例如，最大为2的容积率意味着开发商可以在他的整个地块上建造一座两层的建筑物，或者在一半的地块上建造一座四层的建筑物。在R1、R2和R3类居住区，最大容积率为0.5。在R9类区域，最大容积率为7.5左右。对那些在建筑物的前面修建了广场或其他公共区域的开发商，放宽高度限制。简单地说，根据1916年的法规建造的标准建筑是一块从人行道开始的结婚蛋糕；而根据1961年的法规建造的标准建筑是一块玻璃板加钢板的组合，但前面有一个开放式的广场。

对高度的恐惧

纽约的区域规划法规正在变得更加严格，但关于新建项目的其他限制也是如此。在第二次世界大战之后，由于对建设和出租实行了严格的限制，并且同时建成了一批庞大的由政府资助的建筑，比如史岱文森城和林肯中心，所以，纽约的私人开发变得更加困难。但是，在 20 世纪 50 年代和 60 年代，公共项目和私人项目都越来越多地遇到了草根组织者的抵制，如简·雅各布斯。他们当时正非常熟练地发起对大规模开发的反对。

简·雅各布斯似乎很难适应大城市的荣耀。她于 1934 年毕业于斯克兰顿中心中学，并在次年去了纽约市，因为她认为纽约比东北部的宾夕法尼亚更加令人向往。她进入了哥伦比亚大学的拓展学院学习，但没有获得本科文凭。后来，她拒绝了大量的荣誉学位。当我们在 1993 年首次见面时，她已经通过自己的努力取得了巨大的成功，这种成功给她带来的快乐令我惊讶不已。她是从自由撰稿人做起的，她为《先驱论坛报》(Herald Tribune) 撰写了许多关于这座城市的文章，并最终晋升为《建筑论坛》(Architectural Forum)——一本聚焦于建筑的月刊——的副主编。她嫁给了一位建筑师罗伯特·雅各布斯，并把家安在了西村的哈德森街道。

她的才华令人赞叹，甚至在她 80 多岁时仍然闪烁着耀眼的光芒。她在纽约的经历帮助她提出了许多意义深远、富有先见之明的观点。20 世纪 50 年代，她清醒地认识到，某些为城市振兴所付出的努力——用独立于周围街道的高楼大厦取代功能完善的社区——是非常愚蠢的。她反对那些被人们普遍接受的、关于城市规划的常识，因为它们偏爱单一功能的社区。她支持多样性。20 世纪 60 年代，她肯定了城市在传播知识和思想、创造经济增长方面所发挥的作用。20 世纪 70 年代，她认为，城市实际上比绿草如茵的郊区对环境更为有利。她的观点来自于她作为一个生活和工作在纽约的观察家而获得的宝贵财富。她的知识来自于她在周围散步时的认真观察，这至今仍然是了解一座城市如何运转的最好方式。

雅各布斯也逐渐开始参与到关于城市开发的斗争之中。作为格林威治村的一位居民，她对修建一条穿越华盛顿广场公园的公路的计划提出了反对意见。尽管区域规划的拥护者正在日益积极地推动单一功能的区域规划，但雅各布斯还是成为了混合功能的区域规划的支持者。后者反对"将纽约分割成经济上相互独立的岛屿，那样的后果是无穷无尽和非常可怕的"。她强烈反对不予出售的公有住宅

▲ 伟大的城市规划专家简·雅各布斯看上去一点儿也不为她周围的高楼大厦感到高兴。她强烈反对这些高层建筑，支持低矮的城市风貌，比如纽约的格林威治村。她的观点尚未被证明是完全正确的。

项目，嘲笑它们功能单一、毫无生气。她批评林肯中心是一具"内置式的僵尸"。

1961年，纽约市规划委员会制定的新的区域规划开始生效。该委员会随即与简·雅各布斯围绕着拆除格林威治村的16个地块以便进行城市改造这一项目展开了一场斗争。雅各布斯获得了法庭作出的关于停止这一项目的裁决。她组织了一大批来自社会各界的支持者，他们在该委员会的一次规划会议上冲上了讲台。她暗示说，在城市官员和开发商之间存在着腐败行为。最后，她制造出了足够的压力，曾经作为强烈支持者的市长本人不得不放弃了这一计划。

就在同一年，在战胜市政府几个月之后，雅各布斯出版了她的代表作《美国大城市的死与生》。这是一部伟大的著作，它研究和赞美了20世纪中期纽约的步行世界。她认为，街道生活是城市生命和城市安全的本质，她赞成混合功能的区域规划。她反对修建高密度的住宅，认为这种住宅会将居民与他们所在的街道隔离开来。在低层的住宅区里，居民可以观察到他们住宅外面的道路，有人能够看到街道就会使行人更加安全。在高层的住宅区里，居民们对他们脚下的街道生活熟视无睹、漠不关心。

她的主张有一定的道理，高层住宅的确可能会给街道带来一些麻烦，至少是当它们的设计不够完善，并给街道生活造成不便的时候。相对于居住在独门独院住宅里的居民来说，居住在高层住宅里的居民成为街道犯罪受害者的可能性要高出6%左右，它甚至会极大地影响到每一位潜在受害者的个性。居住在大型建筑里的人们在家中遭遇盗窃的可能性实际上更小一些，但他们在街道上遭遇抢劫的可能性更大一些。在较为富裕的群体中，住宅的高度与犯罪之间没有任何关系。我本人对此的解释是，穷人居住的较高的楼房往往是公共住宅。在那里，穷人较为集中，而且底层很少有零售店。这些情况意味着街道很可能会受到捣乱者的控制。

在复合型的社区里，购物者和工人较多。比较富裕的区域设有专门的门卫。少数较为完善的城市规划能够确保高层住宅有足够多的步行者，以保证街道的安全。曼哈顿中城和中国香港都不缺少行人，犯罪相对较少。

简·雅各布斯反对城市改造，由此导致她更加彻底地不喜欢高层建筑。她在《美国大城市的死与生》一书中提出，只有把城市社区控制在每英亩100套~200套住宅的水平上，它们才能兴旺繁荣起来。她认为，城市至少需要维持每英亩100套住宅的水平，从而形成足够多的街道流量，以支撑餐厅和商店的繁荣。她还认为，每英亩200套住宅是一个"危险的标志"。一旦有社区超过了这一水平，它们就会面临枯燥乏味的标准化的风险。一套典型的曼哈顿公寓（比如说我小时候住过的那种）的建筑面积约为1,300平方英尺。为了在一英亩的土地上安置200个家庭，房屋应该达到6层左右的高度，这恰好是电梯时代来临之前建造的公寓建筑的标准高度。

尽管雅各布斯非常清楚她曾经居住过的低层住宅社区的好处，但她似乎没有看到高层建筑所在的地方同样具备的一些优点。曼哈顿的高层建筑社区并非特别地枯燥乏味，只要它们的底层有足够多的人流。高层社区也可以有很多非常有趣的商店和餐厅。每英亩不少于300套住宅的密度肯定不是每一个人都无法接受的，但人类的多样性需要各种各样的生活条件，有些人的确需要高层住宅。雅各布斯本人喜欢像格林威治村一样的社区，这是非常有道理的——我也喜欢那个村子——但个人的喜好往往不能作为公共政策的可靠基础。支持政府进行单一风格的都市化并不比支持政府强行推广单一风格的文学作品更加明智。

雅各布斯相信中等密度的优点，这导致她反对建造高层的楼房，比如纽约大学19层高的图书馆，就像她反对单一功能的区域规划和新建高速公路一样。她对城市的看法基本上来自于她本人在格林威治村社区的经历，那里有小酒馆、思想家，还有低层的联排别墅。她喜欢古老的建筑，认为新建的摩天大楼无法实现她所喜欢的多种用途。

出于某种混乱的经济理性，简·雅各布斯喜欢保护古老的建筑。她认为，保护比较古老和低矮的建筑在一定程度上会让价格维持在崭露头角的企业家们可以承受的水平上。这是对供需平衡原理的否定。保护一座比较古老的只有一层的建筑，而不是新建一座四层的建筑来取代它，此举并不意味着能保证它的价格的可承受性。事实上，反对修建新的建筑是让一个颇受欢迎的地方变得让人们无法承受的最可靠方式。增加住宅或任何其他东西的供应几乎总是会推动价格的下跌，而限制房地产的供应往往会导致价格的上涨。

住宅的供应与可承受性之间的关系不仅是一个经济学理论的问题。大量的证据证明了住宅供应与房地产价格之间的关系。简单地说，价格昂贵的地方没有建造很多的房子，建造了很多房子的地方不会出现价格昂贵的情况。有些研究已经发现，在限制开发的地方，新的建筑比较少，建筑的价格也比较高。其中一份最为聪明的研究报告提到了建筑的自然障碍（比如某个地方的山丘），并认为在地形不利的地方，新的建筑往往比较少，而且价格比较高。

也许一座新建的四层建筑本身不会接纳任何行为诡异、赢利状况不佳的企业。但是，通过提供新的空间，它将会缓解这座城市的其他房地产所面临的压力。经过改造的老旧小区价格上涨的情况将会因为新建筑的出现而得到遏制。通过增加供应，而非高度上的限制和固定的建筑存量，可以维持价格的可承受性，并确保比较贫穷的人和赢利状况较差的企业能够留下。这有助于繁荣兴旺的城市继续保持自己的成功和多样性。限制高度的确增加了阳光，保护建筑的确保护了历史，但是，我们不应该假定得到这些好处是不用付出某种代价的。

保护的危险性

1961年，简·雅各布斯出版了她的代表作。与此同时，宾夕法尼亚铁路公司正在准备拆除旧的纽约火车站。这家铁路公司于1908年在33大街上建成了作为火车圣殿的这座火车站，那时正好是铁路时代的高峰时期。这座旧火车站是一座非常漂亮的建筑，配有多立克式的柱子和一个带卡拉卡拉浴室的候车大厅。像简·雅各布斯一样，这座建筑的设计师认为高度对于城市生活是有害的，于是他坚持建造了这座低矮的建筑。

坚持低矮设计的决定将被证明是这座火车站的一大败笔。尽管它是一座得到公认的建筑精品，但随着铁路乘客在20世纪的不断减少，它也逐渐失去了存在的意义。在20世纪50年代末之前，宾夕法尼亚铁路公司决心利用其位于曼哈顿中心区的、位置绝佳的土地来获取更多的价值。他们拆除了美术画廊，修建了今天这座很少有人喜欢的火车站和一幢34层的写字楼。写字楼的租金可以在一定程度上补偿其不断下滑的铁路收入。

宾夕法尼亚铁路公司所做的每一件事情都是完全合法的，但老火车站曾经受到鉴赏家和普通上班族的喜欢。这座非常漂亮的火车站的拆除成为了日渐强大的保护主义运动的动员令。运动的目的是要保护纽约最漂亮的、比较古老的建筑，以免它们遭遇像这座火车站一样的命运。1962年，罗伯特·瓦格纳市长成立了一个地标性建筑保护委员会。为了防止万一有人不明白这位市长的动机，《纽约时报》发表了一篇宣布成立这一新机构的文章，其副标题是"瓦格纳任命了新机构的12名成员——建筑师对拆除宾夕法尼亚火车站提出谴责"。

1965年，尽管遭到房地产界的强烈反对，地标性建筑保护委员会还是成为了常设机构。它最初似乎是给予保护主义者的一个小小的贿赂。地标性建筑的数量被确定为700座，这显得比较温和。该委员会的权力掌握在市长的手中，他可以否决他们的任何决定。

不过，政府机构的权力往往会随着时间的推移而增加。一个温和的、几乎是象征性的团体也可能会掌管一座城市的方方面面。截至2010年春天，纽约地标性建筑保护委员会已经取得了对25,000座地标性建筑和100个历史保护区的管辖权。96大街以南、曼哈顿15%以上的非公园用地现在都属于一个历史保护区，那里的每一处外观变化都必须取得地标性建筑保护委员会的批准。

2006年，开发商艾比·洛森提出要在位于麦迪逊大街980号的、古老的苏富比–帕克–伯尼特大厦的楼顶上加盖一座22层的玻璃建筑，这里恰好是上东区的历史保护区。这座建筑本身并不是地标性的，但洛森和他手下曾经获得过普利兹克奖的建筑师洛德·诺尔曼·福斯特提议，保持原有建筑的外观不变。这座玻璃建筑将建在原有建筑的屋顶上，很像建在中央火车站屋顶上的前泛美大厦。与此关系密切的邻居们不喜欢这个增加高度的设想，他们向地标性建筑保护委员会提出了申诉。曾经撰写过大量关于纽约弱点和房地产业的精彩文章的汤姆·沃尔夫在《纽约时报》上发表了一篇1,500字的短文。他暗示说，如果地标性建筑保护委员会批准了这一项目，那将是对它的使命的背叛。沃尔夫获得了胜利。

对于他在麦迪逊大街980号一案中的批评者，包括我本人在内，沃尔夫先生在《乡村之声》(*Village Voice*)中作出了回应："按照他们的理论得出的合乎逻辑的结论将是开发中央公园……伙计,当你认识到这一点——如果允许他们进行开发的话,可能会有成千上万的人住进中央公园——的时候,这个问题就已经得到解决了!"但是,高密度的社区向高空拓展空间的好处之一是,不论是在中央公园还是在远离市中心的其他地方,你都不需要在一片绿地上建造房屋。从保护主义者的角度来看,在某一个地方增加建筑的高度可能会减轻拆除其他较为古老的建筑的压力。人们可能会振振有辞地说,如果地标性建筑保护委员会已经认定了某一座建设可以被拆除,那么它应该要求其替代建筑尽可能地一样高。

限制开发的代价是,受到保护的区域变得更加昂贵和更加具有排斥性。平均而言,居住在曼哈顿历史保护区里的人比居住在该等区域以外的人要富 74% 左右。居住在历史保护区内的 3/4 左右的成年人拥有大学文凭,而在居住在该等区域以外的成年人中,只有 54% 的人拥有大学文凭。在居住在历史保护区内的人口当中,白人的比例要高 20%。居住在市内的历史保护区里的富人们已经说服了地标性建筑保护委员会,以便阻止建造更高的建筑。与他们相呼应的是,一些支持采取限制措施的郊区居民则希望把地块的大小规定为 5 英亩,以阻止并不富裕的人住进这里。这不是比较贫穷的人能否负担得起麦迪逊大街 980 号的价格的问题,而是到处限制新的住宅供应会使得这座城市更加难以满足人们需求的问题,这会推升各个地方的住宅价格。

住宅价格的基本经济学是非常简单的——供应和需求。纽约、孟买和伦敦都面临着日益增长的住宅需求,但这种需求对于价格的影响则取决于供应。建造足够多的住宅可以减轻日益增长的需求对于价格的影响,从而将城市的住宅价格维持在一个人们更能承受的水平上。那是纽约在 20 世纪 20 年代曾经出现过的一幕,当时纽约建造了数十万套住宅,整个城市的住宅价格是人们可以承受的。今天住宅价格可承受的有利于经济增长的城市也是如此,如芝加哥和休斯敦。在 1955—1964 年间的战后繁荣时期,曼哈顿每年批准新建的住宅均超过了 11,000 套。在 1980—1999 年间,当这座城市的住宅价格急剧上升时,曼哈顿每年批准新建的住宅平均为 3,120 套。更少的新建住宅意味着更高的价格。在 1970—2000 年间,一套曼哈顿住宅按照固定价格计算的中位数房价上涨了 284%。

在纽约市,在一栋高楼的楼顶上新建 1 平方英尺居住空间的建筑成本不到 400 美元。超高层(即 50 层以上)建筑的价格的确出现了大幅度的上涨。但是,对于普通的摩天大楼来说,建造一套质量不错的、面积为 1,200 平方英尺的新公寓的成本不会超过 500,000 美元。土地成本占了一定的比例，但在一幢 40 层的大楼中，一套面积为 1,200 平方英尺的房子只占用了曼哈顿 30 平方英尺的土地，还不到 1 英亩的 1/1000。按照这样的高度来看，土地成本是相当低的。如果没有限制新建项目的规定，价格最终将会降到与建筑成本比较接近的水平，每套新建公寓的价格大约为 50 万美元。这个价钱大大超过了在休斯敦新建一套不错的、面积为 2500 平方英尺的房子所需花费的 20 万美元，但也大大低于今天在纽约购买一套这样的公寓所需花费的 100 万美元或更多。

在密歇根湖沿岸，芝加哥黄金海岸的土地也是非常有限的。那里的需求可能无法与曼哈顿相提并论，但也是非常强劲的。不过，只需要大约相当于曼哈顿一套差不多房子的一半价格，你就可以买到一套非常漂亮的湖景公寓。芝加哥的建筑成本比纽约低，但肯定低不了一半的水平。巨大的差异在于，芝加哥的领导人一直比纽约的领导人更加鼓励新建住宅，至少在布隆伯格上任之前是这样的。密歇根湖畔林立的起重机将芝加哥的住宅价格维持在了人们可以承受的水平上。

大多数努力去阻止某个新建项目的人都会认为他们自己是英雄，而非反面人物。毕竟，在麦迪逊大街上新建一栋建筑肯定会激怒许多知名人士，而且一栋建筑不会给整座城市带来太大的变化。问题在于所有这些阻止新建项目的独立决定会产生累加效应。区域规划法规、上空权、高度限制和地标性建筑保护委员会共同构成了一个让新建项目越来越难的管理网络。在布隆伯格上任之前，不断增强的管理冲击波正在让纽约变得越来越矮。在对公寓式建筑的抽样调查中，我发现 20 世纪 70 年代建造的 80% 以上的建筑都超过了 20 层，而 20 世纪 90 年代建造的达到这一高度的建筑不足 40%。电梯和钢结构的摩天大楼为人们在少量的土地上获得更多的生活空间提供了可能，但纽约的建筑法规正在阻碍着这一进程。

住宅供应的增加不仅决定着价格，而且决定着一座城市的人口数量。不同地区的新建住宅与人口增长之间的数量关系基本上是一致的。一个地方的住宅存量每增长 1%，它的人口基本上也会出现同等比例的增长。因此，当纽约、波士顿或巴黎对新建项目进行限制的时候，当地的人口增长将会放慢。如果限制达到了一定的程度，当地甚至可能会出现人口的流失；尽管随着更加富裕和小型化的家庭取代了更加贫穷和大型化的家庭，人们的需求仍在不断地增加。

简·雅各布斯对于更加古老、更加低层化的社区所具有的乐趣和优点的看法肯定是正确的，但是，她几乎完全忽略了高密度社区的优点。我出生在雅各布斯离开纽约前往多伦多之前的那一年,而且在此后的17年里,我一直是在曼哈顿度过的。我所在的社区看上去与低层化的格林威治村完全不一样。在成长的过程中,我的周围只有二战结束后为了给像我父母一样的中等收入者提供他们能负担得起的住宅而修建起来的白色而呆板的塔楼。那个社区也许不像格林威治村那样漂亮迷人,但那里有许多不错的餐馆和各种各样的商店,甚至还有各种各样的行人。街道是相当安全的。它肯定是一个功能完善、充满活力的城市空间,尽管周围有许多摩天大楼。已经接受了垂直化和变革的中国香港是一个更加极端的个案。在那里,令人兴奋的街道生活与高耸入云的建筑相得益彰,实现了完美的融合。

并不是每一个人都应该居住在高层建筑里。很多城市人口喜欢更加古老和低层化的社区,比如说简·雅各布斯。不过,也有许多人喜欢居住在城市中的高楼大厦里,政府不应该阻止摩天大楼去满足他们的梦想。限制高层住宅的开发并不能保证社区的有趣和异质化,它能够保证的只有不断上升的房价。

上层社会中的人士往往需要并期待住进舒适而宽敞的住宅。现在,美国在阳光地带的郊区建造了那种住宅,吸引着人们从城市中搬到得克萨斯。但是,在我们那些比较古老的城市里,也可以建造人们能负担得起的宽敞住宅。城市可能会迎来一个有更多人生活在中心城区的未来。但是,要想做到这一点,那些愿望最为迫切的城市必须减少限制建造更高建筑的管理障碍。

关于巴黎的再思考

一个世纪之前,巴黎和纽约提出了完全不同的城市发展愿景。巴黎的建设是自上而下进行的。皇帝提出了自己的愿景,他手下的官员负责实施。纽约的天际线是由相对不受约束的开发商决定的,他们可以建造市场能够接受的任何建筑。纽约是一场有些混乱但十分精彩的爵士乐即兴演奏会,杰出的音乐家们对于他们身边正在发生的事情只给予了最微不足道的关注,而巴黎则是一首精心创作的交响乐。纽约的混乱显得更有活力,但巴黎的井然有序造就了更加安全的建筑。1900年,美国城市中发生的火灾要远远多于欧洲城市。今天,很少有人认为新建的摩天大楼将会在任何方面改变纽约那种内在的繁荣兴旺。但是,反对作出改变的人在巴黎找到了一个比较合适的理由。

巴黎并非一直是那么井然有序或漂亮迷人的。在1850年之前,巴黎有成千上万的贫困人口拥挤在狭窄的街道和古老的建筑里。巴黎早在几个世纪之前就

▶ 巴黎林荫大道的庄严秩序是一个大型的城市改造项目的产物，此项目在19世纪后半期极大地改变了这座城市。现在，严格的法规禁止对这座城市的景观进行任何重大改造。

已经制定了关于土地利用的法规。当亨利四世在1589年建立波旁王朝的时候，他就制定了建筑法规，修建了孚日广场——它可能是巴黎最漂亮的广场。但是，巴黎早期在规划方面的几次尝试均宣告失败，最终形成的是一座城市迷宫。巴黎的杂乱无章给犯罪分子和革命者提供了保护，后者在1789年之后的60年里推翻了3位君主。19世纪初期的巴黎或许不妨求助于简·雅各布斯，但这对于拿破仑三世来说似乎是不可能的，这正是他转向奥斯曼男爵的原因。

卡尔·马克思把拿破仑三世统治时期称作是他的叔叔——拿破仑一世——的悲剧的一次非常滑稽的重演。但是，第二帝国的城市改造政策绝不是什么闹着玩的事情。更年轻的波拿巴在城市建设领域中的地位就像拿破仑一世作为一位军事战略家的地位一样稳固。关于拿破仑三世热衷于重建巴黎一事，存在着很多解释。他希望把那些人口密集的街边大杂院从这座城市中清理出去，因为那里居住着革命者；他还希望为他的骑兵修建宽敞的林荫大道，以便镇压城市里的反叛分子。然而，这位皇帝并未只顾着建造防御敌人的空间。他希望他所修建的公共设施能够为他赢得掌声和某种历史地位。

这位皇帝是一个非常忙碌的人，他有很多的仗需要打，还有一位漂亮的皇后需要照顾。他需要找到一位能力超群的官员，此人必须对他忠心耿耿，并且完全按照他的意愿去花钱和办事，从而实现他的首都的重建。奥斯曼男爵就是他最中意的人选。1809年，在拿破仑一世于瓦格拉姆战胜奥地利人之前的几个月，奥斯曼男爵在巴黎出生。他出身于一个移民家庭，他的先辈是来自德国的新教徒，在拿破仑时期法国的精英管理体制下得到了提拔。奥斯曼的祖父是一位将军，被拿破仑一世封为了男爵。他的父亲为拿破仑的军队提供过军需物资。

奥斯曼是在著名的亨利四世中学接受教育的，这所学校至今仍是全球最好的中学之一。后来，他学习过法律和音乐。1830年，当革命导致资产阶级的皇帝路易·菲利普上台之后，奥斯曼进入了政府部门，并被委派到内哈克——一个位于波尔多郊外的小镇。他在各个省不辞辛苦地工作了很多年，直到一位波拿巴的返回才给他带来了机遇。在前塞纳省省长因为试图阻止拿破仑三世提出的宏伟壮观的城市规划而被解除了职务之后，这位雄心勃勃的男爵抓住了这次机会，取代了他的位置。

如果你想重建一座城市的话，有一位独裁者在身后为你提供支持是非常有利的。奥斯曼做了许多在一个更加民主的时代根本无法想像的事情。他驱逐了大批的穷人，在他们的家园上修建了宽敞的、对于巴黎来说具有里程碑意义的林荫大道。他砍伐了卢森堡公园的很大一部分，修建了城市的街道。他拆除了古老的地标性建筑，如圣日耳曼德普莱街区的修道院监狱。他为此一共耗费了25亿法郎，是1851年巴黎预算总额的44倍。所有这些投资和巨变把巴黎从一座古老的、有些衰败的、居住着大量穷人的城市变成了一座面向日益壮大的中产阶级的娱乐休闲之都。

奥斯曼的有些创新体现在公共空间上，比如布洛涅森林公园。这些创新使得巴黎更加漂亮，也更加健康。其他创新包括对一座以步行为主的城市进行改造，尝试某些新型的交通方式，比如铁路和公共汽车。奥斯曼还让巴黎变得更高了一些。1859年，巴黎的高度限制从54英尺增加到了62英尺。然而，相对于20世纪建造起来的、大量使用电梯的新兴城市来说，奥斯曼的巴黎仍然是比较矮的，因为人们需要爬楼梯。当时，顶层的楼房是很不受人欢迎的，原因就在于这些楼梯。这也正是那些住在巴黎阁楼里的艺术家们一方面整日饥肠辘辘、最终死于肺结核，一方面却能坐拥城市美景的原因。

奥斯曼建设巴黎是在电梯出现之前，在公共汽车和蒸汽火车出现之后。通过修建更宽、更直的街道，他试图接受这些更加快捷的交通方式。在修建他的林荫大道的时候，奥斯曼采用了这些新的技术，它们后来成了简·雅各布斯反对在曼哈顿南部修建的快速路的前身。正如后来的建设者一样，奥斯曼也有自己的批评者，他们通过指责他贪污腐败和做假账来诋毁他的形象。反对奥斯曼化有许多合情合理的理由，不过，这位缺少激情的阿尔萨斯官僚是非常诚实的。他的投资是巨大的，但也是合法的。

古斯塔夫·卡勒波特于1877年创作了一幅非常著名的绘画作品，画的是雨中的一条由奥斯曼修建的巴黎街道。这幅画如今收藏在芝加哥艺术学院，它描绘了一座非常具有纪念意义的无名的城市，毫不相关的人们在那里毫无目的地生活着，周围显得富丽堂皇而毫无生气。这幅绘画作品可以看作是对简·雅各布斯所描述的标准化和过长的街区给街道生活带来的种种不便的准确图解。其他的批评者不喜欢那种所有公寓建筑统一采用的、非常单调的灰色。有些人对如此之多的巴黎家庭由于遭到驱逐而承受的痛苦提出了大胆的批评。反帝国主义者认为，拿破仑三世修建的许多纪念碑不过是一位妄自尊大的妄想者所进行的非常愚蠢的自我表彰。

如果说建筑的目的是为了给它的亲历者带来快乐的话，那么奥斯曼的重建工作就是一次令人震惊的成功。在他之前，观察家们会记录下巴黎的丑陋；在他之后，巴黎变成了迷人都市的代名词。每年有数以百万计的游客来到巴黎游览奥斯曼留下的遗产。有数以百万计的巴黎人不惜重金也要居住在他建造的这座城市里。奥斯曼不仅解决了技术性的难题，比如怎样提供清洁的饮用水和把火车引进巴黎，而且还留下了一座受到许多人喜爱的城市。

奥斯曼带给巴黎的变化远远超过了全球任何其他比较古老的城市所发生的变化，结果是他建造出了风格统一的都市精品。但在20世纪之前，奥斯曼的成果成为了不容修改的建筑模板。他在1859年的限高法规的基础上增加了一层的高度。但在1902年，大型主干道两侧的建筑高度被限定为98英尺，比较狭窄的街道两侧要更低一些，这一限制一直实施了半个多世纪。

在从1914年弗朗茨·斐迪南大公被暗杀后开始的恐怖的40年里，巴黎的这些法规并未发挥多少作用。法国的人口和繁荣由于当年德国的入侵而受到了严重的破坏，德国人很快就占领了巴黎。在20世纪20年代面临人口挑战期间或20世纪30年代遭遇经济大萧条期间，几乎没有人对这座城市的重建感兴趣。20世纪40年代发生了又一场战争，它再次让法国陷入了贫困。直到20世纪50年代，法国经济才开始恢复，人们随之希望让自己国家这座长期处于停滞状态的首都实现现代化。1967年，巴黎市议会取消了这座城市的高度限制。获得了授权的技术官员们希望建造更新、更高的建筑,也希望拆除那些所谓的"眼中钉",比如说古老的中心市场——雷阿尔市场。

在戴高乐和蓬皮杜执政期间,巴黎进行了少量一些建设。20世纪60年代的巴黎不同于20世纪20年代的纽约,但它最终的确建造了一座像样的摩天大楼。高达689英尺的蒙帕纳斯塔是于1969年开始兴建的。两年之后,雷阿尔市场被拆除,未来主义派的蓬皮杜中心博物馆于同年建成。但是,这一变化让已经习惯了寂静的巴黎人气愤不已。蒙帕纳斯塔受到了广泛的批评,由此得出的教训是:绝对不能再让摩天大楼来破坏巴黎的市中心。雷阿尔市场可悲地消失了,许多纽约人几乎曾以同样的方式为旧的宾夕法尼亚火车站的拆除而感到痛心。法国是一个比美国管理得更加严格的国家,当它的决策者决定他们不需要任何变化的时候,变化将不会发生。1974年的法规对巴黎中心区作出了不得超过83英尺的高度限制,这一限制截至2010年仍然生效。

尽管法规限制了巴黎旧城的高度,但它允许在外围建造高楼。今天,巴黎的大多数摩天大楼都位于人口相对密集、但位置相对偏远的地区,如拉德芳斯。现在的拉德芳斯是垂直化的,就像巴黎市中心是扁平化的一样。它拥有接近4000万平方英尺的商业区,具有美国商务花园的感觉。除了远处凯旋门的景色以外,在位于拉德芳斯的一家星巴克咖啡厅里喝着拿铁咖啡的行政助理们可能很容易被认为是正处于更大一些的弗吉尼亚州的水晶城里。

通过把摩天大楼分离出来,拉德芳斯满足了在保护和发展之间保持平衡的需要。从某种意义上说,这是一种很有创意的解决办法。在那里工作的人们仍然可以去巴黎的旧城,乘坐地铁大约需要20分钟,步行则需要1个小时。地铁的开通还意味着位于拉德芳斯的企业可以与仍然留在旧城中的法国所有重要的官僚机构保持联系。拉德芳斯是欧洲最集中的商业中心之一,它似乎具备了我们希望大量的熟练工人可以提供的所有的经济刺激因素。这一区域为巴黎的经济增长提供了可能,同时还保留了旧城的古韵。

但是,拉德芳斯的建筑不能完全取代位于更加受人欢迎的巴黎中心城区的新建筑,那里因为供应不足而导致房价成为了天文数字。顺其自然的方法是在中心城区而非在城市的边缘建造高楼,因为中心城区的需求最为旺盛。巴黎中心城区新建住宅的不足意味着一套面积很小的公寓都要卖到100万美元或者更高。宾馆的住宿费用每个房间每晚超过了500美元。如果你想生活在巴黎的中心城区,你就必须支付这个价钱。人们愿意支付这样高的价钱,因为巴黎实在是太有魅力了。但是,他们必须支付这样高的价钱的原因是,巴黎的统治者决定限制这块地方可以建造的住宅的数量。普通人肯定是被禁止居住在巴黎的中心城区的。看起来巴黎似乎修建了一座大门,并且宣布:中等收入的人不得入内。

在全球最古老、最漂亮的城市中,拉德芳斯提供了一种可行的方式。保留核心区的历史风貌,同时在附近进行数百万平方英尺的开发。只要高层建筑区里的建设是充分放开的,它就会为整个地区提供一个安全阀。拉德芳斯的关键问题在于它是否过于遥远。它与旧城之间的距离的确保证了巴黎中心城区的古韵,但也剥夺了太多的人漫步到一家古老的咖啡厅去品尝一顿午餐的乐趣。

令人遗憾的是,一方面是提供更加理想的空间的利益,一方面是保护一座漂亮的古城的愿望,要想在这两者之间保持平衡绝不是一件轻而易举的事情。我的个人喜好使得我希望像那些拉德芳斯一样的开发区域距离巴黎中心城区更近一些,也许最好是在蓬皮杜希望开发的蒙帕纳斯火车站的周围。但是我理解那些认为巴黎是如此珍贵、应该在开发区与奥斯曼修建的林荫大道之间留出更多空间的人。然而,巴黎是一个极端的个案。在全球的大部分地区,限制开发的理由远远不够充分。限制开发给任何地方造成的损害都比不上印度的特大城市孟买。

孟买的管理不善

几乎没有几个普通人能够买得起位于巴黎或曼哈顿中心区的房子,这的确令人感到遗憾。但是,法国和美国将继续生存下去。发展中国家由于限制建筑的高度而可能导致的问题要严重得多,因为它们阻碍了都市的发展,而后者将有助于极度贫穷的国家发展成为中等收入的国家。让印度城市的建筑太矮、房价太高的法规意味着:只有极少的印度人能够实现彼此之间的以及与外界的交流。由于贫困在发展中国家往往意味着死亡,而限制城市的发展必然导致更多的贫困人口。[158]因此,可以毫不夸张地说,印度的土地用途规划可能是一个关系到生存还是死亡的问题。

从高端的金融业和电影业到达拉维贫民窟的狭小空间,孟买是一座有着令人惊叹的个人能力与创业精神的城市。如果这些民间的精英全部进入了合适的政府机构,那将会产生一个在没有超越权限和过度管制的前提下妥善地履行市政府的核心职能——比如提供污水处理和安全用水——的公共部门。发展中国家面临的一个诅咒是，政府承担了过多的职能，而且没有能够妥善地履行其核心职能。没有能够向其公民提供清洁饮用水的国家就不应该管制货币的兑换。

孟买公共领域的失败就像私营领域的成功一样是显而易见的。西方游客可能看不到有人在孟买贫民窟里公开大小便，但他们不可能看不到这座城市的交通网络的失败。从机场驱车到孟买的老城区只有 14 英里，竟然需要花费 90 分钟。有一列火车可以加快你的行程，但几乎没有几个西方人有胆量去勇敢面对高峰时期异常拥挤的人流。2008 年，每天被挤下火车并摔死的人超过了 3 个。孟买居民的平均通勤时间大约是单程 50 分钟，这几乎相当于美国平均通勤时间的两倍。

孟买已经为解决它的交通拥堵问题付出了巨大的努力。它的高架公路发挥了一定的作用。但是，正如我在前面已经提到过的一样，有研究表明，旅行的总里程必然会与新建公路的里程呈现出一对一的增长。孟买拥有非常之多的潜在的驾车者，仅靠新修的公路肯定无法解决交通拥堵的问题。疏通过度拥挤的城市街道的最为划算的办法是学习新加坡的经验——对道路的使用征收高额的费用。

如果你提供的某种东西是免费的，人们就会过度地使用它。孟买的交通流量非常大，道路在高峰时段经常会被牛车堵得寸步难行。让可以变通出行方式的驾车者放弃使用公路的最简便方法就是向他们征收使用公共空间的费用。拥堵费并非只适用于富裕的城市，它适用于存在道路拥堵问题的任何地方。毕竟，新加坡从 1975 年开始向驾车者收取使用市中心道路使用费时并不富裕。像当时的新加坡一样，孟买可以简单地要求人们购买纸质的允许驾车进入市中心的日间通行证，并要求人们将这些通行证粘贴在他们的前挡风玻璃上。给这一策略造成困难的是政治而非技术问题。尽管贫困人口将从更加通畅的街道中获得巨大的好处，但我怀疑孟买缺乏对于违反这些规定的驾车者进行罚款的政治意愿。

孟买的交通问题不仅表明它的交通政策很不完善，而且表明它的城市规划遭到了全面而彻底的失败。1964 年，孟买规定大部分地区的容积率不得超过 1.33。当时，印度非常热衷于各种形式的管理。限制建筑的高度似乎为限制城市的增长提供了一种方式，这与非常流行的英国城市规划理念是一致的。

但是，孟买限制建筑高度的结果是，在全球人口密度最高的地区之一，建筑的平均高度只有一又三分之一层。人们仍然在不断地涌入，孟买的经济活力吸引着他们，尽管这里的生活条件是非常可怕的。限制高度没有能够阻止城市的增长，它导致的结果只是，不断涌入的移民不得不挤在非常狭小的空间里。保持孟买的

▲ 作为英属东印度公司的一个贸易窗口，孟买得到了发展，它至今仍是印度与外部世界之间的一个门户。令人遗憾的是，它也实施了英国的某些最为糟糕的城市政策，比如严格限制建筑的高度。此举已经使得它的建筑严重低矮、交通严重拥堵、房价严重高企。最近，一些摩天大楼已经建造了起来，但孟买的管理者仍然因为缺少好的建筑和交通选择而饱受指责。

平面化还导致了通勤距离的延长，从而使得交通拥堵更加严重。

新加坡也曾经是英属东印度公司的一个前哨基地。但与孟买不同的是，新加坡政府是全球最称职的政府之一。新加坡为提供清洁的饮用水付出了巨大的努力，但它并未禁止高层建筑。因此，新加坡中心城区的运转是非常顺畅的，因为它的建筑是高大而且彼此联通的。商务人士在彼此靠近的地方工作，可以非常方便地步行赴约。中国香港甚至更加立体化，也为行人提供了更多的方便，人们可以在带有空调的舒适环境中从一幢摩天大楼步行前往另一幢摩天大楼。在华尔街或曼哈顿中城地区走上一圈只需要几分钟的时间。甚至非常辽阔的东京也基本上可以依靠步行来穿越。这些伟大城市的运转都很顺畅，因为它们的高度提供了这种可能——大量人口在一块非常狭小的土地上工作，有时还要生活。但是，孟买是低矮的。因此，人人都面临着交通的问题，人人都要为自己的空间付出高昂的代价。

一座拥有 1,400 万人口、占地面积却很小的城市可以在摩天大楼之间建造走廊。大量彼此靠近和联通的高楼大厦将会减少道路的交通压力，缓解作为 21 世纪城市生命线的交通问题,并降低孟买那超乎寻常的高房价。孟买并未鼓励密集式的发展,反而把人们推向了郊外。根据 Emporis.com 提供的信息,在孟买的6座高度超过490英尺的建筑中,有3座今年正在建设之中,还有一些正在进行前期的筹备。因为一些高度限制已经稍稍有所放宽,尤其是在传统老城区以外的地方。

孟买的容积率要求最近也有所放松,但这种变化一直是非常温和的。许多新建的摩天大楼周围都有大片的绿地,这就说明它们仍在继续生效。这些空间使得高楼大厦处在非常奢侈的孤立之中,彼此之间的交通仍然需要汽车而非双脚。如果孟买试图促进房地产的可承受性和交通拥堵的缓解,它就应该允许开发商最大限度地利用他们的土地,规定中心城区的任何新建项目至少达到40层的高度。通过要求开发商提供更多而非更少的建筑面积,政府将鼓励更多的住宅、更少的占地和更低的房价。

只要孟买对于生活和工作来说仍然是一个非常高效的地方,新的居民就会继续在那里聚集。高度限制只会迫使人们挤在肮脏和非法的贫民窟里,而非住进合法的公寓楼里。据一项研究估算,孟买家庭的人均居住面积只有30平方英尺左右,而中国城市的人均居住面积是140平方英尺。人们在孟买被迫挤在如此狭小的空间里,因为它的房地产价格超过了远比它更为富裕的城市,比如新加坡。新加坡的房地产价格低于孟买,并不是因为那一座繁华都市的需求不够旺盛,而是因为新加坡允许开发商在同样的土地面积上建造更多的居住空间。

从历史上看,孟买居民承受不起那样的高度,但今天的许多居民可以承受。如果那些更高的楼房更充足、更便宜的话,他们将会住进那样的楼房里。就像纽约第五大道两侧一样,由玻璃、钢材和混凝土组成的峡谷并不是一个城市的问题,它们是一种非常合理的、在有限的土地上容纳大量人口和商务活动的方式。只有糟糕的政策才会阻止长长的一排50层高的大楼——它们很像那些点缀在芝加哥湖畔的高楼大厦——耸立在孟买的海滨。

城市的神奇魅力来自于它们的居民,但那些居民必须享受到他们身边的一砖一瓦为他们提供的良好服务。城市需要那些能够让居民的生活更加舒适、让居民之间的交流更加方便的道路和建筑。在空间开阔、需求不旺的地方,高层建筑的意义不大,比如亨利·福特二世的文艺复兴中心。但是,在那些广受追捧的城市(不论它们是靠近哈得逊河还是靠近印度洋)里,高度是控制房价的可承受性和维持高水平生活标准的最佳方式。

三条简单的法则

我们的城市是全球经济的引擎，它们的成功越来越多地取决于区域规划委员会和保护委员会所作出的高深莫测的决定。在人口密集的城市地区限制开发肯定是非常明智的。但是，我想用3条简单的法则来取代现行的限制开发的管理迷宫。

首先，城市应该用一种简单的收费制度来取代现行的、冗长而模糊的审批程序。如果高层建筑产生了阻挡光线或风景的成本，就对这些成本进行合理的评估，并向开发商适当地收取费用。如果某些活动对邻居造成了损害，我们应对这种社会成本进行评估，并就此向开发商收取费用，就像我们向驾车者收取拥堵费一样。这些收费可以转交给受到损害的人们，比如因为某个新建项目而失去了阳光的邻居。

我并未暗示说这种制度是很容易设计的。关于与不同高度的建筑相关的成本问题，存在着很大的讨论余地。关于应该得到补偿的邻近地区的范围，人们肯定也会有不同的意见。但是，我们可以制定出合理的规则，然后广泛地实施。例如，纽约每一座新建大楼的开发商将按照每平方英尺一定金额的标准支付补偿费用，以便取得更快的批准。其中一部分补偿可能会进入纽约市的财政帐户，其余部分则分配给新建大楼所在街区的居民。

与现行的管理迷宫相比，简单的收费制度更透明、也更有针对性。今天，许多开发商通过聘请收费高昂的律师和说客，以及购买政治影响力的方式来越过我们现行的制度。对于他们来说，只是给我们其余的人开出一张支票当然要简单得多。允许建造更多的面积并非只是让开发商赚上一笔意外之财，合理而明确的管理可以让新的开发项目给它所在的社区和整个城市带来好处。

其次，具有历史意义的保护应该是有限的、严格界定的。对于像熨斗大厦或旧的宾夕法尼亚火车站这样的建筑精品进行保护是非常明智的。对于战后大量修建的、贴有瓷砖的建筑加以保护则是非常荒唐的。但是，你应该如何划定这两个极端之间的界限呢？

我个人的意见是，在像纽约这样的城市里，地标性建筑保护委员会应该确定一个需要保护的建筑的总量，也许是5,000座。该委员会可以调整它已经选定的建筑，但必须谨慎行事。它不得为了阻止在某些从前不受保护的区域里进行的建设而突然改变其规则。如果该委员会希望对某一个完整的区域加以保护，它应在整个区域内宣传其对5000座建筑的管理工作。也许5000座建筑太少了。但是，在没有某种限制的情况下，任何管理机构都会试图不断地扩大其职权范围，不论这是由于官僚帝国的建设，还是为了应对社区的压力。

以巴黎为例，当一座完整的城市事实上受到了全球的追捧时，问题就会变得更加复杂起来。在这种情况下，关键在于找到具有一定规模、合理地靠近这座城市的中心区，并可以用来进行超密度开发的土地。在理想的情况下，这一空间应该尽可能地靠近城市的中心区，以便让这里的居民可以享受到步行前往这座古老城市的环境优美的大街的乐趣。

最后，个别的社区应该享有一些得到明确界定的权力，以便保护它们的特色。某些街区的居民可能真的愿意拆除障碍，其他街区的居民可能愿意鼓励他们。相对于自上而下全方位地管理各个社区来说，下面的做法将更有意义——允许各个社区制定它们自己关于建筑风格和用途的规则，并在获得大部分居民的批准之后予以实施。但是，社区不应有权通过限制高度或过度管理的方式全面地阻止建设，以防止当地的社区变成邻避主义者的飞地。普通市民，而非市政府的规划人员，应该在他们身边的事情上享有更多的发言权。但遗憾的是，社区的控制必须是有限的，因为当地的社区往往无法考虑到禁止新建项目将会对整个城市造成的负面影响。

伟大的城市不是静止不变的，它们不断地发生着变化，并引导着整个世界。在纽约、芝加哥和巴黎经历创造力和经济增长大爆发的过程中，这些城市也重新塑造了自己，以便提供能够接纳新人才和新思想的新建筑。城市不能通过新的建筑来推动变革，铁锈地带的经验驳斥了这种观点。如果变化即将发生的话，类别合理的新建筑可能有助于这一进程。

全球许多或新或老的城市都已经出台了禁止在密度较高的地区开发新项目的规定。这些规定有时会有一个很好的理由，比如保护真正重要的建筑物。但是，这些规定有时属于不动脑筋的邻避主义或误导性的行为，旨在阻止城市发展。不论在何种情况下，开发方面的限制把城市与它们的过去捆绑在一起，限制了它们未来的可能性。如果城市不能向高空拓展空间，它们就会向四周拓展。如果一座城市的建设遭到了冻结，那么增长将会出现在其他的地方。

城市——比如纽约和旧金山——在向高空拓展空间方面遭遇的失败已经将美国人推到了其他地方——那些赞成建设新项目的地方。在那些地方（比如休斯敦和菲尼克斯），开发是没有任何限制的，其结果是房价一直维持在较低的水平上。人们能够负担得起的平面扩展的诱惑和后果，将是下一章的主题。

Chapter 7
为什么平面扩展会大行其道？

休斯敦市中心的街道令人情不自禁地想到了底特律。这两座城市都没有纽约、伦敦、波士顿或旧金山那种行人如织的景象。你从街头的漫步中肯定感受不到，底特律实际上是一个衰退的典型，而休斯敦仍然是一个伟大的新兴城市。休斯敦市 2009 年的居民人口比 2000 年时增长了 100 万，从而成为排在全国第三位的人口增长最快的城市，仅次于亚特兰大和达拉斯。

要想看到休斯敦的大量人口，你必须离开市中心到其他地方去，比如位于休斯敦西部边缘的拱廊购物中心。它的经营面积高达 240 万平方英尺，每年的客流量达到 2,400 万人次，从而成为了全市人流最为集中的地方。每逢周六时，这座购物中心都会迎来大批的购物者和游客，还有的人只是为了享受这里的公共空间。即使在平面扩展的休斯敦，体验一下人口密度的冲动也不会消失。拱廊购物中心具有像城市一样的特征——大量的行人、写字楼、公寓，还有一家滑冰场。它毕竟是模拟神圣的城市空间建造起来的：从米兰大教堂斜跨过主广场的米兰维托 – 伊曼纽二世拱廊。但是，与它的米兰前身不同的是，休斯敦的拱廊装备了空调，修建了与外界隔开的围墙，周围还设置了大型的停车场。

休斯敦几乎所有的建筑都是为了适应炎热和汽车而修建的。毋庸讳言，在 20 世纪末兴起的美国城市的标志性特点就是它们对汽车生活的适应。正如布鲁日或波士顿围绕着人行道设计了蜿蜒曲折的街道，纽约的路网可以支持公共汽车的运行，今天的新型城市体现了我们这个时代的主导性交通方式——小汽车。讨厌汽车的人可能会痛恨休斯敦。但是，喜欢驾车、温暖和宽敞且便宜的住宅的数百万美国人认为这里极具吸引力。

我们许多最为"先进"的州和城市已经变成了最不适合中等收入的美国人生活的地方，即便假定其中的领先者采取的是温和的方式。在西北部地区，最小住宅用地的标准很高，这意味着 2008 年时单户住宅的平均占地面积超过了一英亩，高出全国平均水平一倍以上。相比之下，深红色的得克萨斯州是人们更能承受的；但这并非因为它偏爱贫困人口，而是因为它没有反对新建住宅。即使当地没有采取愚昧无知的住宅政策，阳光地带的平面扩展也会吸引来数以百万计的人口，但这无法避免古老的城市正在愚蠢地把人们赶走。

在来到地球之后的前 37 年里，我有 32 年都居住在较为古老的城市里，包括曼哈顿、芝加哥和华盛顿。我唯一一段不在城市里的时间是在大学城中度过的，比如普林斯顿和帕洛阿尔托。我曾经几乎每天都步行上下班。但是，后来我有幸拥有了 3 个非常可爱的孩子。就像其他数百万美国人面对不断扩大的家庭时所采取的行动一样，我也未能免俗。我搬到了郊区，并学会了驾驶汽车。

中年人离开城市并不稀奇。正如我们看到的一样，城市对于年轻人有着非同寻常的吸引力。大约 1/5 的曼哈顿居民的年龄在 25 岁～34 岁之间，而全国只有 13% 的人口处在这一年龄段。然而，鉴于我对城市的喜爱，我需要对自己迁往郊区的决定作几点解释。究竟是多么恐怖的精神失常诱使我选择了鹿蜱而非人作为邻居呢？

我一直无法确定我迁往郊区是不是一个错误，但这一举动有着合乎逻辑的理由：更大的生活空间，不怕孩子们在上面摔倒的、像海绵一样的草坪，我对哈佛气息更少的社区的偏爱，相对快捷的通勤路线，以及一个良好的教育体系。离开城市意味着无法非常方便地去餐馆里就餐。不过，在有了 3 个年幼的孩子之后，无论住在什么地方，我都不会经常外出就餐了。感谢马萨诸塞州的收费高速公路，前往波士顿获取某些对我来说非常重要的东西——北角的奶油甜卷、艺术博物馆中的佛兰德斯绘画和洛根机场——并不需要花费太长时间。

本章探讨的主要内容是以汽车为基础的生活方式在人口密度较低的地区所形成的吸引力。它已经吸引了如此之多的人，包括我本人在内。比较古老的城市必须与以汽车为主导的地区展开竞争，了解你的竞争对手永远都是非常明智的。大声指责那些选择了休斯敦以汽车为主的生活方式的人庸俗不堪，也许会得到情绪上的宣泄，但无法帮助比较古老的城市吸引到更多的年轻人。对于数以百万计的人来说，郊区和阳光地带的吸引力是实实在在的。但不论是从国家层面还是从地方层面上讲，更好的政策可能会让比较古老的城市更加有效地参与竞争。

无论你或者我，喜欢或者讨厌郊区，这应该与公共政策无关。政府不应该强行让我们去喜欢某种偶然发现的很有吸引力的生活方式。政府的职责是让人们自行选择他们所喜欢的生活方式，只要他们支付了那种生活方式所需的成本。不过，今天的公共政策却在强烈地鼓励包括我本人在内的人们选择平面扩展的方式。

如果不是因为反对城市化的公共政策的三连胜，即马萨诸塞州的收费高速公路、住宅抵押贷款利息优惠和郊区学校的问题，我怀疑我是否还会迁往郊区。取消支持平面扩展的政策将不会拯救每一座正在衰退的城市，也不会将郊区置于死地，但它将会形成一个更加健康的城市体系，让步行的城市可以更加有效地抗衡汽车。这种利害关系在发展中国家更为显著。它们的城市的流动性更强，一窝蜂式地学习美国式的平面扩展将导致驾车出行和能源消耗的大量增加。

汽车出现之前的平面扩展

交通技术塑造了我们的社会，现代的平面扩展是汽车带来的产物。作为城市基本特征的交流一直离不开某种形式的交通。平面扩展与人口密集的城市并不矛盾，人口分散的农村也具有这种特性。生活在平面扩展的远郊的人需要有邻居、商店、雇主和餐馆。他们只是不得不驾车出行。平面扩展在很多世纪之前就开始了，当时的人们开始利用除了自己双脚以外的某种工具去旅行。从那以后，船只、马匹、公共汽车、电梯、地铁和汽车都在影响着城市的布局和发展。许多比较古老的社区都属于早期的平面扩展，比如现在深受城市规划专家好评的纽约的华盛顿广场和巴塞罗那的埃伊桑普雷区。

每一种成功的新型交通工具通常都会经历三个阶段。第一阶段，技术方面的突破为某种更加快捷的交通工具的大规模生产提供了可能，如蒸汽火车或汽车；第二阶段，如果有必要的话，建设与这些新的技术相适应的新的交通网络；第三阶段，居民和公司改变他们的地理位置，以便利用这些新的交通方式。

第一次交通革命是 10,000 年以前驮载动物的驯养，它似乎起源于中东地区。驮载动物不需要修建新的路网，因为马匹、毛驴、骡子和骆驼基本上可以行走在人能够行走的任何地方。但是，驮载动物的确改变了人类的地域分布。城市历史学家保罗·贝罗奇认为，在驮载动物出现之前，食品的运输非常困难，人们不得不在食品来源附近生活。驮载动物为城市的出现提供了可能，因为运送大量食品以便满足集中生活在城市里的大量人口的需要变得更加容易了。

车轮似乎起源于 8,000 年以前的美索不达米亚平原，但现存最古老的车轮只有 5,000 年的历史，它被保存在俄罗斯。埃及人和印度人至少在公元前 2000 年时就有了车轮。每一个乘坐过越野车的人都知道，车轮不需要经过铺装的道路。然而，道路实际上可以加快轮载运输的速度，尤其是在没有平坦和干燥地面的地方。印加人从来没有研制过车轮，这很可能是因为驮载动物在印加帝国的多山地形中更为实用。

道路的修建和维护需要强大而富裕的文明。良好的交通带给罗马的远非古罗马斗兽场的血腥庆典，而是大量的荣誉和财富。罗马帝国的大型城市是依靠轮载交通来维持的，它们转运了大量用船从西班牙和埃及运来的粮食，以满足非农业城市人口的需要。在城市中，罗马的路网可以满足轮式车辆的需要。在罗马帝国衰落以后，维护道路的能力随之消失。没有了道路，车轮也就失去了它们的价值，驮载动物又重新流行了起来。随着中世纪鼎盛时期政治权力的集中，道路的铺装开始恢复了。自罗马时代以来，当时的领导人首次开始铺装巴黎的道路，比如菲利普二世。他实现了法国的统一，在 13 世纪时将英国赶出了诺曼底。

关于中世纪时期乘马旅行方面的创新，人们已经作出了很多讨论。比如马镫和马鞍提高了早期马匹创新的重要性，饲养和训练让人们至少在 5,000 年前就能够骑马出行。但是，在全球人口密集的非游牧地区的大部分历史时期内，马匹一直是一种供上层人士使用的交通工具。为了个人的交通而维持一个庞大的生命体，这远远超出了大多数普通农民或市民的财力可以承受的范围。直到马匹的成本可以通过大量的运输来分担的时候，马匹才开始运送大量的人。

在哲学界，布莱兹·帕斯卡尔由于对基督教的反思而闻名，数学家们则由于他在几何学和概率论方面的成就而对他赞赏有加。帕斯卡尔的一个著名论断至今仍是本科生们闲谈时的话题。他认为，如果上帝真的存在的话，那也只有做一个好上帝才有意义。不过，在城市规划专家的眼中，他的伟大之处在于他是公共汽车之父。1662 年，帕斯卡尔组织开通了第一条公交巴士专线，向乘坐由马拉着的巴士横穿巴黎的每一名乘客收取 5 个铜币（合 1/4 法郎）。

将帕斯卡尔的公交巴士称为一种赌博实在是再合适不过了，它需要大量的人流作为赌注。只有在客流足够多的情况下，沿着一条固定的线路运营公交巴士专线才能获利。17世纪的巴黎有经过铺装的道路，也有运营公交专线所需要的人流，但他实际上并未取得成功。真正的公共交通时代开始于19世纪20年代，当时的城市人口出现了巨大的增长，马拉的公交车开始出现在巴黎、纽约和伦敦。

纽约市的第一辆公交巴士是一辆可载12人的汽车，它于1827年开始沿着百老汇大街运营。纽约市的道路质量很糟糕，公交车的速度很慢，于是它的业主铺设了铁轨。随着时间的推移，一个可以运载那些马拉的公交车的铁路网络逐步建成了。铁路网的铺设费用是由私营的运营商承担的，但它也获得了政府的补贴，因为城市赋予它们在从前已经开通的城市街道上行驶的道路权。

在步行一个小时的通勤时间里，步行者的平均行程只有1.5英里左右；公交车可以轻易地达到步行者行程的一倍，这就为开发符合富人需要的住宅社区提供了可能。乘坐一次公交车可能只需要5美分~7美分，但普通工人每天的收入只有1美元，于是他们只好继续步行上下班。与小汽车一样，公交车最初也是专供富人使用的交通工具。通过选择性地快速运送富人，公交车开始使得富人从城市中心区大量外流。当每一个纽约人都在步行的时候，富人们住在鲍灵格林，那里地处市中心，前往码头非常方便。在公交车出现之后，富人们可以乘车从人口密度较低的住宅区来市中心上班，于是郊区模式开始出现了。

在纽约和波士顿的老城区，修建于步行时代的街道显得杂乱无章、缺少规划，而围绕着轮载交通修建的新城区则显得井然有序，两者之间有着明显的区别。在纽约1811年的路网中，街道的最低宽度为50英尺，并且道路笔直。这是为了适应大量的马拉车辆而设计的，尽管那些像公交车一样的马拉车辆还没有在纽约出现。

在公交车出现之前，现在第五大道南端的那一片地方曾经是纽约最为贫穷的区域之一——一个早期非洲裔美国人集中居住的区域和墓地。1826年，纽约市在华盛顿广场附近购买了很大一片土地，并把它建成了一个阅兵场。随着公交车的出现，这一片几乎曾像农村一样的地方成了深受乘车上下班的富人们欢迎的住宅区。比较富裕的纽约人纷纷在这里建造了迄今仍在使用的、宽敞的联排式别墅，享受着这片城市绿地的美景。华盛顿广场当时是典型的郊区，现在成了一个典型的城市空间。这一地区的开发是因为一种更加快捷的交通方式使得富人们能够出行去更远的地方和购买占地更多、面积更大的住宅。20世纪50年代,当简·雅各布斯拼命地反对修建一条穿越华盛顿广场公园的公路时,她实际上正在努力地从20世纪的平面扩展中拯救19世纪的平面扩展。

公交车出现之后的下一步是用除了马力以外的某种力量作为车辆的动力。马休·博尔顿认为,蒸汽机可以驱动车轮。理查德·特里维西克于1804年制造出了第一辆可以实际运行的火车。随着蒸汽机越来越可靠、车厢越来越舒适,企业家们开始铺设铁路网。城区内部的铁路系统建在了现有的道路上、隧道里和高架轨道上。建在街道上造价比较低,但占用了宝贵的城市土地,并产生了大量的噪音和浓烟。作为全球最大的城市,伦敦对更加快速的交通有着巨大的需求,它于1863年率先建成了地下铁路系统。25,000多人几乎马上就开始使用它。

在隧道里使用蒸汽机也许对行人更好一些,但这对于坐在烟雾弥漫的车厢里的乘客来说实在不是什么好事情。纽约市的街道也面临着巨大的交通压力,它选择的是高架桥而非隧道。纽约的地铁直到1904年才建成,此时蒸汽火车在曼哈顿上空已经运行了30多年。高架轨道网络的投资高达数千万美元,它们是由镀金年代一些臭名昭著的人物经营的,比如杰·古尔德和查尔斯·耶基斯。

那些铁路网为纽约市更大范围地向外扩展提供了可能。曼哈顿高架轨道线的北部站点首先吸引了那些希望来相对人烟稀少的曼哈顿北部地区旅游的游客。高架铁路为如下情况提供了可能:居住在像哈莱姆那样的社区,乘车以每小时12英里的速度去市中心上班。我的祖父是在曼哈顿北部的一个社区里长大的,那里已经开通了高架铁路。从某种角度来看,19世纪由蒸汽火车推动的城市发展好像是城市扩张的一次飞跃。

但是,那些蒸汽火车也创造了早期的郊区。如果说华盛顿广场是公交车时代的平面扩展,那么费城主干线就为以蒸汽火车为基础修建的郊区提供了经典的案例。在19世纪60年代,费城铁路公司在马里昂中学的所在地购买了283英亩的土地,并在此修建了布林莫尔镇。在开始时,新建的房子只是周末住宅;但随着火车速度的提高,它逐渐成为了新型的郊区住宅。正如华盛顿广场住进了亨利·詹姆斯和伊迪丝·沃顿所描述的纽约精英一样,主干线也为加里·格兰特和凯瑟琳·赫本在《费城故事》(*The Philadelphia Story*)中所扮演的非常富有的费城人提供了住宅。

维尔纳·冯·西门子迈出了非常重要的一步,他于1881年在柏林用电力驱动了一辆城市列车。没有马匹，没有蒸汽机，滑行的列车仅靠一根架空的电缆或下面的第三条铁轨提供动力。事实证明，电力非常适合于人口密集的城市里的公共交通。但有轨电车和电动火车都需要两个网络，一个作为轨道，一个提供动力。

与亨利·福特一样，弗兰克·斯伯格也是一个受聘于托马斯·爱迪生的聪明人。像福特一样，斯伯格也离开了爱迪生，并用他的交通创新改变了城市生活。他发明了有轨电车集电杆，通过架空的电网为城市里的有轨电车提供电力。19世纪90年代末，有轨电车已经遍及了城区。西门子和斯伯格推动了城市向高空和四周的扩展。西门子发明了电梯，斯伯格与他人共同发明了斯伯格－普拉特电梯，后者的运行更加平稳和安全。尽管火车和有轨电车降低了从郊区进入市中心的出行费用，但19世纪末的城市还是在向高空和四周扩展。

像早期的公交车一样，有轨电车运载着世界各地的城市人口。巴塞罗那的格雷西亚大街是在全球建筑史上占有重要地位的街道之一，那里集合了安东尼奥·高迪、约瑟夫·普伊赫及其他加泰罗尼亚建筑大师的代表性作品。这条大街是一条宽敞而漂亮的主干道，从位于旧城边缘的加泰罗尼亚广场向外延伸，一直穿过埃伊桑普雷区。埃伊桑普雷区是一个因为有轨电车的出现才得以修建的新区，位于旧城城墙的外面。但是，当这些城墙在19世纪50年代被拆除之后，这座城市举行了一次关于新区设计规划的比赛。伊尔德芳斯·塞尔达赢得了这场比赛的胜利，这位土木工程师为该区设计了八角形的街区。当纽约市的路网因为普遍存在行驶缓慢的缺陷而受到许多城市规划专家的诟病时，塞尔达的规划因其神奇的创造性而受到了广泛的赞誉。他的设计旨在适应交通技术的创新：那些八角形意味着依靠蒸汽作为动力的大型车辆能够很方便地转弯。

埃伊桑普雷区最初使用的是马车，但是，在格雷西亚大街上行驶的公交车在1900年时换成了有轨电车。新的交通工具让这一地区像一块磁铁一样深深地吸引着加泰罗尼亚地区的富豪们，他们纷纷聘请巴塞罗那最优秀的建筑师为自己设计住宅。米拉之家是由高迪设计的一栋呈波浪状起伏的建筑，它是为一位因服装考究和婚姻美满而闻名的开发商建造的。另一个建筑精品是阿玛特雷尔之家，它是为一位巧克力大亨建造的。

尽管19世纪出现了一些交通方面的创新，但20世纪城市的主导因素只有一个：内燃机。德国人尼古拉斯·奥托、格特费德·戴姆勒和威尔赫姆·迈巴赫因为科隆这座城市而走到了一起，他们生产出了四冲程的内燃机，并在1885年用它驱动了全球第一辆以汽油作为动力的汽车。在 120 英里之外的曼海姆，卡尔·本茨造出了以汽油为动力的两冲程的内燃机，并于 1886 年为他的汽车申请了专利。尽管德国人担负了汽车生产领域的主要创新，但美国人在汽车的大规模生产方面是值得大书特书的，尤其是亨利·福特。在 20 世纪 20 年代末，美国的汽车拥有量达到了 2,300 万辆。与火车不同的是，汽车可以在现有的道路上非常顺畅地行驶。那些道路早在 19 世纪时就已经逐步被改为沥青路面了。亨利·福特的 T 型汽车经久耐用，甚至在土路上也能够以中等速度轻松地行驶，普通人就可以对它进行简单的维修。

但是，驾车者很快就意识到，在限制了出入口的平坦的沥青路面上，汽车的行驶速度可以大大地提高。美国开始修建高速公路网，以适应新的交通方式。纽约州于 1908 年开通了它的林荫公路系统的第一部分。这一系统的目的是为驾驶员提供以每小时 25 英里的高速进入纽约市的便捷通道。20 世纪 20 年代，联邦政府开始组织和资助一个全国性的已铺装公路的系统。1921 年的《联邦公路法案》(The Federal Highway Act) 为各州的公路项目提供了 7,500 万美元（按照 2007 年的币值折算为 7.65 亿美元）的配套资金。这些项目包括由纽约建筑巨头罗伯特·摩西（也是简·雅各布斯的死对头）沿长岛修建的林荫公路。摩西也是限制出入口的高速公路领域的全球知名专家和高速路的忠实拥趸。在经济大萧条期间，罗斯福新政投入了大量的人力去修建公路，比如因巴比·川普和纳特·金·科尔的歌曲以及约翰·斯坦贝克的散文而广为人知的 66 号公路。《愤怒的葡萄》(The Grapes of Wrath) 中的流浪汉们就是沿着这条"母亲公路"前往加利福尼亚的。

艾森豪威尔总统显著地扩大了联邦政府对公路的承诺——这一承诺至今仍在生效。机动性对于军事上的成功来说往往是至关重要的，这也许可以解释为什么将军们往往热衷于改善交通。华盛顿将军热衷于修建运河，艾森豪威尔将军喜欢修建公路。出于某些方面的原因，艾森豪威尔州际公路系统已经被称作是历史上最大的公共建设项目。今天，这一系统包括了 46,000 英里的公路，联邦和各州投入的建设和维护费用达数百亿美元。由于联邦政府对公路系统的大力支持，有些人认为这是汽车生产商的一个巨大阴谋，他们用公共资金摧毁了有轨电车。当然，像大多数其他企业一样，汽车生产商也希望击败他们负责运营公共汽车和有轨电车的竞争对手。但是，如果真的存在一个阴谋的话，那它也是公开的，并且得到了广泛的支持。美国人喜欢他们的汽车,愿意花费数十亿美元去建设一个快捷的公路网络。

如果说亨利·福特的汽车生产线是汽车时代的第一阶段、公路系统是第二阶段的话,那么大规模的郊区化和以汽车为主导的城市的崛起已经成为了第三阶段——这是人类面对新的交通技术作出的反应。纳入了公路系统的那些城市的收入和人口出现了明显和较快的增长。公路较多地区的郊区发展比较快,而城市则出现了空心化。纳撒尼尔·鲍姆-斯诺是布朗大学的一位经济学家,他经过计算得出的结论是:"每一条新修建的穿越中心城区的公路会导致城区的人口减少18%左右。"这一结论存在的一个潜在问题是,在那些希望进一步郊区化的地区,也许已经修建了很多公路;但是,鲍姆-斯诺面对这一问题的处理办法是集中关注1947年设计的、用于军事用途的那些公路。像公共汽车和有轨电车一样,汽车也重新塑造了城市化的美国。

在20世纪20年代,为了应对汽车时代,美国已经开始了对城市的重组。但是,当时以汽车为基础的郊区生活方式对于普通的美国人来说仍然是难以承受的。即使是菲兹杰拉德①笔下的尼克·卡洛威,他相对于杰·盖茨比来说是一个穷人,但比大多数人要富裕得多;他在进出长岛时也要乘坐火车,至少在没有受到外表漂亮但有些懒散的高尔夫球友催促时是这样的。大规模郊区化的进程受到了经济大萧条和第二次世界大战的阻碍。但是,当退伍军人开始从战场上返回家乡的时候,它又郑重其事地开始了。

阿瑟·莱维特和大量建造的住宅

退伍的老兵中有一位来自海军工程营的海军上尉,名叫威廉·莱维特。莱维特于1907年出生在纽约,他的父亲是一位在英国出生的律师。他从纽约大学退学后,与他的哥哥阿瑟一起进入了建筑领域。在威廉负责公司的运营期间,阿瑟成为了设计师。在20世纪30年代,他们一起建造了2,000套住宅,其中大部分是为长岛的高端客户建造的。莱维特尝试大规模地为中等收入的美国人建造住宅,但他初期的努力取得了极为不同的结果。第二次世界大战之前,他在弗吉尼亚州的诺福克建造的1,600套简陋的木屋直到1950年还没有销售完毕。

---

① 菲兹杰拉德(Fitzgerald,1896—1940):美国小说家、诗人、编剧,代表作为长篇小说《了不起的盖茨比》。

▶ 纽约的莱维敦提供了数千套大批量生产的住宅，帮助美国实现了围绕着汽车进行的重建。

战争结束之后，莱维特决心成为建筑行业的亨利·福特——大量地生产廉价的产品。在父亲和哥哥的帮助下，他在长岛的亨普斯特德附近收购了一块大约20平方英里的土地。当莱维特把价格从每英亩300美元推升到3,000美元的时候，种植马铃薯的农场主狠狠地赚了一笔。莱维特不想再一次把产品积压在自己的手里，就像他在诺福克的遭遇一样。他打算提供优质的产品，至少在当时是优质的。那些住宅拥有现代化的设施和坚固的结构。他对整个社区进行了总体性的规划。那里过去有现有仍然有公园、学校和大量的绿地。

尽管最终的结果——莱维敦——让批评家们对它的文化品位嗤之以鼻，（比如《纽约客》〈New Yorker〉的刘易斯·芒福德），但凭借着低廉的价格和相对较高的品质，它还是受到了普通百姓的广泛欢迎。批评者们谴责相同风格的牧场平房和殖民地建筑那种永无休止的单调乏味。这也许是正确的，但公寓的确很难成为建筑精品。更为重要的是，就像社会学家赫伯特·甘斯在他对莱维敦生活的描述中所写的一样，批评者们是站在一个"游客的角度"发表意见，他们更为注重的是"视觉乐趣、文化多样性、娱乐、审美满足、多样化（也许是异国情调），以及情绪刺激"。一位典型的在莱维敦购买房子的居民需要的是"一个舒适、方便和可以满足其社交需要的居住场所——审美上的满足固然重要，但最为重要的功能是满足其日常需要"。建筑专家更为注重的往往是风格上的矫揉造作，而非大多数住宅买主的实际需要。欣赏艺术毕竟是专家们的事情。但住宅的买主更为注重的往往是建筑面积、占地大小、现代化的设施、优质的学校和工作的方便，除非他们非常地富有。

像福特一样，莱维特为降低成本付出了巨大的努力。他与设置了纠察线的工会据理力争。有这样一个可能不足为信的故事。故事提到了一位纠察队员，他非常喜欢莱维特建造的房子，于是自己也买了一套。避开工会使得莱维特可以采用最先进的建筑技术，如喷漆。此举违反了因人设事的惯例。他绕开中间人，直接从生产商手中购买从木材到电视机等各种物品。他成立了自己的制钉厂。住宅生产被分解成26道独立的工序，并被外包给分包商。迄今为止，大规模的生产仍然是不断发展的郊区的新建住宅比老城区的定制住宅更加便宜的一个主要原因。通过在一个地方迅速地建造数十万套住宅，莱维特在1950年能以不足8,000美元的价格销售一套舒适的现代化住宅，按照2009年的币值计算也不足65,000美元。

莱维特建造的住宅的买主平均每年的收入大约是这一价格的一半。他们当中几乎没有人能够从腰包里掏出8,000美元来购买莱维特的一套新房子，但联邦政府将提供住房补贴。《退伍军人法案》（GI bill）为退伍老兵提供了无首付的住房贷款，而且联邦住房管理署为中等收入的购房者最高不超过95%的抵押贷款提供担保。借助由政府提供担保的贷款，莱维特的购房人只需要掏出400美元就可以购买一套配有现代化家电、周围绿草如茵的住宅。莱维特建造的面积为800平方英尺的牧场式平房住宅现在看起来有些狭小和古怪，但对于在拥挤的公寓里长大的纽约人来说，它们就是当时巨无霸级的豪宅。

无论是联邦的住宅政策还是对州际公路的投资，其目的都不是反对城市化，但它们的确给城市造成了伤害。公路项目的本意是将全国连为一体，但对公路的补贴最终演变为鼓励人们驾车上下班。通过住宅抵押贷款利息优惠和政府为抵押贷款提供担保来鼓励人们购买房子，本意是为了纠正所谓的"抵押贷款市场的缺陷"，培养在本国拥有财产的公民。国家对住宅所有权提供的最大补贴最后变成了对抵押贷款利息的纳税扣除，它在开始时并不是一项住宅政策，而是利息支出一般可以在纳税时扣除的一种副产品——它几乎是所得税法规的一个附属部分，最终却对我们的生活方式产生了巨大的影响。为购买大型住宅提供的补贴最终演变为鼓励人们离开城市。联邦住房管理署的贷款不成比例地进入了中产阶级在郊区的飞地。这也许是因为那些地方在联邦住房管理署的管理者看来是值得赌上一把的地方，或许是因为那里是正在新建住宅的地方。政府希望用更大的住宅来奖赏那些退伍的老兵，但那些更大的住宅往往都建在郊区。业主自住的住宅基本上是独门独户的房子，它们往往也建在郊区。当公共政策支持居者有其屋的时候，它也对人们离开城市起到了推动作用。

在20世纪40年代建造莱维敦时，乘坐公共交通工具对于居民来说仍然是非常重要的。莱维敦有一个火车站，莱维敦的许多居民乘坐火车去曼哈顿上班。但相对于历史更为久远、人口更为密集的地区来说，美国的郊区正在变得更加依赖汽车，就像巴塞罗那的埃伊桑普雷区一样。在莱维敦，居民们去火车站或在周围办事时仍然需要一辆汽车。此外，早期有许多居民拼车去上班，这似乎成了一个惯例，尽管现在基本上只有经济条件稍差一些的人才会拼车。不过，莱维敦是一个混合体：它是一个需要在本地驾驶一辆汽车但仍然依靠火车进行长途旅行的城镇。

围绕汽车重建美国

由于精心规划的郊外社区采取了威廉·莱维特的模式，它们越来越脱离了与公共交通枢纽的联系。在阳光地带平面扩展的新兴地区，企业分散在整个地区而非集中在某一个中心区里。在美国最大的98个城市中，几乎有一半的工作岗位距离市中心超过了10英里。人们到围绕着汽车修建的大型购物中心而非传统的市中心去购物。非常便宜的卡车和公路让企业远离了港口、火车站和五大湖系统。

在从华盛顿广场和埃伊桑普雷区开始的平面扩展的过程中，以汽车为基础的郊区是最后一个阶段。但是，以汽车为基础的社区给人的感受与比较古老的地区存在很大的不同。从前所有的交通创新仍然需要一定的步行。你必须从公交车站或火车站步行去你工作的地方或回家。步行的存在让比较古老的社区保持了相对比较紧密的布局。但是，汽车改变了这一切。由于没有了步行的需要，汽车为人们能够占用的土地面积的巨大飞跃提供了支持。因此，人口密度与汽车的使用之间存在着非常明确的负相关的关系——在各类城市中，人口密度每增加一倍，开车去上班的人口所占的比例通常会下降6.6%。

与公共汽车、高架轨道或步行相比，汽车需要占用更大的空间。对于一位沿着第五大道步行的行人来说，9平方英尺的道路空间就非常宽松了；在繁忙的日子里，行人将占用更少的道路面积。本田雅阁是一款中型轿车，它通常需要占用100平方英尺的道路面积。如果这辆汽车需要在周围留出两英尺的距离，并在前面留出相当于几个车身的距离，那么它在公路上需要占用的空间就会很轻松地增加到三四百平方英尺。从步行改为开车带来了40倍的占用面积的增加，这可以解释为什么以汽车为基础的城市将那么多的土地用在了道路上。

178 　　汽车并非只有在柏油路面上行驶时才占用空间。它们在停下来以后也需要空间。一个典型的停车位通常可能在120平方英尺以上，这大约相当于一间标准的办公室。开车去上班必然导致他在工作时需要占用的空间增加一倍。在比较古老的、人口密集的城市里，这一空间需要结构性的停车场。一个停车位的建设费用可能在50,000美元以上。

　　汽车与全球人口密集的、比较古老的城市之间存在着矛盾。这可以解释为什么汽车往往会导致人们修建大量新的低密度的生活空间，后者有时位于比较古老的城市的边缘，有时则外迁到了阳光地带。相对于围绕着汽车修建的大量空间来说，19世纪末的变化似乎并不算大，尽管当时修建了更高的摩天大楼、开发了带有有轨电车的郊区。

　　有人认为，美国的平面扩展代表了英国的一种文化遗产。它特别注重单一家庭的独栋住宅和后院，但欧洲人比美国人更喜欢住在郊区是有明显理由的。许多欧洲城市都是比较古老的，拥有历代先贤留下的建筑遗产。居住在巴黎市中心与居住在大多数美国城市的市中心是极为不同的。通过征收更高的燃油税和控制对公路的投资，欧洲各国政府延缓了汽车的发展速度。最近30年以来，法国的平均汽油税一直比美国高出8倍左右。在20世纪90年代中期，当美国每加仑汽油的平均价格接近1美元时，意大利或法国的平均售价接近5美元。

　　在将全球的70个城市加以对比之后，我和马休·卡恩发现，当各国把低燃油税提高为高燃油税时，开发的密度会呈现出40%以上的增加。令人并不惊讶的是，汽车的保有量也随之下降。尽管实行了较高的燃油税，但随着欧洲人变得更加富裕，他们已经开始像美国人一样更多地驾车出行。今天，按照出行的里程计算，法国84%的客流量是通过汽车来完成的。在意大利，每10人当中就有6辆左右的汽车，法国和德国的同比拥有量分别为5辆和5.66辆。美国的汽车保有量仍然比较高——每10位美国人拥有7.76辆汽车——但差距正在明显地缩小。

　　随着欧洲汽车保有量的增加，欧洲人也已经迁到了郊区。平面扩展的基础是汽车，而非文化。欧洲环保局的一份报告指出，自从20世纪50年代以来，在维也纳、马赛、布鲁塞尔和哥本哈根等城市，90%以上的新建筑建在了"低密

179 度的居住区"。任何一个国家的城市文化都不如意大利的城市文化那样令人尊敬。

来到米兰的大多数游客都会带走对雄伟壮观的米兰大教堂和附近的维托－伊曼纽二世拱廊的深刻记忆。但是，正如底特律和圣路易斯一样，米兰中心城区的人口也已经减少了数十万，其中有许多人迁到了汽车更多的郊区。试图拯救莱比锡的人也正在那里努力地应对郊区化带来的严重冲击。

如果人们恰好不再喜欢汽车，这对比较古老的城市来说会是一个好消息，但这种情况是不会发生的。对于发达国家的上班族来说，汽车节省了很多时间。正如我在引言中所提到的一样，美国2006年开车上下班的平均通勤时间为24分钟，而乘坐公共交通工具上下班的平均通勤时间为48分钟。公共交通的问题在于到达公共汽车站或地铁站的时间、等候上车的时间，以及从最后一站到达自己的最终目的地的时间。这些时间与路途的远近无关，乘坐公共汽车或地铁平均需要24分钟左右。甚至在公共汽车驶过某一车站之前，乘坐公共汽车上下班的人已经花掉了与许多开车上下班的人花在整个路途上的时间几乎一样多的时间。

有些城市规划专家希望，不断上涨的汽油价格将会终结以汽车为基础的生活方式，而且更高的汽油价格肯定会让人口密度更具吸引力。但不幸的是，对于城市来说，汽车的进步是有利于郊区的。如果目前的汽油价格提高一倍，按照每加仑汽油行驶25英里计算，那么每年开车行驶25,000英里的一个家庭的汽油开支将增加3,000美元。但是，通过更换为普锐斯混合动力车，这个家庭完全可以避免这笔增加的开支。鉴于已经对郊区基础设施投入的巨额投资，我相信美国人不会放弃他们的汽车，即使汽油价格出现了大幅度的上涨。更高的汽油价格更有可能减少发展中国家的平面扩展，因为那里的基础设施还不够完善，比较贫穷的人可能会对升高的成本作出更加灵敏的反应。

比较古老的城市不能把希望寄托在如下事情上，即更高的汽油价格或突如其来的对汽车的厌恶将会让更多的美国人重新回归市区的生活。但是，通过提高城市居民的出行速度，城市可以让生活更有吸引力。通过征收拥堵费的方式来减少在城市道路上行驶的汽车的数量，城市里的公共汽车可以提高行驶速度，就像伦敦和新加坡一样。甚至更为重要的是，开发新的、高密度的高层大楼可以提供一种比24分钟开车上下班更加快捷的通勤方式——15分钟的步行。在像纽约一样的许多城市里，曾经比较贫穷的社区重新流行了起来（比如翠贝卡），它们可以提供步行前往核心商业区的快捷通勤。这同样得益于人们对于时间重视度的增加，它曾经推动美国人从乘坐公共交通工具变为自己开车。城市可以参与竞争，

▲ 休斯敦郊外的伍德兰兹可以证明,继莱维敦之后,更加舒适和绿色的大型郊区的开发发生了多么大的变化。令人遗憾的是,这些卫星城的拓展已经导致了碳排放更多的生活方式。所有这些绿色植物实际上都是严重偏灰色的。

但它们必须能够为人们提供关于能负担得起的住宅和更加快捷的通勤的全新规划。然而,今天最具有创造力的开发都集中到了郊区。

欢迎来到伍德兰兹

今天,城市已经不再与由莱维特建造的、相对简陋的郊区进行竞争了。它们正在共同与阳光地带的卫星城所实施的、更具吸引力的开发进行竞争,后者成功地提供了可承受性和空间,以及大量的便利设施。从休斯敦向北大约 30 英里,在 28,000 英亩的森林地带上,有 92,000 多人居住在伍德兰兹。今天,莱维敦每英亩土地上居住着 4 户居民,其密度是这个得克萨斯州郊外小镇的 3 倍以上。在伍德兰兹,大约 28% 的土地是公园和其他的绿地保护区。

伍德兰兹是由天然气巨头乔治·斐德斯·米切尔亲自设计的。与莱维特一样,他也是一位移民的儿子。米切尔的父亲出生在希腊的一个小山村里,后来移民到了美国,做过铺铁路的工作。他最终在得克萨斯州的加尔维斯敦开办了一家提供擦鞋和干洗业务的店铺。他的儿子乔治小时候在河边捉鱼,并把鱼卖给来自休斯敦的游客,游客们往往会非常自豪地把它们作为自己的战利品拿回去炫耀一番。乔治后来进入了得克萨斯农机大学,学习地质和石油工程。他以全班第一名的成绩毕业,然后在陆军工兵团里度过了二战岁月。战争结束之后,他开始到处勘探天然气。由于各个城市都在制定禁止居民家庭依靠燃煤来取暖和做饭的法规，因此，对天然气的巨大需求便产生了。这一法规的反对者认为，它的成本将是非常巨大的；但是，他们低估了人类的创造力。米切尔当时是天然气行业的一位领袖，这一行业为美国各大城市提供了一种比煤炭或石油更加绿色的取暖方式。

因此，乔治·米切尔在某种意义上算是一位环保主义者，这也许并不令人惊讶。除了有人言辞激烈地指责他污染了得克萨斯州某地的蓄水层之外，米切尔成功地塑造了一位绿色能源工作者的形象，它不同于得克萨斯石油巨头的传统形象。20世纪60年代，他决定实行多种经营的战略，进军房地产行业。他在休斯敦北部30英里处的一片森林里规划了一座很大的城市。在一片前不着村、后不着店的地方新建一个大型的社区需要巨额投资，米切米不得不贷款数百万美元，放手一搏。住房和城市建设部为伍德兰兹提供了5,000万美元的贷款担保。但是，这一担保是有条件的，其中一项条件就是必须注意环境的敏感性。

米切尔随即聘请了生活在费城的格拉斯哥人伊恩·麦克哈格作为他的环境顾问，并告诉他："我已经给我的项目取名为伍德兰兹，在我们开发完毕之后，那里最好还能保留一些林地。"米切尔对于绿色的敏感性受到了麦克哈格的《设计遵从自然》(Design with Nature)一书的感染。那是一本关于城市规划问题的小册子，它强调了一个地区的自然生态。米切尔和麦克哈格共同完成了伍德兰兹的开发。这个社区的开发是比较缓慢的。在1994年之前，它甚至还未建造自己的第一座大型购物中心，而那是真正的郊区开发所不可或缺的。但是，随着休斯敦的开发，伍德兰兹也出现了爆炸性增长。它的人口在20世纪90年代增长了一倍以上，在2000—2008年间的增长速度也超过了40%。

伍德兰兹一半以上的成年人拥有大学文凭，中等家庭的年收入在10万美元以上。考虑到居民的收入水平，他们用于住宅的支出可谓非常之少。根据统计局提供的数据，当地住宅的平均价格为20万美元左右，尽管人们肯定可以负担得起更高的价钱。我曾经参加了一次开放参观日活动，购买一套非常漂亮的3,000平方英尺的住宅只需要不到30万美元。

伍德兰兹的管理有一个非常有趣的、几乎像城市一样的特点，即它对社会资本的重视。伍德兰兹是成功的，这主要是因为它并非简单地把彼此孤立的个人集中在一起，而是设计了可以促进人际交流的社交基础设施。1975年，米切尔聘请了一位经过华顿大学培训的、路德教派的牧师来负责伍德兰兹的宗教社区组织。它现在更名为"互联信仰国际",其宗旨是"筹划宗教社区以及这个新建城镇里所有的居民服务"。这位牧师购买了一辆摩托车,然后骑着它去拜访刚刚迁入的居民。互联信仰国际让居民们相信,伍德兰兹为社交活动、尤其是宗教活动提供了适当的空间。没有任何东西能够像出于宗教动机的仇恨一样给某一地区制造麻烦。因此,互联信仰国际让居民们相信,宗教信息仍然是有积极意义的。在"9·11"恐怖袭击发生之后,互联信仰国际设法请来了犹太教的祭司为巴勒斯坦人祈祷,也请来了伊斯兰领导人为犹太人进行祈祷。

伍德兰兹有一半左右的家庭拥有不满18周岁的孩子,它专门修建了学校。这里有两所优质的传统公立中学和一所理工专科学校,还有四所私立中学,其中两所是教会中学,两所是世俗中学。伍德兰兹知道,住在这里的居民具有较高的文化程度,他们很注重子女的教育问题。大型城市直到最近才表现出对于提供优质学校的同等水平的关注,认为只有这样才能吸引素质更高的居民。

显然,伍德兰兹的客户也很喜欢打高尔夫。这里已经修建了七座高尔夫球场。伍德兰兹还修建了休斯敦交响乐团的夏宫、一座庞大漂亮的购物中心和150余家餐馆。开发商甚至设立了一个步行区,人们可以在这里散步和购物。但是,得克萨斯州的气候并非总是适合散步,大量居民还是要去购物中心里购物。当然,大多数人都是开车来伍德兰兹的购物中心和步行区的。尽管有一条从休斯敦到此地的公交线路,但这里只有不到3%的通勤族会乘坐公共交通工具。对米切尔和麦克哈格的环保主义理念造成的一大讽刺是,他们试图打造一个绿树成荫、住宅节能的绿色社区,但业主们却在大量地驾车出行,从而抵消了他们的大部分环保努力。此外,正如我将要在下一章中讨论的一样,得克萨斯的气候炎热而潮湿,那些家庭和餐馆的空调不可避免地会产生巨大的碳足迹。

由于伍德兰兹距离休斯敦中心城区有30英里之遥,你可以想像一下它的居民面临着多么可怕的通勤问题。MapQuest导航地图提供的从伍德兰兹到休斯敦的驾车时间是37分钟,这一相对乐观的估计是以交通流量较少而非正常的高峰时段为基础作出的。然而,统计局给出的数据是,在2006—2008年间,伍德兰兹的平均通勤时间是28.5分钟。因为许多人根本没有去休斯敦上班。根据伍德兰兹管理方提供的数据,有1/3左右的居民在伍德兰兹当地工作。这一社区拥有自己的科技园,给许多能源公司建造了企业大厦。如果公司仍然设在市中心,那么郊区化将会因为漫长的通勤时间而受到限制，但美国的公路为公司及家庭的郊区化提供了可能。休斯敦 56% 的工作岗位距离市中心超过 10 英里。企业很自然地重新选择了距离大量居住在休斯敦北部郊区的潜在雇员较近的地点。

根据伍德兰兹管理方提供的数据，它还有大量居民要去车程只有 15 分钟的机场上班。郊区的许多社区都是围绕着机场发展起来的，比如芝加哥的奥黑尔机场。在某种程度上，这种模式与早期居民和公司愿意选择靠近码头和火车站的地方没有什么区别。

即使对于最为热情的城市规划专家来说，伍德兰兹也是一个非常具有吸引力的地方。它获得了无数荣誉，也吸引了大量居民。这一社区将高档的建筑、舒适的环境和远远低于纽约郊区或加利福尼亚海滨的价格结合在了一起。伍德兰兹的成功有助于解释为什么会有那么多的人正在迁往休斯敦以及与它相似的地方。

解释人们的喜好：为什么有 100 万人搬到了休斯敦？

休斯敦引发了强烈的感情色彩。它的支持者是地道的得克萨斯人，他们非常喜欢这个地方。许多沿海的和欧洲的城市规划专家似乎都把这座城市看作是撒旦在地球上的家乡。反对得克萨斯的人讨厌这座美国第四大城市所拥有的政治、汽车、天气、文化（或所谓的缺少文化）、狩猎、石油工业以及其他几乎任何东西。显然，这些人不会迁移到休斯敦去。

但是，自从 2000 年人口普查以来，已经有 100 多万人迁到了这座城市。休斯敦与阳光地带的其他城市（如亚特兰大、达拉斯和菲尼克斯）具有很多共同点，它们都是发展速度位居美国前列的城市。如果比较古老的城市的支持者希望真正地帮助他们所在的城市，他们应该试图了解休斯敦而非一味地去批评它。

休斯敦给它的上百万移民提供了像纽约或底特律这样比较古老的城市所没有提供的什么东西吗？休斯敦相对于铁锈地带的最大优势是收入。在围绕着底特律的密歇根州的韦恩县，2008 年中等家庭的年收入为 53,000 美元；而在围绕着休斯敦的得克萨斯州的哈里斯县，2008 年中等家庭的年收入为 60,000 美元。2010 年 6 月，得克萨斯州的失业率为 8.2%，而密歇根州的失业率为 13.2%。铁锈地带要想更加有效地与得克萨斯州展开竞争，它必须设法实现更加强劲的经济增长。正如两座城市的数据对比所揭示的那样，这需要更多的技术积累。

不过，纽约的教育水平高于休斯敦，而且它的工资水平也更高一些。但休斯敦还是吸引了更多的人。休斯敦并非因为它的经济更为发达或气候条件更为优越而吸引了那些可以选择在旧金山或纽约居住的人。毕竟休斯敦平均每年有 98 天的气温高于 90 华氏度。抛开它那炎热的夏天不说，休斯敦的成功在于它为中产阶级提供了一种可以负担得起的、具有吸引力的生活方式。

很难想像还有什么地方比纽约更适合被称为"宇宙之王"。曼哈顿是一个攫取财富的圣地，也是一个挥霍财富的圣地。只要有足够多的金钱，你可以在一套俯瞰中央公园的宽敞豪宅里居住，可以去巴尼斯精品店里购物，可以到贝尔纳丹餐厅去吃饭，可以把你的孩子送到全球最好的私立学校去读书。对于比较贫困的人来说，比如那些挤在郊外狭小公寓里的移民，纽约也是一个很不错的地方。公交网络意味着他们不需要购买自己的小汽车。这座城市拥有合理的社会服务，可以提供大量入门级的、服务领域的工作岗位，而且工资远远高于加纳或危地马拉。

但是，如果你既不是高盛公司的合伙人，也不是一位贫困的移民，情况将会怎么样呢？如果你们是一个中等水平的美国家庭，拥有两个孩子和令你们处于美国中等收入水平的技术以及追求中产阶级生活方式的愿望，情况又将会怎么样呢？下面是一个中等收入的家庭在决定去纽约还是去休斯敦时需要考虑的经济数据，这就是我们接下来要讨论的内容。

2006 年，美国家庭的平均年收入为 60,000 美元左右。两位家庭成员可能都在工作，尽管其中一方从事的往往只是一份兼职的工作。大多数中等收入的人都在服务领域里从事护士、销售代表或门店经理的工作。在 2000 年的人口普查中，注册护士在休斯敦和纽约的平均收入分别为 40,000 美元和 50,000 美元；销售经理在休斯敦和纽约的平均收入分别为 27,800 美元和 28,000 美元。在非脑力密集型行业工作的人的收入无法与在金融与出版行业工作的人从曼哈顿取得的收入相提并论。为了说明纽约的收入较高，我将假定我们的中等收入家庭在休斯敦和纽约的收入分别为 60,000 美元和 70,000 美元。

这些收入在这两座城市里分别可以购买到什么类型的住宅呢？根据美国统计局提供的数据，2007 年休斯敦地区业主自用住宅的平均价格为 120,000 美元。这座城市 3/4 以上的住宅被其居民估价为不到 200,000 美元。对于在 2009 年第三季度售出的一套休斯敦住宅，全国房地产经纪人协会给出的中间价为 161,000 美元。当我于 2007 年春天在互联网上求购住房时，我发现休斯敦有大量相对较新且往往有 4 个或以上卧室的住宅的售价不到 200,000 美元。有些住宅的居住面积超过了 3,000 平方英尺，有的还配有游泳池。其中有些住宅位于有门卫的社区里，而且几乎所有住宅的周边环境都很不错。

我人生的前 37 年基本上生活在东海岸，当时居住的房子远远比不上在休斯敦花 160,000 美元就能买到的住宅，甚至当时我支付的就是这一价格的许多倍。当我为自己在剑桥的第一套房子购买保险的时候，保险代理人是一位得克萨斯人，他对于我为这样一套中等水平的房子所支付的高得有些离谱的价钱进行了大肆调侃。当我卖掉这套房子的时候，《波士顿》（Boston）杂志登载了一幅它的照片，以便说明一套非常普通的房子是如何变得非常昂贵的。2006 年，统计局给出的洛杉矶和纽约的住宅平均价格分别为 614,000 美元和 496,000 美元。

这些中等价格的住宅不是一个年收入为 70,000 美元的纽约家庭所能问津的。除非这个家庭中了住宅彩票，并得到了一套享有补贴的房子。曼哈顿的住房无疑是非常昂贵的。他们可以花 340,000 美元在史坦顿岛购买一套相当舒适的、带有 3 个卧室和两个卫生间的房子。比如新布莱顿，它是梅兰妮·格里菲斯在电影《打工女郎》（Working Girl）中的角色黛丝·麦吉尔的家乡，那里有大量价格在 375,000 美元左右的、比较旧的房子。这些房子没有休斯敦的新房子所拥有的便利设施，但它们的确可以提供 2,000 平方英尺左右的居住空间。或者，一户中等收入的家庭可以在皇后区（即霍华德海滩或法洛克威）购买一套带两个或 3 个卧室的公寓。

如果这个家庭能够拿出 35,000 美元作为首付款，那么，在纽约（一套价值 340,000 美元的房子）和在休斯敦（一套价值 160,000 美元的房子），每年的基本住房开支将分别为 24,000 美元左右和 9,700 美元左右，包括利息支出在内。在休斯敦，你得到的房子更大，付出的金钱却更少。如果我将休斯敦与加利福尼亚海滨作一下对比，这一差距将同样很大。更为重要的是，价格便宜的房子可以解释为什么会有那么多中等收入的美国人喜欢休斯敦。

1876 年的《得克萨斯州宪法》（Texas State Constitution）是在重建时期作为对大政府的放弃而制定的，它为征收任何一种州所得税设置了许多障碍。因此，得克萨斯州没有州或市的所得税。休斯敦居民必须缴纳不动产税，一套价格为 160,000 美元的房子大约需要缴纳 4,800 美元。在纽约市，这个家庭必须缴纳当地的不动产税（大约为 3,400 美元），另外可能还要缴纳 3,400 美元的州所得税和市所得税。因此，在纽约居住要比在得克萨斯州居住多承担2,000美元的州和地方的税收。这些税收差距是实实在在的，但对于中等收入的美国人来说，居住的成本更加重要。在支付了房款以及联邦和地方的税收之后，居住在休斯敦的家庭还剩下37,000美元左右。居住在纽约的家庭只剩下了大约30,000美元，尽管它的总收入比居住在休斯敦的家庭还要高10,000美元。

现在，得克萨斯真的需要每一位成年人都购买一辆汽车。没有其他的出行方式。平均来看，年收入为60,000美元的美国家庭每年用于交通的支出达到了8,500美元。这笔钱可能只包括两辆相对便宜的汽车、汽油和在得克萨斯州的保险费用。纽约人可以通过放弃开车的方式来省钱。但在史坦顿岛或偏远的皇后区，他们也可能需要购买一辆汽车，以便满足购物和接送孩子的需要，即使他们自己可以乘坐公共交通工具去上班。纽约人每年最终用于交通方面的开支可能至少要比得克萨斯人节省3,000美元。

纽约人用于交通的开支更少一些，但他们需要付出时间的代价。根据统计局公布的最新数据（2008年），休斯敦人的平均通勤时间为26.4分钟。在皇后区，平均通勤时间为42.7分钟。在史坦顿岛，平均通勤时间为分钟42.1分钟，这在某种程度上像是一场多种交通模式的马拉松。首先，你必须从你的家里赶到渡口，要么步行，要么乘坐公共汽车。轮渡本身只需要25分钟，但接下来你必须走到你在曼哈顿的最终目的地。去华尔街上班可能只需要45分钟，去中城上班可能很容易就会超过1个小时。总体来看，每一位在曼哈顿上班的成年人每年用于乘坐公共交通工具的时间在125小时~250小时之间。这种时间上的损失相当于多工作了3周~7周的损失。

187 公共交通的提倡者会说，这比开车要快乐得多。有时真是这样，但拥挤的曼哈顿地铁更接近于地狱而非天堂。在汽车里，驾车者可以控制车内的温度，可以听索尔·贝娄或布鲁斯·斯普林顿的CD，而且背景噪音要比地铁上小得多。关于通勤者偏好的研究表明，人们更加不喜欢把时间花在公共交通工具上，而非驾车上。

在去掉了汽车、住房和纳税之后，得克萨斯人还剩下28,500美元，而纽约人只剩下了24,500美元，但是，这些钱在休斯敦花得更值一些。美国商会研究协会提供了全国不同地区的价格指数，包括休斯敦和皇后区（但不含史坦顿岛）在内。除了住房以外，最大的价格差异存在于食品杂货。根据美国商会研究协会提供的数据，皇后区的价格大约要比休斯敦贵50%。一块T字骨牛排在皇后区要多花3美元，纽约的鸡肉则要贵50%。考虑到这些价格差异，皇后区居民在扣除税款、住房和交通开支后的实际收入只有不到19,750美元。而休斯敦居民的实际收入为31,250美元，尽管其总收入要比纽约居民少10,000美元。按照实际收入来看，那个居住在休斯敦的家庭比那个居住在纽约的家庭富了58%。

公共服务是什么情况，比如说教育？对于生活在休斯敦和史坦顿岛的家庭而言，普通的公立学校是很好比较的。如果那个纽约家庭的孩子去了纽约面向天才儿童招生的公立学校之一，如史岱文森中学，他们将得到免费的优质教育。但是，即使没有非常聪明的孩子，休斯敦居民也可以选择稍微多支付一点钱，并搬到一个价格稍贵一些的学区，如泉水支流。2008年，这里的SAT[①]平均成绩为1058，高于纽约的很多郊区。那个纽约家庭也可以通过搬迁到郊区的方式去选择更好的学校，但房价和通勤费用将大大高于在泉水支流购买一套不错的房子所需花费的225,000美元。

总之，休斯敦居民以中产阶级为主。很多钱都用在了到Pappasito餐厅去吃一流的墨西哥风味大餐和到拱廊购物中心去购物上。他们可以选择优质的学校，他们拥有相对快捷和舒适的通勤。居住在史坦顿岛或皇后区的家庭则需要努力地维持收支平衡，不断地提醒自己，生活就是一场战斗。对于数百万美国人来说，迁往休斯敦的决定从经济上看是非常明智的。如果美国沿海那些物价高昂的城市希望更加有效地与得克萨斯州展开竞争，那么它们必须搞清楚如何才能更好地吸引普通百姓。对于中等收入的家庭来说，得克萨斯州最大的经济优势并不是较低的税收或较高的收入，而是可以负担得起的住房。

阳光地带的住房为什么如此便宜？

为什么休斯敦、亚特兰大、达拉斯和菲尼克斯的房价比美国沿海城市便宜这么多呢？在非理性繁荣的短暂时期内，住房的价格会变得几乎让人不可思议。拉斯维加斯的房价在2002—2006年间奇异地翻了一番，随后又出现了一次同等程度的价格暴跌，这超出了经济学家的知识范畴。但是，从更长一段时间来看，住房的价格基本上是符合传统经济学的规律的。这些规律也许会暂时性地失灵，就像拉斯维加斯的情况一样，但它们随后会强有力地重新证明自己。

---

① SAT：英文全称为Scholastic Assessment Test，意为学术能力评估测试。

价格反映的是供需之间的互动。不论是住房还是其他东西，只有在需求强劲而供应不足的时候才能维持较高的价格，较低的价格可能是由需求不足或供应过剩而导致的。对于水的需求是巨大的，但经常会有人免费地提供几杯水，因为水太多了。我为了吸引自己孩子的注意力而随手画的几幅非常难看的素描肯定不会卖出很高的价钱，不论它们的供应是多么地短缺。质量不佳决定了需求不旺和价格不振。

某一个城市的住房需求反映了在那里可以获得的收入和那里可以提供的其他乐趣。几乎 2/3 的城市房价的变化可以用人均收入和两个气温变量来解释。平均来看，如果某地的家庭收入高出 1%，它的住房价格就会高出 1.35%。如果某地 1 月份的气温在 5 度以上，它的价格就会提高 3%。1980—2000 年间某一城市的收入每增加 1 美元，住宅价格就会上涨 1.20 美元。

在美国沿海房价较高的地区，需求是非常强劲的，原因在于第五章所讨论过的较高的收入和较多的乐趣等因素。加利福尼亚州的圣塔克莱拉县，即硅谷，拥有非常迷人的地中海气候和比全国平均水平高出 60% 的收入。毋庸置疑，人们将会为了居住在那里而付出更多的金钱。在 2005—2007 年间，该县的平均房价接近 800,000 美元，是美国平均房价的 4 倍。此后房价有所回落，但根据最近的销售数据来看，圣塔克莱拉县所在的圣何塞市在 2009 年第二季度仍然是美国大陆房价最高的地区。

然而，圣塔克莱拉县的高房价反映的不仅是良好的天气和较高的收入。在从 2001 到 2008 年的八年时间里，圣塔克莱拉县仅批准了大约 16,000 套新的单一家庭的住宅，几乎相当于每 50 英亩土地上新建一套住宅。尽管需求非常旺盛，但该地区单一家庭住宅的存量只增加了不足 5%，不到同期美国平均水平的 1/3。如果硅谷在过去的八年中建造了 200,000 套住宅，那么根据标准的住房统计数据，住房价格将下降 40% 左右，尽管那里有良好的天气和较高的收入。

在 2001—2008 年间，囊括了休斯敦的得克萨斯州哈里斯县，它真正批准了超过 200,000 套的单一家庭住宅，几乎相当于每 5 英亩土地上新建一套住宅。大量的开工建设有助于解释为什么休斯敦的房价是人们能够负担的。当然，休斯敦的一套住宅绝不会像硅谷的一套住宅那么昂贵，至少是在加利福尼亚人能够取得更高收入和享受到更为舒适的夏天的情况下。然而，休斯敦的经济要比铁锈地带的大多数经济体繁荣得多，许多美国人似乎更加偏爱炎热和潮湿的气候，而不太喜欢中西部地区寒冷的气候。许多人喜欢居住在休斯敦，但它的房价仍然比较低，因为建造房屋非常地容易。

并非每一个房价较低的地方都是通过大量地新建住宅来维持比较便宜的房价的。经济衰退和气候寒冷共同限制了人们在底特律生活的需求，这是那里的房价非常便宜的真正原因。底特律的平均家庭收入比全国平均水平低48%，一套中等水平的住宅仅卖90,000美元，相当于全国平均水平的一半。底特律非常寒冷的冬天使得它的房价甚至低于这一地区的收入可以承受的水平。事实上，底特律的房价已经低于新建住房的成本，由此必然导致的结果是：基本仍然不会有私人来到这里开发房地产，人口将会继续流失。当房价不高以至于无法支持新的建设项目时，新的住宅与新的居民将不会出现。在像底特律那样的地方，我们可以说是需求不旺导致了较低的房价，因为那座城市里几乎没有什么建筑。在像休斯敦那样的地方，我们可以说是供应充足而非需求不旺导致了较低的房价，因为那座城市里有很多新的建筑。

大量的住宅不仅会压低房价，而且会减少房价的波动，就像最近那些动摇了美国经济的价格波动一样。2002年5月至2006年5月间是最近一次泡沫的高峰时期。根据凯斯-席勒房价指数，美国的住宅价格上涨了64%，这一指数覆盖了20个大城市；通过研究同一住宅的再次销售情况，它试图消除住宅质量发生变化所带来的影响。这一数据不包括休斯敦，但包括住宅市场与其相差无几的达拉斯。在达拉斯，房价在这4年的高峰期内只上涨了8%，低于通货膨胀率。在泡沫高峰期之后的3年中，全国房价平均下跌了32%，但达拉斯的房价仅下跌了5.5%。在美国大部分地区的房价出现断崖式下跌的时候，全国房地产经纪人协会的数据表明，休斯敦的房价仍然保持着惊人的稳定——2007年的平均销售价格为152,500美元，2008年为151,600美元，2009年为153,100美元。

尽管全球的房地产市场出现了剧烈的波动，但休斯敦的房价仍然保持了稳定，这是因为建筑对不断变化的需求作出了反应。2006年，在房地产繁荣的高峰期，哈里斯县批准了30,000套以上的住宅，这些新建项目帮助控制了房价。2008年，住宅建设下降了一半，住宅建设的减少缓解了房价的下跌。

灵活的住宅供应通常会限制房价的泡沫。在1996—2006年间，全国26个城市的实际房价平均上涨了94%；当时的住宅建设是最困难的，但美国28个供应限制最少的城市仅上涨了28%。在20世纪80年代的经济繁荣时期，限制供应的地区的房地产价格上涨了 29%,而灵活供应的地区仅上涨了 3%。灵活的住宅供应并不是治疗购房者狂热症的万能良药,拉斯维加斯和菲尼克斯对新建住房的限制并不多,但这些地方仍然出现了剧烈和痛苦的价格波动。然而,灵活的住宅供应的确会降低发生这种情况的可能性。

得克萨斯州的开发商可以提供大量新建的、价格比较便宜的住宅,因为在休斯敦新建一套标准住宅的有形成本大约是每平方英尺 75 美元。在得克萨斯州或拥有大量土地的任何地方购买住宅的费用有什么理由会大大高于建造住宅的成本呢?得克萨斯州和加利福尼亚州加在一起拥有非常巨大的空间,假如全世界的人都到这两个州来居住的话,每人将拥有超过 1,600 平方英尺的土地。美国拥有大量的土地,这意味着在很多县购买一套住宅的费用通常只会比有形的建造成本高出 25%。

然而,在美国沿海的很多地区,住宅的价格大大超过了它们的建造成本。洛杉矶的住宅建造成本比休斯敦高 25%,但洛杉矶的住房价格比休斯敦高出了 350% 以上。很难拿休斯敦与曼哈顿相比,因为向高空拓展空间的成本要远远高于向四周拓展的成本。然而,近些年来,曼哈顿新建公寓的价格已经比向高空发展的成本贵出了两倍以上。建筑成本以外的某种因素应对美国沿海地区的高房价负责。

关于美国沿海地区的高房价,最直截了当的解释是土地稀缺导致了价格昂贵。曼哈顿当然没有很多的土地,这也正是人们认可向高空发展的高昂成本的原因。但是,在高层建筑上多增加一层并不需要更多的土地。因此,土地稀缺无法解释为什么曼哈顿的房价会大大高于增建一层的建筑成本。此外,在房价高昂的郊区,如圣塔克莱拉县和纽约州的威彻斯特县,实际上每个家庭占用的土地是多于休斯敦的。在得克萨斯州的哈里斯县,每英亩土地上有 3.6 人。威彻斯特县和圣塔克莱拉县的同比数据分别为每英亩 3.44 人和 2 人。那些地方有着非常充足的土地,只是还没有用于开发。

所有的土地都是不一样的。在平整的土地上建造房子要容易一些,在山地则有些困难。沃顿商学院的经济学家阿尔伯特·塞兹关于本地地形学的研究已经发现,影响建造房子的自然障碍(包括山和水)有助于解释各个城市之间在住宅供应方面的差异。休斯敦的地形是平坦的,威彻斯特县的大部分地区也是平坦的,但硅谷的大部分地区是非常崎岖的。然而,尽管圣塔克莱拉县 60% 的土地因为地势陡峭而无法建造房子，但其余的土地上每英亩只有5个人和两套住宅，这很难说是非常拥挤的。

圣塔克莱拉县和整个美国沿海地区的确存在土地的稀缺现象，但这种稀缺是由管理而非由自然导致的结果。在布莱斯·沃德和詹妮·舒兹的帮助下，我尝试对整个大波士顿地区的土地利用管理进行了评估。在共计187个城市和城镇中，大部分地区的住宅平均最低占地面积大于1/3英亩。大部分地区只有10%或更少的土地可以用来建造多户住宅。

在过去的30年里，马萨诸塞州的城镇实施了越来越严厉的、阻止新的开发和拆分的政策。有一座城市甚至禁止在任何有一个"令人讨厌的大水坑"的地方建造房子。保护湿地很重要，但如果走到了极端，环保主义就变成了纯粹的邻避主义，即反射性地反对附近任何新的建筑。

在马萨诸塞州，对土地利用限制越多的地方，新的建筑就越少。每一项过度的政策都会导致建筑减少10%左右。不同的地区在1980—2002年间，最小占地面积每增加10,000平方英尺或1/4英亩，就会导致建筑减少10%。这不应该令人感到惊讶。土地的数量是固定的。如果你需要增加每套住宅的占地面积，那你就会得到更少的住宅和更高的房价。最小占地面积每增加10,000平方英尺，房价将会上涨4%。加利福尼亚州的增量控制同样减少了新建住宅的数量，并推升了房价。事实上，同样的模式也适用于整个国家。在美国房价高企的沿海地区，住宅的供应不仅受限于土地的稀缺，也受限于公共政策为新建住宅所设置的障碍。

相比之下，休斯敦在房地产开发方面一直持鼓励的态度。这座城市是由两位来自纽约北部的房地产开发商开发的，他们用来吸引未来定居者的是新鲜的饮用水和令人神清气爽的海上微风。在后来的150年中，在休斯敦商会的领导下，当地的商业利益引导和推动休斯敦成为了一个城市巨人。最为重要的是，这座城市的领导人已经作出了承诺，在新建住宅方面不存在任何障碍。休斯敦是唯一一个没有区域规划法规的城市。与任何其他地方相比，休斯敦的开发商已经成功地宣布，限制开发将会降低这座城市的可承受性，从而降低其取得成功的可能性。这些说法显然是自私的，但它们的确也是正确的。休斯敦的这台不受约束的增长引擎在提供能为人们所负担得起的住宅方面所取得的成绩，实际上超过了美国东西两岸所有的渐进式改革者。

在20世纪20年代初期，纽约也是开发商的一个天堂，它的住宅价格也一直保持在人们可以负担的水平上。战争结束之后，纽约开始越来越多地限制开发，试图通过租金限制和公共住宅来弥补私有住宅供应的不足。这一策略遭到了惨重的失败，就像它在欧洲的遭遇一样。大规模地提供价格便宜的住房的唯一办法是解除对开发商的限制。

莱维敦、伍德兰兹和另外数百个大型开发项目之所以价格低廉，是因为它们是大规模地建造的。大规模的生产已经生产出了每一个人都可以负担得起的服装和汽车，它在住宅市场产生的效果也是一样的。像纽约和旧金山这样的地方，在口头上表示注重为穷人提供低成本住宅，但人们通常都负担不起。得克萨斯州从来没有作出过住宅方面的任何承诺，但在建造廉价住宅方面却走在了全国的前列。如果比较古老的、房价较高的城市希望展开竞争，它们就必须像休斯敦一样行动起来，允许建造更多的房子。

平面扩展有什么不足？

在19世纪，经济推动了美国城市的发展。人们纷纷搬迁到那些成为了经济增长引擎的地方，比如芝加哥。进入20世纪之后，越来越富裕的人们开始根据生活的质量和收入来作出选择。洛杉矶早期的发展得益于它的油井和港口，但也得益于它的气候对于退休的中西部农民或自由自在的作家的吸引力，比如弗兰克·鲍姆和埃德加·赖斯·巴勒斯。当人们纷纷向生产效率更高的地方迁移时，整个国家就会变得更具有经济活力；当人们纷纷向更加舒适的地方迁移时，他们就会更好地享受生活；而当人们纷纷向气候更加温暖的地方迁移时，他们就会消耗更少的能源。

但是，在20世纪末期，国家和地方的公共政策都开始在城市的变化中发挥至关重要的作用。正如我们已经看到的一样，美国经济增长最快的地区——亚特兰大、达拉斯、休斯敦和菲尼克斯——正在迅速地发展。这并不是因为这些地方的工资比较高、气候比较温暖，而是因为与加利福尼亚州和西北部那些比较古老的地区相比，它们的政府对新的开发项目采取了更加友好的态度。当地区域规划委员会的奇思妙想正在决定着美国未来的道路，但它们并不希望让更多的人生活在生产效率较高、环境较为舒适的社区里。

一套不同的政策发挥了同样重要、但基本上隐藏在背后的作用，推动人们实现了郊区化。与别人非常不同的是，在利用自己的经历去推断与任何其他人有关的任何事情时,我总是非常地小心谨慎。但是,我在郊区化的问题上作出的决定是一个常规的决定,它主要是由一些共同的因素促成的。在本章的开始,我就列出了促使我搬到郊区去的一些因素:生活空间,避免让容易摔倒的孩子受到伤害的柔软草坪,希望自己的生活在远离老板之后更加多样化,快捷的通勤和优质的学校。在这五个因素中,只有两个——草坪和远离哈佛——与公共政策无关。

我和妻子都相当确定,我们希望能够生活在一个外出就餐时可以不受打扰的地方。但是,这并不一定意味着我们想生活在郊区。我们本来可以迁到波士顿去,那是一个非常迷人和舒适的城市。促使我们放弃波士顿的因素之一是从城里的公寓跨越查尔斯河的一段长约 5 英里的通勤道路,它并不比我从郊区驱车 15 英里去上班更加快捷。如果我早点儿出发,借助得到联邦政府大量补贴的州际公路系统,那一段路程开车只需要不到 25 分钟的时间。我的通勤本身要走一段收费的公路,但当我开车去机场的时候,我走的是一条最近刚刚花费巨资修建的公路,资金主要来自于州和联邦政府的慷慨资助。作为一个公共政策问题,我一直对这项耗资 150 亿美元的"大开挖"项目表示怀疑。但是,当我开车去洛根机场时,我不会愚蠢地拒绝使用这条公路。我的通勤也是很便宜的,因为美国政府已经决定不会征收高额的燃油税,这一点与欧洲各国政府有所不同。

促使我迁到郊区去的另一个因素是生活空间的成本。剑桥严格限制新的建筑项目,这导致了房价的不断上涨。但我的郊区住宅也被人为地抬高了价格,因为它严格限制新的开发。在这种情况下,城市与郊区之间的巨大差异在于,通过允许我扣除住宅抵押贷款的利息,联邦政府为住宅所有权提供了大量补贴。这种补贴使得拥有住宅比租用住宅更加便宜,支持住宅所有权意味着打压城市。

对于推动美国经济发展的城市来说,美国政府与住宅所有权之间漫长而热烈的恋爱是一种诅咒。生活在多户住宅里的 85% 以上的人是在租用住房。生活在单户独立式住宅里的 85% 以上的人是自有住房。这种相关性并不是随机的统计结果。实行居者有其屋的政策是有道理的。当人们租用单户住宅的时候,他们往往不太在意自己租用的房子。如果住房的使用者是承租人而非努力照看自己重要资产的业主,那么房屋每年的折旧率会增加 1.5%。相比之下,在多户式建筑里,分散的所有权是一个令人非常头疼的问题。想一想那些让业主合作委员会气愤不已的斗争吧。由于人口密集的城市里到处都是多户式建筑,承租者也就到处都是。在曼哈顿,76% 的住房是出租的。当联邦政府鼓励人们拥有住宅的时候,实际上是在暗中鼓励人们离开人口密集的城市。

也许最为重要的、鼓励郊区化的因素是我们的教育体系。由于多方面的原因，大城市对于贫困人口具有很强的吸引力；但是，贫困家庭的子女教育问题给城市里的教育体系造成了很大的压力。大城市里的学校的考试成绩往往要低很多，尽管用于每名学生的支出与郊区的许多学区基本相同，甚至还要更高一些。大城市为什么不能拥有好的学校呢？没有人能给出答案。巴黎拥有一些全世界最好的中学，许多美国城市也以拥有优质的私立学校和磁铁学校①而自豪。让大城市成为高级餐馆的天堂的那种竞争力和人口密度同样也可以让它们成为教育的天堂。

不过，美国的公立学校体系实际上形成了一种公立学校对中心城区的学校的准垄断。公立学校必须努力地为成千上万家庭中那些并不富裕的孩子提供基础教育，这必然会遇到为中上层父母提供优质教育的麻烦，至少相对于全部都是中上层人士的同质化郊区来说是这样。美国的公立学校体系已经成了对城市的另一个不必要的诅咒，它迫使人们为了找到更好的公立学校而迁往郊区。

正如前文所述，这个问题可以通过迁移的方式来解决。如果美国效仿法国，由政府资助在全国建立起优质的教育体系，那么人们将没有多少理由要离开城市。如果美国采取大规模派发教育券的方案，父母可以把孩子送进任何地方的学校去读书，那么城市的竞争力将会确保城市拥有更好的学校，而且城市居民也总是能把他们的孩子送到郊区的学校去读书。现行的体系有它的好处：地方对规模较小的学区的控制可以让那些学校里的孩子接受更好的教育。但是对于我们的城市来说，它已经成为了一个灾难。

郊区并非在本质上就是坏的，休斯敦也有很多优点。对于许多人来说，阳光地带的平面扩展是非常明智的。但是，休斯敦所采取的那种平面扩展受到了错误的公共政策的鼓励。休斯敦在发展过程中出现的这一失误并不在于这一地区本身，而在于任何其他的地区——气候更加温暖、经济更加高效、但通过法规阻止开发，并使得人们无法负担其住宅的地区。指责郊区或郊区居民是没有任何意义的。失误在于我们的政策和法规，它们刺激着许多美国人被迫离开城市。

郊区仍然在受到错误政策的刺激，这种情况应该给那些焦急的城市规划专家

---

① 磁铁学校（magnet school）：以独特的设施和地方公立学校所不具备的专门化课程来吸引学区内外学生的学校。

带来一些希望。这些政策绝不能是永久性的。2005年，由一直对产权社会赞赏有加的得克萨斯州共和党领导人任命的一个税制改革专家小组表示，支持大幅度削减住房抵押贷款利息扣除的规模。如果联邦的住房政策减少了反对城市化的色彩，那么我们的大城市将会变得更加具有吸引力。

此外，如果美国继续保持经济增长的话，郊区的许多好处可能会变得不再那么重要。对于许多人来说，能够通过大量干净整洁的公路快速地到达工作地点是很有吸引力的。但是，随着平面扩展的进一步延续，那些公路将会变得越来越拥堵。我们已经看到，有些非常重视时间的人重新回到了曾经被抛弃的中心城区（比如翠贝卡），以便获得步行去上班的好处。

从总体上来看，目前郊区的学校要好于大城市里的学校。但是，导致这种局面的并不是不可改变的法律。只要充分地利用城市的人力资源优势和竞争力，管理得当的城市学校可能、有时的确超过了郊区学校。大城市曾经总是与犯罪联系在一起，但这种情况已经不复存在了。将来肯定会有那么一天，城市被普遍地认为是教育我们孩子的最佳选择。

取消那些对我们的城市造成伤害的错误政策是非常明智的，因为平面扩展既有成本也有好处。像大多数不断发展的地方一样，不断扩展的郊区必须解决供水、环境卫生和交通拥堵的问题。也许最大的经济问题在于，郊区的写字楼飞地是否能够像传统的中心城区一样产生同等程度的知识碰撞。这些地方很少发生随机的交流，而且它们往往集中在某一个具体的行业，从而减少了实现跨领域的创新飞跃的机会。

最令人担心的是，发展中国家可能会像美国的大部分地区一样采用以汽车为基础的生活方式。很少有城市像圣保罗那么大，它是从中心城市向几个独立的、以高层建筑为主的中心扩展的。整个城区无限制地向外延伸。圣保罗的许多郊区是发展中国家的那种传统的贫民区，那里的居民乘坐公共交通工具去上班，并居住在远远低于美国或欧洲标准的狭小住宅里。但是，也有很多看上去像休斯敦的郊区一样的富人飞地。你在班加罗尔、孟买、开罗、墨西哥城，以及全球许多正在发展中的城市里都可以找到类似的地方。

如果整个世界开始变得像休斯敦一样，那么地球的碳足迹将会迅速扩大。考虑到与其生活有关的所有合理的郊区逻辑，休斯顿居民是全国最大的碳排放者之一。所有气温在90华氏度上下的日子以及那里的湿度意味着休斯敦是一个极其贪婪的电力消费者。驾车需要消耗大量的燃油。郊区化在印度和中国将会继续，这是一件好事情，因为停留在农村的贫困中是没有出路的。但是，如果他们的城市化人口居住在围绕着电梯修建的、人口密集的城市里，而非居住在围绕着汽车修建的、平面扩展的地区，那么这对地球来说是大有益处的。

Chapter 8
还有什么比柏油路更环保？

在1844年4月一个舒适宜人的日子里，两位年轻人沿着康科德河到一片森林里去郊游。由于最近没有下过暴雨，河里的水不多，他们可以"很轻松地从河水中获取食物，就像印度人一样"。利用从一位鞋匠那里要来的火柴，他们在公平天池周围点燃了一棵松树的树桩。这两个勇敢的探险者饿了，他们想煮一些杂烩汤吃。

雨水的匮乏让捕鱼变得更加容易，也让他们周围的草地变得更加干燥易燃。风把他们点燃的火苗吹到了草地上。"当他们周围的每一种东西几乎都像一条火攻船一样易燃的时候，火焰迅速地蔓延开来，直到几个小时之后才得到控制。"其中一个人跑到村子里去报警，但大火无法得到控制。超过300英亩的一大片林地被这两个贪玩的年轻人粗心大意点燃的一把火烧成了灰烬。

"斯摩基熊"可以利用这个故事向孩子们宣传森林火灾的危险性，但其中至少有一个犯罪嫌疑人坚决否认自己犯有任何罪行，他写道："我是在森林里点了火，但我在那里没有犯任何错误，现在看起来好像是闪电导致了这场火灾。"康科德镇的其他居民不肯原谅他们，对并非故意纵火的说法采取了一种可以理解的不赞成态度。他们把那个年轻的纵火者称为"被阻止的流氓"和"饶舌的推卸责任的人"。《康科德自由人》[①]上的文章听起来像是一位沉闷乏味的19世纪的新英格兰人在为"斯摩基熊"作宣传:"由于严重的粗心大意而导致的不幸后果将被今后可能去森林里休闲度假的人们铭记在心。"

那个毫无悔过之意的森林纵火者就是亨利·戴维·梭罗——一个有些学非所用的哈佛大学毕业生——他此后变成了环保主义的入世圣徒。梭罗的《瓦尔登湖》(*Walden*)是那些影响力似乎在随着时间推移而不断增强的极为少见的图书之一。当他在世的时候,他的记载了两年与世隔绝生活的日记很少有人关注,但在20世纪时却成了全球畅销书,读者达数百万,并被全球具有环保意识的中学教师用于教育孩子们。

梭罗喜欢森林,但他也是城市知识链条的一个组成部分。他曾经在19世纪初哈佛大学的知识温室里接受教育。更为重要的是,他是拉尔夫·沃尔多·爱默生在康科德所组织的一个非常著名的名人俱乐部的成员,康科德当时集中了很多具有创造力的思想家。爱默生组织并偶尔资助了一些才华横溢的人,包括赫尔曼·麦尔维尔、纳撒尔尼·霍桑、玛格丽特·富勒、布朗森·爱尔考特、路易莎·梅·爱尔考特和梭罗。

梭罗是爱默生所组织的超验主义者沙龙的成员,但他大加赞美的是农村孤立的优点,而非城市互动的优点。在给《瓦尔登湖》所撰写的序言中,爱默生是这样描述梭罗的:"一个文学作品中的偶像破坏者,他很少对同事提供的帮助表示感谢,并认为那些帮助没有什么了不起的,但那些帮助对他来说是非常重要的。"如果梭罗未曾在城市里与那么多睿智之人交流过,他能够把自己的隐居生活写得那么好吗?但《瓦尔登湖》用富有感染力的说辞宣扬了离群索居的种种好处。由于梭罗和他的追随者很少看到城市的好处,因此,他们对《康科德自由人》向"去乡村休闲度假"这一观念所发出的警告也很少产生共鸣。

梭罗在森林里漫步对他自己心灵的影响远远大于对森林本身的影响。我搬到郊区的后果是:除了伤害环境之外一无所获。我已经从一个相对节俭的城市能源的使用者变成了碳排放大户。我在城市里居住的面积不大的房子可以很容易地提高温度,而我在新英格兰地区居住的通风良好的房子整个冬天需要消耗数百加仑的燃料油。我为减少能源的消耗作出了适当的努力,导致我的母亲指责我想冻

[①]《康科德自由人》(*The Concord Freeman*,1834—1848):由梭罗所生活的康科德镇出版发行的一份报纸。

坏自己的孩子们。我把它称之为"陶冶性情"。由于照明、空调和家用电器的使用，我的电费支出已经增加了两倍。当然，与大多数不住在城市里的美国人一样，我也依赖上了汽车；每去一次大型的食品杂货店，我都要消耗一加仑左右的汽油。对于在大学毕业之前没有学会开车的、出生在城市里的人来说，这真是非常可笑。

像梭罗的故事一样，我的故事证明了非常重要的一点：城市生活远比绿草如茵的生活更加有利于环境。居住在一片森林里看起来似乎是一种很好的证明某人非常喜欢大自然的方式，但居住在水泥丛林里实际上更有利于生态环境。我们人类是一个毁灭性的物种，甚至在我们并未试图那样做的时候，就像梭罗一样。我们燃烧森林和石油，不可避免地损害了周围的环境。如果你真的热爱大自然，请远离它。

在20世纪70年代，简·雅各布斯提出，通过集中居住在高楼里并步行上班的方式，我们可以把自己对环境造成的损害最小化。大卫·欧文在他的《绿色都市》（*Green Metropolis*）一书中也雄辩地提出了这一观点。当我们坚持生活在绿色草坪的包围中时，我们就把自己对环境造成的损害最大化了。低密度不可避免地意味着更多的旅行，而旅行是需要消耗能源的。尽管比较大的生活空间确实有它的好处，但大型的郊区住宅也会消耗更多的能源。

关于温室气体与全球变暖之间的关系，现在仍存在很大争议；关于全球变暖将会对地球造成的影响，也存在很多的不确定性。我本人不是气候学家，也无法对这些存在争议的讨论补充什么看法。不过，即便是对"人类应对近年来全球气温的升高承担主要责任"这一说法存在质疑的人，仍然应当承认与我们不断增加的、大量排放的碳有关的环境风险。

任何认为"全球变暖是一种现实危险"的人都应该把"在城市里集中居住"作为解决方案的一部分。再过50年之后，中国和印度将不再是贫穷的农业国家，这是一件好事情。与之前的美国和欧洲国家一样，它们也将实现由农村生活方式到城市生活方式的转变。如果中国和印度的数十亿人口坚持生活在绿草如茵的郊区、坚持郊区所需的大型住宅和汽车，那么全球的碳排放将会急剧地增加。有些环保主义者似乎希望这些国家的人口一直留在农村。感谢上帝，这不是一个现实的选择。留在农村意味着贫穷以及相伴而来的诅咒。关键问题是：随着亚洲的不断发展，它将会变成一个郊区驾车者的大陆还是城市公共交通工具使用者的大陆？

环保主义者可能会竭力证明：生活在人口密集的城市里更加绿色。但要想做到这一点，他们就必须放弃自己对混凝土的反感。今天，生态友好的家庭都在用苏斯博士的童话故事《罗拉克斯》(The Lorax)来教育他们的孩子，这个故事讲述的是一座冷漠无情的城市摧毁了曾经非常漂亮的城市风景。真正的环保主义者应该把这本书扔进可以回收再利用的垃圾箱里，并谴责罗拉克斯的谬论——城市是对环境有害的。就走向更加绿色的未来而言，高层建筑的倡导者是比亨利·戴维·梭罗更好的导游，如威廉·勒巴隆·詹尼和 A.E. 勒夫考特。

田园生活的梦想

当然，单独把赞成低密度居住的梭罗拿出来大加批评是不公平的。数千年来，作家们一直在赞美回归大自然的种种好处；在城市得到清洁的饮用水之前，这实际上是有一定道理的。贺拉斯是一位古代诗人，曾离开他父亲的农场去雅典和罗马接受教育，他写道："作家合唱队一致地厌恶城镇，向往神圣的果园。"在19世纪之初，英格兰农村的一些老年娱乐活动甚至拥有最强大的公共关系团队。华兹华斯、柯勒律治、济慈、雪莱和他们之后的浪漫主义诗人都对农村大加赞赏。

这些诗人是在对工业城市化的第一次爆发作出反应。可以理解的是，与纺织厂相比，他们在秋天或西风中发现了更多的诗意。拜伦是贵族院中卢德派为数不多的捍卫者之一。从某种程度上来看，梭罗在瓦尔登湖畔的生活恰好是华兹华斯在湖区生活的一个比较极端的翻版。事实上，他们两个人都没有发疯，他们只是想逃离19世纪城市中的疾病和混乱，那里的生活经常是肮脏、残酷和匮乏的。

浪漫主义者对大自然的热爱传染到了更加实用的建筑艺术和城市规划领域。约翰·罗斯金[①]是在19世纪初的伦敦长大的，但作为一位艺术批评家，他敦促画家"全身心地走向大自然……不拒绝任何东西，也不选择任何东西"。他不喜欢代表着工业化和经典艺术形式的标准化，喜欢大自然的变幻莫测和哥特式的建筑。罗斯金还是城市规划的一位早期支持者。他认为，从城市的任何地方，步行几分钟之后都可以接触到非常新鲜的空气和草地、可以看到远处的地平线。他心中有一个紧凑的、带有围墙的城镇，环绕着围墙的是一条"由美丽的花园和果园组成的玉带"。罗斯金的主要思想在传播到大西洋对岸之后发生了细微的变化，

---

① 约翰·罗斯金（John Ruskin，1819—1900）：英国著名学者、作家、艺术评论家。

因为彼得·B.怀特①成了罗斯金思想在美国最热情的传播者之一，怀特本人对美国在城市里建造摩天大楼发挥了一定的作用。

享受大自然带来的乐趣在某种程度上是一件非常奢侈的事情，这可以解释为什么环保主义会在人类越来越富裕之后变得更加盛行。如果仅仅为了能够"看到远处的地平线"而让一群饥肠辘辘的人放弃一顿香甜可口的美餐，可能很难说服他们。来到曼彻斯特工厂里的贫困农民愿意为了吃上面包而放弃大自然。但是，随着这个世界在19世纪变得更加富裕之后，越来越多的人开始想在人口密集的城市里增加一些绿色。开阔的空间可以让人们稍微从早期工业城市受到污染的空气和水中得到解脱。

从历史上看，通过拥有两套住宅，富人们成功地把城市与乡村结合在了一起。冬天，他们在城市里度过；到了疾病最容易传播的夏天，他们纷纷离开城市，住进自己在乡下修建的房子里。然而，这种两套住宅的模式一直是相对少见的。因为修建两套住宅对于想到乡下去住一段时间的城市居民来说，需要付出非常巨大的代价。在共计1.28亿套的美国存量住宅中，只有不到300万套是用于休闲度假的第二套住宅。

更能令人承受的做法是把农村带到城市之中，城市的规划者已经为此作出了长期的努力。罗斯金提出了一种变通的方式：周围有一条绿色地带环绕着的小城镇。埃比尼泽·霍华德是一位著名的城市规划专家，他于1898年撰写出他的经典著作《明日的田园城市》(*Garden Cities of Tomorrow*)，从知识和文学的角度对罗斯金的思想进行了具体化。霍华德的田园城市将被大量的土地围绕起来，这些土地可以为城市居民提供食品、新鲜的空气和休闲度假的空间。在20世纪，绿色地带成了英格兰城镇规划中一个很常见的特点。今日伦敦的绿化地带有2,000多平方英里，多伦多的绿化地带甚至更大一些，这些大自然的环形物在美国西北部的太平洋沿岸也已经变得非常流行。

不过，伦敦的绿化地带也证明了这种策略的局限性。如果你居住在伦敦的中心城区，这一绿化地带则很难进入你的步行范围；乘坐公共交通工具走出伦敦市的边界可能需要一个多小时。绿化地带可能有助于限制城市的扩展——这可能是也可能不是人们所希望的——但它们肯定不会给大城市居民的生活带来树木。

---

① 彼得·B.怀特（Peter B.Wight，1838—1925）：美国著名建筑师。

为了弥补这一缺陷，19世纪的城市规划人员修建了公园。在美国，弗雷德里克·劳·奥姆斯特德①专门从事在城市中心区建造田园景观的工作。奥姆斯特德在纽约修建了中央公园，它至今仍然被奉为在人口非常密集的中心区修建的人造森林仙境的经典。奥姆斯特德给波士顿带去了一条翠绿色的项链，在芝加哥修建了杰克逊公园，在底特律修建了百丽岛公园。他在布法罗、路易斯维尔、密尔沃基、蒙特利尔和华盛顿哥伦比亚特区修建了绿色的空间，并帮助伯克利和斯坦福规划了校园。尽管有些人可能会对某一个具体项目的优点提出异议，但受到奥姆斯特德作品保佑的大多数城市居民都对他充满了敬意，认为他用少量的树叶改变了他们所在的人口非常密集的城市的面貌。

但是，城市周围的绿色地带和中心城区的公园都没能成为新兴的城市和国家所采用的主导方式。数以百万计的人口反而采取了更加极端的方式——更加彻底地追随梭罗和华兹华斯。从19世纪末开始，郊区的发展使得准乡村式的住宅变得让普通人更加无法承受了。从布林莫尔到休斯敦的伍德兰兹，开发商在大片大片的林区土地上建造起了住宅。当你能像梭罗一样与就在你门外的、属于你自己的大树比邻而居的时候，为什么还要忍受与他人共享公园或长途跋涉到乡下所带来的不便呢？

更加快捷与便宜的交通工具的出现为人们在绿地里居住和在城市里工作提供了可能。有轨电车为像马萨诸塞州布鲁克莱一样的城镇提供了发展的可能：它们既提供了绿色的空间，又提供了进入人口密集的城市的便利。正如一篇写于1841年的文章所言："整个布鲁克莱社区是一个风景如画的花园，它在整个美国是独一无二的，就连从一栋住宅或别墅通向另一栋的道路都有一种无法言传的魅力。"谁会不喜欢这样的地方呢？至少在你能够负担得起的情况下。

奥姆斯特德本人于1869年开始介入郊区的开发业务。他设计了芝加哥城外的河滨镇，它可能是美国第一个"经过规划"的城郊社区。在他的合作伙伴卡尔弗特·沃克斯的帮助下，他放弃了路网的规则性，沿着自然的路径修建了蜿蜒曲折的道路。住宅的院子很大，里面栽种了很多树木。现代化的郊区诞生了。

然而，直到20世纪20年代，许多城市专家仍然没有看到住进绿树成行的郊区去的趋势。雷蒙德·胡德（他后来建造了洛克菲勒中心）、休·弗里斯和其他

---

① 弗雷德里克·劳·奥姆斯特德（Frederick Law Olmsted，1822—1903）：美国著名规划师和景观设计师。

建筑师认为，城市的未来就像巴特曼的哥谭镇一样。事实上，弗里斯的设计图纸将是对漫画书的启发。它们设计了一个垂直化的世界，越来越高的大楼用多层的公路连接起来，里面设有飞机库。勒–柯布西耶设计的未来城市包括了更多的绿色，但仍然是高楼大厦的世界，弗里茨·朗于1927年拍摄的电影《大都会》（Metropolis）对这种城市的未来作出了毫无前途的展望。

果不其然，20世纪20年代成为美国垂直化达到高潮的标志。在1930—1933年间，美国先后建成了5栋新的大楼，最高的大楼达到849英尺——现今西欧最高摩天大楼的高度。美国在此后的36年中没有再建造一座那么高的大楼。向高空发展让位于向四周扩展的势头，那些建筑看上去更像布鲁克莱和河滨镇，而不像洛克菲勒中心。有轨电车使得一定数量的、比较富裕的城市居民能够住在绿草如茵的城市周围，汽车使得中产阶层的任何人都能够住到郊区去。在汽车最终战胜了电梯之后，大多数美国人逐渐住进了将城市与自然融为一体的郊区。

尽管汽车为人们的郊区化提供了可能，但环保主义者同时也保护了城区之内的数百万英亩土地，以便人们能够经常地体验一下乡村的气息。在旧金山地区的美丽景色中，有绵延不尽的旷野山脉和受到保护的海景。硅谷的计算机精英们生活在一个非常舒适的地区，不仅享受着特殊的气候，而且还拥有非常美丽的环境，它的开发受到了全球最严厉的土地利用规划的保护。

美国似乎正在走向广泛流行的瓦尔登湖畔的生活方式，即每一个人都可以生活在绿色植物的包围之中；但是，有些地方在走上这条道路之后遇到了一些环境问题。由罗斯金和华兹华斯设想、由霍华德和奥姆斯特德设计的田园生活之梦最终变成了一个生态噩梦。正如梭罗导致的那场森林火灾带给人们的启示一样，生活在大自然之中可能会给环境造成非常可怕的后果。相对于弗里斯对高楼林立的大都市的展望来说，走向低密度的生活方式最终被证明是对大自然不利的。

我们都曾听过一位获得奥斯卡奖，同时也是气候学家的前副总统就二氧化碳排放正在如何导致全球变暖问题发出的强烈警告。最近60年以来，全球气温一直在不断地升高。与此同时，大气层中的二氧化碳继续增加。人们认为，大量增加的二氧化碳通过温室效应导致了气温的升高，即大气层中的气体吸收了红外线辐射，并提高了地表温度。关于气候变化主流假设的基本直觉是，更多的温室气体意味着更多的红外线吸收和更高的地表温度。

对于经历过新英格兰或中西部地区冬季的人来说，二月份的气温升高几度似乎是一件好事情。但令人遗憾的是，全球气温不断升高带来的副作用几乎对每一个人而言都是非常可怕的。全球最贫穷的人口往往生活在赤道附近，更高的温度对于他们来说是一个特别严重的问题。极地地区的冰盖似乎正在迅速消融，给从纽约到中国香港的沿海城市造成了有可能发生严重洪涝灾害的威胁。海洋温度的升高可能会给全球带来更加反复无常、更多急风骤雨的天气。

温度的变化的确是由多方面的原因造成的，但一个不容改变的事实是，碳排放的大量增加可能仍在极大地影响着天气。人类已经用几千年的时间适应了我们目前的环境。如果我们的碳排放从根本上改变了这一环境，代价可能是非常惨重的。不同的气候导致的潜在风险使得全世界有理由共同采取重大措施以减少二氧化碳的排放。此外，这意味着支持在更加绿色的地方开发和减少在更加灰色的地方开发。

肮脏的足迹：碳排放的对比

我和马休·卡恩整理了一份关于美国新建住宅的碳目录。我们希望搞清楚在美国不同地区建造一套标准的新住宅所产生的碳排放总量，于是我们主要以最近20年中建成的住宅为基础进行了估算。

2006年，美国产生了大约60亿吨二氧化碳，但不包括我们从全球其他国家进口的商品所产生的碳排放。这一数字大约占全球二氧化碳排放总量的1/5，超过了除中国以外的任何其他国家，也超过了欧洲和拉丁美洲的排放量之和。住宅和汽车的碳排放占一个中等家庭排放总量的40%左右，占美国碳足迹的40%，占全球碳足迹的8%。美国大约20%的二氧化碳排放与居民的能源消费有关，还有近20%与我们的汽车有关。

如果你把在炼制和分销汽油过程中使用的碳计算在内的话，每使用一加仑汽油，大约会产生22磅的二氧化碳。美国一个中等家庭每年大约购买1000加仑汽油，这意味着大约产生10吨二氧化碳。假设美国家庭购买更加节油的汽车比假设他们放弃以汽车为基础的生活方式可能更容易一些。但从历史上看，不同的人于不同时期在汽油消耗上的巨大差异来自于旅行的总里程，而非来自节省汽油。平均来看，汽车每消耗一加仑汽油大约可以行驶22英里，巨大的差异在于你每年是行驶300英里还是30,000英里，而这取决于你是居住在城市还是居住在郊区。

我和卡恩发现，人口密度和到市中心的距离都与汽油的用量密切相关。生活在一个每平方英里居住人口超过 10,000 人的人口普查街区的中等家庭每年需要使用 687 加仑汽油,而生活在一个每平方英里居住人口不足 1,000 人的地区(大约每英亩 1 户)的中等家庭每年需要使用 1,164 加仑汽油。家庭所在社区的人口密度是很重要的,因为绝大部分的行驶里程不是为了去市中心上班。人们驱车数百万英里主要是去购物、外出就餐和接送孩子上下学。一个地区商店和学校的密度决定了上述出行的平均距离。在城市里,你往往会步行去一家餐馆。在低密度的地区,外出就餐可能单程就需要驱车 25 分钟。

假定家庭的收入和人口不变的话,每平方英里的居住人口每增加一倍,每个家庭每年消耗的汽油就会减少 106 加仑。这些推测表明,如果东北部的一个中等家庭从每英亩一户的地方迁居到每英亩五户的地方,那么这个家庭消耗的汽油将减少 350 加仑。这些数据告诉我们,公共交通并不是减少汽油消耗的唯一方法。如果人们生活在一个更加密集的地区,他们将会缩短出行的距离、减少汽油的消耗,即使他们仍然要开车去上班。

公共交通也存在碳排放的问题,但大多数公共交通方式远比自驾长距离出行更加节约能源。举例来说,纽约市的公共交通系统每年需要消耗 4,200 万加仑柴油和 148 亿兆瓦电力,运送乘客 26 亿人次。其结果是每人次出行的平均二氧化碳排放量为 0.9 磅,而每次驾车出行的平均二氧化碳排放量为 9 磅,前者仅相当于后者的 1/10。

我和卡恩推算出了一个年收入在 60,000 美元左右的中等家庭在美国的每一个人口普查街区和每一个都市地区所要消耗的汽油总量。在我们的样本中,尽管其他每个地区每年消耗的汽油总量都在 1,000 加仑以上,但纽约市区的中等家庭每年消耗的汽油总量还不到 850 加仑。在全体美国人中,喜欢自己驾车上班的人是喜欢乘坐公共交通工具上班的人的 15 倍还多,但纽约居民中喜欢乘坐公共交通工具上班的人则是喜欢自己驾车上班的人的两倍以上。

在美国,大城市意味着更少驾车出行。平均来看,人口每增加一倍,每个家庭因为驾车出行而产生的二氧化碳排放量将每年减少一吨左右。南部城市的驾车出行比例特别高,汽油消费量比纽约要高出 75%。阳光地带的城市,如南卡罗莱纳州的格林维尔、田纳西州的纳什维尔和俄克拉荷马城,都是按照低密度的标准来建设的,工作地点非常分散,所以居民的汽油消费量是最大的。

在几乎每一个大都市里,城市居民的汽油消费量都大大地少于郊区居民。据测算，城市与郊区之间的最大差距往往出现在比较古老的地区，如纽约，那里的城市家庭平均每年比郊区家庭少消费300多加仑汽油。但是，城市与郊区之间的最大差距也出现在像亚特兰大和纳什维尔这样一些地区。问题并不是纳什维尔或亚特兰大中心城区驾车出行的人非常少，而是驾车出行的郊区居民非常多。这种情况表明，在西北部比较古老的地区，城市的人口密度减少了碳排放，而在发展速度最快的比较新的地区也是如此。

城市也比郊区更加绿色，因为城市居民使用更少的电。家用电器占居民能源消费总量的2/3。可以解释不同城市之间能源消费差距的主要因素是夏季的炎热。每一个人都要使用冰箱和家用电器，但空调的使用实际上导致了不同地区之间的差异。美国阳光地带在战后的崛起主要得益于成本低廉而凉爽的空气。谁愿意在没有空调的情况下忍受休斯敦每年99天90华氏度的高温呢？

美国电力消费水平最低的城市位于加利福尼亚州沿岸和西北部。在我们的城市样本中，旧金山和圣何塞拥有最凉爽的夏天，它们是用电最少的两个地区。相比之下，休斯敦、新奥尔良和孟菲斯等炎热而潮湿的城市居于电力消费的前列。在这些地区，如果没有人造气候的话，夏季的几个月几乎是无法忍受的。

炎热的七月并不是推动电力消费急剧增加的唯一因素。城市越大、人口越密集——那里的人们往往拥有面积较小的住房——它消费的电力就越少。中等的独门独户住宅要比一栋五户及以上建筑里的中等公寓多消耗88%的电力。郊区的中等家庭要比城市里的中等家庭多消耗27%的电力。在对收入和家庭人口进行标准化之后，我们发现，在我们所分析的48个城市里，44个城市的中心城区的居民消耗的电力更少。那些更加集中化的城市，如纽约、波士顿，甚至是拉斯维加斯，消耗的电力要少于那些更为平面化的地区，如达拉斯或菲尼克斯。

在美国比较温暖的地区，电力有时被用来加热，但天然气是美国最主要的热源，它占居民碳排放总量的1/5左右。我们最初烧木头，它会排放大量的碳；后来我们改为烧煤，这让美国城市的上空总是黑乎乎的，直到第二次世界大战结束。城市逐渐开始强迫人们放弃烧煤。幸运的是，正当煤炭被逐步放弃时，来自美国西部的、可以使用的天然气越来越多了（乔治·米切尔也借此发了大财）。作为一种比较古老的热源，燃料油仍然占居民碳排放总量的1/10左右，尽管事实上它的使用量很少，因为燃料油的碳排放要高于天然气。

居民取暖导致的碳排放让冰雪地带看上去不如温度适宜的加利福尼亚绿色。

在我们的城市样本中,底特律和密歇根州的大瀑布城位居天然气消费量的前列,布法罗、芝加哥和明尼阿波利斯紧随其后。相比之下,佛罗里达州几乎不消耗任何天然气。迈阿密在一月份仍然很暖和,甚至夜里也一样。

为了对家庭的碳排放量作一个全面的估算,我们先把来自驾车、电力、加热的碳排放量加在一起,然后再加上公共交通工具所产生的碳排放。迄今为止,不应令人感到惊讶的是,城市比郊区更加绿色。但是,城市之间的差异甚至大于个别城市与它们的郊区之间的差异。临海的加利福尼亚州是全国最绿色的地区。美国南方腹地是最灰色的地区。全国五个最绿色的城市是圣地亚哥、旧金山、洛杉矶、圣何塞和萨克拉门托。户均碳排放最高的5个城市是休斯敦、伯明翰、纳什维尔、孟菲斯和俄克拉荷马城。这两个极端之间的差距是非常明显的。旧金山一个家庭的碳排放量要比孟菲斯的一个家庭少60%。

东北部和中西部比较古老的地区处于这两个极端的中间。它们消耗的电力多于加利福尼亚,但少于休斯敦,它们使用了大量的能源来取暖。纽约是比较绿色的城市之一,因为它的密度较高。作为汽车城市,底特律产生了比较高的碳排放。

环保主义导致的出乎预料的后果

我们应该如何来解读这些数据呢?简单地说,如果我们希望通过改变我们的土地开发政策来减少碳排放,就应该让更多的美国人生活在更加密集、更加城市化的环境中。更多的美国人应该迁移到临海的加利福尼亚州,更少的人应该生活在得克萨斯州。加利福尼亚拥有非常舒适的自然气候,它在夏天时不需要大量地制冷,在冬天时也不需要大量地供暖。生活在休斯敦或亚特兰大则需要大量的能源来满足居住的需求,那为何没有更多的美国人生活在加利福尼亚呢?

答案肯定不是过分的拥挤。加利福尼亚的沿海地区是非常辽阔的。沿着280号公路驱车穿过硅谷的核心区域就像是驾车穿越了一回开阔的伊甸园。在圣塔克莱拉县,每英亩土地上大约只居住着2个人。在加利福尼亚湾的北部,马林县的人均面积超过了1.25英亩。相比之下,在马里兰州的蒙哥马利县,每英亩土地上大约居住着3个人。在伊利诺斯州的库克县,每英亩土地上大约居住着9个人。在曼哈顿,每英亩土地上居住着111个人,这还没有计算每天往返奔波的大量工人。

加利福尼亚沿海地区在现有的人口基础上,可以多接纳数百万人。但是,这些沿海地区的人口增长从战后的高峰期开始已经出现了大幅度的下滑。在1950—1970年间，圣塔克莱拉县的人口增长了两倍以上，从最初的不足30万人增加到了100多万人。但是，在1990—2008年间，圣塔克莱拉县的人口只增长了17.8%，从150万人增加到了176万人，低于全国平均水平。在过去的17年中，硅谷已经成为全球生产效率最高的地区，但它的人口增长一直落后于美国的其他地区。

加利福尼亚沿海地区的人口没有增长是因为它没有建造更多的住宅。任何没有建造更多住宅的地区都不会出现很大的人口增长。加利福尼亚沿海地区的建筑减少并不代表需求不足。2007年，全国房地产经纪人协会在旧金山和圣何塞的中位销售价格都超过了800,000美元。即使在房价下跌之后，这些地方仍然是美国大陆价格最高的两个地区，2010年第二季度的平均房价在600,000美元左右。由于严格限制新的开发项目，如在马林县可以找到最小面积为60英亩的地块，加利福尼亚的房价一直维持着高位运行。这些规定与一项让越来越多的土地退出市场、改为保护性的公园和野生生物保护区的政策形成了合力。截至2000年，海湾地区有1/4的土地已经变成了永久性的保护区，禁止进行建筑开发。

许多环保主义者认为，旧金山湾地区减少开发是一次重要的胜利。"拯救海湾"运动的宗旨是阻止水域周围的开发，它的开创者已经成为了美国环保主义的标志性人物。"猛犸之友（*Friends of Mammoth*）"一案被看作是一次分水岭式的胜利，它对加利福尼亚所有的新建项目实施了环境评估。支持加利福尼亚限制人口增长的人往往被看作是生态英雄。但实际上并非如此。

反对开发加利福尼亚的人很快指出，限制建设是非常必要的，因为该州供水不足。然而，如果加利福尼亚没有将大量水资源用于灌溉天生干旱的农田，它将会有足够的用水提供给市民。加利福尼亚州的城市和郊区每年的用水量为870万英亩英尺。加利福尼亚州农业使用的是经过补贴的水，每年的灌溉用水量为3400英亩英尺。美国有很多可以种植粮食的湿润地区。通过把水从农业地区引入到城市，加利福尼亚可以很容易地提供足够的水，以便支持更高的人口密度。这样做将会减少美国的碳足迹。

尽管限制加利福尼亚州的人口增长可能会让该州变得更加绿色，但它也正在让整个美国变得更加灰色，正在增加全球的碳排放。休斯敦的开发商应该感谢加利福尼亚州的反对人口增长运动。如果不是他们阻止了收入较高、气候也较为舒适的加利福尼亚沿海地区的开发,将不会出现如此之大的居住在阳光地带中这些缺少娱乐性的地方的需求。

反对开发的人并未得到确定全国新建项目数量的机会,他们只能确保新建项目不发生在自己的后院。就全国而言,似乎形成了一项可以被称为"建筑保护法则"的原则。当环保主义者阻止绿色地区的开发时,它们就会发生在灰色地区。通过利用生态的理由来反对人口增长,加利福尼亚州的环保主义者实际上正在确保美国的碳足迹将会进一步增加,因为他们把新建住宅的任务推给了气温较低的地区。

1970 年的《加利福尼亚州环境质量法案》(California Environmental Quality Act)是一部探索性的法规。它规定,任何地方政府的项目必须在开工之前接受环境影响评估。1973 年,积极支持环保主义的加利福尼亚州最高法院对这部法律作出了解释,认为它不仅包括由地方政府实施的项目,而且包括经地方政府批准的项目,这意味着它基本上包括了该州的任何重大建设项目。2008 年,加利福尼亚州的法规一共产生了 583 项环境影响评估,大大超过了根据联邦法规在全国范围内进行的 522 项环境影响评估。这些影响评估延迟了新项目,增加了成本,最终导致了更加昂贵的价格。

环境影响评估的严重缺陷在于它们的不完整性。每一项评估都只评估如果这一项目得到批准将要产生的影响,而未评估如果这一项目没有得到批准以及在超出加利福尼亚州最高法院管辖范围的其他地区开工建设将要产生的影响。这些评估的不完整性在于只是把不支持在加利福尼亚进行建设的环境因素罗列在一起,结果使得阻止新的建设项目看似永远是更加绿色的举动。全面的影响评估应指出,批准在加利福尼亚进行建设将会减少在其他地区的建设,如拉斯维加斯郊外曾经的原始沙漠。通过评估阻止在加利福尼亚建设所导致的全面的环境成本,可以得出如下结论:该州的环境政策看上去更加偏向灰色,而非更加偏向绿色。

两种环保愿景:亲王和市长

环保主义很难说是一种整齐划一的运动。在美国,它包括奥杜邦学会的鸟类观察家和绿色和平组织的积极分子,以及阿巴拉契亚山间小路上的徒步者和丰田普锐斯的驾驶者。在欧洲,这项运动甚至更为成功也更为广泛。任何一项如此多样性、如此成功的运动都将不可避免地会对世界观迥然不同的人产生吸引力,如威尔士亲王殿下和"红色的"肯·利文斯通。后者是前工党政治家,在1981—1986年间首次以大伦敦议会领袖的身份领导伦敦,随后在2000—2008年间担任了大伦敦的第一任市长。利文斯通曾经表示,"因二氧化碳排放而导致的气候变化"是"人类面临的一个最大难题";查尔斯王子则宣布,气候变化将会成为"人类的最大威胁"。他们两人都在全力以赴地为这个星球提供帮助,但除了对人类"最大威胁"的看法以外,他们在其他问题上几乎没有什么共同点。

查尔斯王子于1948年出生在白金汉宫,并立即接受了坎特伯雷大主教的施洗。利文斯通比查尔斯王子大3岁。他出生在兰贝斯区,这是伦敦一个传统上比较贫穷的地区,坎特伯雷大教堂就位于这个区。查尔斯王子接受了比任何一位英国国王都要正规的教育,曾在贵族私立学校和剑桥大学学习。利文斯通的教育是很零散的。在只有十几岁的时候,他就找到了一份实验室技术员的工作;最后,如同伦敦的《星期日泰晤士报》(Sunday Times)所报道的一样,在1971年当选为兰贝斯市议员之前,他"正在培养小型啮齿类动物体内的肿瘤"。

当利文斯通于20世纪70年代在伦敦兰贝斯工党内部崛起的时候,查尔斯王子成了皇家海军陆战队的一名忠实队员:在皇家海军服役、驾驶喷气式飞机和直升飞机,并最终担任了他所在的皇家海军布朗宁顿号扫雷舰的舰长。1981年,这位年轻的亲王与戴安娜·斯宾塞小姐举行的灰姑娘婚礼引发了媒体的轰动。同一年,利文斯通成了大伦敦议会的领袖,一家主要利用其第三版上的图片而非犀利的政治分析来吸引读者的小报使用的大字标题是:"红色的肯加冕成为伦敦之王"。全世界有一半的人都渴望能够亲眼目睹查尔斯王子与戴安娜的婚礼,但肯·利文斯通却拒绝出席。

20世纪80年代,他们两人都加强了对城市规划的参与。作为"伦敦之王",利文斯通身上刚刚萌发的环保主义色彩表现在某些方面,但并未表现在其他方面。利文斯通一贯坚持认为,较低的公交票价将会让人们放弃驾驶自己的小汽车,从而减少交通拥堵和空气污染。他支持修建更多的住宅,但反对建造摩天大楼,尤其是理查德·罗杰斯所提出的在泰晤士河南岸修建一道由高楼大厦组成的"柏林墙"的规划。与此同时,查尔斯王子开始塑造自己作为一名可持续农业的支持者和现代主义的反对者的公众形象。这位威尔士亲王同时还是康沃尔公爵,康沃尔的庄园为他提供了一个推动发展有机农业和反对发展高产的转基因作物的机会。正像查尔斯王子喜欢更加传统的农业一样,他也喜欢传统的建筑。1984年,他对现代主义建筑发起的一次猛烈抨击成了报纸的头条新闻,这原本只是他对英国皇家建筑师学会发表的一次礼节性演讲。

查尔斯王子提出了一种颇具怀旧色彩的愿景:"在上一次战争之前,伦敦肯定已经拥有了任何一座伟大城市所必须拥有的最美丽的天际线之一。"相比之下,国家美术馆的一个尚在拟议中的现代风格的扩建项目是"长在一位非常可爱和漂亮的朋友脸上的一块非常可怕的红斑"。查尔斯王子想知道:"为什么每一件东西都必须是垂直的、笔直的、不能弯曲的,都只能是成直角的和功能性的呢?"他参加了反对准备在伦敦那座修建于18世纪的、非常宏伟的大厦之屋旁边修建一座由密斯·凡德罗设计的现代主义风格的大厦的斗争。查尔斯王子称这一建筑是"一个更加适合在芝加哥市中心修建的、巨型的玻璃树桩"。理查德·罗杰斯是支持修建这一建筑的众多建筑师(包括我父亲在内)之一,但查尔斯王子获得了胜利——尽管是以微弱的优势。伦敦将不会修建密斯式的建筑。

查尔斯王子对传统的英国建筑的支持仍然没有减弱,就像他对自己的庞德伯里"示范社区"的支持一样。在位于康沃尔的农业庄园里,查尔斯王子正在打造一座他个人版的、非常理想的英国城镇,它已经被描述为像是"一座维多利亚早期的集镇,一座仿佛于1830年停工的建筑"。王子的皇室身份为庞德伯里的设计师里昂·克里尔提供了强大的动力,克里尔也是支持新城市主义运动的知识分子之一。新城市主义"支持在统一的都市地区恢复现有的城市中心和城镇,将向外平面扩展的郊区重新配置成真正的社区和多样化的区域,保护自然环境,并维护我们的建筑遗产"。

人们普遍认为,庞德伯里比美国的新城市主义专家在美国建成的社区更加保守,如佛罗里达州的海滨镇、马里兰州的肯兰斯、北卡罗莱纳州的布瑞克威和佛罗里达州的迪斯尼公司庆典城。这些地方的确在努力减少对碳的依赖,但它们的目标似乎是把社交放到与环保同等重要的地位。在庆典城,91%外出上班的人需要驾驶汽车。庞德伯里驾车去上班的人(64.5%)要多于周围的地区,3/4的庞德伯里居民开车去购物。这些地区迎合的不是由利文斯通领导的、顽固不化的伦敦市民,而是那些拥有大量汽车的、喜欢更加传统的小镇生活的人。

这些地区的住宅都很宽敞,因此它们消耗了大量的能源。庆典城大约70%的房子是独户的,庞德伯里只有17%的房子是公寓。新城市主义专家规划的社区公寓的密度确实高于全美的平均水平,但它们大多仍是传统的大型住宅,需要消耗大量的能源。以佛罗里达州的海滨镇为例,在可供出售的房产中,别墅的面积在 2,000 平方英尺~3,800 平方英尺之间,与面积为 1,000 平方英尺的城区公寓有着天壤之别。马里兰州的肯兰斯是新城市主义的另一个示范项目,它同样建造了大量拥有四五个卧室的住宅,它们在马里兰潮湿的夏季里需要大量使用空调。

当查尔斯王子看起来是在追求一种更加简单与农业化的世界时,肯·利文斯通的绿色愿景却把可持续性与充满活力的城市发展结合了起来。在当选为伦敦市长之后,利文斯通采取了一项引人关注的限制驾车的措施。他最初要求所有的驾车者在每次进入伦敦内城时缴纳五英镑的交通拥堵费,后来又提高到了八英镑。在威廉·维克里提出这一想法之后的 40 年里,认为人们应该为他们的行为承担社会成本的经济学家们一直在呼吁征收交通拥堵费。一个人的驾车行为会给其余的每个人造成拥堵,因此,对驾车行为征收拥堵费是让道路得到更加合理使用的一个好方法。肯·利文斯通一如既往地勇敢,他对征收交通拥堵费感兴趣的原因超越了经济学家们一向追求的效率。利文斯通认为,通过促使人们放弃驾车而乘坐地铁,征收交通拥堵费是一种帮助保护环境的方式。他还认为,这是一项具有进步意义的法规。因为驾车者往往是富人,而乘坐公共交通工具的往往是穷人。通过向驾车者征收费用,并将其用于公共交通,利文斯通正在迎合比较贫穷的支持者的需求。

交通拥堵费马上对伦敦的街道产生了巨大的影响。在刚刚开始的两周里,驾车行为减少了 20% 以上。从总体上看,在接下来的两年中,交通拥堵下降了 30%,公共交通的客流量出现了明显的增长。通过支持作为旧城市主义象征的火车和公共汽车,利文斯通独树一帜的政策帮助伦敦变得更加城市化,同时也在这一过程中帮助保护了环境。

作为市长,利文斯通也逐步认识到了伦敦高层建筑的优点。尽管查尔斯王子极力反对,但伦敦开始了向高处拓展空间。后现代主义风格的一号家禽大厦已经耸立在原来准备建造密斯大厦的地方,查尔斯王子将它比喻为一台"20 世纪 30 年代的收音机"。更为重要的是,加拿大的一家开发公司正在一座古老的码头上建造高层建筑。它们在金丝雀码头开发的项目为伦敦的金融服务业提供了现代化的办公场所。

利文斯通从反对增长的拥护者变成了规模化的支持者,这反映出通过亲手执掌一座大型城市而获得的更加开阔的视野。就像几乎每一位其他大型城市的市长一样，利文斯通希望拥有一个更加强大的税收基础。尽管他并不是非常喜欢伦敦的金融家，但他清楚地认识到，他们的收入将会帮助他改善在其治下比较贫穷的选民的生活。城市必须在一个全球化的世界中进行竞争，这一事实甚至可以把最强烈地反对金融界的政治家变成一个雄伟壮观的高楼大厦的支持者，因为这些高楼大厦可以容纳那些其税收将会用于社会项目的人。利文斯通还认识到，让人们集中在伦敦将会对环境有利，因为人们不得不居住在面积更小的房子里、不得不减少驾车行为。

查尔斯王子和利文斯通市长两个人都是坚定的环保主义者。肯·利文斯通获得了气候变化小组颁发的低碳冠军奖。查尔斯王子也获得了环保奖项。事实上，当他率领 20 位随从人员远涉重洋去领取由哈佛医学院健康与全球环境中心颁发的一项全球环境公民奖时，他在某种程度上招致了一些批评。

但是，他们两个人的环保主义愿景是完全不同的。查尔斯王子的愿景是农村的和传统的。他怀念过去，希望看到古老的生活方式和传统建筑的回归。利文斯通的环保主义愿景是城市的和激进的，他设想了一种到处都是高楼大厦和公共交通的颇为大胆的未来。现代主义建筑学家理查德·罗杰斯是利文斯通治下的建筑与城市主义委员会的负责人。在为该委员会提交的名为《一座紧凑型城市的住房问题》的报告撰写的序言中，利文斯通表示支持建造高密度的建筑，以便保护伦敦的绿色地带和其他社区的开阔空间。相比之下，查尔斯王子则指责摩天大楼是"华而不实的带有阴茎崇拜色彩的雕刻作品和令人郁闷地预知到主要表现建筑的自我而非任何一种工艺的天线"。

哪一种环保主义将会更加有效呢？是利文斯通的大型城市的现代主义还是查尔斯王子的农业乌托邦主义？从原则上说，传统的社区是非常绿色的。如果人们不大量地取暖或旅行，并信守传统农业的目标，他们将会使用很少的碳。另一方面，如果没有一定数量的电力来支撑电梯和公交系统的运行，你根本不可能维持一座城市的运行。如果真的指望人们能够像 15 世纪的农民那样生活，那么农村的生态城镇可能是非常绿色的。

但是，人们不愿意像中世纪的奴隶一样地生活。如果他们最终生活在一个低密度的地区，他们将会大量地驾车出行，而且他们喜欢居住在能够舒适地制冷和取暖的大房子里。然而，在城市里，人们能够分享共同的公共空间，如餐馆、酒吧和博物馆。在真正有人使用的时候，城市模式是绿色的。数据表明，土地的高成本会限制私人的空间,密度可以降低驾车出行的吸引力,我们都明白其中的道理。城市生活具有可持续性,农村的生态城镇则不然。

最大的战役:印度和中国的绿色化

美国和欧洲的高密度建筑将会减少碳排放,但今后几年中最为重要的城市发展战役将在印度和中国打响。在2000年,美国大约有一半的房子是在1970—2000年之间建成的,因此,我们假设从现在起往后30年,美国住房存量的一半左右也将是新建的。如果每一项支持密集化的努力在美国都取得了普遍的成功,与这些新建住宅有关的驾车和用电所产生的排放可能会下降50%。那将是一项伟大的成就——使美国的家庭碳排放减少25%、美国的排放总量减少10%。然而,这一极为重要的变化只能让全球的碳排放总量下降2%。这种计算方法并不意味着无所作为是可以原谅的,而说明了美国从某种意义上来说在遏制气候变化的长期战役中只是一个配角。美国已经投资数万亿美元围绕着汽车修建了基础设施,而任何一个发达国家的变化都是缓慢的。

印度和中国正在迅速地发生变化,它们拥有比美国多得多的人口。如果印度和中国的人均碳排放量达到了美国的水平,即使它们的人口保持在现有的水平上,全球的碳消耗也将增长139%。支持在美国进行更高密度的开发带给环境的最大好处可能是:有助于说服中国和印度向高空而非向四周发展。

现在,美国是位居全球第二的碳排放大国,美国平均每年每人排放大约20吨的二氧化碳。同样大量驾车出行的加拿大人的人均排放量与美国人相差无几。西欧则要绿色得多。英国人每年每人排放的二氧化碳略低于10吨,意大利的人均年排放量为8吨左右,大量使用核能的法国人每年每人大约排放7吨二氧化碳。

中国每人每年大约排放5吨二氧化碳,印度为1吨。如果中国的人均二氧化碳排放量达到美国的水平,这将导致全球每年增加200亿吨碳排放,并使全球的碳排放总量增加69%。但是,如果印度和中国的能源消费总量维持在与法国的生产总量相当的水平上,全球的排放总量将增加30%左右,这一增量可以设想为抵消了美国和其他国家的碳减排总量。因此,我们鼓励这些国家把它们的碳排放总量保持在与比较温和的欧洲基本持平的水平上,而非效仿美国的能源消费和发展模式。这一点至关重要。

今天,中国的碳排放主要来自于工业。与曾经环绕匹兹堡或曼彻斯特的黑烟一样，它们是一个工业大国正在崛起的副产品。迄今为止，中国的家庭是特别节俭的能源用户。我和马休·卡恩、王睿对中国家庭的碳排放进行了逐个城市的分析，基本类似于我们对美国家庭进行的分析。一个华盛顿地区的典型家庭每年产生43吨二氧化碳，一个典型的北京家庭每年仅产生3.997吨——北京是中国最灰色的地区之一。在我们研究过的60%以上的中国城市中，每个家庭的二氧化碳年排放量为2吨或更少一些。大庆是中国的石油之都和最灰色的城市，那里每个家庭的二氧化碳年排放量仅相当于圣地亚哥的1/5，而后者是美国最绿色的城市。

中国家庭的碳排放主要来自于住宅取暖和用电。随着国家的发展，首先遇到的是取暖问题，很久之后才是空调。美国碳排放最多的是炎热和潮湿的地区，而中国碳排放最多的是比较寒冷的地区，因为中国需要取暖，但还不需要制冷。美国家庭的碳排放一半产生在个人交通上，而中国目前只有10%的碳排放来自小汽车。中国的驾车出行和空调制冷相对较少，从而使得目前的碳排放水平较低，但我们很难预计日益增多的中国富裕人口会放弃美国人认为理所当然的奢侈享受。如果说有所不同的话，印度对空调的需求似乎更加强劲。

大约30年以前，中国和印度基本上都属于农业国家。就像所有的贫穷国家一样，它们造成的环境损害很少，因为它们使用的能源很少。然而，在50年的时间里，它们完成了西方国家用了一个世纪才完成的工业化和城市转变。其结果是不可避免地出现了能源消费的爆炸性增长，如今它们正在推动石油价格的上涨，并且今后可能会导致碳排放的大量增加。

希望中国和印度继续专注于传统的农业可能是非常诱人的，但是，让24亿人口处于永久性的贫困状态绝对不是解决气候变化问题的一个方法。中国和印度过去的农业意味着当地的婴儿死亡率和饥饿。永久性的贫困意味着数十亿人将会受到人类在没有高科技药物的帮助下可能会携带的瘟疫的威胁。贫困是独裁的一个滋生地。因此，如果印度和中国继续处于贫困状态的话，我们其他人将会面临着与强大而独裁的邻国有关的军事风险。然而，有一条在实现繁荣与增长的同时尽可能减少环境风险的中间道路。这条道路与高密度的城市生活方式有关，而与美国远郊的小汽车无关。

印度和中国的增长模式发出了既令人充满希望又令人焦虑不安的信号。从好的方面来说，这两个国家的大城市人口都非常密集。孟买的人口密度达到了每平方英里 5 万人以上，大约相当于纽约市的两倍。加尔各答和班加罗尔的人口密度均超过了每平方英里 2 万人。作为中国大陆发展速度最快、与中国香港隔江相望的城市，深圳的人口密度在每平方英里 1.5 万人以上。这种人口密度非常适合于公共汽车、火车和电梯，而小汽车的使用几乎是不可能的。如果中国的未来意味着人口高度密集的地方因为拥有更好的公共交通和高层的居民楼而显得更加舒适的话，那么世界将会变得更加安全。

但是，警告的信号也出现了。上海和北京分别拥有 2,000 万和 1,700 万人口，这两座大城市的人口密度大约相当于纽约的 1/10，不足洛杉矶人口密度（大约每平方英里 2,600 人）的一半。在印度和中国，小汽车的使用量正在迅速地增长。2009 年，中国的汽车保有量达到了 6,000 万辆，年增长率在 30% 以上。如果再保持几年 30% 的增长率，到 2020 年，中国的汽车保有量可能会达到 5 亿辆。与此同时，印度的塔塔集团因为生产出了价格仅为 2,500 美元的汽车而成了头条新闻；如果交通拥堵问题能够得到解决的话，塔塔集团会让 10 亿印度人全都开上小汽车。10 亿的印度驾车者将会产生大量的碳排放。

寻求更加明智的环保主义

有一股强烈的与大量消耗能源的美国人有关的虚伪气息，他们正试图说服亚洲人更多地保护环境——我也是其中的一员。一位非常著名的经济学家把这种现象比喻为一个"拥有大量 SUV 驾车者的国家试图告诉一个拥有大量骑脚踏车者的国家不要使用机动脚踏两用车"。我的令人尴尬的郊区生活方式肯定不是绿色生活方式的样板。在全球变暖的问题上，西方能够赢得任何道义上的权威的唯一方法是首先把自己的事情处理好。只要美国在人均碳排放方面居于发达国家的前列，我们将无法说服中国、印度，以及其他发展中国家去做除了仿效我们大量消耗能源的生活方式以外的任何事情。

西方还需要采取更加聪明的环保主义方式。在环保主义的第一阶段，当目标只是让人们爱护大自然的时候，指向明确的政策条款还不如提高公众的意识重要。今天，利害关系变得更大了。不论有多大的误导性或反作用，我们都无法签署任何一项土地保护规划。我们需要去关注那些将对气候变化具有重大影响的建议。

聪明的环保主义需要认真考虑不同的环境政策无意之中产生的副作用，并认清那些实际上有害而非有利的副作用。阻止在海湾地区开发新项目的环保人士正阻止在美国最绿色的地区进行开发。当时的建筑保护法律导致了美国更加灰色地区建筑的增加。所谓的环保主义者受到了罗拉克斯谬论的误导。他们反对在靠近城市中心区的地方进行高密度的开发，其目的是保护当地的绿色空间；他们正在确保开发将转移到远郊区，而且人们将更多地驾车出行。

聪明的环保主义需要信奉激励措施。肯·利文斯通的交通拥堵费证明了利用价格杠杆让我们放弃驾车出行的力量。其他城市也可以这样做。在全球范围内，我们可以就人们的碳排放所造成的损害向其征收一种全球排放税。这种税的实际金额需要由能够最合理地计算出碳排放的真实成本的专家来确定，但其基本的原则是我们都应该拥护的：除非我们就人们的碳排放向其征税，否则他们将不会减少排放。大政府的反对者令人理解地表示了忧虑：这种政策只会给政府增加一个税收来源。但是，随着政府公开承诺将这些税收以能源红利的方式退还给公民，基本上就像阿拉斯加州从石油收入中向它的每一位公民支付年度分红一样，这种忧虑将会减少。

比较富裕的国家还必须鼓励比较贫穷的国家更少地使用能源。我们可以引导中国人在能源利用方面更像法国人一些，但我们的引导课程将会无人理睬，除非我们把自己的一些资源摆在谈判桌上。这种形式的交易——你可以称之为"用现金换取不使用石油"——所面临的政治障碍是巨大的。我可能已经听到了孤立主义者的尖叫声。但是，利害关系也是很大的。如果发达国家能够为发展中国家采用更加节能技术的举动提供补贴，或采取更好的方式为开发新的节能技术并免费转让给发展中国家的举动提供补贴，那些国家也许可以在能源使用适度增长的情况下过上更好的生活。然而，节能不可能是唯一的答案。因为杰文斯的悖论告诉我们，随着引擎和电器变得更加高效，它们也将得到更加广泛的应用。

如果要让未来变得更加绿色，那就必须进一步实现城市化。人口密集的城市提供了一种涉及到更少地驾车出行、需要制冷和取暖的面积更小的房屋的生活方式。也许在将来的某一天，我们可以在几乎没有碳排放的情况下驾车出行或在我们的房子里使用空调，但在那一天到来之前，没有什么东西比柏油路更绿色了。

为了人类和我们的地球，城市是——而且必须是——未来的潮流。城市的成功有几种模式，那将引领我们进入未来。下一章将讨论在 21 世纪及以后将会繁荣发展的城市的类型。

Chapter 9
城市是如何取得成功的？

托尔斯泰也许是正确的："幸福的家庭都是相似的，不幸的家庭各有各的不幸。"但就城市而言，失败似乎是相似的，成功却各有不同。漫步在莱比锡那些门窗紧闭的社区里的人很可能会认为自己正置身底特律。不论是在英格兰还是在俄亥俄州，空无一人的房子总是给人同样一种令人沮丧的感觉。但是，任何人都不会把班加罗尔与波士顿或东京与芝加哥混淆在一起。成功的城市总是拥有大量不同的方式来表现自己，并有能力给自己所特有的空间作出定义。

带有空调的空中走廊将中国香港市中心富丽堂皇的高楼大厦连在了一起，走廊里到处是在各个大陆都能找到的各种连锁店铺，但很少有人会认为他们是来到了除香港以外的任何地方。东京和新加坡也以高楼大厦和连锁店铺著称，但它们彼此之间或与中国香港之间没有什么相似之处。中国香港明显是跨文化的，东京则带有深刻的日本色彩，那种特有的敏感性是外人很难理解的。如果说真的有所不同的话，新加坡甚至比中国香港对西方人更加开放，但它的街道没有那么拥挤，它的法律则要严格得多。这3座城市都有知名的美食，但烹调风格也是极为不同的。没有人会把生金枪鱼与广式烧鹅或使得在新加坡吃饭成为一大快事的各种美食混淆在一起。

但是，所有成功的城市的确也有一些共同点。为了实现经济的繁荣发展，城市必须吸引来各行各业的精英，并让他们能够进行合作。如果没有人力资本，城

▶ 中国香港仍是另一个带有英国管理印迹的亚洲城市,并且继续扮演着它的历史角色——作为东西方之间的一个重要纽带。它已经把妥善管理与经济自由结合在了一起,其中包括重建和向高空拓展的自由。结果,它成为了一个混合体——在环境整洁方面与新加坡之间存在着不小的差距,但在生产效率方面一点儿也不比新加坡差。

市是无法取得成功的。今天,尤其是在发达国家,人才通常在传统的学校里接受了很好的教育,尽管他们最重要的知识通常是从学校毕业之后取得的。在其他时候,或在如今还比较贫穷的地方,人力资本更有可能是以非常精明能干的企业家的形式出现的,就像亨利·福特或詹姆斯·瓦特一样,他们几乎没有接受过正规的教育。最好的城市拥有各种各样的人才,它为白手起家并最终取得成功的人提供了施展才能的舞台。

但是,不同的城市找到了吸引人才的不同方法。在某些情况下,原始的政治力量或合理的重商政策都可以吸引到人才。东京在17世纪时就成了全球最大的城市之一,当时的德川幕府把它当成了日本事实上的首都。在随后的300年里,它继续吸引着日本最优秀、最聪明的人才。通过把自己打造成一个往往较为混乱地区的经济自由化与法治化的桥头堡,中国香港和新加坡实现了经济的繁荣发展。

在其他城市,如波士顿,重视教育的悠久传统仍在不断地给它带来回报。在明尼阿波利斯和亚特兰大,当地的大学也成为了城市经济的依靠。在其他地区,各种人才都是为了追求生活质量而来的——生活品味让巴黎脱颖而出,一位酋长希望让生活品味促进迪拜的发展。最后，一座在其他方面拥有足够吸引力的城市可以通过降低新建住宅的门槛以成为比竞争对手居住成本更低的地方来取得某种优势，就像芝加哥曾经做过的那样。

在本章中，我评估了不同的城市取得成功所走过的道路。城市的成功不仅没有一个统一的公式，而且成功的原因也往往存在着很强的国别性。如果底特律——像东京一样——成为了一个高度集权化的国家的首都，并拥有大量由国家资助的大学，它肯定可以做得非常好。但是，这个并不意外的信息能够为市长大卫·宾提供什么样的帮助呢？通过深入地了解东京或新加坡优势的特殊来源，从而避免盲目地模仿以及从各种各样的成功故事中吸取适用于本地的经验，铁锈地带可能会更多地从中受益。

帝国之都：东京

1590年，丰臣秀吉统一了日本。在他去世之后，他的助手德川家康取代他成为日本的统治者，德川的新城堡江户成了日本实际上的首都。无权无势的皇帝继续生活在京都的樱花丛中，但处理政府的实际事务是在围绕着德川幕府逐步修建起来的这座城市里。

幕府在日本的权力大大高于当时的欧洲君主在本国行使的权力。日本大米收入的一半落入了幕府的手中。一个国家的政府越是集权，它的首都就会越大，因为权力对人的吸引力就像野餐对蚂蚁的吸引力一样。运行顺畅的民主政权往往会尽可能地为甚至生活在远离权力中心的人们提供政治权利，独裁政权通常不会这样做。因此，独裁政权统治下的最大城市几乎无一例外的是它的首都，平均居住着全国35%的城市人口。而稳定的民主政权统治下的最大城市仅居住着全国23%的城市人口。18世纪末，江户拥有100万人口，成为当时全球最大的两三个城市之一。

德川幕府于1868年被废黜，明治维新重新确立了皇室的权力，但这并没有导致江户的规模出现缩减。明治天皇把他的宫廷从京都迁到了江户，并为其更名为东京，或称东方之都。古老的幕府城堡变成了皇宫，并一直保留至今。自从1868年以来，东京一直是一个非常成功的政治集权国家的政治中心，这也确保了这座城市的成功。

在明治维新之后，日本开放了与西方的贸易，经济得到了发展。甚至早在明治皇帝之前，日本似乎就一直很重视教育，这帮助它迅速而有效地完成了向工业化的过渡。自1945年以来，日本已经成为全球闻名的经济成功传奇之一，即使把它在20世纪90年代经济出现停滞的"失去的十年"考虑在内。

甚至在1960年，当时日本仍然很贫穷，但日本人的文化程度非常高。当时日本的人均收入低于阿根廷或智利，大约相当于法国人均收入的一半。但日本男性接受学校教育的时间平均为7年，大大高于法国、荷兰或西班牙。教育是日本经济起飞的跳板，它确保东京成了一座技术水平较高的城市。实力强大的首都肯定会超比例地吸引来更多的日本人才。

在20世纪80年代，当时日本似乎取得了永久性的经济增长，专家们把它的成就归功于它的所有特质，包括政府对某些公司和整个行业的全力支持，如电子和汽车行业。日本通产省为许多企业提供了长期的资金及其他方面的支持。然而，尽管通产省雇用的专家远远超过了其他任何城市或国家的经济发展部门可能希望雇用的数量，但它通常雇用的是失败者而非胜利者。产业政策不会总是出错——我将在稍后讨论新加坡的成功——但通产省的失败是对希望扮演风险资本家角色的城市领导人发出的一个警告。日本的经济优势体现在它的工人和企业家的素质上，而非体现在政府经济规划人员的才智上。

然而，日本政府集中在东京官僚手中的权力有助于解释这个国家的首都为什么会变得如此之大。对于企业来说，如果它们希望得到通产省的支持，地缘上的接近是非常有帮助的，靠近日本国会和庞大的官僚机构也是非常重要的。正如在其他高度集权的国家一样（如法国），最有才华的日本年轻人在走上社会之后往往会先就职于一家像通产省那样的政府机构，以便掌握在他们一生中都会发挥重要作用的人脉。各种人才纷纷聚集在权力的周围，东京成为了一个政治、经济和娱乐的庞大集聚地。

东京的地理结构反映了这种现实。皇宫位于这座城市的正中央，比较贫穷的普通人一年都不会踏上一次它周围的面积达若干英亩的土地。皇宫的外面是高大的政府大楼，即规模庞大的国家公共部门的神经中枢。商业区和东京的城市运动场，如银座购物区，还要再远一些。东京是华盛顿和纽约的综合体。

但是，东京的规模是可以控制的，它在许多方面为亚洲很多正在发展中的超大型城市提供了榜样。日本的官僚们可能无法战胜私营的风险资本家，但他们非常聪明地允许东京向高空发展，并建立了一个完善的公共交通系统。街道是整洁而安全的。日本海岛文化的丝绸帷幕仍然是外来者很难撕裂的,这确保了东京绝不会为了成为全球人才心怀向往的地方而与纽约或伦敦展开竞争。不过日本拥有大量非常聪明并受过良好教育的人才。只要他们为了彼此之间以及与日本政府之间的接近性而继续涌向东京,东京将会继续成为一座成功城市的样板。

管理有方的城市:新加坡和哈博罗内

227　世界很多地区处在比较糟糕的政府的领导下,这为那些管理有方的城市提供了某种优势。这方面最为著名的例子是以前英属东印度公司的前哨基地——中国香港和新加坡。东京的发展得益于它是一个不断发展的国家的中心,而中国香港和新加坡的成功则得益于它们的地缘优势,即在政治上独立于它们周边的大国。通过给企业提供一个比周边国家更好的政府,同时公平地实施鼓励投资的法规,它们取得了成功。它们的政治制度吸引来了让它们成功的人力资本。

英属东印度公司的成功还得益于它能够吸引与扶持各种人才,如托马斯·斯坦福·莱佛士。莱佛士是一个奴隶贩子的儿子,他出生在靠近牙买加海岸的海上。他的父亲在他14岁的时候就去世了,而且生前已经破产,莱佛士成了东印度公司的一名职员。10年之后,他前往马来西亚担任东印度公司驻当地总督的助理秘书,并投身到了马来西亚的所有事务之中。在拿破仑战争期间,他帮助指挥了英国征服爪哇的战争,然后被委派到印度尼西亚,他在那里展现出了一种集令人印象深刻的业余学识、道义使命和海盗野心于一身的独特而典型的英国式组合。

莱佛士的《爪哇历史》(*History of Java*)一书写于1817年,目前仍然很受欢迎。他对植物和动物很感兴趣,曾经养了一只马来熊的幼崽作为宠物。他后来担任过伦敦动物园的第一任总裁。莱佛士禁止从事奴隶贸易和鸦片贸易,尽管他父亲曾经从事过这一行业。最为重要的是,他洽谈成了一项协议,从而使得东印度公司获得了在一个位于马来半岛南端的名叫"新加坡"或"狮城"的小岛上设立贸易口岸的权利。

在随后的140年里,除了在第二次世界大战期间曾被日本人占领以外,新加坡一直是大不列颠王冠上一颗闪闪发光的蓝宝石。该岛地处马来西亚与苏门答腊之间的海峡,是位于亚洲海运航道中心的一个非常理想的港口。这一港口和英国人实施的法规吸引了为逃避本国战乱而流亡海外的华裔商人。

▶ 新加坡是英属东印度公司留下的另一份遗产，但它现在成为了城市管理方面的一个优秀典范。它拥有世界一流的水务系统、大量的高层建筑和一项征收交通拥堵费的制度——以电子方式向驾车者征收由于他们的驾驶行为所产生的社会成本。其结果是建成了一个人口高度密集、交通井然有序的城市国家，它的交通甚至比美国的许多小城镇还要畅通。

1850年，中国广东省发生了"叛乱"①，可能有2,500万人死于后来的血腥战争之中。12年之后，当这场战争仍在进行时，出于安全方面的考虑，李沐文离开广东来到了由英国人管辖的包括新加坡在内的海峡殖民地。他们一家得到了兴旺发展，他的曾孙李光耀先后在新加坡莱佛士学院和剑桥大学接受教育。当日本人占领新加坡的时候，李光耀成了一名少年得志的企业家，他销售的是木薯淀粉胶。二战结束之后，他成为了一名律师，也是争取摆脱英国统治运动的一位领导人。最初，新加坡摆脱了英国的统治，成为了马来西亚的一部分。但到了1965年，奉行禁欲主义、崇尚科学知识的李光耀与追求享乐、实行贵族政治的马来西亚领导人之间发生了无法调和的矛盾，新加坡从此成为了一个独立的城市国家。

作为新加坡的首任总理，李光耀面临着巨大的挑战。该国的国土面积为217平方英里，人口为190万，但没有大自然赐予的粮食或淡水来源，而且周围还有两个虎视眈眈的巨人：马来西亚和印度尼西亚。如果莱佛士本人曾经为这座小城市的成功打过赌的话，他下的赌注一定是很不均等的。但是，事实证明，在没有农业用地的情况下，一座城市依靠自身不仅能够生存下来，而且能够实现繁荣发展。

---

① "叛乱"指的应是中国历史上的太平天国运动（1851—1864），引号为编者所加。

1965年，新加坡的人均收入仅相当于美国的1/5左右。但在随后的40年里，这个城市国家的经济保持了平均每年8%以上的发展速度，成为了全球发展速度最快的国家之一。在20世纪60年代，新加坡是一片贫穷的棚户区，甚至连室内卫生间都极为少见。今天，新加坡成为了一座光彩照人的第一世界的城市，它的人均国内生产总值居于世界前列。

新加坡的成功展示了非常聪明的人们高度集中之后、在一个能力出众的公共部门的庇护下实现创新和发展的非凡能力。李光耀实现了自由市场的资本主义与国家主导的工业化之间的并不协调但非常成功的融合。他继承了莱佛士对家长式统治的偏好：对储蓄给予补贴，对人们的吐痰等不当行为给予罚款，对酒类课以重税。对于通过吸引外国赌徒来到一座新建的大型赌场以获取盈利，新加坡感到非常高兴。但它不鼓励本国公民参与赌博，他们在进入赌场时必须支付至少70美元。

像日本一样，新加坡非常重视教育。1960年，新加坡成年人接受学校教育的时间平均只有3年，不如莱索托或巴拉圭，并不足日本的一半。1995年，新加坡13岁的中学生在国际数学和科学竞赛中名列前茅，此后新加坡一直习惯性地屡屡夺冠。这些竞赛成绩反映了一个国家对本土人力资本的投入，但新加坡的技能水平也反映了外国人才的流入，这得益于合理的政策和可靠的法律制度。

新加坡的产业政策似乎比日本更加成功，这也许是因为李光耀发挥的是教育家而非风险资本家的作用。通过将人口先后转移到服装生产、电子和生物制药等行业，李光耀推动他们去学习新的技术。

在像爱尔兰和以色列一样的国家里，各派势力为了争夺土地而浪费了数十年的时间。新加坡的成功则证明，土地面积是无关紧要的。这个城市国家的繁荣兴旺并非仅仅因为它缺少土地，但也许恰恰是因为它只有如此狭小的空间。正是由于新加坡只有如此之少的自然资源，李光耀才不得不采取合理的政策来吸引国际资本。现在有大量文献表明，极为丰富的自然资源反而往往会对国家造成伤害，因为它为腐败、无能或破坏性的政客与政策的持续提供了条件。

许多第三世界国家长期深陷在腐败的泥潭里。李光耀明白，来自第一世界的投资者需要的是法治，而非私下的贿赂。于是，他投其所好，让新加坡摆脱了第三世界。李光耀维护司法的独立。为了确保官员们的诚实正直，他实行高薪养廉的政策，为他们提供了很高的薪水，并对他们的不当行为施以更重的处罚。

在电影《粉红豹》(*The Pink Panther*)中，检察官克鲁索对他的窃贼妻子价值昂贵的毛皮服装作出了令人难以置信的解释，说她在日常开支方面非常地节俭。在新加坡，克鲁索太太的开支足以给这位检察官定罪，因为奢侈的生活方式足以证明一位公务人员是有罪的。"俱乐部成员"威廉姆斯是一位拥有游艇和乡村别墅的纽约警官，他在新加坡将绝对无法通过声称自己是一位成功的日本房地产投机商而逃脱惩罚。

长期以来，新加坡的法治一直与完善的基础设施尤其是其港口互为补充、相得益彰。世界银行认为，新加坡拥有全球最好的贸易和运输物流。完善的基础设施和法治有助于吸引外国人把他们的技术带到新加坡来，而且通过维持一个一流的机场和国家航空公司，新加坡为他们前来投资提供了极大方便。

鉴于新加坡国土面积狭小、自然资源匮乏，又因地处赤道附近而气候炎热，它主要依靠非常高的生活质量来吸引各国侨民。纽约可以很轻松地通过克罗顿输水管线从北部地区调水，新加坡却没有自己的腹地，它先天性地缺水。直到前不久，它都不得不大量地从马来西亚引进淡水，但它已经通过修建海水淡化处理厂和一个耗资36.5亿美元的深层隧道污水系统解决了这个问题。这一污水系统凭借"对水利技术和环境保护的贡献"而被提名为2009年度的水利项目。这一系统长达30英里，距离地面超过66英尺；它对污水进行处理，然后对废水进行再利用。

你也许认为，这个人口密度居全球第二位的国家会存在交通拥堵的问题，但新加坡的街道是非常通畅的，因为它在1975年采取了征收交通拥堵费的方式。李光耀最初设计的非常简单的系统已经过了不断的改进，今天遍布全城的收费拱门采用了电子收费的方式。每一辆汽车必须配备一部与一个资金账户绑定的电子应答器，因此，在这座人口密集的亚洲城市里驾车是很方便的。公共汽车在畅通的道路上行驶得很快。至于路途较远的旅行，新加坡的铁路网络是安全而快捷的。通勤时间大约为35分钟，尽管人们的住所往往距离市中心很远。

新加坡的街道是安全而整洁的，通常都是绿树成荫。李光耀认为，狮城只能通过向高空发展来保护它的绿色空间。截至2009年，新加坡共有42座高度在490英尺以上的大楼，是伦敦或巴黎的3倍多。来到新加坡的美国人也许都情不自禁地想知道："为什么我们自己的城市看上去没这么管理有方呢？"

博茨瓦纳的首都哈博罗内位于非洲南部，远不如新加坡知名。但是，鉴于它的很多邻国所遭受的痛苦，它给人留下的印象可能更加深刻。这两座城市都依靠严格的管理消除了已经成为许多发展中国家城市特色的脏乱和腐败。当博茨瓦纳于1966年从大不列颠联合王国中独立出来的时候，它是全球最贫穷的国家之一。在接下来的35年中，其国内生产总值的增长速度可能居于全球第二位，它现在成为了撒哈拉以南非洲大陆上经济最繁荣的两三个国家之一。哈博罗内创立于1965年，但它现在已经拥有了大约20万人口，相当于全国人口总量的1/10左右。

博茨瓦纳的成功依赖于良好的治理和丰富的自然资源。塞雷茨·卡马是博茨瓦纳的第一任总统，执掌这个国家长达14年；他是一位传统的部族首领，也是一位曾就读于牛津大学的律师。与李光耀一样，卡马打击腐败、减轻税负、保护财产所有权。在非洲许多国家，自然资源（如博茨瓦纳的钻石）曾经导致过内战；但博茨瓦纳利用其自然资源筹集资金，然后用于实物资本和人力资本的投资。在1965—2000年间，博茨瓦纳人接受学校教育的平均时间从1.34年增加到了5.4年，从而让它成为了撒哈拉以南非洲大陆上文化程度最高的国家之一。

哈博罗内的发展是与博茨瓦纳相辅相成的，在1971—2001年间增长了10倍。它的适中的、现代派的天际线建在了博茨瓦纳的边缘，紧邻通往比勒陀利亚的铁路。它的公共交通系统比较完善，与外界的交通也比较方便。哈博罗内拥有该国最高学府——博茨瓦纳大学——的两座校园。

与许多非洲地区一样，哈博罗内也面临着艾滋病的严峻挑战。但政府对这一灾难的反应——为每个人免费提供抗逆转录病毒的药物——是人道和相对有效的，它大大地提高了HIV感染者的预期寿命。没有人会把哈博罗内与巴黎混淆在一起，但它在非洲城市中是极为成功的，这主要是因为它的政府是有效的。在全球最贫穷的地区，成功首先反映在完善的政治制度和对教育的投资上，而这正是哈博罗内取得成功的主导因素。

聪明的城市：波士顿、明尼阿波利斯和米兰

对于既不是独立国家也不是国家首都的城市来说，新加坡和哈博罗内是不够完美的样板。对于那些处在完善的经济政策已经成为常态的地区中的城市来说，它们也不能作为榜样。新加坡取得了成功，部分原因在于它对教育的投资和选择了明显有别于邻国的经济政策。美国、欧洲、印度或中国都没有任何一座城市具备那么大的自主权。在规模比较大的国家里，经济政策的制定者主要是国家而非城市。一般来说，美国和欧洲具有一套相对成熟的法律制度，因此，任何一个地区在这一方面都不会明显地与众不同。一个大国的任何城市决定其教育水平的能力也是有限的，因为移民通常会到其他地区去接受教育。

事实上，历史上的偶然因素在决定美国哪一座城市的教育水平较高和（在许多情况下）最为成功时往往发挥着很大的作用。从统计学的角度来看，2000年时在接受大学教育方面的差异可以用1940年时的教育水平来解释。如果某个地区在1940年时只有不到5%的成年人持有大学文凭，平均来看，这个地区在2000年时持有大学文凭的成年人不会超过19%。如果某个地区在1940年时有5%以上的成年人持有大学文凭，这个地区在2000年时平均就有29%的成年人持有大学文凭。即使我们进一步回溯历史，也可以看到这种效应。像纽约一样，波士顿在20世纪70年代以后经历了一次伟大的复兴，17世纪30年代作出的决定与近年来的任何政策起到的是同等重要的作用。

波士顿是由约翰·温斯罗普和他的朋友们主要出于宗教动机而修建的。温斯罗普来到了新世界，因为"这将是向教会提供的一项意义非常重大的服务，旨在将福音传递到这些地方，帮助实现非犹太人的圆满，构筑与耶稣教会的劳动者在这些地方建立的反基督徒王国相抗衡的堡垒"。温斯罗普和他的同伴们歇斯底里地反对耶稣教会，这并未给他们带来什么荣誉，但令他们非常恐惧的与罗马之间的竞争成为了波士顿在教育方面取得成功的起点。

与许多新教徒一样，早期的波士顿人相信，阅读《圣经》是了解上帝意志的最为可靠的方式。他们认为，教育是"与反基督徒王国相抗衡的堡垒"上最为重要的一块砖，并于1635年创办了波士顿拉丁学校。第二年，他们拨款400英镑创办了一所大学，这笔钱相当于这块殖民地1635年税收收入的一半以上。约翰·哈佛是一位毕业于剑桥大学的清教徒牧师，他从自己的遗产中捐赠了375英镑和400册图书。这些投资让马萨诸塞州成为了"一个由爱好经书宗教的信徒组成的教区联盟——也许是当时地球上最有文化的团体"。

波士顿的人力资本具有重要意义，因为这座城市以及它所在的地区几乎没有什么可供出口的东西。新英格兰的气候与英格兰本土非常相似，两地产品的互补性较差；因此，波士顿无法以更加便宜的价格向英格兰提供当地需要进口的产品。然而，波士顿人需要购买欧洲生产的商品，如枪支和《圣经》。早期，波士顿实施了一个殖民地时期的庞氏骗局：第一批移民向后来的移民出售基本的生活用品，如食品和衣服。像约翰·哈佛本人一样，后来的移民都是带着钱过来的。

庞氏骗局的问题是，它们需要不停的指数式增长。但是，当英国内战在这个古老的国家诞生了清教徒联邦时，波士顿的增长陷入了停顿。波士顿市民当时尝试了各种不同的赚钱方式，如铁器作坊和印刷厂，但它的第一次重新振兴主要应归功于运气而非技术。1647 年，一场饥荒袭击了盛产蔗糖的西印度群岛殖民地。殖民者派船到北方去寻找粮食，其中一条船闯进了波士顿港口。它开创了一种三边贸易，让波士顿人在殖民地时期大发了一笔横财。波士顿向持有现金的南方殖民地出口基础商品，那些地方的土地和奴隶非常地宝贵，用来生产粮食和木材实在是得不偿失。那些殖民地向旧世界出口蔗糖和烟草。加工产品被出口到波士顿，波士顿可以用通过向加勒比海地区出售粮食和木材赚到的钱来购买这些加工产品。

波士顿在这种三边贸易中的先发优势并未长期地持续下去。纽约拥有一条更好的河流，也更加靠近南方；费城周围都是肥沃的农田。波士顿再次遇到了困难，并随后在 19 世纪初再次重新发现了自己。造船技术的进步让纽约成为了横跨大西洋旅行的中枢，它同样也为波士顿的船员们建立一个全球性的贸易网络提供了可能。更快的速度和更远的距离降低了从波士顿出发的相对成本，也提高了这座城市在远洋航行中人力资本方面的优势，这种优势是在几个世纪的航海旅行中积累起来的。波士顿拥有一流的船员和商人，他们在远至中国和南非的许多地方建立了贸易网络。

但是，随着蒸汽机船的出现，所有与航海有关的人力资本都失去了它的价值。在 19 世纪中期，波士顿不得不再次重新发现自己，这一次是围绕着制造业。弗朗西斯·卡波特·洛厄尔出身于航海世家，毕业于哈佛大学；他于 1810 年去了英国，并将他对曼彻斯特动力织布机的认识带回了波士顿地区。洛厄尔的工厂是用波士顿城外的河流作为动力的，但随着发动机的小型化，工厂迁到了波士顿市内。

在 19 世纪，随着经济的复苏，这一地区的文化机构也繁荣起来。波士顿各种充满活力的宗教机构纷纷创办新的大学：普救派教徒于 1852 年创办了塔夫茨大学，耶稣会教徒于 1863 年创办了波士顿学院，卫理公会教徒于 1871 年创办了波士顿大学，一个由律师转行而来的非神职传教士于1875年创办了卫尔斯利女子学院。甚至更加令人惊讶的是，有人正在创办新的传播技术知识的机构，如哈佛大学劳伦斯理学院和通过拨赠土地的方式建立的麻省理工学院。

进入20世纪之后，铁路和市区工厂的优势在许多城市里都消失了。在20世纪70年代，波士顿成为了一个空洞化的外壳。房地产的价格远远低于建筑成本。以针对校车的严重冲突为代表的种族冲突让波士顿陷入了分裂。但是，像纽约一样，波士顿再次成功地重新发现了自己，这次主要依靠的是历经几个世纪才建立起来的教育机构。

波士顿在后工业化时代的成功主要依赖于工程、计算机、金融服务、管理咨询和生物技术，它们全部是由教育主导的产业。万尼瓦尔·布什是一位毕业于麻省理工学院的青年工程师，他与大学时期住在同一宿舍的室友共同成立的美国器械公司后来变成了雷神公司，后者在随后的85年里一直致力于尖端科技的商业应用，尤其是导弹。雷神公司目前的总部位于古老的手表之都沃尔瑟姆，从那里可以看到剑桥水库对岸的128号公路，后者是一条曾经与作为计算机产业中心的硅谷分庭抗礼的技术走廊。在20世纪五六十年代，来自麻省理工学院和哈佛大学的工程师纷纷创办公司，如王安电脑公司和数据设备公司（DEC），它们都位于大波士顿地区，并与IBM公司在不断发展的计算机产业中竞争一席之地。在鼎盛时期，王安电脑公司拥有30,000名雇员，数据设备公司的雇员超过了120,000人。甚至早在王安电脑公司和数据设备公司关门之前，加州大学伯克利分校的经济学家安娜李·萨克森尼安就曾经预言，波士顿的计算机产业将会出现衰退；她认为，波士顿的企业处在彼此孤立的写字楼里，失去了城市人口密集所具有的优势。

幸运的是，波士顿开发出了许多新的技术，以抵消计算机产业的消失。像纽约一样，波士顿长期以来一直是金融服务业的创新者。它于1827年成立了第一家商业信托机构，并早在19世纪90年代就成立了第一家投资信托公司，或封闭式的共同基金。富达投资集团是波士顿最为成功的基金公司，它长期由爱德华·约翰逊二世执掌，后者先后就读于爱克斯特大学、哈佛学院和哈佛法学院。爱德华·约翰逊二世为富达投资集团设定的目标包括风险投资、向大众市场销售基金；而且更为重要的是，通过严肃认真的个股研究找到值得买入的目标，所有这些都已经成为了美国金融行业的标志。

波士顿在 1886 年还见证了管理咨询业的诞生。当时，麻省理工学院的一位化学家亚瑟·利特尔创办了自己的公司，专门从事自由的科学研究。在过去的 120 年里，这家公司可以为许多项发明而深感自豪，从供高海拔地区使用的氧气面罩到用于库存管理和美国航空公司创新的 SABRE 预订系统的计算机技术。更为重要的是，对于像杰克·特雷诺和菲舍尔·布莱克这样的聪明人来说，亚瑟·利特尔的公司是一个培训基地，它进行了分拆，诞生了波士顿咨询集团；后者后来又进行了自己的分拆，诞生了贝恩管理咨询公司。

长期以来，波士顿地区一直是生物医药研究的基地。在美国颁布宪法之前，哈佛医学院的老师们是在哈佛园内的一座小教堂里进行尸体解剖的，上课也经常安排在那里。但是，一般性地为本市市民治病是无法取得足够的收入来资助未来的创新的。因此，为了让医学知识能够创造城市的成功，波士顿必须找到"出口"健康的方法。通过吸引非波士顿人来波士顿各大医院接受治疗，波士顿出口了它的技术，就像非波士顿人纷纷来波士顿地区上大学一样。通过开发和销售新的健康技术，波士顿也更加直接地出口了它的生物医学技术。

波士顿科学公司创办于水镇，它早期是一家小型医疗设备领域的领先企业。此后这一地区诞生了许多生物医学研究公司，如生源体和基因酶，它们都利用了这一地区的人力资本。外国公司也来到了剑桥，如诺华公司，因为这里拥有高素质的工人。诺华公司在剑桥的办公地点位于威化饼干生产商——新英格兰糖果公司的原址。城市经济学家们曾经认为，剑桥绝对不可能在它的糖果业出现衰退之后继续幸存下来。他们低估了技术水平较高的城市重新发现自己的能力。

许多人可能也不曾看好明尼阿波利斯。在 1950—1980 年间，它的人口流失了 30%，很难被视为城市复兴的天然候选人。这座城市的冬天让波士顿看上去还比较温暖，靠近河畔的地理位置曾带给它的优势在二战结束之后基本上荡然无存。但是，就像波士顿和纽约一样，明尼阿波利斯已经实现了重新振兴。2009 年，明尼阿波利斯城区的人均收入达到了 45,750 美元，成为了中西部地区收入最高的城市地区，在全国名列第 25 位。

这座城市取得成功的秘密在于教育：明尼阿波利斯市 47.4% 的成年人拥有大学文凭，明尼阿波利斯地区 37.5% 的成年人拥有大学文凭，这使得它的文化程度在美国人口规模超过 100 万的城市中位居第七。最早到这一地区定居的来自斯堪的纳维亚半岛的路德派教徒带来了对知识的信仰，但更为重要的是，明尼阿波利斯文化程度较高的人口反映在它拨赠土地创办的明尼苏达大学上。这座城市里大多数令人惊奇的成功故事都与这所大学存在着某种关系。

美敦力公司目前的年营业额为146亿美元，拥有38,000名雇员。它成立于1949年，当时，明尼苏达大学电机工程专业的一名本科毕业生与他的内弟共同创办了一家公司，在一个车库里生产医用器械。这家公司早期的成功部分地体现在与相关人士的联系上，如沃尔特·利勒黑。利勒黑是明尼苏达大学的一位教授和体外循环心脏手术的开创者，他看到了依靠电池驱动的小型心脏起博器的需求，并转投到美敦力公司进行研制和生产。明尼阿波利斯的零售巨头塔吉特的成功主要应归功于鲍勃·乌尔里希，他也毕业于明尼苏达大学，并帮助这家连锁公司实现了物流与风格的融合。相对于大卖场式的竞争对手而言，如沃尔玛和卡玛特，塔吉特稍稍显得高端一些。一向讲究精致的乌尔里希认为这是很自然的，他是一位非洲艺术的收藏家，曾经向一家乐器博物馆捐赠了一笔巨资。

米兰是另一个在后工业化时代重新恢复了往日辉煌的原工业巨人，教育是它成功的一部分。18世纪时，玛丽亚·特蕾西亚女皇实施了一系列的教育改革（使用的是没收而来的耶稣会的财产），这些改革重振了米兰周围的教育和附近的帕维亚大学。帕维亚大学后来培养出了两位数学大师，他们在重新统一时继续领导了意大利的教育事业。他们后来创办了高水平的学院，如米兰理工学院、米兰工学院，以及后来成为米兰大学的米兰学院。米兰工学院是世俗的——以德国的技工学校为榜样——后来成为了企业家的摇篮，培养出了橡胶巨头佐瓦尼·巴蒂斯塔·倍耐力等企业家。

倍耐力是米兰工学院的第一批毕业生。他的学习成绩很好，曾经获得过一笔3,000里拉的奖学金；他用这笔钱巡游了一次欧洲，以便了解一个"新的或刚刚传入意大利的行业"——橡胶的使用。倍耐力走访了欧洲的工厂、考察机器设备、学习现代化的管理经验，并利用他受到的教育把这些思想引入了意大利。今天，倍耐力可能因为它的轮胎而闻名全球，但这家公司还是一位信息技术的领先者。在制造出第一只轮胎之前，倍耐力自1879年就开始了利用橡胶作为绝缘材料的电报电缆的生产。这种高科技项目促使倍耐力建立了自己的科研团队，它的工程师就来自米兰工学院。

当米其林还在把自己与美食联系在一起的时候，倍耐力在它的产品与设计之间建立了某种联系。许多轮胎公司纷纷赠送奶酪蛋糕日历，而倍耐力公司的精美日历却渴望成为艺术品。位于亚克朗市的固特异公司总部是一座没有任何特点的写字楼。倍耐力公司位于米兰的总部是一座建筑精品，由吉奥·庞蒂建造于20世纪50年代，他也毕业于米兰工学院。庞蒂创办并主编了两本设计杂志，其中之一（《多莫斯》〈Domus〉）至今仍在出版发行。庞蒂是米兰工学院的一位教授，设计过陶器、瓶子和椅子，包括最轻量级的现代主义经典跑车——兰博基尼的Super Leggera。庞蒂提醒我们，教育有时会提升美感。这已经被证明是米兰保持长盛不衰的又一个因素。

工业让意大利和米兰在二战之后实现了复兴。但是，全球化和技术进步的力量不仅导致美国铁锈地带的制造业出现了衰退，同样也在20世纪70年代造成了米兰人口的大量流失。就像波士顿和明尼阿波利斯一样，人力资本为米兰重新发现自己提供了可能；在当前这个时代，创意比机器设备更有价值。在2000—2008年间，米兰的人口出现了增长。截至2008年，米兰的全员劳动生产率是意大利最高的，比全国总体水平高出54%。今天，米兰有3/4的工人从事服务业，金融业也是它的一个重要的行业，就像在纽约和伦敦一样。同样与那些城市相似的是，米兰是一个时装中心。

缪西娅·普拉达和帕特里齐奥·贝尔泰利是一对接受过高等教育的夫妻。前者获得了米兰大学的哲学博士学位，她的丈夫在距离米兰有两个小时车程的波洛尼亚大学学习工程学。贝尔泰利给这一品牌的管理和营销带来了一种工程师式的严谨。普拉达的面料往往是非常先进的，如名叫波科恩的防水尼龙布；普拉达的商店是无线射频识别技术的早期使用者，这项技术可以提供即时的库存信息。当一只手袋被一台高科技的扫码器扫描之后，这只手袋的图像就开始从大量的电脑屏幕上消失。尽管普拉达和贝尔泰利从实际工作中学到的知识肯定要多于从学校里学到的，但他们的成功和经营风格仍然带有正规教育的烙印。

范思哲在米兰时装界代表了人力资本的反面。尽管詹尼·范思哲的确学习过建筑，但他在21岁时就离开了学校，他的许多知识似乎来自于在他母亲服装店里的工作经历。他的风格不是普拉达和阿玛尼那种"国际化的酷"，而是一种本土化的青翠，这主要源于意大利的巴洛克历史。美杜莎的头像在范思哲的许多服装上都可以看到，也曾经被米兰的军械师菲利普·内格罗利用在为皇帝制作的盔甲上。欧洲的人力资本反映了数千年的文化，它也可以为一家公司和一座城市提供创造出比较优势的教育。就米兰而言，设计天才所做的一切远远不只是让这座城市成为了一个充满活力的服装和手袋的出口方，还让它居住起来更加有趣和刺激、让它成为了一个消费和生产的地方——这是城市走向成功的另一条道路。

消费城市：温哥华

作为全球最适宜居住的城市之一，温哥华也吸引了很多人才。温哥华地区有 1/4 年龄在 15 周岁以上的居民至少拥有大学文凭，而加拿大的总体水平只有 18%。温哥华经常在全球生活质量排行榜上名列前茅，这帮助它每年吸引了数千名高素质移民的到来。

当然，温哥华拥有波士顿、明尼阿波利斯或新加坡所不具备的天然优势。它在 1 月份的平均气温为华氏 37 度，比波士顿或明尼阿波利斯要暖和得多；它在 7 月份的平均气温为华氏 63 度，又比那两座城市凉爽。除了漫长的海岸线以外，温哥华还拥有美丽的山川和优美的乡村，任何人都无法否认这座城市得到了大自然给予的太多恩赐。但是，温哥华在开发利用这些资源方面一直是非常谨慎的。

温哥华过去是一个拥有天然港口的伐木小镇，作为加拿大太平洋铁路公司洲际铁路线的西部终点站，它在 1886 年变得更加重要起来。当年发生的一场大火将这个小镇上比较陈旧的建筑全部烧成了灰烬，这为温哥华及其最大的房地产业主——加拿大太平洋铁路公司提供了重建的机会,其中包括更加完善的污水管线、有轨电车，以及更加坚固和安全的新建筑。市议会要求从当时的一座军事基地中划出 1,000 英亩的土地，用于建造一座公园，它至今仍是这座城市中众多的绿色空间之一。1915 年，不列颠哥伦比亚大学在这里建立，它为这座城市提供了一个高素质市民的来源。

温哥华在 20 世纪的发展轨迹遵循了一种人们非常熟悉的模式。在经济大萧条时期，它的人口规模出现了停滞，后来在 20 世纪 60 年代到 80 年代初的郊区化鼎盛时期出现了下降。但从那以后，温哥华的人口已经从 415,000 增长到了 610,000，几乎增长了 50%。温哥华的繁荣得益于人们对生活质量的热情关注、平面扩展的意愿和亚洲高素质移民的流入。

在许多方面，温哥华都是繁荣兴旺的非美国城市的典型代表，它拥有整洁的街道、完善的社会保障和较高的税负。温哥华更为明显的特征是它的物理框架和非常多样化的人口，这让它的结构变得更加活跃。甚至有一种被称为"温哥华主义"的城市规划理念，它的特点是开阔的空间、又高又细的摩天大楼，它们可以提供宽阔的视野和完善的公共交通。

亚瑟·埃里克森经常被称为温哥华主义之父。他出生在温哥华，但在二战期间曾经离开家乡、跟随英军参加战斗。战争结束之后，在弗兰克·劳埃德·赖特的启发下，他进入了位于蒙特利尔的麦吉尔大学学习建筑，并获得了一笔奖学金，随后外出考察了世界各地的建筑。考察结束之后，他回到温哥华，开始在不列颠哥伦比亚大学教书，并与要好的朋友杰弗里·梅西创办了一家建筑师事务所。杰弗里的父亲雷蒙德是加拿大一位非常著名的演员，他的叔叔是加拿大总督。

早在1955年，当时温哥华还是加拿大边远地区一个中等规模的城镇，埃里克森就设想了一条很高的天际线。他的56号规划仍然是一个令人震撼的、关于一座高楼林立的城市的规划，那里的大楼不是像纽约一样挤在一起，而是像高低起伏的瀑布一样错落有致，与这座城市的自然景色相得益彰。埃里克森并非只会做梦。1963年，他在修建不列颠哥伦比亚省西蒙·弗雷泽大学的竞争中脱颖而出，赢得了胜利。这所大学现在成为了加拿大最好的大学之一。两年之后，埃里克森获得了实际改变温哥华天际线的机会。当时，他被森林巨头麦克米兰-布隆德尔公司选中，负责为该公司建造新的办公大楼。这是一座高达27层、建筑面积达50万平方英尺的"水泥格子"，现在它已经成了一座标志性的建筑。20世纪70年代，埃里克森设计了罗布森广场，这是一个面积达130万平方英尺的市政中心，它把法院、不列颠哥伦比亚大学的市区校园和大量的开放空间结合在了一起。

埃里克森成了一位全国性的偶像，多伦多《环球邮报》（Globe and Mail）在其讣告中称其为"我们曾经培育出的最伟大的建筑师"。根据他的规划，温哥华一直采取向高空拓展空间的方式，而且总体来说效果不错。郑景明是一位华裔移民，他来到温哥华向埃里克森学习；自1995年以来，他在温哥华设计了20多座20层以上的建筑。郑景明以将绿色的玻璃与水泥融合在一起而著称，这帮助温哥华塑造出了与众不同的风貌。优秀的规划意味着其中的许多建筑是有混合用途的，如郑景明设计的香格里拉御庭。它是温哥华最高的建筑，有助于减少通勤，并确保这座城市的市中心在夜间不会变成沙漠。优秀的规划还将建筑之间的距离拉得足够大，以便让阳光和景色能够进入，并提供大量的开放空间。

优秀的城市规划加上加拿大采取的非常合理的移民政策，这帮助温哥华吸引了人力资本。全市40%的人口出生在国外，有1/4的市民出生在亚洲。此外，它的移民素质非常高，基本上相当于全国的平均水平。在那些于2006年来到加拿大的人当中，一半以上的人拥有大学文凭，他们的文化程度大大超过了土生土长的加拿大人。拥有博士学位的加拿大人接近一半是在其他地方出生的。

加拿大拥有大量土地，其本土出生的人口的生育率远远低于替代率。每年新增的移民通常在20万以上，这有助于维持加拿大的人口增长。像美国一样，加拿大为本土出生的人的亲属提供了一些优惠，但大量的签证被发放给了所谓的独立移民。这些移民是根据一个评分系统得到批准的，按照加拿大政府的说法，它注重的是"教育、语言能力、工作经验、年龄、已经安排的工作岗位和适应能力"。加拿大已经证明它对于亚洲人是特别具有吸引力的，如在香港回归中华人民共和国之前离开香港的许多香港居民。温哥华之所以能够吸引这些移民，是因为它是一个面向太平洋的包容性城市，拥有成熟的亚洲人群体。它有1/5的居民是华裔——仅仅以微弱的劣势落后于26%的自称具有英国血统的居民。

这些移民帮助这座城市在文化上显得更加丰富多彩，并在经济上更加富有活力。郑景明塑造了这座城市的大部分天际线。陈氏家族的成员同样来自中国香港，他们是温哥华最慷慨的慈善家。从餐馆到摩天大楼再到投资公司，温哥华的移民已经帮助这个风景如画的伐木小镇变成了一座国际知名的都市。

成长中的城市：芝加哥和亚特兰大

在本书第二章谈到城市的失败时，其中一个教训是：在一座几乎没有住房需求的、不断衰退的城市里大兴土木是毫无用处的，认为不断升高的天际线能够拯救不断衰退的城市是完全错误的。在第七章谈到平面扩展时，其中一个教训是：休斯敦用大量人们可以买得起的住房吸引了如此之多的美国人，因为它不限制在需求旺盛的地区建造住房。建造住房可以让一座城市得到发展，并吸引怀有梦想的人们。这不仅发生在阳光地带，在比较古老的城市里也是如此，只要它们拥有足够多的让人们喜欢它们的其他理由。

当我在1988年迁往芝加哥南部时，这座城市很漂亮，但有些冷清。雄伟的石头建筑提醒人们不要忘记它那段非常辉煌的历史，如艺术风格的科学与工业博物馆，它屹立在那里迎接着前往芝加哥大学校园的驾车者。靠近这所大学的社区里拥有不少豪华官邸,如芝加哥的牛肉巨头们和拳王阿里曾经居住过的豪宅。但是,由于这一地区的犯罪率很高,它们现在只能以远远低于建筑成本的价格出售。

在1970—1990年间,芝加哥的居住人口大约流失了18%,大大低于克利夫兰或底特律,但远远高于纽约或波士顿。在资深市长理查德·戴利于1976年去世之后的12年中,芝加哥产生了五位市长,但没有一位能够坐稳市长的宝座或降低犯罪率。然而,自从1990年以来,芝加哥已经成为了少数几个有所增长的中西部地区的较大城市之一,尽管它的人口素质不如明尼阿波利斯或波士顿,而且它的天气可能是非常恶劣的。

通过提供高度密集的好处,同时仍然保持可承受性和舒适性,芝加哥取得了成功。芝加哥的经济依赖于信息密集型的产业,如金融和商业服务,它们似乎特别注重人口的密度。金融企业家(如亿万富翁、对冲基金经理肯尼斯·格里芬)之所以选择芝加哥,是因为相对于曼哈顿来说,芝加哥拥有可以提供他们公司所需的专业人才和服务的城市规模和高素质雇员,同时维持较高的生活质量和对家庭友善、对健康有益的中西部地区的气氛。

芝加哥的资深市长理查德·戴利(另一个资深市长的儿子)已经证明,他本人是美国最具影响力的城市领导人之一。他知道,只有通过提供对企业友好的环境和体面的生活质量,芝加哥才能够取得成功。在上任之后,他发起了一场植树运动。通过募集大量的私人捐款,他修建了芝加哥千禧公园。他接管并改造了公立学校。他还大力支持房地产开发。大量的新建筑使得芝加哥的可承受性大大超过了纽约或旧金山。

芝加哥大兴土木为它提供了大量优质且具有吸引力的房地产,满足了为肯尼斯·格里芬工作的各种人才的需要。在2002—2008年间,芝加哥签发了68,000份建房许可,相当于它2000年住房存量的6%左右。在同一时间段里,波士顿签发了8,500份建房许可,仅相当于它2000年住房存量的3.3%。芝加哥签发的建房许可超过了加利福尼亚州圣何塞的3倍,后者的城市规模与芝加哥相差无几,但人口密度远远低于芝加哥。在芝加哥的人口中,10.8%的人居住在1990年之后建造的住房里,远远高于纽约和波士顿7.6%和8.3%的水平。此外,芝加哥允许在它漫长而美丽的湖畔大量地建造住宅,而纽约已经决定"保护"几乎所有面向中央公园的最好地块。

芝加哥的房地产不仅比波士顿或纽约更新,而且更便宜。统计局的数据表明,波士顿的中位租金比芝加哥高30%，住房价格大约高39%。根据全国房地产经纪人协会提供的数据，位于芝加哥市区的一套公寓在2010年第二季度的中位售价为186,000美元，而波士顿地区和旧金山地区的相应售价分别为290,000美元和405,000美元。在芝加哥市中心，你花上650,000美元就可以在一座新建的富丽堂皇的大楼里买到一套带有3间卧室、面积达1,650平方英尺的公寓。同样的一套房子在纽约至少需要花上两倍的价钱。

芝加哥还建造了大量的写字楼，在1990—2009年间，它在市区新开发了大约4,000万平方英尺的办公面积。这些新建的楼宇压低了企业的经营成本。很多年以来，芝加哥的写字楼租金一直比波士顿或旧金山便宜30%左右。

在其他城市，如波士顿和圣何塞，保护主义者和低密度住宅的钟爱者已经迫使他们所在城市的领导人对新建项目作出了限制。但戴利允许兴建。这是为什么呢？所有这些起重机建造的房子都可以接纳高素质的工人。较低的居住成本可以让雇主支付较低的工资，这有助于维持芝加哥在经济方面的竞争力。这位市长深深地明白，除非芝加哥的成本低于美国的沿海城市，否则它将无法生存下去。建筑无法拯救像布法罗或底特律那样的城市，因为那里的需求太少了；但在更加具有吸引力的地方，减少对新建项目的限制可以带来某种非常重要的比较优势。

不受限制的建筑开发也是许多阳光地带的城市取得成功的一个关键因素，如休斯敦和迈阿密。但其中只有一座城市在迅速扩张和提高素质两个方面都取得了成功。在2000—2008年间，亚特兰大市区新增加了112万人口，超过了除达拉斯以外的美国任何地区。如果没有大量的建筑，包括平面扩展的郊区以及设有办公室和公寓的市区摩天大楼，这些增长是不可能实现的。自1990年以来，亚特兰大的写字楼面积增加了50%以上，因此它的商业地产通常要比芝加哥便宜20%。

随着亚特兰大的发展，它的教育水平也得到了很大提高。这座中部城市里拥有大学文凭的成年人所占的比例几乎与明尼阿波利斯持平，并高于以"美国的雅典"自居的波士顿。富尔敦县超过47%的成年人拥有学士学位，其教育素质超过了纽约州的威斯彻斯特县、康涅狄格州的费尔菲尔德县或加利福尼亚州的圣塔克莱拉县，与马萨诸塞州的米德尔塞克斯县相差无几。亚特兰大的教育得益于它的历史、重视教育的政策以及住宅。

亚特兰大拥有很多历史悠久的学院和大学。它是美国内战结束之后联军的一个中心，它的一系列非常著名的、曾经专门面向黑人招生的大学基本上都是这一时期成立的。埃默里大学和佐治亚理工学院也在内战结束数十年之后打开了它们的大门,后者显然是效仿了马萨诸塞州的学校。

最近,佐治亚州决定利用本州的彩票收入来资助希望奖学金计划。该计划将为进入佐治亚州高等院校读书的任何成绩优秀的学生提供慷慨的资助。作为一种纠正社会不公的方式,这一政策是失败的,因为它的慷慨资助绝大部分流向了富人。但是,作为一种吸引重视子女教育问题的高素质父母的方式,作为将高素质的奖学金获得者留在本州的一种工具,这一计划显然是成功的。

与休斯敦一样,亚特兰大拥有一个强大的商业群体,它长期以来推动了这一地区的发展。这一群体看到了教育和向高空拓展的价值。因此,亚特兰大为高素质的人才提供了更加便宜的住房,这有助于吸引更多的高素质人才来到一个素质已经很高的城市。在 2000—2008 年间,本科毕业生在富尔敦县人口中所占比例的上升速度比全国总体水平快了 2/3。

过犹不及的迪拜

迪拜从来没有机会成为一座帝国之都,但它看起来几乎已经尝试了我们讨论过的其他所有战略。在历史上,迪拜取得过成功,就像中国香港或新加坡一样,因为它拥有极佳的地理位置和完善的经济制度。1892 年,迪拜受到了英国的保护。20 世纪初,由于这座城市靠近印度,它成为了南亚次大陆与中东之间的天然桥梁。迪拜本身拥有石油,但它真正的发展得益于它的港口,迪拜港是其他国家(如沙特阿拉伯)的石油大量输出时不可或缺的枢纽。

然而,迪拜的港口并非只是运输石油。通过提供完善和现代化的基础设施以及对企业的友好制度,迪拜展开了有效的国际贸易竞争。正如中国香港的繁荣得益于它是一块自由经济绿洲一样,迪拜的成功也得益于比邻国提供了更好的经济制度。通过提供税收和管理方面的自由,杰贝-阿里自由贸易区吸引了众多的企业。迪拜并非只是比它的中东邻国对企业更加友好,它还拥有完善的法律制度和一流的基础设施。在这里做生意比在管制过多的印度更加方便,这让它很自然地成为了本地区的商业中心。在孟买,你可能会遇到大量在迪拜工作、但在周末时返家的商人。

尽管那些印度人把迪拜视为一个工作而非娱乐的地方,但迪拜领导人已经决心把它从一座石油运输港口发展成一座对金融家和企业家更有吸引力的消费城市。城市的这两种功能是密切相关的。如果迪拜让中东地区的人们相信他们最好的选择是来这里而非去其他地方（如科威特或开罗），迪拜可能就会成功地变成一个商业中心。如果迪拜变成了中东地区最令人向往的宜居之地，推而广之，它也将吸引确信这座城市并非只是一个旅游目的地的企业家们。

正如拉斯维加斯的发展得益于它所提供的娱乐——在管制较严的州属于非法活动———样，迪拜也可以实现经济上的繁荣。因为它的宗教限制相对较少，这与本地区的大多数国家有所不同。谢赫·穆罕默德的个人信仰似乎并未妨碍他建设一座像来到这里的任何商人可能设想的那样自由的城市。

作为一个中等规模的娱乐和商业中心，迪拜可能已经很轻松地取得了成功，但谢赫·穆罕默德的雄心壮志远远地不止于此。2008 年，迪拜成为了全球最大的建筑工地之一。建造在一座人工岛屿上的阿拉伯塔在建成时是全球最高的饭店，高达 1,027 英尺。它仅拥有 202 个面积超大的房间，其中最小的一个房间的面积为 1,800 平方英尺。一座高达 2,684 英尺的多功能大楼已于 2010 年开业，它是目前全世界最高的人造建筑。迪拜购物中心拥有 590 万平方英尺的室内空间，总面积达 1,200 万平方英尺，是全球最大的购物中心之一。谢赫·穆罕默德已经规划了一个由 300 座岛屿组成的、初步定名为"世界"的人工群岛，一个由 230 栋大楼组成的、名为"商业湾"的中央商务区，还有一个可能比迪斯尼乐园还要大的、名为"迪拜乐园"的娱乐中心。

从原则上说，把建筑与生活质量结合在一起是合理的，但谢赫非同寻常的建筑规模远远超过了满足他的城市现有需求所需要的水平。戴利市长只允许私营开发商进行建设，芝加哥的建筑反映了私营开发商作出的独立判断，即芝加哥的房价将来可以弥补他们的成本。谢赫·穆罕默德投入的是巨额的公共资金，因此，迪拜的建筑在很大程度上反映的是他自己的判断，即一座规模更大的城市将会繁荣起来。但是，市场似乎已经认定，他的冲动在一定程度上是非理性的。迪拜在 2009 年出现了贷款违约的行为。只是在毗邻的阿布扎比的大力资助下，迪拜才避免了发生更加惨重失败的命运。

谢赫对历史的总体看法是正确的。像迪拜这样的城市必须通过注重生活质量来超越单纯的经济成功模式。为了取得成功，城市必须进行建设。但是，这并不意味着任何地方都能够变成纽约或上海。城市建设者必须仰望星空，但也必须脚踏实地。

结语　平坦的世界，高耸的城市

在你所拥有、使用或知道的东西中，绝大部分是由其他人创造出来的。人类是一种高度社会化的动物，就像蚂蚁或长臂猿一样，擅长共同生产什么东西。正如一个蚂蚁群体可以去做远远超出单个蚂蚁能力范围的事情一样，城市可以做到的事情也远远超过了单独的个人。城市提供了合作的可能，尤其是共同创造作为人类最为重要的创造的知识。在班加罗尔和伦敦人口密集的走廊里，思想可以很方便地在人与人之间交流。人们愿意忍受城市里的高房价，正是为了与各行各业的精英人才生活在一起，其中有些人的知识将会对高房价作出补偿。

卢梭有一句名言："城市是人类的深渊。"但他把事情完全弄颠倒了。城市为那种能够让人类最大限度地发光发热的合作提供了可能。人们往往可以从其他人那里学到很多东西，因此，我们周围的人越多，我们可以学到的东西也就越多。城市里的人口密度使得通过观察其他人的成功或失败而得到的新信息不断地流动。在一座大城市里，人们可以选择同行来分享他们的兴趣，就像莫奈和塞尚在19世纪的巴黎相互找到了对方一样，或者像贝鲁西和艾克罗伊德在20世纪的芝加哥一样。城市让观察、倾听和学习变得更加方便。人类的基本特征是我们相互学习的能力，因此，城市让我们更加成其为人。

不论一座城市的起源是多么地普通，城市的集聚都有可能产生神奇的效果。罗马士兵在塞纳河中的一个小岛上驻扎了下来，因为那个地方可以很好地保护他们免受不友好的高卢人的袭击。从那么一个很不起眼的起点开始，在过去的200

年中，巴黎人已经在文化、经济和政治方面实现了大量的创新。荷兰在中世纪时的城市都是在羊毛贸易的基础上建立起来的，但城市的人口密度为它们的市民发起世界近代史上第一次成功的共和革命提供了可能。鉴于芝加哥的地理位置，那里非常适合宰杀在中西部养大之后准备运往东部的肥猪；但是，这座城市还吸引了大量的建筑师——詹尼、伯纳姆、沙利文、赖特——他们共同发明了摩天大楼。上海最初是一个纺织小镇，但在20世纪20年代，它的人口密度帮助它在音乐、电影和动画方面实现了一系列的创新。

文艺运动往往发生在某一个地方，比如15世纪的佛罗伦萨或19世纪的巴黎。在18世纪的维也纳，海顿把他对交响乐的认识传播给了他的朋友莫扎特和他的学生贝多芬。由共同居住在人口密集的城市里的画家或作曲家打造的伟大的文艺创新链条与更加乏味的为我们提供了垃圾债券、融资收购和抵押担保债券的城市创新链条有着惊人的相似之处。

自命不凡的权威人士和批评者一直认为，信息技术的进步将会让城市的优势荡然无存。一旦你可以在安克雷奇通过维基百科学到知识的话，为什么还要忍受纽约的高房价呢？但是，短短几十年的高科技是无法战胜人类数百万年的发展历史的。在网络空间里的交流将永远无法与分享一顿美食、一个微笑或一个亲吻相提并论。我们人类主要是通过其他人提供的听觉、视觉和嗅觉线索来学习的。互联网是一个很好的工具，但它只有在与通过面对面方式取得的知识相互配合的时候才能发挥最大的作用，互联网企业家在班加罗尔和硅谷的集中已经证明了这一点。在哈佛大学里攻读经济学的每一名学生都在不断地利用技术，但他们也与他们的同学和教授进行了大量面对面的交流。最为重要的交流的参与者仍然是人，电子检索不能代替人成为某项智力活动的中心。

远程交通的成本在不断地下降，这只是增加了对彼此聚集在一起的回报。50年前，大多数创新者都是在本地舞台上发挥作用的。高昂的交通成本限制了人们通过向全球出售一个好的创意而快速赚钱的能力。今天，身在伦敦、纽约或东京的交易商可以迅速地利用全球各地的某项定价有误的资产赚到钱。距离的消失对于底特律的产品生产商来说可能是一件坏事，他们输给了日本的竞争对手；但是，对于纽约、旧金山和洛杉矶的创意生产商来说可能是一件好事，他们已经通过技术、娱乐和金融方面的创新攫取了大量财富。即使金融业在不断重演的某一次衰退中出现了波动，我们也应该相信，它的集体智慧最终将会带来又一次的繁荣。

国家仍然会发动战争，政府仍然会屠杀本国的公民。世界上的很多地区仍然很贫穷，而在比较富裕的国家里，许多人也并非那么高兴，每一个人所处的环境都面临着风险。为了应对这些挑战，人类需要集中它所能够动员的全部力量，那种力量存在于人口密集的城市地区的连接走廊里。事实上，我们非常需要我们的城市，这给我提供了对城市的未来持乐观态度的理由。这个世界承认新思想的价值。人们仍然在不断地涌入城市，以获得成功所需要的技能。在获取这些技能的过程中，新的思想产生了，创新出现了。

如果我们明智地选择政策，一个新的翠绿色的城市时代就会来到我们的面前。在城市的边缘地区，以汽车为基础的生活方式肯定会继续存在下去，但同时需要在靠近城市核心的区域进行更高密度的开发建设。我们可以在城市的中心地区建造更高的、可以容纳大量人口的高楼大厦，但必须以一种能够确保环境的可持续性、开阔的视野和大量街道生活的方式去建造。我们可以确保每一个人（而不仅是享有特权的少数人）都能享受到曼哈顿、巴黎或中国香港的快乐与舒适。但是，为了实现这些目标，我们必须鼓励城市放弃平面扩展的方式。我们必须接受能够推动大城市继续发展而非安于现状的变革。

无论我们怎么做，有些人永远都不会喜欢城市的生活方式。就像梭罗一样，他们喜欢被开阔的空间和绿色的大树包围在中间。能够享受得起这种乡村生活的任何人都不应该被强迫在一座城市里生活。但是，太多太多的人生活在城市之外只是因为我们的社会已经犯下的错误。我们不应该强迫城市发展，但我们必须消除人为地限制美好城市生活的各种障碍。

给城市提供公平的竞争环境

本书的中心主题是城市放大了人类的力量。我们人类最重要的能力就是相互学习的能力。当我们面对面地聚在一起的时候，我们的学习就会更加地深入和彻底。我还在尝试着证明城市的成就——不论是布鲁内莱斯基的佛罗伦萨还是福特的底特律——给整个世界带来了福祉。民主、印刷，以及大规模生产只不过是城市的少数几项天赋而已。在城市中形成的思想最终传播到了城市之外，并影响了全世界的其他地区。马萨诸塞州随同波士顿一起崛起或衰退，就像马哈拉施特拉邦随同孟买一起崛起或衰退一样。

太多国家已经把城市置于了不利的境地，尽管事实上这些城市是国家实力的一个——如果不是唯一一个的话——来源。城市不需要施舍，但它们需要一个公平的竞争环境。

当个别企业在指责产业政策有利于某一个企业而不利于另一个企业时，经济学家们经常会向它们提出关于如何改善它们自身经营状况的建议。这也许看上去有些虚伪，但它是非常合乎逻辑的。事实上，经济学的核心思想基于这样一个信条：企业通过在市场上进行激烈的竞争从而实现利益的最大化，而政府作为公正的裁判对市场进行监管。城市同样如此。地方政府之间在人才和企业方面进行竞争是健康的。竞争促使城市提供更好的服务和维持较低的成本。中央政府对某一个地方提供具体的支持并非一件好事，正如它对某一个企业或行业提供具体的支持不是一件好事一样。让公司参与竞争要好得多，让城市找到它们自己的竞争优势也要好得多。

对市场的这种信任也许看上去有些冷酷无情，但事实上并非如此。我不反对向由于这种竞争而处于不利地位的人提供保护，而且我坚定地认为社会应该为处于不利地位的人提供某些帮助。当然，我对减轻贫困的看法只是一种个人意见，并非一种经济学观点。经济学主要关注的是收入的再分配，即税收削弱人们的努力程度了吗？不公平损害到经济增长了吗？但经济学家们在下面这个最重大的问题上并未表现出特别的智慧：从比较富裕的人兜里掏出钱来交给比较贫穷的人，这样做对吗？这是哲学家、政治家和有良知的选民需要考虑的一个问题。但是，经济学家可以指出的是，就帮助存在困难的人而言，向存在困难的企业或城市投入资源通常是一种效率非常低下的解决办法。帮助贫困人口是政府的合理职责，但帮助贫困的地方和经营不善的企业则不然。

城市可以在一个公平的环境中参与竞争，但在过去的60年里，美国的政策已经把竞争环境变得非常不利于它们了。在住房、社会服务、教育、交通、环境，甚至所得税方面，美国的政策都是不利于城市地区的。尽管存在着各种各样的不利因素，但城市已经成功地生存了下来，因为它们有能力多付出一些。然而，正是因为城市在经济和社会领域中发挥了如此重要的作用，我们必须消除那些人为地限制它们发展的障碍。如果我们的政策更好地保持了地区上的中立，这个世界将会变得更加高效和公正。在我讨论了关于不断衰退的城市和平面扩展的政策之后，从后面"帮助贫困人口，而非贫困地区"一节开始，我将重新回来讨论地区的中立性。

通过全球化来实现城市化

自雅典吸引了地中海地区最优秀的人才之后的数千年中，通过吸引具有不同文化背景的人，城市得到了发展。今天，最为成功的城市——伦敦、班加罗尔、新加坡、纽约——仍然在各个大陆之间发挥着桥梁的作用。这些城市吸引了跨国企业和国际人才。在它们的经济模式中，移民往往是至关重要的一部分；不论是在工资表的顶端还是尾端，国际化城市的成功取决于国家的贸易和移民政策。

一座开放的城市不可能存在于一个封闭的国家里。在20世纪初，阿根廷是全球最开放的国家之一，布宜诺斯艾利斯是一座充满了活力的国际化都市，到处都是来自英国、西班牙、意大利甚至瑞典的企业家。到了20世纪末，阿根廷关闭了它的边境，布宜诺斯艾利斯变成了一座与世隔绝的城市，尽管它那比较古老的精美建筑仍然在向游客们讲述着更有活力、更加国际化的过去。在1790—1970年间的每一个十年中，除了一个十年以外，美国城市的人口增长率均高于19.5%。只有在20世纪30年代，美国城市的人口增长急剧地放缓；当时美国经济遇到了极大的困难，关税实际上关闭了边境。

我的父亲于1930年出生在柏林，当时德国和几乎所有的邻国都是相当民主的。20世纪30年代对于全球来说都是一段非常恐怖的时期，美国的斯穆特-霍利关税法案等政策起到了雪上加霜的作用，它阻碍了国际贸易。由于经济困难，德国、奥地利和西班牙等国家从民主转为了独裁。最后，欧洲陷入了战争的疯狂之中。整个世界从一个商业和知识交流的城市理想国变成了独裁者歌颂封建和农业历史的战场。

商品和服务在各国之间的自由流通对城市是有利的，对整个世界也是有利的。禁止自由贸易将会使得美国人在购买日常用品时支付更多的钱，也会对我们的主要贸易伙伴造成损害。让我们的消费者能够买到更加便宜的外国产品，并迫使我们的生产商去适应竞争激烈的环境，远比我们躲在关税壁垒的后面要好得多。

像大规模地援助不断衰退的产业这样的产业政策是对全球贸易和不断发展的城市的威胁。多年以来，美国一直在大声地谴责这些政策，这是值得赞赏的。通过提倡公司应该在没有补贴或保护的公平环境中展开竞争的原则，我们已经为我们的国家和全世界作出了贡献。如果美国放弃了它的原则，并致力于扶持国内的生产商（但不包括那些在美国设有工厂的外国公司），那么我们就是在明确地阻止外国公司在我们国家的直接投资。我们也在鼓励其他国家支持它们本国的生产商与美国公司进行竞争。奉行一项使得在世界各地进行自由贸易与国际投资成为可能的政策将是更加有利的。

对于城市的成功来说，移民也是至关重要的。纽约和芝加哥在最近20年中的发展主要得益于涌入这两座城市的成千上万的移民。城市对于移民来说是有利的，移民对于城市来说也是有利的。

尽管向经济发达的国家移民的最大受益者是移民本身，但美国已经从在美国定居的所有精英人才身上获取了巨大的好处。人才的流入给城市带来了特有的好处，因为外来人口有助于城市地区在国际交流中发挥关键性的作用。文化的多样性也有助于提高城市的吸引力，就像印度餐馆在伦敦的发展所证明的一样。如果我们努力地接纳更多高素质的移民，就像加拿大和新西兰一样，各个城市和整个国家将会受益更多。

在过去的10年中，排外主义的危险幽灵重新回到了美国和欧洲部分国家。这种观点并不新鲜。早在19世纪40年代，美国人党或一无所知党就跳出来反对增加信奉天主教的爱尔兰和德国移民的数量。20世纪20年代，出现在北方城市的三K党掀起了一波反对移民的歇斯底里的浪潮。我坚定地认为，美国之所以能够成为一个伟大的国家，是因为在1921年之前，大量人才流入了美国；而在第一次世界大战结束之后，停止人才流入是美国迄今所犯的最为严重的错误之一。从一个贫穷国家向一个富裕国家移民也许是让一位穷人变成一位富人的最好方式。在历史的进程中，从开国元勋亚历山大·汉密尔顿到谷歌公司的共同发起人谢尔盖·布林，移民也为美国作出了非常突出的贡献。迄今为止，反对移民的人未能得到任何政党的支持。有一位移民的儿子入主了白宫，但新排外主义仍然是一个威胁。通过增加移民向美国的流入，尤其是通过增加允许高素质移民在美国定居的H–1B签证的数量，发达国家将会更多地从中受益。

重视人力资本

继一月份的气温之后，教育成为预测城市发展的最可靠的指标，尤其是在比较古老的城市当中。如果一座城市的文化素质比较高，全员劳动生产率就会随着城市地区的规模而急剧地提高，反之亦然。城市和学校是相辅相成的，因此，教育政策在城市的成功中占有非常重要的地位。

在美国，大学毕业生 2007 年的年收入为 57,000 美元左右，中学毕业生的年收入仅为 31,000 美元左右。换句话说，去上大学相当于年收入增长 80% 以上。当我们从整个城市或国家的角度来看时，教育的影响似乎更大一些。城市地区大学毕业生的数量每提高 10%，个人收入就会提高 7.7%，不论他们是以何种方式接受教育的。就国家而言，人们平均接受学校教育的时间每增加 1 年，人均产值就会增加 37%。这是非常惊人的，因为接受学校教育的时间每增加 1 年，个人的收入通常只能增加不到 20%。接受学校教育的时间与国家的生产力之间存在着很强的关联性，其中有些关联性可能反映了其他未经量化的国家的特性。但我相信，学校教育给国家带来的回报也是很高的，因为它们包含了由于拥有素质较高的邻居而得到的所有额外的好处，包括一个更加可靠、更少腐败的政府。

托马斯·杰斐逊曾经写道："如果一个民族期望在无知的同时拥有自由，那么在一个文明的国度里，这一期望从来没有、将来也不会实现。"教育与民主之间具有很强的关联性，因为教育可以创造民主，而不是因为民主会更加重视教育。例如，那些文化素质较高的华沙条约组织成员国在 1990 年之后的政治发展进程要远远好于那些文化素质较差的成员国，前者如捷克共和国或波兰，后者如哈萨克斯坦。通过对各国义务教育法的研究可以发现，由于该法而受到了更多教育的人往往具有更强的公民参与意识。教育不仅改变了某一个地区的经济前景，还有助于建设一个更加公平的社会。为贫困家庭的孩子提供良好的教育，这可能是帮助他们长大之后成为富人的最好方式。

为教育喝彩很容易，但完善教育体系是很困难的。30 年的研究表明，仅仅依靠投入金钱来解决这一问题往往收效甚微。小班化教学可以提高学生的学习成绩，但提高的幅度并不大。更为重要的成果是通过早期干预来实现的，比如率先起跑。但要想真正地提高教育水平，我们需要系统化的改革，而不仅仅是增加投入。

最近对波士顿和纽约的特许学校的研究表明，让家庭收入较低的学生进入这些学校读书是非常见效的。这些效果与早期的研究也是非常吻合的，后者认为，贫困地区的教区学校是很有成效的。强大的国家垄断可以提供完善的教育体系，就像法国等许多欧洲国家已经证明的一样。但是，竞争是更好的解决办法。甚至社会主义的瑞典也已经转向了一种给孩子们提供更多选择的体系。

通过鼓励竞争和多样化的创新，城市取得了成功。公立学校的垄断摧毁了这两方面的优势。通过加大投入和加强管理，我们也许能够让人人都享受到优质的、纯粹公立的教育，但这在美国似乎相当令人难以置信。优质的学校似乎更有可能来自于允许教育竞争和多样化的政策，比如特许学校或在公立学校体系之内的选择权。

正如促使城市成功的因素一样，学校教学质量的最主要因素也是人力资本——骨干教师。研究已经发现了好学校和差学校在教学成果上的巨大差距。特许学校取得的成果往往好于公立学校，部分原因在于它们可以挑选更好的教师。教师工会认为，更高的工资将会吸引到更好的教师，这是非常正确的。但是，他们反对将教师的工资与教学成绩挂钩，这是非常错误的。任何努力保护那些业绩不好的教师的工会实际上正在把其成员的利益放在我们孩子的利益之上。

其他的研究表明，学校的课程设置同样重要。始于20世纪80年代的增加数学和科学训练的活动似乎已经让学生们的学习成绩得到了提高，尤其是那些家境较为贫困的学生。我们的学校必须集中精力招聘和续聘具备对于取得成功来说越来越重要的那些能力（比如计算能力）的教师。

对于城市来说，对教育的投资会带来两份收入。学生掌握了更多的知识，这最终会提高这一地区的生产力。较好的学校也会吸引文化素质较高的父母，他们会马上提高这一地区的生产力。打造一座智慧型城市的唯一的、最好的方法是打造能够吸引和培养人才的学校。

帮助贫困人口，而非贫困地区

教育在许多后工业化时代的城市里的匮乏有助于解释为什么这些地方在重新振兴的道路上会困难重重。它们之所以困难重重的另一个原因是，它们采取的是众多企业集中在某个单一产业的模式，这往往会阻碍创业精神和创新。在美国历史上，比较古老的地区总是会被新兴的城市取代。1800年，在美国20座规模最大的城市中，有6座（波士顿、塞林、纽伯里波特、楠塔基特、格洛斯特和马布尔黑德）位于马萨诸塞州。到了19世纪末，随着人口向西迁移和大型城市在美国内陆水运航道两侧的崛起，它们中间只有一座城市仍然是一个大都市。马萨诸塞州这些城市的相对衰落给当地的居民带来了痛苦，但对于整个国家来说是一件好事。

今天，城市的痛苦又在折磨着19世纪末随着马萨诸塞州那些城市的衰落而崛起的城市。20世纪后半期给这些工业城市带来了严重的冲击，最近的经济衰退更是让它们雪上加霜。这些城市里的贫困人口需要我们的帮助，但我们不应该阻止城市的变化，或人为地阻止城市的衰退。人们有充足的理由迁往阳光地带，整个国家没有理由试图恢复底特律鼎盛时期185万人口的规模。联邦政府应该尽量地减轻居民的痛苦，但不应试图阻止城市变革的伟大进程。那种趋势太过强劲而无法阻止，甚至没有理由尝试去阻止。

数十年来，联邦政府一直在补贴为了实现城市复兴而进行的非常愚蠢的尝试，比如布法罗的轻轨系统；而且，政府似乎要以此来平衡那些反对城市化的政策，比如公路系统和住房抵押贷款利息扣除。但是，这些政策几乎是没有任何经济意义的，它们也没有对生活在这些城市里的贫困人口起到帮助作用。

帮助贫困人口是一种简单的公平，帮助贫困地区则很难找到合适的理由。政府为什么应该有效地收买老百姓以便让他们居住在不断衰退的城市里呢？为什么只是为了让老百姓居住在比较古老的地方就要为不断发展的地区设置障碍呢？此外，对某些地方投资并非总是意味着居住在那里的老百姓会受益。当底特律这座城市帮助通用汽车公司驱赶波兰镇的居民时，居民们得到了怎样的帮助呢？居住在毕尔巴鄂古根海姆博物馆附近的承租人可能已经受到了这座艺术画廊的严重伤害，至少在他们对当代艺术或建筑没有什么兴趣的情况下是这样的，因为他们的租金出现了大幅度的上涨。

居民和城市之间的冲突在2005年引起了全国的关注，当时卡特里娜飓风横扫了新奥尔良市的大片地区。布什总统参与了城市重建工作，并宣布"新奥尔良这座伟大的城市将会重新崛起"。他不应该代表联邦政府为一个投入巨大而收效甚微的目标作出承诺。新奥尔良于1840年达到了经济的鼎盛时期，当时它是南北战争之前南方的一个重要港口。自1960年以来，这座城市的人口一直在不断地下降。其原因在于，与底特律一样，技术方式的转变意味着那些企业不再需要依靠它的港口；而与利物浦一样，集装箱化意味着它的港口只需要雇用少量的工人。

卡特里娜飓风是一次严重的人类灾难，基本的人道促使我们去帮助那些灾民。但是，帮助贫困人口并不意味着帮助贫困地区。事实上，关于因暴风而导致的人口移居的最新研究表明，离开了新奥尔良的孩子在离开之后学到的知识要多于留在那里的孩子。达特茅斯大学的经济学家布鲁斯·萨克多特发现，因卡特里娜飓风而离开新奥尔良的孩子的学习成绩有明显提高。他认为,迁居的最大受益者是那些来自于教学质量较差的学校的、一起离开了新奥尔良的孩子。

在新月城的实际受害者的推动下,天性善良的城市拥护者提议投资2,000亿美元重建新奥尔良。平均到那场飓风到来之前生活在这座城市里的每一个男人、女人和孩子身上,这笔投资超过了400,000美元;平均到范围更大的新奥尔良地区的每个家庭身上,这笔投资也超过了200,000美元。让新奥尔良的百姓直接以支票或住房和教育券的方式得到这笔钱,肯定要好于将大笔资金装进承包商的腰包里。如果不是因为它的住房经久耐用,这座城市在很久之前就已经变得更小了。不论我们多么喜欢新奥尔良的爵士乐,在一个很久之前就已经失去了经济上的存在理由的地方,耗资1,000多亿美元建造基础设施绝对是不够明智的。通过把关于政策的讨论放在城市复兴的朦胧梦想中,荒唐可笑的巨额投资项目突然变得看似合理起来了。

面对新奥尔良、底特律或布法罗的问题,政府不应该袖手旁观。城市接纳了大量美国最为贫困的人口,一个人道的社会必须向他们提供帮助。但是,不论他们选择在哪里生活,国家的政策应该致力于为他们提供参与竞争所需要的能力,而非鼓励他们留守在某个具体的地方。更为重要的是,每一个孩子都理应获得优质的学校和安全,联邦政府有充分的理由在美国的孩子们身上投资,不论他们是在休斯敦、纽约还是底特律。

城市贫困的挑战

城市可能是非常不平等的地方,它们吸引了一些全球最富有和最贫穷的人。尽管贫困有时会与城市的衰落如影随形,但贫困往往代表着一座城市正在良好的运行中。城市对于贫困人口具有吸引力,因为它们是适合贫困人口居住的地方。但是,每当人们聚集在一起的时候,疾病可能更容易传播,水质可能更容易受到污染。当那些拥挤在一起的人群不成比例地贫困的时候,风险就会增加,因为他们自身能用于解决这些问题的资源是非常有限的。在地方层面上,人口和贫困的高度集中需要强有力的、能够战胜人口密集成本的政策。清洁的饮用水和安全的街道并不是轻易地出现在西方国家的城市里的,它们也不会自动地出现在今天的发展中国家里。在西方国家,建设健康、富有吸引力的城市需要巨额的资金投入,往往还需要强力的政府干预。如果乔治·华林总是担心会冒犯为他的街道清洁工人所打扰的每一位市民，他就不可能把曼哈顿的街道打扫干净。新加坡在建设一座干净而安全的城市方面取得了非常突出的成绩，因为新加坡政府在实际操作的过程中所受到的限制要少于其他许多地方的政府。

但是，甚至最为强大的城市也不能——而且并非不得不——自行承担贫困人口的成本。在20世纪六七十年代，富有的和中等收入的城市居民纷纷迁到了郊区，部分原因是为了避免必须支付的、解决城市不平等问题所需要的成本。富人的飞地往往建在刚好位于城市政治边界之外的地方。在那里，富人们既能够靠近一座城市，又不必向那座城市纳税或在里面上学。一个公平的环境意味着人们应该根据他们所喜欢的社区或机会，而非根据他们在哪里可以避免为穷人承担成本而选择在哪里居住。

一个国家的贫困是每一个公民的责任，而不仅仅是恰巧居住在同一个政治管辖区域里的人的责任。如果社会服务由国家而非地方来提供资助，无论对于贫困人口还是对于城市来说，都显得更加公平。当各州和联邦政府为比较贫困的地区提供援助的时候，我们就对这一问题进行了一定程度的补偿；但中等收入的人口仍然有太多的理由离开城市，并避免为穷人承担成本。

正如前文所述，美国教育体制的一个缺陷是太多的孩子只学到了太少的知识。第二个问题是我们的属地化教育体系促使人们产生了郊区化的强烈冲动，其目的是要上更好的学校。为什么郊区会有比城市里更好的学校呢？这是没有任何内在的理由的。巴黎拥有一些全球最好的公立中学，美国一些最优秀的学校也是大城市里的私立学校。然而，市中心的贫困加上由本地资助的教育体系，意味着城市里的公立学校往往是一种灾难。在某些情况下，这是管理不当的结果；但是，即使是在运行最好的教育体制下，城市里的贫困人口仍然给教育工作者造成了巨大的挑战。

贫困家庭的孩子更有可能存在行为问题，而且往往缺少家庭里的教育。在费用不变的前提下，招收富裕家庭的孩子的学校取得的考试成绩要好于招收贫穷家庭的孩子的学校。这并不意味着贫困家庭的孩子无法取得好成绩——其中有许多孩子确实取得了很好的成绩——但它的确意味着贫困给教育造成了进一步的困难。由于公立学校集中了一个学区里的所有孩子，因此，大城市里贫困人口的存在促使富人们离开城市去建立他们自己的飞地。

面对现有的体制，有一些反城市化色彩不那么浓的替代方案。地区性的教育券可以打破一个家庭的居住地与其子女的就学地之间的联系。如果大城市里的学校能够合理地利用在人口密集的都市里蓬勃生长的竞争和多样性力量，城区的学校将会开始好转。增加对大城市里学校的资助也是一种有效的——如果资助足够多的话——均衡竞争环境的方式。不论是在单独的教室还是在磁铁学校，按照能力水平把学生们分成不同的小组，此举也能够提高城区学校对于聪明孩子父母的吸引力。跟踪教育法的反对者认为，这剥夺了贫困家庭的孩子与富裕家庭的孩子为伴的权利。他们的看法很正确。但是，如果贫困家庭的孩子无论如何也要被剥夺与那些富裕家庭的孩子为伴的权利（因为后者可能会迁往郊区），那么，让比较富裕的家庭留在城市里显然要更好一些。

当贫困人口的邻居要被迫独自承担贫困造成的经济和社会负担时，那些邻居将会离开，从而加剧城市的贫困和孤立贫困人口。更加合理与可行的方法是让更高一级的政府以一种对由贫困带来的额外成本进行补偿的方式来分配资金。在许多州（包括马萨诸塞）里，对地方的援助随着当地贫困人口的增加而增加，这是非常合理的。向必须解决贫困问题的城市提供更多的支持，此举可以减少比较富裕的人口离开那些城市的动机。

消费城市的崛起

当然，成功的城市对于富人和穷人都很有吸引力。由于城市已经变得更加安全和健康，它们对富人的吸引力也越来越大。今天，纽约居民实际上愿意为了享受纽约的舒适生活而支付一定的溢价。伦敦、纽约和巴黎今天的成功在一定程度上说明了它们作为消费城市的实力。我们有充分的理由认为，一个日益繁荣的世界将会继续重视城市所能提供的创新的快乐。城市创新具有自下而上的性质。260 这意味着最佳的经济发展战略可能是：吸引各种人才，并为他们排除各种障碍。

但是，各个城市怎样才能变成消费城市，并吸引技能水平较高的居民呢？城市规划专家理查德·佛罗里达推崇的一种愿景强调，中心城区里存在的艺术、对不同生活方式的包容以及某种娱乐。第二种愿景侧重于更好地提供一直作为城市职责范围核心的公共服务：安全的街道、快捷的交通和优质的学校。城市领导人通常会面临资源不足的问题，他们无法为每一个人做好每一件事情。即使一个人相信（就像我一样），每一座城市都应该赞同每一种愿景中的某些方面，但始终存在着将市政府的收入和城市领导人的精力投入到哪里去的问题。

从某种程度上来看，这两种愿景的相对吸引力取决于：在设想一位理想的公民时，你首先想到的是谁。第一种愿景侧重于咖啡厅和公共雕塑，它所要吸引的目标似乎是一位穿着高领毛衣、读着普鲁斯特作品的 28 岁的年轻人。第二种愿景侧重于城市的核心服务，它所要解决的似乎是一位 42 岁的生物技术专家的需要，即她的家庭在波士顿的生活是否像在夏洛特一样舒适。30 多岁、40 多岁、50 多岁的人几乎是 20 多岁的人的 3 倍。因此，如果哪一座城市认为只靠吸引年轻人就可以取得成功，那将会是一个错误。

尽管我非常欣赏城市文化，但美学的干预绝对不能替代城市的基础。一个更加性感迷人的公共空间将不会带来更多的工作岗位，除非它是安全的。巴黎所有的咖啡厅都不会诱使父母把他们的孩子交给一个很差的公共教育体系。无论一座城市拥有多少座出色的博物馆，如果它的通勤之路变成了一种漫长的折磨，那么公司将会迁往郊区。

邻避主义的诅咒

不论是在城市还是在郊区的飞地，反对变革意味着阻止新的开发和停止新的基础设施项目。居民实际是在说："不要在我家的后院动土。"在像纽约一样比较古老的城市里，邻避主义隐藏在保护主义的外衣之下。它将保护我们过去最宝贵遗产的正义之举引向了歧途——试图冻结大量的到处都是普通建筑的社区。在极具吸引力的城市里，这种反对变革所带来的最糟糕的结果是：它确保了建筑的高度将会很低，新建的住宅将会很少，房价将会很高，城市将会成为除富人以外的所有人的禁区。

令人遗憾的是，要理解人们为什么会反对变革是很不容易的：

- 你已经在绿草如茵的郊区购买了一套住宅。现在，那里没有多少房子了，你为此而感到高兴。毕竟，这是你在这里买房子的理由。一位与你为邻的业主打算在属于他的五英亩土地上建造 20 栋别墅。你感到很气愤。这不是你在这里买房子的理由。你不愿意受到附近的建筑，或新邻居迁入后新增的交通流量的影响。你希望维持现状。

- 你已经在曼哈顿的上东区购买了一套视野极好的公寓。一家开发商打算在街道的对面建造一幢高层建筑。你可以从你的公寓里看到它，你不希望放弃自己的视野。此外，你不确定你是否喜欢即将迁入这幢建筑之中的新来者。你希望这个社区保持你迁入时的状态。你希望维持现状。

- 你已经在波士顿一栋三层式的公寓里居住了20年。一所大学打算在与你相距不远的、属于它的土地上建造一座当代艺术博物馆。你从你的公寓里可以看到它。你预计这座博物馆将会吸引很多的外来人员进入你所在的社区。你无论如何也不太喜欢当代艺术。你希望维持现状。

这些都是邻避主义在现实生活中的反映。就个案而言，它们都是很容易理解的。其他的人准备改变你所在的社区。你不希望生活在一个更加密集、更加高大或更加具有艺术气息的地区。你只希望维持现状。还有什么能比这更为合理呢？

但是，看似合理的邻避主义往往可能产生可怕的后果。阻止新的建筑对你来说可能是一个好主意，但它的成本却要由希望居住在一个新的小区或公寓式建筑里的每一个人来承担。阻止修建一座新的、由私人出资的博物馆让这座城市失去了一处文化设施。而博物馆既可以满足许多居民的需要，也可以吸引许多游客，后者对于当地经济来说是十分有利的。反对变革的人的利益肯定是可以理解的，但他们的利益与公共利益之间通常存在着冲突。

此外，在上述每一种情况下，愤怒的邻居甚至并没有他希望控制的土地的所有权。那五英亩土地的所有者拥有她的土地，就像那一位城市开发商和那一所大学一样。变革的反对者实际上是希望控制其他人的财产。由此推断，阻止建设与其说是维持现状，还不如说是剥夺其他人的权利和降低其他人财产的价值。

在邻避主义盛行的背后，隐藏着两种强大的、互相关联的心理学偏见。第一种被称为"现状偏见"，它非常强烈地依附于当前的状态。可以说明这种偏见的一个著名事例是，人们宁可花更多的钱去保护他们已经得到的一只杯子，也不愿意花钱去买一只完全相同的杯子。第二种偏见是"影响偏见"，它导致人们过高地估计某一负面事件将会给他们的幸福带来的影响。反对新建一栋高层建筑的人可能认为，这一建筑将会让他们感到难以忍受；但是，他们实际上很快就会适应这一新的局面。

近40年以来，我们在美国经历了一次关于财产所有权的不太引人注意的革命。我们已经从一种人们实际上可以随意处置自己财产的体制转变为一种邻居享有巨大的禁止增加和改变的权力的体制。这种权利革命在某些方面的效果是比较好的，但大部分是比较差的。

并非所有的变革都是好的。但是，如果这个世界打算变得更加高效、更加令人可以承受、更加令人欣喜、更加富有创造性和对环境更加友好，那么巨大的变革是非常必要的。在国家层面上，当联邦的政策试图以牺牲不断发展的地区为代价去保护较为古老的地区时，我们反对作出改变是错误的。在地方层面上，激进分子通过阻止本地区的增长来反对变革。他们的行为是可以理解的，但他们的本地化视野导致他们很难去考虑其行为的全球性影响。阻止在具有吸引力的地方进行新的开发导致了住房价格的上涨，使得目前没有居住在那里的人们只能望房兴叹。较高的居住成本反过来又提高了公司的运营成本。在天然的低碳排放的地区（比如加利福尼亚），阻止开发就意味着把开发项目推到了环境友好性较差的地方，比如加利福尼亚内陆和菲尼克斯郊区。本地化的环境保护主义往往是比较糟糕的环境保护主义。

263　在较为古老的城市，保护主义者可能是变革的主要反对者。他们从审美和历史的角度来表达自己的观点。我非常尊重他们的观点，但我也认为他们的权力必须受到制约。许多建筑必须得到保护，但城市也必须得到发展，从而实现经济的繁荣。在保护建筑遗产和允许变革之间找到适当的平衡点绝不是轻而易举的。在旧金山和纽约，找到这一平衡点是非常困难的；在巴黎和罗马等地，找到这一平衡点甚至更加困难，因为那里的人文历史是用石头书写的。关键在于最大限度地利用允许变革的空间。我绝对不赞成轻易地拆除比较古老的城市里那些最为重要和漂亮的建筑，但在那些允许重建的地区，允许进行尽可能多的开发是非常明智的。比较聪明的保护主义将推动新的建筑变得更高，而非变得更矮。建造更高、更新的建筑将会减少拆除其他较为古老的重要建筑的压力。

当美国或任何其他国家在考虑建造新的建筑时，允许变革的重要性就会变得非常明显。曾经延缓了私人建造住宅和公寓的同样的力量也令在城市里建造可能造福于整个城市和社会的超大型建筑变得更加困难。在法国、德国和日本，高速铁路已经在主要城市之间开通了数十年。1994年，美国铁路公司试图通过其亚赛拉铁路线把这种铁路服务引入到美国。亚赛拉铁路线的运行速度可以达到每小时150英里，将把乘火车从纽约前往波士顿的时间缩短到不足90分钟，从而让火车成为一种比飞机更加快捷和生态友好的选择。然而，邻避主义政治使得美国铁路公司无法铺设能够让亚赛拉铁路线达到上述速度的直线铁轨。它现有的迂回铁路线只能达到每小时 86 英里的平均速度，纽约与波士顿之间的旅行时间为 3 个小时以上。在今天的政治气候下，由于社区的反对，要想把一条铁路线拉直是不可能的，即使更加快捷的铁路服务所带来的经济和环境收益超过了成本。

我偶而会回到小时候居住过的那个社区，它位于第一和第二大道之间的 69 大街。灰色的石头仍然铺设在通向我家那栋有些破旧的公寓式建筑的街道上。那里还有一座马札尔教堂，它时刻提醒着人们这一地区从前的民族特色。如果这些灰色的石头和那座教堂为高层的公寓式建筑所取代，我会感到伤心吗？也许。但是，那些建筑将会让许多其他的孩子像我一样体会到在纽约长大的快乐。我在任何时候都将首先支持人，然后才是建筑。

在发展中国家，管制过严的情况甚至更加严重。在快速发展的地区（比如孟买），对于高度的限制带来了巨大的危害。它迫使人们水平式地拓展，而非垂直式的开发，从而加剧了交通拥堵。孟买或任何正在发展之中的超大型城市最不需要的东西就是阻止开发优质耐用的房地产的规定。城市是摆脱贫困的途径，阻止城市的发展会让发展中国家陷入人为的贫困状态。

对于平面扩展的偏见

在过去的一个世纪里，数千万人离开城市、迁入郊区。尽管我非常喜欢城市，但我无法指责他们作出的选择。我本人也迁入了郊区。但是，我可以指责这样一种体制，它阻碍了城市的发展，制造了促使我们离开城市的人为因素。我已经讨论了因为要求城市里比较富裕的居民为满足比较贫穷居民的需要买单而产生的问题。在住房和交通政策方面，一种反城市化的偏见甚至更加明显，它似乎在有意地伤害给他们的国家以及整个世界创造财富的城市。

联邦住房政策的核心是住房抵押贷款利息扣除，它允许住房的所有者从其应纳税额中扣除不超过 100 万美元的抵押债务的应付利息。由于 60% 以上的美国人是住房的所有者，这一政策在政治上已经变得无懈可击。但它存在着严重的缺陷。住房抵押贷款利息扣除是一只需要非常完善的围栏的圣牛。它鼓励美国人最大限度地借债消费，把赌注押在住房上，这在 2006—2008 年住房市场暴跌之后显得尤其愚蠢。通过鼓励人们更多地消费，对住房所有权进行补贴实际上推高了住房的价格。对于最为富有的美国人来说，累积在一起的扣除收益是非常惊人的。收入在 25 万美元以上的美国家庭的平均扣除额是收入在 40,000 美元～70,000 美元之间的美国家庭的平均扣除额的 10 倍以上。

出于环境方面的考虑，应该推动出台一种鼓励在大小适中的住所里居住的税收政策。住房抵押贷款利息扣除则将我们推向了相反的方向，它鼓励人们购买更大的房子，而更大的房子往往都建在郊区。二战之后向莱维敦、伍德兰兹等飞地的迁移就是由鼓励住房所有权的税收政策推动的。有人享受到了建在大块土地上的大房子给他们带来的快乐，我为他们感到高兴。但联邦政府的税收政策几乎没有什么理由要为那些购买大房子的人提供补贴。在不影响中等收入的美国人的前提下，解决这一问题的一个简单方法是把住房抵押贷款利息扣除的上限降低到一个更为合理的数额，比如 300,000 美元。

住房抵押贷款利息扣除是一项已有 70 年历史的联邦政府推动住房所有权运动的一部分。由政府发起的企业（比如房利美公司和房地美公司）长期接受隐蔽的、现在是公开的政府资助，以便鼓励抵押贷款市场的发展。联邦住房管理署和退伍老兵管理署长期以来一直鼓励美国人购买属于他们自己的住房。尽管住房所有权具有一定的社会意义，但为住房所有权提供补贴却给城市造成了伤害。住房所有者的确享有更多的投票权，也的确参与了当地问题的解决——他们拥有更多的资源。也许这些事情是值得补贴的，但直接补贴任何需要补贴的活动肯定要比鼓励人们尽可能多地借钱在住房市场上押宝更加明智。2006—2008 年间，住房市场的暴跌充分证明：推动人们将其拥有和借入的款项全部押宝在住房市场的兴衰上是非常愚蠢的。

城市里的土地价格很高，这自然会促使人们建造连排公寓，这种公寓 85% 是由承租人使用的。建造业主自用的合作公寓和共有公寓是可能的，但这种复杂的所有权结构往往会带来其特有的困难，这也正是它们仍然相对少见的原因所在。只要业主自用的住房仍然大量地集中在非城区，为所有权提供补贴就会对城市造成伤害。

奥巴马总统是继泰迪·罗斯福之后第一位在城市里长大的总统。但 2009 年经济刺激方案中的基础设施部分是不利于城市中的美国人的，就像美国从前的大多数基础设施开支一样。在 2009 年 3 月至 12 月间，美国 5 个人口密度最低的州的人均经济刺激开支是其他州的两倍。也许我们不应该对这一事实感到惊讶，因为那五个州控制着参议院 10% 的席位，尽管它们的人口只占全国人口的 1.2%。但是，这并不意味着资源不成比例地流入到人口密度较低的地区具有任何的合理性,尤其是因为这些开支被认为是应对经济衰退的开支,并且这五个人口密度最低的州已经成功地摆脱了经济衰退,它们的平均失业率在2009年12月时只有6.4%。

在最近的20年里,按照人均水平来说,用于人口密度最高的10个州的交通开支只有人口密度最低的10个州的一半。在采用了旧公式的经济刺激一揽子方案中,这一比例仍然没有任何变化。我们正在将我们的基础设施投资更多地用于方便美国农村地区的出入,而非用于加快人们在人口密集的城市地区的流动。相对于低密度地区而言,拥挤的大城市里更有可能出现通勤方面的困难。美国十个最大的城市地区的平均通勤时间要比全国总体水平高出20%。

正如白宫管理和预算办公室在谈到联邦公路计划时所言:"资金的拨付并不是基于需要或业绩,这一计划一直具有非常明显的特征。"在20世纪50年代,州际公路计划为人们离开城市提供了极大的方便。通过继续为低密度地区提供补贴,交通开支继续诱使人们离开城市。

既然如此,用于城市地区的交通开支是非常困难的。大型的城市建设项目需要大量的资金。简·雅各布斯和知名开发商罗伯特·摩西围绕着下曼哈顿高速公路进行的那场著名论战提醒我们,在已经有人居住的地方修建公路所导致的社区的反对声音不可避免地会远远高于在绿色田野上修建公路。此外,过多的城市交通项目流向了不断衰退的城市,它们并不需要更多的基础设施。说到底,这些城市的衰退表明它们所拥有的基础设施已经超过了当地居民的需要。我们需要以让人口不断增加的城市能够更加顺畅运行的方式进行建设。好的项目与像底特律的行人捷运系统那样的愚蠢行为之间的区别在于,好的项目可以为大量使用者带来实实在在的好处;坏的项目只是创造了资助的机会,并让开发商捞上一笔。

有人赞成把交通投资大量地投入人口密度较低的地区。他们认为那些地区需要慷慨的援助,因为它们缴纳了大量的燃油税,而燃油税是联邦交通投资的主要来源。如果真是这样的话,那么人口密度较大的地区更应该得到补偿,因为他们缴纳了大量的所得税。美国一半以上的所得税来自于22个城市地区。如果联邦政府根据税收收入来拨付款项的话,大城市将会得到大量的联邦资金。

但与赞成向城市大量返还由其缴纳的所得税的观点不同的是,赞成向大量消耗燃油的州拨付更多交通投资的观点从表面上看就是错误的。征收燃油税的主要理由之一是让驾车者承担其使用道路所产生的一定的社会成本。基本的经济学常识告诉我们，如果驾车者加剧了污染和拥堵，应向他们征收这些成本。但如果他们缴纳的燃油税随后又被用来投资修建公路，从而鼓励更多的驾车出行，征收燃油税的好处基本上就会付诸东流。为了给城市提供一个公平竞争的环境，应就驾车者使用燃油所造成的污染向其征收费用，而且他们不应以修建更多道路的方式收回这笔钱。

为了建立降低燃油税的合理的外部性，我们必须准确地知道驾车者通过污染、交通事故和交通拥堵给其他人造成了多大的伤害。最近的一篇文章将上述全部成本加在一起，得出了一个每加仑 2.30 美元的数字。这表明美国现行的燃油税严重偏低，但欧洲的燃油税可能严重偏高。如果美国采取欧洲的模式，肯定会有更多的郊区居民开始认为，集中居住是更为明智的。结束联邦政策中反城市化的偏见还意味着就郊区驾车者的行为所造成的环境成本向其征收费用。

所得税甚至可以被看作是对在大城市中生活所征收的一种税。大城市里的收入比较高，因为人们在城市里的劳动效率更高一些。通过对较高的收入征税，我们使得非都市地区的生活更加具有吸引力。所得税实际上降低了收入增加的吸引力，人们在城市里的收入往往会更高一些。我并不是在建议我们应该废除所得税，但对所得税所导致的反城市化后果加以限制是非常明智的。更多的税收应该返还给缴纳这些税收的地方。通过对城市征税来建设美国农村地区是一项愚蠢的政策，它损害了我们的城市得以繁荣发展的引擎。

绿色城市

对平面扩展进行补贴导致的成本之一是美国碳排放量的超标。城市是绿色的。相对于生活在人口密度较低的地区和驾车出行来说，生活在人口密度较高的地区和步行对环境更为友好。美国未能制定出合理的、就人们的行为产生的环境成本向其收费的环境政策，这也导致了某种危险的反城市化的偏见。

喜欢郊区的人应该可以生活在那里，但他们作出选择的基础应该是郊区化的实际成本和好处。郊区居民比城市居民使用了更多的能源、排放了更多的碳。在像印度和中国那样的地区，合理地确定碳排放的价格具有特别重要的意义，因为它们对生活方式的选择将会决定这个世界未来的碳排放总量。

解决气候变化问题的最简单方法是简单地征收碳税。如果根据能源使用者的行为所产生的社会成本向其征税，他们将会使用更加节油的汽车，并居住在更加节能的住宅里。他们还将发现,在节能的大城市里生活具有更大的吸引力。由于没有合理地对能源的使用进行征税,我们正在暗中为能源密集型的郊区生活方式提供补贴,并促使人们离开城市。

在未来的40年里,印度和中国将会继续迅速地迈向城市化。它们在土地利用方面的决定将会对能源消费和碳排放产生巨大的影响。如果这两个国家的人口生活在密度较高的地区,并使用公共交通工具,整个世界都会从中受益。如果它们采取平面扩展的方式,我们都将因为更高的能源成本和更多的碳排放而受害。西方国家必须减少其碳足迹的一个重要理由是减少这种虚伪性——在我们驾驶SUV去购物中心的同时却要求印度和中国变得更加绿色。

城市的礼物

我们的城市拥有许许多多的闪光之处,它们代表了人类可以达到的高度,但也代表了我们的傲慢。当前的这次经济衰退强烈地提醒我们,城市创新可以摧毁价值、也可以创造价值。任何一次衰退都会对全世界及其城市提出挑战。随着贸易和金融市场的萎缩,城市地区深受其害。随着税收的减少,城市必须为提供基本的服务而努力。不断上升的失业率进一步加剧了提供这些服务的负担,尤其是在那些本来已经很贫穷的城市里。

然而,我们城市的未来仍然是光明的。甚至当年的经济大萧条也没有能够掩盖大城市的光芒。城市这种绵延不绝的生命力反映了人类强大的社会属性。我们与他人相互交往的能力是人类的标志性特征。我们是作为一个群体共同成长的,因为我们一起捕获猎物,并相互交流技能。心理学家斯蒂芬·平克尔认为,集群居住是原始版的城市生活,它"为人类智力的演化奠定了基础"。通过不断地相互学习和吸取过去的经验教训,我们共同创造了文明和文化。从图书到谷歌搜索引擎,新的技术从来没有改变我们最基本的社会属性。它们为我们在没有见面的情况下学习某些东西提供了便利,但并未消除面对面的交流所具有的巨大优势。事实上,由于新技术加大了新思想所带来的回报,它们也加大了面对面合作所带来的回报。

在20世纪末,不断下降的交通成本削弱了重要的工业城市从前所具有的生产优势。汽车让美国人迁到了郊区,迁到了阳光地带以汽车为基础的城市。这些事件给许多比较古老的城市地区造成了巨大的损害,但它们并不是城市即将消亡的信号。靠近其他人的优势实在是太大了。

中国的领导人似乎明白，较高的人口密度可以让他们曾经非常贫穷的国家变得富裕起来。他们似乎已经认识到，高楼大厦可以提高生产效率，也可以降低环境成本。如果中国采取向高空发展而非向平面发展的模式，全世界的碳排放将会减少，地球将会减少因全球变暖而带来的威胁，中国将会减少对中东石油生产国的依赖。

印度的未来同样将取决于城市，但它的城市地区的模式更加难以预测。印度的城市迄今已经采取了最为糟糕的、英国的土地利用模式，导致了建筑的低矮和人口的分散。这种模式给印度带来的成本是非常巨大的，以至于整个南亚次大陆都可能不得不放弃对高密度建筑的反感。如果印度和中国都迈入了高度的城市文明的行列，那么美国郊区看上去将会开始像是一种特例，而非对世界未来的一种预告。

我认为，从长远来看，20世纪的郊区化生活就像是工业城市的短暂岁月，与其说是一种趋势，不如说是一种脱轨。城市建设是很困难的，高度集中既带来了成本，也带来了效益。但那些成本是非常值得承受的，因为不论是在伦敦富丽堂皇的商场里还是在里约热内卢难以驻足的贫民窟中，不论是在中国香港的高楼大厦里还是在达拉维充满灰尘的作坊里，我们的文化、我们的繁荣，以及我们的自由都是属于在那里共同生活、工作和思考的人们的最终礼物——城市的最终胜利。

致　谢

本书是一项集体努力的成果，我非常感谢在成书过程中曾经向我提供过帮助的许多人士。我的代理人，威廉·莫里斯奋进经纪公司的苏珊娜·格鲁克（Suzanne Gluck）和埃里克·鲁佛（Eric Lupfer），他们不仅鼓励我撰写一本通俗读物，而且从始至终不断地提出建设性的意见。本书中有些我最喜欢的文字就出自他们之手。

企鹅出版社的埃蒙·多兰（Eamon Dolan）是一个非常优秀的编辑，他不仅为我润色文字，而且还帮助我雕琢全书的结构。他是一个非常耐心、善于思考、聪明睿智的人。如果说我的想法总算统一到了一本前后一致的书中的话，很大一部分功劳应该记在他的头上。

我还得到了曼哈顿研究所所长劳伦斯·莫内（Lawrence Mone）和研究主管霍华德·修索克（Howard Husock）的大力支持。在史密斯·理查德森基金会慷慨而耐心的支持下，他们为这一项目提供了资金和学术方面的帮助。本书中的一些想法首先在《城市杂志》（City Journal）的文章中进行了探讨，我非常感谢编辑布莱恩·安德森（Brian Anderson）和主席本·波罗提恩斯基（Ben Plotinsky）提供的指导。

我还得到了哈佛大学肯尼迪政府学院陶布曼中心和拉帕波特研究所的大力支持。在本书的写作过程中，我曾有幸得到过它们的指导。埃琳·迪（Erin Dea）和海瑟尔·玛丽·维塔尔（Heather Marie Vitale）在项目期间提供了有益的帮助。大卫·卢比罗夫（David Luberoff）和桑德拉·加伦（Sandra Garron）已经成为了我的好朋友和支持者。我的院长大卫·爱尔伍德（David Ellwood）一直是一位支持者和富有灵感的领袖。

在陶布曼中心内部，我要特别感谢主任助理克里斯蒂娜·托比奥（Kristina Tobio），她对任何合理的电话咨询作出了答复，并花费数百个小时完成了本书的研究辅助工作。她整理了附注，并订正了我的许多不当表达，非常值得赞赏。她还是本书在不同阶段的研究助手小组的负责人，其成员包括伊丽莎白·库克-斯顿茨（Elizabeth Cook-Stuntz）、内森·黑普斯曼（Nathan Hipsman）和萨拉·莫沙利（Sarah Moshary）。

我还要感谢在我赴印度、中国香港、新加坡及其他地方旅行期间曾向我提供过帮助的许多人士，他们让我更好地了解了他们所在的城市。首先，我要感谢孟买的 M. K. 辛格（M. K. Singh），他付出了大量的时间和智慧。我还要感谢周蒂士·萨哈（Jyotish Saha）在加尔各答，马希卡·斯索迪亚（Mahika Shishodia）和冈内德·考尔·吉尔（Guninder Kaur Gill）在德里，萨布罗托·巴哥奇（Sabroto Bagchi）、K. 库曼（K. Kuman）、鲁班·普坎（Ruban Phu-kan）、埃里克·萨瓦奇（Eric Savage）、G. 斯里尼瓦姗（G. Srinivasan）、穆拉里·武拉甘提（Murali Vullaganti），特别是 K.R. 斯里克里斯娜（K. R. Srikrishna）在班加罗尔，以及特里普蒂·阿亚（Tripty Arya）和桑尼尔·汉达（Sunil Handa）在孟买提供的智慧向导。我的新加坡之行得到了彼得·胡（Peter Ho）、唐纳德·罗（Donald Low）和高辛银（Koh Tsin Yen）的大力支持，谨此表示深深的谢意。蒂姆·韦尔布斯（Tim Welbes）带我参观了得克萨斯州的伍德兰兹，并向我介绍了他的观点。埃米莉·比姆（Emily Beam）带我步行游览了底特律市中心。当我试图徒步感受这些城市以及它们的街道时，还有许多人也表现出了极大的耐心，此处未能一一署名表示感谢，谨此致歉。

我要特别感谢那些阅读本书并提出有益意见的人士：约书亚·戈特利布（Joshua Gottlieb）、杰西·夏皮洛（Jesse Shapiro）、安德烈·施莱弗（Andrei Shleifer）、劳伦斯·萨默斯（Lawrence Summers）和米切尔·威斯（Mitchell Weiss）。关于本书中提到的建筑历史，尼尔·列文（Neil Levine）给我提供了很多帮助。斯蒂芬·格林布拉特（Stephen Greenblatt）阅读了本书中有关莎士比亚的词句，他的见解非常有益。

本书的内容得到了许多人士的帮助。我的老师、同事、合著人、学生，以及我长期以来非常推崇的许多著名的城市规划专家都对我有着很大的影响。本书的

致　谢

核心主题——思想在人口密集的环境中更加容易传播——是芝加哥大学教给我的。在我师从加里·贝克尔（Gary Becker）、爱德华·拉奇尔（Edward Lazear）、舍温·罗森（Sherwin Rosen）和乔治·托利（George Tolley）时，我非常注意观察这一进程。本书的思想受惠于乔斯·沙因克曼（Jose Scheinkman）和罗伯特·卢卡斯（Robert Lucas）早期对我的影响。

我得到了优秀的哈佛大学同事的帮助，其中包括阿兰·阿尔特舒乐（Alan Altshuler）、约翰·坎贝尔（John Campbell）、大卫·卡特勒（David Cutler）、本杰明·弗里德曼（Benjamin Friedman）、罗兰·弗赖尔（Roland Fryer）、克劳达亚·戈尔丁（Claudia Goldin）、托尼·戈麦斯-伊巴内兹（Tony Gomez-Ibanez）、劳伦斯·卡茨（Lawrence Katz）和安德烈·施莱弗（Andrei Shleifer），他们向我传授了关于城市的许多知识。我要特别感谢约翰·凯恩（John Kain）和约翰·麦尔（John Meyer），他们是城市经济学领域的大师；遗憾的是，他们都已不幸离世。

本书中的许多思想最早是在与他人合著的学术论文中阐述的，合著者包括大卫·卡特勒（David Cutler）、丹尼斯·迪帕斯奎尔（Denise DiPasquale）、格莱恩·埃利森（Glenn Ellison）、杰斯·加斯帕（Jess Gaspar）、约瑟夫·吉尤科（Joseph Gyourko）、马休·卡恩（Matthew Kahn）、海迪·卡尔拉尔（Hedi Kallal）、威廉·科尔（William Kerr）、珍妮特·科尔黑斯（Janet Kohlhase）、乔斯·沙因克曼（Jose Scheinkman）和安德烈·施莱弗（Andrei Shleifer）。其中许多文章是我与学生及从前的学生们共同撰写的，其中包括阿尔伯托·埃迪斯（Alberto Ades）、盖伊·杜迈斯（Guy Dumais）、约书亚·戈特利布（Joshua Gottlieb）、杰德·科尔克（Jed Kolko）、大卫·马雷（David Mare）、马休·莱塞格（Matthew Resseger）、布鲁斯·萨瑟尔多特（Bruce Sacerdote）、阿尔伯特·赛义兹（Albert Saiz）、杰西·夏皮洛（Jesse Shapiro）和雅各布·维格多（Jacob Vigdor）。

如果要提及对我的思想产生影响的、所有著名的城市规划专家，需要一篇冗长而乏味的文章，但本书的许多内容显然带有简·雅各布斯（Jane Jacobs）的印迹，她像一位巨人一样影响着由城市组成的世界。

根据惯例，维基百科没有被列入到参考书目或引文中，因为维基百科中的任何资料均通过某种更加标准的资料来源进行了核实。但我仍然非常感谢维基百科的匿名工作者，他们多次给我的研究工作提供了极大的方便。如果有来自维基百科或任何其他来源的文字进入了我的文章——一位研究助手专门负责清除此类非有意的引用，但有时仍难免存在疏漏——我谨此表示歉意。

最后，我要特别感谢我的家人40年来对于我关注城市问题的支持。在我还是一个小孩子的时候，我的父亲路德维希·格莱泽（Ludwig Glaeser）就开始引导我关注城市的设计。我的母亲伊丽莎白·格莱泽（Elizabeth Glaeser）是我的第一任经济学老师，她时时处处地保护着我。我的继父埃蒙德·查特曼（Edmund Chaitman）也对我认识人类和世界起到了重要的作用。我的孩子西奥多（Theodore）、伊丽莎白（Elizabeth）和尼古拉斯（Nicholas）都非常地耐心，我把他们从休斯敦带到了拉文纳。他们一直是我灵感和快乐的源泉。

最为重要的是，我要感谢我的妻子南希·施瓦茨·格莱泽（Nancy Schwartz Glaeser），谨以此书献给她。在这个项目中，她是一位非常优秀的合作伙伴，正如她在生活中一样。她帮助编辑了本书，并不断地提出建议。她还承担了本书插图的挑选和组织。她的爱和支持意味着一切。

注 释①

引言 我们的城市人群

1. 在美国，有2.43亿人口拥挤在……我们的城市：The population of the United States in July of 2009 was 307,006,550, and 79 percent of the population lives on urban land. Thus, the urban population is 242,535,175. U.S. Department of Agriculture, Economic Research Services, *Major Uses of Land in the United States 2002,* "Urban and Rural Residential Uses." http://www.ers.usda.gov/publications/EIB14/eibl4g.pdf and U.S. Census Bureau, Annual Estimates of the Resident Population for the United States, Regions, States, and Puerto Rico: April 1, 2000, to July 1, 2009 (NST-EST2009-01), http://www.census.gov/popest/states/ NST-ann-est.html.

1. 生活在东京及其周围的人口高达3,600万，这里是全球生产效率最高的城市区域：PricewaterhouseCoopers, "Which Are the Largest City Economies？"

1. 孟买的中心城区居住着1,200万人口，上海的人口规模与其相差无几：United Nations, Department of Economic and Social Affairs, Population Division, *World Urbanization Prospects*: 2009, File 12, "Population of Urban Agglomerations with 750,000 Inhabitants or More in 2009, by Country, 1950—2025," http://esa.un.org/unpd/wup/CD-ROM_2009/ WUP2009-F12-Cities_Over_750K.xls.

1. 全球所有的人口可以全部住在……私人别墅：Texas has 261,797 square miles of land, or 7.3 trillion square feet of land. According to the U.S. Census, the world population is approximately 6.9 billion as of July 12,2010. If we divide 7.3 trillion square feet by 6.9 billion people, we get 1,034 square feet per capita, which is more than enough ground area for a modest townhouse per person. If we wanted to allocate for roads, commerce, and so on, we might have to assume that there were an average of two people living in each townhouse. U.S. Census 2000, GCT-PH1: Population, Housing Units, Area, and Density 2000, Summary File 1, 100-Percent Data, generated using American FactFinder; and U.S. Census Bureau, International Database, World Population Summary, www.census.gov/ipc/www/idb/worldpopinfo.php.

1. 每个月有500多万人口……一半以上：United Nations Habitat, *State of the World's Cities 2010/2011—Cities for All: Bridging the Urban Divide*, 2010. http://www.unhabitat.org/pmss/listItemDetails.aspx？publicationID=29I7.

3. 纽约中央车站……都要多的站台："Largest Railroad Station" (by number of platforms), *Guinness*

---

① 注释前的数字代表英文原书页码，见本书边码。

World Records 2008 (New York: Bantam Dell, 2007), 374–75.

3. 第47大街……珠宝市场：47th Street Business Improvement District, The Diamond District, www.diamonddistrict.org/home.html.

3. 在约翰·林赛和艾比·毕恩的领导下……尽管它的某些税率是全国最高的：Henig, "New York City: Paying the Tab."

3. 纽约，或更加准确地说……给人提供了一种安全感：Burrows and Wallace, *Gotham*.

3. 18世纪，纽约超越波士顿……生产蔗糖和烟草的殖民地：Glaeser, "Urban Colossus," 9,11.

3. 19世纪前半期……纽约成为了美国的城市巨人：Gibson, "Population of the 100 Largest Cities."

3. 在19世纪初期……纽约成为了天然的交通枢纽：Albion, *Rise of New York Port*, 38–54; and Glaeser, "Urban Colossus," 12.

4. 船运业是纽约的经济支柱……制糖、服装生产和出版：Glaeser, "Urban Colossus," 14.

4. 制糖厂往往开办在……第一位盗版英国小说的印刷商：Burrows and Wallace, *Gotham*, ch. 27.

4. 在沃尔特·司各特……成为了真正的出版商：Mott, *Golden Multitudes*, 68.

4. 但是，进入20世纪之后……运输成本优势：Glaeser and Kohlhase, "Decline of Transport Costs."

5. 现在，在曼哈顿第41大街……超过了俄勒冈州或内华达州：The five zip codes are 10017, 10019, 10020, 10022, and 10036. According to County Business Patterns, the combined payroll in these areas in 2007 was over ＄80 billion, and total employment was 617,984. When we divide total payroll by total employment, we calculate average earnings of approximately ＄130,000 per worker. In the County Business Patterns, 2007 payroll in Oregon was ＄56 billion and in Nevada was ＄44.4 billion, and 2007 employment in New Hampshire was 573,209 and in Maine was 503,789 U.S. Census Bureau, County Business Patterns 2007, www.census.gov/econ/cbp.

5. 关于平衡风险与回报的学术研究使得……更加容易：Bernstein, *Against the Gods*, 300–302.

5.《迈克尔·米尔肯的高收益债券》：Lewis, *Liar's Poker*, 111.

5. 亨利·克拉维斯利用……成为了可能："The Team," KKR, Kohlberg Kravis Roberts & Co., 2010, www.kkr.com/team/theteam.cfm.

5. 抵押担保债券巨头刘易斯·拉涅里是从所罗门兄弟公司的收发室里起家的：Lewis, *Liars Poker*, 96.

5. 今天，曼哈顿有40%的薪水……仍然繁荣兴旺的城市的基础：Because New York County is equal to Manhattan, we are able to add up the total payroll of all industries in New York County in 2007, which is nearly ＄210 billion. Payroll in the financial services industry—North American Industry Classification System (NAICS) codes 521,522,523, and 525—is nearly ＄84 billion; ＄84 billion divided by ＄210 billion equals 39.88 percent. U.S. Census Bureau, County Business Patterns 2007, www.census.gov/econ/cbp.

5. 在2009—2010年间……后者是除大纽约之外工资水平最高的地区：Bureau of Labor Statistics, Economic News Releases, *County Employment and Wages*, "Table 1. Covered establishments, employment, and wages in the 327 largest counties, first quarter 2010," http://www.bls.gov/news.release/cewqtr.t01.htm. (Last modified date: October 19, 2010.)

6. 在美国……被较高的生活成本抵消：Using the 2000 U.S. Census Integrated Public Use Microdata Series, we keep the observations for men aged 25–55. We drop any observations where a person is not in the labor force or works less than full-time (defined as at least 35 hours per week and at least 40 weeks per year). We also drop any observations where a person earns a salary less than the salary earned by a worker earning minimum wage and working less than half-time (that is, less than one half times 1,400 hours per year, which is 35 hours per week

times 40 weeks per year). Finally, we drop any outliers (those earning less than the 1st percentile, or more than the 99th percentile). We compare the average of those living in nonmetropolitan areas ($58,665.72 per year, in 2000 dollars) with those living in large (populations of 1 million or more) metropolitan areas ($77,086.05 per year, in 2000 dollars). The difference between these two numbers is $18,420.33, which is 31 percent higher than the average salary of those living in nonmetropolitan areas.Ruggles et al., *Microdata Series*.

6. 生活在居民人口超过100万……这一差距甚至更为明显: Using 2008 GDP for Metropolitan Statistical Areas (MSAs) from the Bureau of Economic Analysis and MSA population from the U.S. Census Bureau, we determine the GDP per capita for each MSA by dividing GDP by population. We then find the average GDP per capita for MSAs with more than 1 million people in 2008, which is $52,546.85 per capita. We find the average GDP per capita for MSAs with less than 1 million people in 2008, which is $38,090.70, or 38 percent less than $52,546.85. Bureau of Economic Analysis, Gross Domestic Product by Metropolitan Area, www.bea.gov/regional/ gdpmetro; U.S. Census Bureau, Population Division, Table 5, Estimates of Population Change for Metropolitan Statistical Areas and Rankings: July 1,2007, to July 1,2008 (CBSA-EST2008–05), March 19,2009, www. census. gov/popest/metro/tables/2008/CBSA-EST2008-05.xls.

7. 作为印度的第五大城市，班加罗尔……: United Nations, Department of Economic and Social Affairs, Population Division, *World Urbanization Prospects:* 2009, File 12, Population of Urban Agglomerations with 750,000 Inhabitants or More in 2009, by Country, 1950—2025, http://esa.un.org/unpd/wup/CD-ROM_2009/WUP2009-F12-Cities_Over_750K.xls.

7. 圣雄甘地对于当时的反城市化运动……生活在70万个村庄里: Kumar, "The Whole Truth of a Home Economy," 135.

7. "印度的发展……而是依赖于村庄": Gandhi, *Essential Writings*, 120.

7. 近乎完美的关系: 作者的计算使用了 Maddison, "Statistics on World Population"; and United Nations, Population by Sex and Urban/Rural Residence, http://data.un.org.

7. 平均来看……增长30%: 同上。

8. 在布鲁内莱斯基解决了……这一进程的核心: White, *Birth and Rebirth of Pictorial Space*.

8. 在1950年的美国十大城市中……至少下降了1/5: In 2008, Detroit's population was 777,493. This is 42 percent of the 1950 population of 1,849,568. The ten largest cities in America in 1950 were (in descending order) New York, Chicago, Philadelphia, Los Angeles, Detroit, Baltimore, Cleveland, St. Louis, Washington, D.C, and Boston. All but New York and Los Angeles have lost population by 2008. American Community Survey, 2008 Data Profile for the United States and the City of Detroit, generated using American FactFinder; and Gibson, "Population of the 100 Largest Cities." See Glaeser, "Can Buffalo Ever Come Back?" for further discussion of that particular declining city.

9. 如果将2,000亿美元分配给在这里居住的人们: $200 billion divided by the population of New Orleans before Katrina (437,186) is about $457,471 per person. American Community Survey, 2005 Data Profile for the City of New Orleans, generated using American FactFinder.

10. 1/4以上的……并不住在那里:In 2000, the population of Manhattan age five or older was 1,462,015. The population of those who had lived in another county in 1995 was 381,919, or 26 percent. U.S. Census Bureau, Census 2000 Summary File 3, Sample Data, Table P4; residence in 1995 for the population five and older, county and state level, generated using American FactFinder.

10. 里约热内卢的贫困人口比例……农村地区: This is discussed in further detail in chapter 3. Rio de

Janeiro has a poverty rate of about 9 percent, while the rural northeast has a rate of 55 percent. "Sources of Welfare Disparities."

10. 它们在供水问题上……全部开支: Cutler and Miller, "Water, Water Everywhere," 183–86.

10. 纽约市的健康状况……低 7 岁: Life expectancy for a male born in 1901 in New York was 40.6. Life expectancy for an American male at birth in 1901 was 47.6. New York City Department of Health and Mental Hygiene, *Summary of Vital Statistics* 1961, table 6; and Arias, "United States Life Tables, 2006," table 12.

11. 她认为……确保价格的可承受性: Jacobs, *Death and Life*, 187–99.

12. 这种景观得以保留……拜占庭程序: Le Plan Local d'Urbanisme, www.paris.fr/portail/pratique/Portal.lut?page_id=6576&document_type_id=5&document_id=753&portlet_id=14938, with an objective to "préserver le patrimoine architectural et urbain" (preserve the architectural and urban heritage). The texts related to the plan are listed at www.paris.fr/portail/pratique/Portal.lut?page_id=7042&document_type_id=4&cdocument_id=21439&portlet_id=16186.

12. 威尔士亲王本人……圣保罗大教堂的独特景观: Many newspaper articles discuss various stands or complaints of the prince's regarding this issue. For example, see Alan Hamilton, "You're Scraping Wrong Part of the Sky."

12. 在土地利用方面……必须低于一又三分之一层的水平: Bertaud, "Mumbai FSI Conundrum," 4.

12. 上海仍然维持着更高的可承受性: Gómez-Ibáñez and Ruiz Nuñez, "Inefficient Cities."

13. 在美国，乘坐公共交通工具上下班……是 24 分钟: Glaeser and Kahn, "Spraw," 2499–2500.

14. 在瓦尔登湖畔……: "insignificantThoreau, *Walden*, Routledge, 117.

14. 郊区 "公园一般的环境": Mumford, *City in History*, 492.

14. "环境恶化": Ibid., 461.

14. 只有不到 1/3 的纽约人……公共交通的使用效率: Author's calculations from the American Community Survey, 2008 Data Profile for the City of New York and the United States, generated using American FactFinder.

15. 即使在美国最为绿色……高出 10 倍以上: Zheng et al., "Greenness of China."

15. 如果中国和印度……将提高 30%: In 2006, per capita emissions in the United States were 19.78 metric tons. In France, they were 6.60 metric tons; in China, 4.58 metric tons; and in India, 1.16 metric tons. Total emissions in 2006 were 29.195 billion metric tons. If we subtract from this total China's 2006 emissions (1.314 billion people times 4.58 metric tons per capita for a total of 6.018 billion tons) as well as India's (1.112 billion people times 1.16 metric tons per capita for a total of 1.293 billion tons), and then add China's total emissions if they were at the U.S. per capita level (1.314 billion people times 19.78 metric tons for a total of 25.998 billion tons) as well as India's (1.112 billion people times 19.78 metric tons per capita for a total of 21.988 billion tons), the new world total would be 69.8601 billion tons, an increase of 139 percent. If, instead, we used France's 6.60 metric tons per capita figure, China's revised emissions would be 8.668 billion (1.314 billion people times 6.60 metric tons per capita) and India's would be 7.334 billion (1.112 billion people times 6.60 metric tons per capita), for a revised world total of 37.887 billion tons, or an increase of about 30 percent. U.S. Energy Information Administration, International Energy Annual 2006, table H.1cco2, "World Per Capita Carbon Dioxide Emissions from the Consumption and Flaring of Fossil Fuels, 1980—2006," www.eia.doe.gov/pub/international/iealf/tableh1cco2.xls.

Chapter 1　他们在班加罗尔制造的是什么？

18. 非常强势的工会：Besley and Burgess, "Can Labor Regulation Hinder Economic Performance?" 92.

18. 出售给 MIH 控股公司：例如，参见 Ranjan, "Bixee, Pixrat Acquired."

18. 一家知名的中介机构……高达 10 万次：Real Website Worth, "bixee.com," realwebsiteworth.com, http://208.87.241.248/ traffic_report/bixee.com.

18. 后来，他离开了 MIH 公司：这个网站是 Educrest.com，尽管目前它仍处于建设阶段。Jacob, "Now, Social Networking Gets a Voice."

19. 雅典刚刚成为世界的知识中心：Hall, *Cities in Civilization*, 26.

19. 最为著名的希腊思想家……近东的古代文明：Ibid.

19. 米利都是一个……诞生地：McNeill, *Western Civilization*, 58.

19. 希波达摩斯……网络状规划：Cartledge, *Ancient Greece*, 54.

19. 雅典是依靠……发展起来的：Hall, *Cities in Civilization*, 49–50.

19. 这座城市通过……造成了毁灭性的打击：Cartledge, *Ancient Greece*, 98.

19. 正如富庶而热情的……各行各业的人才：Ibid., 104.

19. 希波达摩斯从米利都来到这里，规划了雅典的港口：Ibid., 54, 91.

19. 地中海沿岸的艺术家……还诞生了戏剧和历史：Ibid., 104.

20. 许多的征服者……具备的优势："Theodoric (King of Italy)" *Encyclopædia Britannica*.

20. 但是，尽管哥特人……变成了死亡之都：McNeill, *Western Civilization*, 207.

20. 欧洲之王查理曼大帝……一种先进文明的优秀代表：Pagden, *Worlds at War*.

20. 在 1,000 年以前……君士坦丁堡：Chandler, *Four Thousand Years of Urban Growth*, 538.

20. 另外 3 座城市……都属于伊斯兰世界：Bairoch, *Cities and Economic Development*.

20. 随着穆斯林……保护之下的城市：Lyons, *House of Wisdom*.

21. 阿巴斯王朝……这座崭新的城市：Ibid., 59, 62.

21. 他们把各行各业的学者们……翻译成阿拉伯文：Ibid., 63.

21. 学者们在那里……数学全书《西德罕塔》：Durant, *Age of Faith*, 240–41.

21. 通过对《西德罕塔》……由他命名的代数：Lyons, *House of Wisdom*, 72–73.

21. 印度数字……与伊斯兰神学的兼容：Ibid., 73, 175; and Gari, "Arabic Treatises."

21. 巴格达的医学知识来自波斯人：Lyons, *House of Wisdom*, 86.

21. 造纸技术则是由中国的战俘带到巴格达的：Ibid., 57.

21. 作为在意大利具有重要地位的东部港口……思想和香料的门户：McNeill, *Venice: The Hinge of Europe*.

21. 在西班牙人于 1085 年……翻译成拉丁文：Bakhit, *History of Humanity*, 115.

21. 十字军占领了安条克……医学和科学文献：Lyons, *House of Wisdom*, 104.

21. 西班牙的伊斯兰城市……基督教的世界：Ibid., 142.

22. 这些文献进入了……托马斯·阿奎纳：Knowles, "The Evolution of Medieval Thought."

22. 在修道院里……如水车：Lucas, "Role of the Monasteries"; Baumol, "Entrepreneurship: Productive, Unproductive, and Destructive."

22. 商人们集中参加……容易损坏的基础设施：Milgrom et al., "The Role of Institutions in the Revival of Trade."

22. 最后……它们成为了技术和商业的中心：Pirenne, *Medieval Cities and Murray, Bruges: Cradle*

of Capitalism.

22. 由商人管理的城市……由亲王和君主领导的城市：de Long and Shleifer, "Princes and Merchants."

22. 这些人口密集的地方……全球贸易网络的节点：McNeill, *Western Civilization*, 331.

22. 商业城市建立了……法律规则：Ibid., 327-28.

22. 始于低地国家的……第一个现代共和国：Geyl, *Revolt of the Netherlands*.

23. 当美国军舰……一个非常可怕的强国：Goodman, *Japan and the Dutch*, 9.

23. 在1894—1910年间……征服了朝鲜：Iriye, "Japan's Drive to Great-Power Status."

23. 到了20世纪中期……优于美国的军舰和飞机：Meyer, *Japan*, 261.

23. 日本和西方的第一次接触……在长崎附近登陆的：McClain, *Japan*, 2.

23. 在接下来的300年里……提供了方便：Goodman, *Japan and the Dutch*, 107-8.

23. 1590年，信奉耶稣的葡萄牙人……第一家金属制版的印刷厂：Boorstin, *Discoverers*, 508.

23. 46年之后……从事这种勾当：Goodman, *Japan and the Dutch*, 16.

23. 西药在17世纪40年代进入了日本……曾请东印度公司的医生看过病：Ibid., 37-38,40.

23. 不久，日本学生开始……引进了日本：Ibid., 38.

23. 在19世纪初期……结合使用了东方的草药：Stevens, "Anaesthesia in Japan"

23. 除了西药之外……甚至还有机械的玩具娃娃：Sugita, *Western Science in Japan*, 17.

24. 1720年，一位非常好奇的幕府开始允许西方的图书在日本出版：Goodman, *Japan and the Dutch*, 51.

24. 当美国军舰于1853年……工程技术人员：Morris-Suzuki, *Technological Transformation*, 62.

24. 1855年，荷兰人……长崎海军培训中心：Murdoch, *Tokugawa Epoch,* 616.

25. 班加罗尔的确有着……远不像德里那么闷热：India, Government of, "Climatological Data of Important Cities."

25. Infosys公司成立于……金融服务和咨询："Who We Are," Infosys, www.infosys.com/about/who-we-are/pages/history.aspx.

25. 每年有数千人在其位于……任何一所常春藤名校：Schlosser, "Harder than Harvard."

27. 拥有学士学位的成人人口……相应地提高6%：作者计算所使用的数据来自U. S. Census Bureau, 1980 Census and 2000 Census.

27. 拥有本科学历的人口……相应地提高22%：作者计算所使用的数据来自U.S. Census Bureau, American Community Survey, 2008, Bureau of Economic Analysis, Regional Economic Accounts, Gross Domestic Product by Metropolitan Area, 2008.

28. 在1970—2000年间……人口只增长了37%：作者计算时所依据的县级统计数据来自Haines, "Historical, Demographic, Economic, and Social Data: The United States, 1790—2002."

28. 对于每一个工人来说……他的收入通常会增加8%左右：Card, "Estimating the Return to Schooling."

28. 全国总人口平均上学读书的时间……增加30%以上：Barro and Lee, "International Data on Educational Attainment"; and Maddison, "Statistics on World Population."

28. 自20世纪70年代以来……在逐步增强：Goldin and Katz, *Race Between Education and Technology*.

28. 1980年……这一收入差距扩大近70%：*Economic Report of the President 1997*, United States Government Printing Office, Washington, DC, Feb. 1997, www.gpoaccess.gov/usbudget/fy98/ pdf/erp.pdf.

28. 一派强调技术的进步……降低了对非熟练工人的需求：Acemoǧlu, "Why Do New Technologies

Complement Skills?" 1055-58; Doms et al., "Workers, Wages, and Technology," 253-54.

29. 许多研究表明……如杂交玉米和计算机的引进: Nelson and Phelps, "Investment in Humans," 70; Schultz, "Ability to Deal with Disequilibria," 834; and Krueger, "How Computers Have Changed the Wage Structure."

29. 另一派则强调国际贸易和全球化……支付很高的工资: Sachs and Shatz, "U.S. Trade with Developing Countries."

29. 在一个世纪前……高新技术的世界之都: "Birth of the University," *History of Stanford*.

29. "生活归根到底是指向实用的……谋求一份有用的职业": Elliott, *Stanford University*, 88–89.

30. 斯坦福大学第一家……尚不满 18 岁: Aitken, *Continuous Wave*, 103.

30. 但是，他的支持者……无法提供可靠的无线电服务: Ibid., 104-5.

30. 但是，埃尔韦尔未就此放弃……更名为联邦电报公司: Sturgeon, "How Silicon Valley Came to Be," 19.

30. 李·德福雷斯特是……第一只电子管: Ibid., 24.

30. 另一项成果诞生……晶体管: Ibid., 17.

30. 甚至在德福雷斯特离开之后……仍然十分兴盛: Ibid., 20-23.

30. 斯坦福大学的第一个电子工程学博士学位……颁发的: Ibid., note 15; and "Electrical Engineering Timeline," Stanford Engineering, http:// ee.stanford.edu/timeline.php.

30. 两个丹麦人……创建了 Magnavox 公司: Sturgeon, "How Silicon Valley Came to Be," 30.

30. 联邦电报公司的另一位雇员……成立了菲舍尔研究实验室: Ibid., 32.

30. 利顿工业公司……而壮大起来: Ibid., 32-34.

31. 但是，联邦电报公司的任何一位雇员……来到了硅谷: Gillmor, *Fred Terman at Stanford*. The Nobel citation credits the two men with the "discovery of the transistor effect," but there is some controversy over this (see R. G. Arns, "The other transistor: early history of the metal-oxide semiconductor field-effect transistor").

31. 威廉·肖克利在 20 世纪 50 年代……分享了诺贝尔物理学奖: Shurkin, *Broken Genius*.

31. 在一次声名狼藉的事故中……一事负责: Ibid., 176.

32. 他手下 8 位最优秀的青年科学家……创办了英特尔公司: "Fairchild Semiconductor Corporation," *Encyclopaedia Britannica*.

32. 另外一个人在离职后……提供了资助: "'Fairchildren' Who Came to Dominate the World of Technology," Financial Times (London), Oct. 31,2007, Business Life.

32. 惠普公司的两位前雇员……创办了苹果电脑公司: "Apple Inc." *Encyclopædia Britannica*.

32. 苹果电脑公司的一位前雇员……创办了 eBay 公司: "Who We Are: History," eBay, www.ebayinc.com/milestones; and Viegas, *Pierre Omidyar*, 34.

32. 雅虎公司和谷歌公司: "The History of Yahoo!—How It All Started ..Yahoo! Media Relations (Yahoo! 2005), http://docs.yahoo.com/info/misc/history.html; and "Google Milestones," Corporate Information, Google, 2010, www.google.com/corporate/history.html.

32. 极个别的公司……只居住着 2.14 人: U.S. Census Bureau, American Community Survey, 2008 Data Profile for County of Santa Clara, generated using American FactFinder.

33. 即使在房价暴跌之后……肯定是非常困难的: National Association of Realtors, Median Sales Price of Existing Single-Family Homes for Metropolitan Areas for First Quarter 2010, www.realtor.org/

research/research/metro price.

33. 在帕罗阿尔托……没有大学文凭：U.S. Census Bureau, American Community Survey, 2008 Data Profile for City of Palo Alto, generated using American FactFinder.

33. 硅谷的另一个重大缺陷：U.S. Census Bureau, County Business Patterns 2008, www.census.gov/econ/cbp.

33. 产业单一的城市……不利于新思想和新企业的出现：Glaeser et al., "Growth in Cities," 1132, 1150–51.

33. 简·雅各布斯对这一现象……新思想是在结合旧思想的基础上形成的：Jacobs, *Economy of Cities*, 47–53.

33. 通过准确把握华尔街商人们……信息技术公司："Biography," Office of the Mayor, New York City, 2010, www.nyc.gov/portal/site/nycgov/menuitem.e985cf5219821bc3f7393cd401c789a0.

33. Facebook 起源于大学校园……希望分享哪些信息：Nguyen, "Online Network Created by Harvard Students Flourishes."

33. 当 eBay 希望拓展……丰富的营销经验："Meet Meg Whitman," Meg 2010: A New California (Meg Whitman for Governor of California, 2010), www.megwhitman.com/aboutMeg.php.

34. 密歇根大学的两位学者……显然是与此相符的：Rocco, "Trust Breaks Down."

35. 第一次社会心理学实验……脚踏车运动的爱好者："What Did Triplett Really Find?" 271.

35. 他说，运动员……速度稍慢一些的孩子：Triplett, "Pacemaking and Competition," 510.

35. 现代的统计数据表明……工作时间会变得更长：Rosenthal, et al., "Agglomeration, Labor Supply, and the Urban Rat Race."

35. 一家大型连锁超市……明星收银员的影响力：Mas and Moretti, "Peers at Work."

35. 在距离较近的人员之间……增加了电话交流的需要：Gaspar and Glaeser, "Information Technology."

35. 更多电子方式的交流：Ibid., 152.

35. 在美国……30.6% 的成年人拥有大学文凭：作者根据持有本科文凭的人口在人口密度低于每英亩 1 人的县和人口密度高于每英亩 2 人的县所占平均比例而进行计算，县级统计数据来自 Haines, "Historical, Demographic, Economic, and Social Data: The United States, 1790–2002."

36. 创新为什么会集中出现……更为容易：Paraphrase of Glaeser et al., "Growth in Cities," 1127.

36. 1993 年……地缘上更加接近的其他专利：Jaffe et al., "Geographic Localization of Knowledge Spillovers."

36. 最近的研究仍然表明……具有地缘上的本地性：Maurseth and Verspagen, "Knowledge Spillovers in Europe," 542.

36. 近期的研究还表明……往往要高得多：Lychagin et al., "Spillovers in Space."

36. 最近一个世纪以来……面对面交流的必要性：Gaspar and Glaeser, "Information Technology," 136–37.

37. 商务旅行……出现了急剧的增加：Ibid., 149.

37. Facebook 是另一种……互联网技术：http://onlinelibrary.wiley.com/doi/10.1111/j.1083-6101.2007.00367.x/full.

37. 研究表明……喜欢使用 Facebook：http://web.ebscohost.com.ezpprod1.hul.harvard.edu/ehost/pdfviewer/pdfviewer?vid=8&hid=107&sid—8532ef3f-5e9d-48f8-98ec-d2a5e260d6e8%40sessionmgr111.

37. 此外……哈佛大学学生: Mezrich, *The Accidental Billionaires*.
38. 古登堡是在 15 世纪初……威尼斯成为了全球的印刷中心: Howard, *The Book*.
39. 城市里富裕的……大量的图书作者: Ibid.
39. 在后来的几个世纪里……它获得了盗版的英文小说: Burrows and Wallace, *Gotham*, 441.
39. 马丁·路德认为……"最高和最大的恩赐": Couch et al., *Information Technologies*, 124.
39. "在 1517—1520 年间……是不言而喻的。" A. G. Dickens, quoted in Philip M. Taylor, *Munitions of the Mind*, 97.
39. 新教在支持城市、贸易……从而推动了全球商业的发展: Glaeser and Scheinkman, "Neither a Borrower."
39. 伟大的荷兰革命……当地一家天主教堂的圣像: Geyl, *Revolt of the Netherlands*, 93.
40. 1581 年……西到曼哈顿岛: "Netherlands," *Encyclopædia Britannica*.
40. 断绝法案: Zagorín, *Rebels and Rulers*, vol. 2,118.

Chapter 2 城市为什么会衰落？

41. 底特律的艾尔姆赫斯特大街……唏嘘不已: 我实际走访这一地区是受到了下面这篇非常棒的文章的启发: McWhirter, "Homes Give Way to Urban Prairie."
41. 在 1950—2008 年间……美国平均水平的一半: In 2008, Detroit's population was 777,493, which is 42 percent of the 1950 population of 1,849,568 and a loss of over 1 million people. Gibson, "Population of the 100 Largest Cities"; and U.S. Census Bureau, American Community Survey, 2008 Data Profile for City of Detroit, generated using American FactFinder. According to the same American Community Survey, 33.3 percent of people who live in Detroit have incomes that for the last twelve months have been below poverty level; and median family income in Detroit is ＄32,798, which is 52 percent of the nation's median family income of ＄63,366. U.S. Census Bureau; American Community Survey, 2008 Data Profile for City of Detroit and for the United States, generated using American FactFinder. In 2009, Detroit city's average unemployment rate was 25 percent, 2.7 times the U.S. average 2009 rate of 9.3 percent. Bureau of Labor Statistics, *Local Area Unemployment Statistics*, "Unemployment Rates for the 50 Largest Cities, 2009," www.bls.gov/lau/lacilg09.htm, and *Statistics from the Current Population Survey*, "Employment Status of the Civilian Noninstitutional Population, 1940 to Date," www.bls.gov/cps/cpsaat1.pdf.
41. 2009 年，底特律的失业率: Bureau of Labor Statistics, *Local Area Unemployment Statistics*, "Unemployment Rates for the 50 Largest Cities, 2009," www.bls.gov/lau/lacilg09.htm.
41. 2008 年……比纽约市调出 10 倍以上: Federal Bureau of Investigation, *Crime in the United States 2008*, Sept. 2009, www.fbi.gov/ucr/cius2008/data/table_08.html.
41. 底特律独树一帜……高达 25% 的暴跌: Case-Shiller Home Price Indices, July 21, 2010.
42. 在 1950 年美国最大的 16 座城市中……匹兹堡和圣路易斯: Gibson, "Population of the 100 Largest Cities," table 1, "Annual Estimates of the Resident Population for Incorporated Places Over 100,000, Ranked by July 1, 2009 Population," April 1, 2000, to July 1, 2009 (SUB-EST2009-01), www.census.gov/popest/cities/SUB-EST2009.html.
42. 技能水平较高的城市……更加成功: Glaeser and Saiz, "Skilled City," 47.
42. 底特律只有 11% 的成年人: U.S. Census Bureau; American Community Survey, 2008 Data Profile for City of Detroit, generated using American FactFinder.

42. 人口和企业……构成铁锈地带的那些城市: Glaeser and Tobio, "Rise of the Sunbelt."

43. 纽约成了全国最大的服装生产基地: U.S. Bureau of the Census, Census 1950, www.census.gov/prod/www/abs/decennial/1950.html.

43. 1900年，美国最大的20座城市: Gibson, "Population of the 100 Largest Cities." Here are the twenty largest cities and one of their associated waterways: New Yord, NY, Eastern seaboard; Chicgo,IL, Lake Michigan; Philadelphia, PA,Eastern seaboard; St. Louis, MO, Mississippi River; Boston, MA, Eastern seaboard; Baltimore, MD, Chesapeake Bay; Cleveland, OH, Lake Erie; Buffalo, NY, Erie Canal; San Francisco, CA, San Francisco Bay; Cincinnati, OH, Ohio River; Pittsburgh, PA, Allegheny, Monongahela, Ohio Rivers; New Orleans, LA, Mississippi Delta; Detroit, MI, Detroit River; Milwaukee, WI, Lake Michigan; Washington, DC, Potomac River; Newark, NJ, Newark Bay; Jersey City, NJ, Hudson River; Louisville, KY, Ohio River; Minneapolis, MN, Mississippi River; and Providence, RI, Eastern seaboard.

43. 底特律最初是由法国人……一个理想之地: Hudgins, "Evolution of Metropolitan Detroit"

44. 1816年……运到大西洋彼岸: George Rogers Taylor, *Transportation Revolution*, 132–33.

44. 通过火炮而非运河: Bernstein, *Wedding of the Waters*, 22–23.

44. 在担任美国总统之前……波托马克运河公司的总裁: Achenbach, *The Grand Idea*.

44. 这条重要的水运通道……实现了赢利: George Rogers Taylor, *Transportation Revolution*, 33–34, 197.

44. 城市很快就沿着……往返的平底船: Bernstein, *Wedding of the Waters*, 359–61.

45. 装运粮食的需求……改变了城市: Ibid., 362.

45. 在1850—1970年间……分布在这条弧线上: Data from 1900–1980: Gibson, "Population of the 100 Largest Cities." In 1860, the cities that shared this distinction were, in order of population, New York, NY; Brooklyn, NY; New Orleans, LA; St. Louis, MO; Chicago, IL; and Buffalo, NY. In 1960, they were New York, NY; Chicago, IL; Detroit, MI; Cleveland, OH; and St. Louis, MO.

45. 芝加哥的土地市场……出现了爆炸性的增长: Hoyt, *One Hundred Years of Land Values in Chicago*.

45. 在1850—1900年间……150万人以上: 根据2008年美国社区调查的数据，10.8%的年龄在25岁以上的底特律居民拥有本科文凭。U.S. Census Bureau, American Community Survey, 2008 Data Profile for City of Detroit, generated using American FactFinder.

45. 1889年，爱荷华州的粮食产量: United States Department of Agriculture—National Agricultural Statistics Service, Crops by State (95111), cn186629.csv, http://usda.mannlib.cornell.edu/MannUsda/viewDocumentInfo.do? documentID= 1269.

45. 辛辛那提被称为……附近农民送来的动物: Cronon, *Nature's Metropolis*.

45. 当古斯塔夫·斯威夫特……维持牛肉的低温状态: Williams, *Food in the United States*, 87.

46. 从21,000人增长到了206,000人: U.S. Census Bureau, Population Division, Release Date June 2010; and Gibson, "Population of the 100 Largest Cities."

46. 1907年……吞吐量的3倍以上: Nolan, "How the Detroit River Shaped Lives and History."

46. 利物浦和曼彻斯特均与……密切相关: David Elystan Owen, *Canals to Manchester*.

46. 乔治王朝时期修建的运河: Minchinton, "Bristol."

46. 铁路将成为水运航道的补充: Lay, *Ways of the World*, 138.

46. 底特律干船坞公司……第一次重要接触: Nevins and Hill, *Ford*, vol. 1, 84–85.

注释

47. 拥有丰富的木材和铁矿石资源……生产汽车的理想地点：Ibid., 515.

47. 底特律在很久以前……涉足发动机业务：Pelfrey, *Billy, Alfred, and General Motors*, 28–29, covers carriages and Durant's involvement therein.

47. 汽车的基本技术……如何大批量地生产出高质量汽车的问题：Nevins and Hill, *Ford*, vol. 1, 125–35.

47. 一般来说……存在着密切的关系：Glaeser et al., "Clusters of Entrepreneurship."

47. 在1882年离开……继续进行发动机的研制：Nevins and Hill, *Ford*, vol. 1, 87.

47. 邻居家的由西屋公司生产的脱粒机：Ibid.

47. 在西屋公司找到了一份与发动机有关的工作：Ibid.

47. 一台早期的拖拉机：Ibid., 112.

47. 加入了西屋公司的竞争对手：Ibid., 117.

47. 1893年，他被提升为底特律工厂的总工程师：Ibid., 135.

47. "年轻人，那是你的事业！"：Brinkley, *Wheels*, 26.

47. 1896年……最高时速达到了20英里：Nevins and Hill, *Ford*, vol. 1, 154–55.

47. 这给一位经销木材的富商……提供了资金支持：Ibid., 174–75.

47. 价格昂贵，而且质量不佳：Ibid., 190–92.

48. 那位木材经销商并未轻易放弃：Weiss, *Chrysler, Ford, Durant, and Sloan*, 11.

48. 福特、兰塞姆·奥兹……来到了这座汽车城：Nevins and Hill, *Ford*, vol. 1, passim.

48. 在道奇兄弟的支持下……提供了资金和零配件：Ibid., 231.

48. 1906年，福特推出了……进入汽车行业的前列：Brinkley, *Wheels*, 87.

48. 1908年……（按照2010年币值计算，大约相当于19,000美元）：Nevins and Hill, *Ford*, vol. 1, 388.

48. 5年之后……实现完美的配合：Ibid., 447–80. For Adam Smith's observations regarding the pin factory, see Smith, *Wealth of Nations*, Cosimo, 10–11.

49. 1917年，他开始在……里弗鲁日工厂：Nevins and Hill, *Ford*, vol. 2, 201–2.

49. 在里弗鲁日……达700万平方英尺：Ibid., 293.

49. 里弗鲁日拥有……变成汽车：Ibid., 212–16.

50. 到了20世纪50年代……开始出现了衰退：U.S. Census Bureau, Population Division, Release Date June 2010; and Gibson, "Population of the 100 Largest Cities."

50. 从1890年至今……下降到了2美分：Glaeser and Kohlhase, "Decline of Transport Costs."

50. 美国劳工联合会的创始人塞缪尔·冈珀斯：Harvey, *Samuel Gompers*, 40–44.

50. 是一位来自纽约市的雪茄生产工人：Ibid., 6.

50. 1910年的"大动乱"：Tyler, *Look for the Union Label*, 63.

50. 在1937年5月的一个下午……殴打女性的照片：Nevins and Hill, *Ford*, vol. 3, 139–41.

50. 4年之后……签署了协议：Nevins and Hill, *Ford*, vol. 3.

50. 《国家劳工关系法案》：Russell A. Smith, "Taft-Hartley Act."

51. 《塔夫脱–哈特利法案》……禁止成立封闭式企业：Ibid.

51. 保护就业权利的各州：Vedder, "Right-to-Work Laws," 172.

51. 有一份经典的报告……发展速度要快23.1%：Thomas J. Holmes, "Effect of State Policies on the Location of Manufacturing," 693.

51. 在汽车工人联合会要求……出现人口下降的原因：June Manning Thomas, "Planning and Industrial Decline."

51. 波士顿的航海业……出现了衰退的迹象：Glaeser, "Reinventing Boston," 131–32.

51. 纽约的服装业……出现了萎缩：Glaeser and Kahn, "From John Lindsay."

51. 纽约丧失了……制造业工作岗位：Author's calculations using U.S. Census Bureau, County Business Patterns 1967 and 1977.

52. 在约翰·列侬出生之前的 3 年：BBC News, "Liverpool Hails Population Rise," http://news.bbc.co.uk/2/hi/uk_news/england/merseyside/3644164.stm.

52. 但是，自 1937 年以来……下降了大约一半：McElroy, *Key Statistic Bulletin*.

52. 节省劳动力的技术……失去了工作岗位：Levinson, *The Box*.

52. 在 1959 年，佛朗哥终于批准："Spain," *Encyclopædia Britannica*.

52. 它的国内生产总值的增长速度处于全球第二位：Maddison, "Statistics on World Population."

52. 由于工资较低……如毕尔巴鄂："Bilbao," *Encyclopædia Britannica*.

52. 毕尔巴鄂的人口数量下降：Instituto Nacional Estadistica (Spain), www.ine.es, De Facto Population Figures from 1900 Until 1991 and De Jure Population Figures from 1986 Until 1995.

54. 在 1960—1975 年间……同样令人不安的趋势：Monkkonen, *Homicides in New York City*.

54. 这里曾经发生过……陷入了一片混乱：Sugrue, *Origins of the Urban Crisis*, 259.

54. 没能控制住……数千名骚乱者：Rucker and Upton, *Race Riots*, vol. 1, 167.

54. 直到星期二……这场骚乱才平息下来：Thompson, *Whose Detroit*？

54. 截至这场骚乱结束……7,000 多人被捕：Rucker and Upton, *Race Riots*, vol. 1, 165.

55. 在拥有大量失去工作的非洲裔……发生骚乱的规模越小：DiPasquale and Glaeser, "Los Angeles Riot," 56.

55. "镇压有效"：Charles Tilly, Louise Tilly, and Richard Tilly, *The Rebellious Century*.

56. 韦恩县与底特律市同属密歇根州……高于曼哈顿的工人：根据 1977 年县域商业模式，我们提取了密歇根州韦恩县和纽约州纽约县（曼哈顿）的数据。韦恩县支付的工资总额为 12,231,051,000 美元，雇员总数为 797,342 人，平均年薪为 15,340 美元。曼哈顿县支付的工资总额为 26,342,663,000 美元，雇员总数为 1,765,942 人，平均年薪为 14,917 美元，比韦恩县的平均年薪低 3% 左右。U.S. Census Bureau, 1986-04-28, County Business Patterns, 1977: U.S. Summary, State, and County Data, http://hdl.handle.net/1902.2/8464, Interuniversity Consortium for Political and Social Research, version 1.

56. 1975 年，纽约州成立了……某些税的税率是全国最高的：Cannato, *Ungovernable City*.

56. 时尚的城市规划专家看到的是安迪·沃霍尔和艺术：Currid, *Warhol Economy*.

56. 2008 年……超过 786 亿美元：U.S. Census Bureau, County Business Patterns 2008, www.census.gov/econ/cbp.

56. 本杰明·辛内茨认为……要敢于冒险：Chinitz, "Contrasts in Agglomeration," 281, 284–85.

56. 当然，从服装工人起家……而非去给别人的公司打工：Langley, *Tearing Down the Walls*, 8.

56. 20 世纪末，纽约金融业的发展……如负债收购：Bernstein, *Against the Gods*, 300–302.

57. 雷诺兹 – 纳贝斯克：Burrough and Helyar, *Barbarians at the Gate*, 5.

57. 在 20 世纪 70 年代，布隆伯格已经进入了……也搬到了市政厅：Bloomberg and Winkler, *Bloomberg*.

58. 在城市地区……这一关系始终不变：Glaeser et al., "Clusters of Entrepreneurship."

58. 科尔曼·扬一家是于……迁到底特律来的：Young and Wheeler, *Hard Stuff*, 16.

58. 他在福特汽车公司找到了一份工作：Ibid., 40–41.

注 释

58. 但最终因为参与劳工和民权问题……列入了汽车行业的黑名单：Coleman A. Young Foundation, biography, www.cayf.org/about_person.php.

59. 在二战期间……印第安纳州的福里曼机场：Young and Wheeler, *Hard Stuff*, 59.

59. 17名黑人，死者中没有1名白人：Ibid., 84–85.

59. 联邦政府……位于诺克斯堡的另一家俱乐部：Ibid., 65–78.

59. 成立了全国黑人劳工理事会：Ibid., 113.

59. 它的激进主义色彩……不是做"密探"的。："Coleman A. Young, 79, Mayor of Detroit and Political Symbol for Blacks, Is Dead," *New York Times*, Nov. 30, 1997.

59. 1963年……当选为州参议员：Young and Wheeler, *Hard Stuff*, 165.

59. 3年之后，他成为参议院的少数党领袖：Ibid., 169.

59. 他推动通过了开放住房法律：Ibid., 166.

59. 底特律的第一部所得税法：Rich, *Coleman Young*, 86.

59. 4位经济学家的研究结果表明……而迅速地减少了：Haughwout, et al., "Local Revenue Hills: Evidence from Four U.S. Cities."

60. 1973年……当选为市长：Ibid., 105.

60. 很轻松地赢得了连任：Ibid., 112, 115, and 118 cover the 1977, 1981, and 1985 elections; Steven A. Holmes, "The 1989 Elections."

60. 2008年时仅占11.8%：U.S. Census Bureau, American Community Survey, 2008 Data Profile for Detroit, generated using American FactFinder; and Gibson and Jung, "Historical Census Statistics on Population Totals by Race," Working Paper No. 76, detailed tables, Michigan.

60. "通过使用得体的詈语……"：Young, *Quotations of Mayor Coleman A. Young*, 6.

60. "种族主义的受害者……"：Ibid., 1–2.

60. "走上那条8英里的公路"：Ibid., 35.

60. 科利效应：Glaeser and Shleifer, "Curley Effect," 2.

60. 科利认为自己是一个……而走向了胜利：Beatty, *Rascal King*, 3.

61. 把盎格鲁–撒克逊人称作是"一个奇怪而愚蠢的种族"：Ibid., 170.

61. 科利曾四次当选为波士顿市长……还曾当选过一届州长：Ibid., 3.

61. 科利曾两度入狱服刑：Ibid., 443,465,473,481.

61. "把每一个该死的家伙都带走！"：Ibid., 5.

61. 维斯帕……如罗马斗兽场：Levick, *Vespasian*, 127—28 (Colosseum), 129 (building in general).

61. 波将金……叶卡捷琳娜二世："Grigory Aleksandrovich Potemkin," *Encyclopædia Britannica*, www.britan nica.com/EBchecked/topic/472610/Grigory-Aleksandrovich-Potemkin-Prince-Tavrichesky-Imperial-Prince.

62. 新建了乔伊·路易斯体育馆：Ankeny and Snavely, "Renovate Joe or Build Rink？"

62. 旅客捷运系统：Wilkerson, "Detroit's Monorail Opens."

62. 这个全长3英里的……运营补贴：Henion, "People Mover Grows Up."

62. 税收减免……一个典型的愚蠢之举：Nicholson and Jones, "Detroit's New Towers of Hope."

62. 令人遗憾的是……出售给了通用汽车公司：Meredith, "G.M. Buys a Landmark."

62. 波兰镇：Wylie, *Poletown*, ix, 52.

62. 激进分子提出了抗议……用于新建一家商科技工厂：Wylie, *Poletown*.

62. 这家工厂现在仍处于运营状态……究竟有什么好处: Whitford, "Factory Gets a Second Chance"; and Wylie, *Poletown*, ix.

63. 底特律的人均收入为 14,976 美元: U.S. Census Bureau; American Community Survey, 2008 Data Profile for City of Detroit and for the United States, generated using American FactFinder.

63. 失业率已经达到了 13.7%: Bureau of Labor Statistics, *Local Area Unemployment Statistics*, 2010, "Unemployment Rates for Metropolitan Areas," www.bls.gov/web/metro/laummtrk.htm; "Unemployment Rates for the 50 Largest Cities, 2006," www.bls.gov/lau/Iacilg06.htm.

63. 平均气温为 24.7 华氏度: U.S. Census Bureau, County and City Data Book 2000, table C-7, "Cities—Government Finances and Climate," www.census.gov/prod/2002pubs/00ccdb/cc00_tabC7.pdf.

63. 为什么还有 777,000 人……仍在这座城市里坚守着: U.S. Census Bureau, American Community Survey, 2008 Data Profile for City of Detroit, generated using American FactFinder.

63. 任何地方的人口……消失得无影无踪: Glaeser et al., "Urban Growth and Housing Supply."

64. 远远低于新建住宅的成本: U.S. Census Bureau, American Community Survey, 2008 Data Profile for City of Detroit, generated using American FactFinder; and Glaeser and Gyourko, "Urban Decline and Durable Housing."

64. 西班牙则求助于交通: Catan, "Spain's Bullet Train."

64. 利物浦……实施了一系列的新建项目: "Liverpool, Capital Of Culture 2008: City on the up—It's All in the Facades," *Guardian Magazine* (London), Jan. 5, 2008.

64. 高速铁路将相距 140 英里的……雷亚尔的人口的确有所增长: Catan, "Spain's Bullet Train."

65. 研究表明……减免 10 万美元的税收: Busso and Kline, "Do Local Economic Development Programs Work?"

65. 从 1994 年的 140 万人增加到了 2005 年的 380 万人: Plöger, "Bilbao City Report," 30.

65. 吸引来的游客就达到了 100 万人: "Guggenheim Bilbao Receives 5% Fewer Visits," *El Mundo*, www.elmundo.es/elmundo/2009/01/12/cultura/1231778022.html.

66. 900 个新增的工作岗位: Plaza, "Guggenheim Museum Bilbao," 459.

66. 耗费了巴斯克州 2.4 亿美元的财政收入: Ibid., 461.

66. 在英国谢菲尔德建造起来的……关门大吉: "Debts Rock Pop Museum," *BBC News*, Oct. 18, 1999, http://news.bbc.co.uk/2/hi/entertainment/478616.stm.

66. 总量达到了 62,500 套: Plöger, "Leipzig City Report."

66. 现有人口不足 1970 年时的一半: U.S. Census Bureau, American Community Survey, 2008 Data Profile for City of Youngstown, generated using American FactFinder; and Gibson, "Population of the 100 Largest Cities."

66. 许多这样的住宅正在逐步被拆除: City of Youngstown, Ohio, *Youngstown 2010: The Plan*, www.cityofyoungstownoh.com/about_youngstown/youngstown_2010/plan/plan.aspx.

66. 更为合理的空间用途: Saulney, "Detroit Is Razing Itself"; Davey, "Detroit Mayors Tough Love."

Chapter 3 贫民窟有何好处？

69. 柏拉图在 2500 年前说过: "……另一部分则是富人的城市。": Plato, *Republic*, 111.

70. 城市的贫困率为 17.7%，郊区为 9.8%: DeNavas-Walt et al., "People and Families in Poverty,"

14.

70. 刚刚进入大城市的人口的贫困率高于常驻人口的贫困率：Glaeser et al., "Why Do the Poor Live in Cities？" 4.

71. 最近 30 年以来……基本都是上升的：Ibid., 16.

72. 在 19 世纪七八十年代……在巴西仍然是合法的：Burns, *History of Brazil*, 126, 177; Levine, *History of Brazil*, 77.

72. 在 19 世纪中期……共计有 8 万人：Hugh Thomas, *Slave Trade*, 742.

72. 19 世纪逃亡到里约热内卢的……这就是棚户区的前身：Burns, *History of Brazil*, 46.

72. 皇帝佩德罗二世……没有试图解放全国其他地区的奴隶：Barman, Roderick J. *Citizen Emperor: Pedro II and the Making of Brazil*, 233.

72. 最后，在这位皇帝于 1888 年……《解放宣言》：Chasteen, *Born in Blood and Fire*, 173.

72. 使巴西成为美洲地区最后一个结束奴隶制度的国家：Ibid.

72. 第二年……推翻了布拉干萨王朝的统治：Ibid., 173–74.

73. 第一个真正的贫民窟……开始了抗税斗争：Burns, *History of Brazil*, 248–50.

73. 卡努多已经拥有了 3 万多人口……不仅仅是简单的威士忌叛乱了：Levine, *Vale of Tears*, 16.

73. 1896 年……占领了这座小镇：Burns, *History of Brazil*, 251–52.

73. 大约有 15,000 人死于这场战争：Levine, *Vale of Tears*, 185.

73. 尽管巴西军队赢得了胜利……其中许多人是获得了自由的奴隶：O'Hare and Barke, "Favelas of Rio," 232.

73. 最近的一份研究报告称……只有 30% 的人口生活在这一贫困线以上：Ferreira et al., "Robust Poverty Profile for Brazil," 83.

73. 极端贫困率……尼日利亚农村：Canagarajan et al., "Evolution of Poverty and Welfare in Nigeria," 18.

73. 大约 3/4……不足 30%：World Bank, "Nigeria," 12.

74. 加尔各答也被认为……则为 24%：India, Planning Commission of, "Poverty Estimates for 2004–05," 5.

74. 近些年来……不足 1%：" Bengal Leads Hunger List."

74. 他们几个世纪以来没有进过学校……投资一向很少：1999 年，年龄在 25 岁及以上的巴西人的平均上学时间为 4.6 年。作为对比，美国平均为 12.24 年，大多数西欧国家平均为 8 年以上，许多南美洲国家的平均数也高于巴西。例如，阿根廷平均为 8.487 年，智利平均为 7.89 年。Barro and Lee, "Educational Attainment."

74. 莱拉·贝莱斯是一个……主要聘用从前的顾客作为雇员：Gergen and Vanourek, *Life Entrepreneurs*, 85–86.

74. 每年销售的美容产品达到了 3,000 万美元：McConnell, "Next Silicon Valley."

75. 沃克夫人……当时全球最成功的女企业家：Bundles, *On Her Own Ground*, 88, 277.

75. 许多贫穷国家存在着……导致他们贫穷的原因之一：Hartemink, "Soil Map Density and a Nations Wealth and Income," 53–54; and Sachs, "Breaking the Poverty Trap."

76. 里约热内卢在 1960 年之前毕竟是巴西的首都："Rio de Janeiro," *Encyclopædia Britannica*.

76. 旨在让里约热内卢的贫民窟更加健康的公共卫生运动：Meade, "'Civilizing Rio,'" 301.

76. "上帝之城"……提供了素材：Portes, "Housing Policy," 5–6 (Cidade de Deus on p. 8).

76. 这些改善里约热内卢贫困人口生活的努力……涌入了贫民窟：Meade, " 'Civilizing Rio,' " 304.
76. 逃避饥饿的爱尔兰移民……引导潮流的街区：Berger, "Hell's Kitchen."
76. 曼哈顿上东区……充斥着爱尔兰人的简陋棚屋：Plunz, *History of Housing in New York City*, 54–56.
76. 上东区兵工厂……免受狂放不羁的移民的袭扰：Burrows and Wallace, *Gotham*, 1037–38.
77. 在20世纪40年代……被来自东欧和其他地区的大量移民淹没了：Glaeser, "Reinventing Boston," 131–32.
77. 在爱尔兰马铃薯饥荒期间……大量地涌向了纽约：Ibid.
77. 帕特里克·肯尼迪……造成了沉重的打击：Maier, *The Kennedys*, 18–23,334–39.
77. 在东波士顿找到了一份制桶工人的工作：Ibid., 32.
78. 购买了一家酒馆：Koskoff, *Joseph P. Kennedy*, 6.
78. 1884年，他第一次……这是一件很自然的事情：Ibid., 7,17.
78. 约瑟夫·肯尼迪的第一份工作……持有大量股份的银行：Derbyshire, *Six Tycoons*, 207.
78. 在华尔街赚取了巨额的财富：Ibid., 209.
78. 截止到2008年，36%的纽约人是在国外出生的：American Community Survey, 2008 Data Profile for the United States, generated using American FactFinder.
78. 在国外出生的音乐总监：New York Philharmonic, List of Directors, http://nyphil.org/about/musicDirectors.cfm.
79. 罗伯特·凯恩和他的家人……进入了英国国会上议院：Routledge, *Cains*.
79. 卡洛斯·斯利姆……靠一家纺织品商店起家的：Mehta, "Carlos Slim"; Carlos Slim Helú, biography of, www.carlosslim.com/ biografia_ing.html.
79. "在愚昧无知的政权统治下"：Stigler, *Organization of Industry*, 206.
80. 著名的非洲裔美国作家……寻找挣钱的机会：Rowley, *Richard Wright*, 4 (birth), 40 (final move to Memphis—he had lived there briefly earlier), 48–49 (move to Chicago).
80. "我向着北方走去……获得某些救赎意义。"：Wright, *Black Boy*, 285.
80. 在芝加哥，他先是……他可以从事自己的写作：Rowley, *Richard Wright*, 55–60.
80. 更为重要的是……"他们可以帮助你写作。"：Wright, "I Tried to Be a Communist."
80. 在大萧条导致……路易斯·威尔斯的妻子的关注：Rowley, *Richard Wright*, 62–68.
80. 她还让他撰写……罗斯福新政工程振兴署的历史：Ibid., 108–9.
81. 1937年，他迁到了纽约……一次精彩描述：Ibid., 124 (move), 144 (Panorama).
81. 1938年……由哈珀出版公司出版：Ibid., 138.
81. 获得了一次古根海姆奖金，写出了《土生子》：Ibid., 164.
81. 在20世纪20年代……已经非常幸运了：Braunhut, "Farm Labor Wage Rates in the South," 193.
81. 在亨利·福特的工厂里，一位黑人员工每天能赚到5美元的工资：Raff and Summers, "Did Henry Ford Pay Efficiency Wages?" S59.
81. 1900年……仅占纽约人口的2%：Gibson and Jung, "Historical Census Statistics on Population Totals by Race," Working Paper No. 76, detailed tables, Illinois and New York.
82. 乔治·麦克梅臣……"有色人种最好的朋友"："Baltimore Tries Drastic Plan." Information that he went to Morgan College and Yale is from Morgan State University's official Web site, www.morgan.edu/About_MSU/University_History.html.
82. 很快，里士满……制定了类似的法律：C. Johnson quoted in Power, "Apartheid Baltimore Style,"

289.

82. "违犯宪法、违背正义"："Baltimore Tries Drastic Plan."

82. 霍金斯将巴尔的摩起诉到法院……被宣告无效：Power, "Apartheid Baltimore Style," 305-6 (first case), 311 (second case background), 314 (second case decision).

83. 迄今为止美国黑人在法庭上取得了一次最为重要的胜利：Power, "Apartheid Baltimore Style," 312-14; and *Buchanan v. Warley*, 245 US 60, Supreme Court 1917.

83. 对冒险进入白人地区的黑人采取了恐怖行动：Godshalk, *Veiled Visions*; and "Race Riots," *Encylopedia of Chicago*, http://encyclopedia.chicagohistory.org/pages/1032.html.

83. 契约中的限制性条款禁止……存在着种族主义的限制性条款：Stephen Grant Meyer, *As Long as They Don't Move Next Door*, 10.

83. 大约40年前……黑人支付的价钱要高于白人：Kain and Quigley, "Housing Market Discrimination," 272-73.

83. "芝加哥黑人聚居区非洲裔美国人……所支付的价钱"：Groner and Helfeld, "Race Discrimination in Housing," 432.

83. 就全国而言……都要高于白人：Cutler et al., "Rise and Decline of the American Ghetto," 482.

83. 巴尔的摩的两位律师……携手向限制性条款宣战：Ware, "Invisible Walls," 759 (Perlman), 765 (Marshall).

83. 在他们提出的依据的影响下……否决了它们的适用性：Ibid., 770-71.

83. 10年之后的纽约……其他地区纷纷效仿纽约的做法：Collins, "Political Economy of State Fair-Housing Laws," 3-4.

83. 在1970—2000年间……非常富有的非洲裔美国人：Cutler et al., "Rise and Decline of the American Ghetto," 496 and passim.

84. 在1970—1990年间……下降了不到10%：Ibid., 467.

84. 种族隔离的性质……与半外世纪之前的情况恰好相反：Ibid., 457-58.

84. 1990年……缀学和失业的比例则要比后者高6.2%：Cutler and Glaeser, "Are Ghettos Good or Bad？"

84. 在种族不同一般较为严重的城市里……要高3.2%：Ibid.

84. 威廉·朱利叶斯·威尔逊在30年前曾表示……这些社区也失去了方向：Wilson, *Declining Significance of Race*.

85. 某种单一交通模式……较为贫穷的人面临着可怕的交通问题：Glaeser et aL, "Why Do the Poor Live in Cities?"

85. 美国……的贫困线："The 2009 HHS Poverty Guidelines," U.S. Department of Health and Human Services, Assistant Secretary for Planning and Evaluation, http://aspe.hhs.gov/poverty/09poverty.shtml.

85. 与汽车有关的交通支出为9,000美元：Bureau of Labor Statistics, *Consumer Expenditure Survey, 2008*, www.bls.gov/cex, table 2400: "Population Size of Area of Residence: Average Annual Expenditures and Characteristics."

87. 另一种观点……带来人员的流动：Kain and Persky, "Alternatives to the Gilded Ghetto."

87. 机遇迁居：Kling et al., "Experimental Analysis of Neighborhood Effects," 84.

87. 结果是非常令人纠结的：Ibid., 103-5.

87. 最近40年以来……旨在提高学习成绩和减少犯罪：Harlem Children's Zone, "History," www.

hcz.org/about-us/history.

88. 2004年……解聘了其中约50%的老师：Dobbie and Fryer, "High Quality Schools," 6–7.

88. 学校的招生由抽签来决定：Ibid., 3.

88. 罗兰·弗莱尔……在数学方面的成绩差距：Ibid., 15–16.

88. 老师与孩子共同取得了独特的成功：Ibid., 51.

88. "在我当选为总统之后……"：Obama, "Changing the Odds."

89. 1989年……比密苏里州高20%：据美国卫生及公共服务部的一份报告称，伊利诺斯州对于没有收入的一个母亲和两个孩子每年提供的有依赖儿童家庭救助为5,209美元，比密苏里州的4,341美元高出20%。"Eligibility, Benefits and Disposable Income," *Aid to Families with Dependent Children: The Baseline*, Human Services Policy, Office of the Assistant Secretary for Planning & Evaluation, June 1998, p. 91, http://aspe.hhs.gov/hsp/afdc/afdcbase98.htm.

89. 如果你失去了工作……任何陷入衰退的其他城市：U.S. Census Bureau, Census 1990, Summary Tape File 3, Sample data, Detailed Tables, generated using American FactFinder.

89. 自1996年福利制度进行改革之后……出现了大幅度的缩小：U.S. Census Bureau, American Community Survey, 2006–2008 Data Profile for City of St. Louis and City of East St. Louis, generated using American FactFinder.

89. 非常富有的巴黎人……那样的公立中学：Lycée Henri-IV, http://lyc-henri4.scola.ac-paris.fr/index.html, and Lycée Louis le Grand, www.louis-le-grand.org/albedo/index.php.

89.1964年《民权法案》……增加非洲裔美国人机会：Pride, "End of Busing," 207–8.

89. 校车制度的反对者……远距离的跋涉：Gary Orfield, *Must We Bus? Segregated Schools and National Policy* (Washington, DC: Brookings Institution, 1978), 117.

89. 米立根诉布拉德利一案：Amaker, "*Milliken v. Bradley*," 349.

Chapter 4   居住环境是如何受到制约的？

93. 孟买达拉维地区的面积……居住着60万~100万人口：Saunders, "Slumming It Is Better."

93. 每1,000多位居民才拥有1个公用厕所：Watkins, "Beyond Scarcity," 37.

93. 肺结核是导致……比印度其他地区低7岁：Mumbai, *Mumbai Human Development Report* 2009.

93. 达拉维是非常安全的：Patel, "Dharavi," 47.

95. "自找麻烦"：Theodore Roosevelt, *Rough Riders*, 2004, p. 426.

96. 金沙萨有一个很糟糕的开端："Kinshasa: History," *Encyclopædia Britannica*.

96. 利用大规模的屠杀作为统治手段："Congo Free State," *Encyclopædia Britannica*.

96. 比利时政府有所进步……腐败依然十分普遍：Edgerton, *Troubled Heart of Africa*; and Gondola, *The History of Congo*.

96. 从44.6万人增加到了1,040万人：根据世界银行的资料，1960年时金沙萨（当时名为利奥波德维尔）的人口为446,013人。2007年，这座城市的人口达到了10,449,998人。World Bank, World Development Indicators, Population in the Largest City.

96. 比实行稳定的民主统治的国家的首都平均大30%：Ades and Glaeser, "Trade and Circuses."

96. 关于印度尼西亚腐败问题的一项研究：Fisman, "Estimating the Value of Political Connections."

96. 1/3以上的金沙萨儿童受到了疟疾寄生虫的感染：Kazadi et al., "Malaria in Primary School Children and Infants in Kinshasa."

96. 2004—2005 年间的一次伤寒大爆发：World Health Organization, "Typhoid Fever."

97. 最早的 HIV 阳性血液样本：Moore, "Puzzling Origins of AIDS."

97. 有 5% 的金沙萨居民受到了感染：Quinn et al., "AIDS in Africa."

97. 全球十大最危险的城市之一…… "因为犯罪活动十分猖獗"：CNN, www.cnn.com/2010/WORLD/americas/04/10/dangerous.cities.world/index.html; U.S. Department of State, http://travel.state.gov/travel/cis_pa_tw/cis/cis_1104.html.

97. 赶到了相对安全的刚果首都："Kinshasa: History," *Encyclopædia Britannica.*

97. 在每 1,000 名出生于……还不满 1 周岁：Congo, *Enquête Démographique,* p. 189, table 12.2, "Taux de mortalité des enfants selon certaines caractéristiques sociodémographiques."

97. 这大约是美国平均水平的 10 倍，但低于刚果农村的水平：Ibid.; and Xu et al., "Deaths: Final Data for 2007."

97. 10% 以上的儿童存在着……超过 30%：Tollens, "Food Security."

97. 长途跋涉 30 分钟以上去寻找饮用水：Congo, *Enquête Démographique,* p. 20, table 2.6, "Approvisionnement en eau potable."

97. 瘟疫是在……进入雅典的：Durack et al., "Hellenic Holocaust."

97. 瘟疫袭击了君士坦丁堡：Russell, "That Earlier Plague."

97. 在 1350 年之后的 3 个多世纪里：McNeill, *Plagues and Peoples,* 160–72.

97. 城市地区的死亡率甚至大大超过：Wrigley and Schofield, *Population History,* 472.

98. 瘟疫突然从欧洲消失了：McNeill, *Plagues and Peoples,* 171–72.

98. 黄热病入侵了……在西方的城市中肆虐：Ibid., 271–75, 280.

98. 9 年之后，斯诺独自一人步行：Steven Johnson, *Ghost Map,* 60.

98. 霍乱发作地图：Ibid., 172–73.

98. 某一个水泵：Ibid., 193.

98. "上述泵井"：Brody et al., "Map-Making," 65.

99. 在英国建筑师和工程师……走上了公用事业的道路：Warner, *Private City,* 103.

99. 纽约则走上了私有化的道路：Reubens, "Burr, Hamilton," 592.

99. 反对……增加税负：Reubens, "Burr, Hamilton."

99. 章程的主要条款：Ibid., 599.

99. "不违反……有利可图的交易"：Ibid., 600.

100. 丧失其人口总量的 0.5% 以上：New York City Department of Health and Mental Hygiene, *Summary of Vital Statistics 2008,* Jan. 2010, cover.

100. 耗资 900 万美元……很快发挥了作用：Jervis, *Description of the Croton Aqueduct.*

100. 连续 60 年的惊人下降：1832 年，纽约市每 1,000 人中有 50 人死亡，死亡率为 5%。New York City Department of Health and Mental Hygiene, *Summary of Vital Statistics 2008,* Jan. 2010, cover.

100. 大约 1,700 个公用供水系统：Cutler and Miller, "Water, Water Everywhere," p. 169, table 5.1.

100. 市政府用于供水方面的开支相当于……所有开支：Ibid., 183–86.

100. 经济历史学家特尔纳·特鲁斯：例如，Troesken, "Typhoid Rates."

101. 其他疾病的大幅度减少：Ferrie and Troesken, "Water and Chicago's Mortality Transition."

101. "清洁的饮用水的出现"：Ibid.

101. 纽约的平均寿命预期……低 7 岁：New York City Department of Health and Mental Hygiene,

Summary of Vital Statistics 2008 and *1961*, table 6; and Arias, "United States Life Tables, 2006," table 12.

102. "我在日本购买了房地产"："'Czar Of Tenderloin' Left Only $14 Estate: Tax Appraiser Finds Inspector Williams's Property Almost Balanced by Debts," *New York Times*, January 30, 1918, p. 18, ProQuest Historical Newspapers, Document ID: 102663258.

102. 纽约 1894 年选举："Will Be Mayor Three Years: Lawyers Say Mr. Strong's Term Is Not Abridged," *New York Times*, Nov. 11, 1894, p. 9, ProQuest Historical Newspapers, Document ID: 106840521.

102. "更加适合这一职位的人选"：Theodore Roosevelt, *Rough Riders*, 423.

102. 华林早在 40 年前……接管了纽约的街道清扫工作："No Platt Republicans: Mayor-Elect Strong Overlooks the Boss in Six Appointments; Col. Waring to Clean the Streets," *New York Times*, Dec. 30, 1894, p. 8, ProQuest Historical Newspapers, Document ID: 109722641 (accessed Aug. 18, 2010).

102. 遭遇了惹火烧身的麻烦："To Keep Streets Clean: Col. Waring Allowed over $3,000,000 for His Department; Discussion over 'Final Disposition'; Bill Favored for Grading Salaries," *New York Times*, Dec. 28, 1895, p. 9, ProQuest Historical Newspapers, Document ID: 103379346.

102. "一群喜欢酗酒的懒汉"："Reproved by the Assembly: The Lower House of the Legislature Stands by the Grand Army," *New York Times*, Apr. 23, 1895, p. 2, ProQuest Historical Newspapers, Document ID: 103365239.

102. 华林……也没有退缩："Attack on Col. Waring: Gen. Viele Charges Him with Crimes Nearly Forty Years Old; Revenge, the Commissioner Says," *New York Times*, Apr. 21, 1895, p. 9, ProQuest Historical Newspapers, Document ID: 103493165.

102. 他坚持对闲置在城市街道上的汽车予以没收："A Battle for Col. Waring's Men: Seizing Trucks in Mott Street Last Night They Were Attacked by a Mob of Owners and Italians," *New York Times*, June 2, 1895, p. 1, ProQuest Historical Newspapers, Document ID: 102460052.

102. "这座城市在环境卫生方面已经发生了奇迹"："Clean Streets at Last: Fruitless Search for Derelict Wagons and Stray Bits of Paper; a Drive with Colonel Waring," *New York Times*, July 28, 1895.

102. 一项新的技术——沥青："The Life of a Pavement: Results of Many Costly Experiments in New York," *New York Times*, Feb. 8, 1883.

103. 用长方形的花岗岩铺设的：Ibid.

103. 纽约男性的预期寿命：New York City Department of Health and Mental Hygiene, *Summary of Vital Statistics 2008* and *1961*, table 6; and Arias, "United States Life Tables, 2006," table 12.

103. 接替斯特朗的是一位……发了大财："Robert A. Van Wyck Dies in Paris Home: First Mayor of Greater New York Had Lived Abroad for 12 Years; He Was Croker's 'Choice,' His Administration Marked by So-Called Ice Trust, Ramapo Water Steal, and Police Scandals," *New York Times*, Nov. 16, 1918, p. 13, ProQuest Historical Newspapers, Document ID: 97044205.

103. 腐败会随着教育水平的提高而减少：Glaeser and Saks, "Corruption In America."

103. 旧模式的政治机器……老板时代变成了官僚时代：Wallis et al., "Politics, Relief, and Reform."

104. 汽车的行驶里程基本上会呈现……增长：Duranton and Turner, "Fundamental Law of Road Congestion."

104. 减少交通拥堵的最好方法：Columbia University, "Practical Economic Solutions."

105. "私人轿车和出租车的使用者……相对应的成本"：Vickrey, "New York's Subway Fare Structure."

注 释

105. 征收交通拥堵费做到了……消灭了交通拥堵: Goh, "Congestion Management."

105. 伦敦开始征收交通拥堵费: Leape, "London Congestion Charge."

106. 第一支现代警察力量: Schivelbusch, "Policing of Street Lighting."

106. 充满了暴力犯罪: 1650 年, 巴黎是全球排在第 14 位、欧洲排在第一位的大城市。Chandler, *Four Thousand Years of Urban Growth*, 534.

106. 声势浩大的街道照明工程: Schivelbusch, "Policing of Street Lighting."

106. "那里是存放金钱的地方": Federal Bureau of Investigation, *Famous Cases*, "Willie Sutton."

106. 在人口规模超过 100 万的城市中……犯罪活动的受害者: Glaeser, "Are Cities Dying?" and Glaeser and Sacerdote, "Why Is There More Crime in Cities?"

106. 1986 年……谋杀率平均增加 25%: Glaeser and Sacerdote, "Why Is There More Crime in Cities?"

107. 一次犯罪活动带来的经济回报: Ibid.

107. 孟买的总体犯罪率: India, Government of, National Crime Records Bureau, *Crime in India 2008*, ch. 2, "Crime in Megacities," 44,48.

107. 纽约 200 多年来的谋杀案: Author's calculation using Monkkonen, *Homicides in New York City*.

107. 在 1800—1830 年间,谋杀案呈下降的趋势: Ibid.

107. 每 10 万名纽约人中就会发生 3 起~6 起谋杀案: Ibid.

108. 腐败与谋杀之间……存在着一定的联系: Ibid., using personal judgment regarding the definition of a Tammany mayor.

108. 在南北战争期间达到了顶峰: Monkkonen, *Homicides in New York City*.

108. 全国的杀人犯罪率下降了 29% 左右: Ibid.

108. 城市甚至变得更加无法无天: Ibid.

108. 有人可能推测……犯罪率上升的 1/5: Levitt, "Changing Age Structure."

108. 瘾子帮: 估计有 30,000 人~35,000 人。U.S. Department of Justice, National Gang Intelligence Center, National Gang Threat Assessment, Jan. 2009, p. 25, www.justice.gov/ndic/pubs32/32146/32146p.pdf.

109. 纽约基本上像美国其他地区一样健康: New York City Department of Health and Mental Hygiene, *Summary of Vital Statistics 2008 and 1961*, table 6; and Arias, "United States Life Tables, 2006," table 12.

109. 差距达到了 2.7 岁: Ibid.

109. 这一差距并未出现在女性身上: Ibid.

109. "绝妙玩具": Hyland, *Richard Rogers*, 32.

109. 堕胎的合法化……起到了一定的作用: Donohue and Levitt, "Impact of Legalized Abortion on Crime."

109. 犯罪与惩罚经济学: Becker, "Crime and Punishment."

109. 解释了……重新犯罪率: Needels, "Go Directly to Jail and Do Not Collect?"

110. 有 50% 左右的谋杀案被判定有罪: Glaeser and Sacerdote, "Why Is There More Crime in Cities?"

110. 在波哥大和里约热内卢,只有不足 10%……: Ungar, "Prisons and Politics," 920.

110. 肯纳委员会建议: *National Advisory Commission on Civil Disorders, Report of the*, 11.

110. 洛克菲勒禁毒法: Farrell, "D.A.'s Assail Rockefeller Drug Penalties."

111. 美国刑事司法系统中的囚犯数量: U.S. Bureau of Justice Statistics, "U.S. Correctional Population Reaches 6.6 Million," Aug. 25, 2002, http://bjs.ojp.usdoj.gov/content/pub/press/ppus01pr.cfm; and Cahalan, "Historical Corrections Statistics," tables 4-1 and 7-9A.

111. 刑期每增加 1 倍, 犯罪率大约会下降……: Spelman, *Criminal Incapacitation*; Donohue, "Fighting Crime," 48; and Levitt, "Prison Population Size."

111. 因为监禁而带来的无法兴风作浪的效果: Levitt, "Prison Population Size."

111. 全国的警察数量增加了 15%: Levitt, "Understanding Why Crime Fell."

111. 斯蒂文·莱维特推断说: Ibid.

112. 杰克·梅波……画了一张关于纽约交通系统的地图: Maple said he used crayons to mark the crimes; in Dussault, "Jack Maple."

112. 地铁抢劫案件的数量出现了急剧下降: Interview with Maple; and Dussault, "Jack Maple."

112. CompStat 系统: Dussault, "Jack Maple."

113. 十点联盟: Berrien and Winship, "Lessons Learned," 25.

113. 许多社区治安倡议: Gelzinis, "Commissioner Connecting."

113. 无论是 CompSta 系统还是社区治安: http://www.nyc.gov/html/doh/downloads/pdf/vs/wtc-deaths.pdf.

113. 从历史上看, 世界各地的恐怖主义从未能阻止: Glaeser and Shapiro, "Cities and Warfare."

114. 预计……多活 1 岁半: New York City Department of Health and Mental Hygiene, *Summary of Vital Statistics 2008*, table 6; and Xu et al., "Deaths: Final Data for 2007."

114. 死亡率低于全国平均水平: 美国的标准年龄死亡率为 760.3/100,000。Xu et al., "Deaths: Final Data for 2007." Los Angeles—age-adjusted rate 624.4: California Department of Public Health, *Los Angeles County's Health Status Profile for 2010*. Boston—age-adjusted rate 729.1: Massachusetts Department of Public Health, Bureau of Health Information, Statistics, Research, and Evaluation, "Massachusetts Deaths 2007," Apr. 2009, www.mass.gov/Eeohhs2/docs/dph/research_epi/death_report_07.pdf. Minneapolis—age-adjusted rate 701.1: Minnesota Department of Health, Health Statistics Portal, https://pqc.health.state.mn.us/mhsq/frontPage.jsp. San Francisco—age-adjusted rate 601.2: California Department of Public Health, San Francisco County's Health Status Profile for 2010.

114. 每平方英里拥有居民 500 人以上的县的平均预期寿命……多增加 6 个月: Author's calculations, using data from Murray et al., "Eight Americas," Dataset SI, and county density data from Haines, "Historical, Demographic, Economic, and Social Data: The United States, 1790–2002."

114. 曼哈顿人的死亡率: New York City Department of Health and Mental Hygiene, Overall Mortality, 2007, by age group and borough, generated using New York City Vital Statistics Query, https://a816-healthpsi.nyc.gov/epiquery/EpiQuery/VS/index.html (July 28, 2010); and Xu et al., "Deaths: Final Data for 2007."

114. 意外的自杀是导致……比较少见的: National Center for Injury Prevention and Control, "10 Leading Causes of Death, United States," 2007, All Races, Both Sexes, data generated using WISQARS, http://webappa.cdc.gov/sasweb/ncipc/leadcaus10.html; and Xu et al., "Deaths: Final Data for 2007."

114. 死于交通事故的可能性要……低 75% 以上: New York City Department of Health and Mental Hygiene, *Summary of Vital Statistics 2007*, tables 2 and 14; and Xu et al., "Deaths: Final Data for 2007."

115. 纽约年轻人的自杀率……农村地区更为常见: New York City Department of Health and Mental Hygiene, *Summary of Vital Statistics 2007*, tables 2 and 15; Xu et al., "Deaths: Final Data for 2007," table 11; and Cutler et al., "Explaining the Rise in Youth Suicide."

115. 自杀死亡率: 截至 2007 年, 阿拉斯加的自杀死亡率为 22.09/100,000, 蒙大拿为

19.42/100,000，怀俄明为 19.73/100,000，马萨诸塞为 7.62/100,000，新泽西为 6.69/100,000，纽约为 6.9/100,000。National Center for Injury Prevention and Control, WISQARS Injury Mortality Reports, 1999—2007, All Races, Both Sexes, data generated using WISQARS, http://webappa.cdc.gov/sasweb/ncipc/mortrate10_sy.html.

115. 小城镇的持枪比例大约是大城市的 4 倍：Cutler et al., "Explaining the Rise in Youth Suicide"; and Kleck, *Point Blank*. Kleck reports that 42.8 percent of households in communities with fewer than five thousand people own a gun, but only 10.5 percent of people living in places with more than a million people own a gun.

115. 持枪越普遍，自杀越常见：Fox example, Miller et al., "Household Firearm Ownership and Suicide Rates"; and Kellermann et al., "Suicide in the Home."

115. 自杀率会随着打猎许可证的数量而大幅度上升：Glaeser and Glendon, "Who Owns Guns?"

115. 全国 55 岁~64 岁的老年人的死亡率……要高 24% 以上。New York City Department of Health and Mental Hygiene, *Summary of Vital Statistics 2007*, tables 2 and 5; and Xu et al., "Deaths: Final Data for 2007," table 9.

116. 艾滋病病毒的发现……一位逆转录病毒专家的交流：Institut Pasteur. HIV/AIDS research at the Institut Pasteur: The discovery of the AIDS virus in 1983. http://www.pasteur.fr/ip/easysite/go/03b-000027-00i/the-discovery-of-the-aids-virus-in-1983.

Chapter 5　伦敦是一个奢侈的度假胜地吗？

117. 伦敦任何地方的奢华……亲手烹制的美食：http://www.bondstreetassociation.com/.

117. 如果你沿着与邦德街平等的伯灵顿市场街行走……销售着自己生产的产品：http://www.piccadilly-arcade.com/.

118. "当一个人厌倦了伦敦的时候……他就厌倦了生活"：Boswell, *Life of Samuel Johnson*, 160.

118. 32 位亿万富豪："Billionaires' Favorite Hangouts" and Bertoni et al., "Billionaires."

118. 拉克什米·米塔尔：Htssel, "Conspicuous Consumption."

118. 为生活在纽约而支付更高的价钱：Glaeser et al., "Consumer City."

119. 凯文·史派西来到伦敦：Gussow, "Spacey's New Role."

119. 史派西是一位在加利福尼亚长大的新泽西人：Ibid.

120. 由詹姆斯·伯比奇在 1576 年建造：Lee, *Life of William Shakespeare*, 36.

120. 英国喜剧的第一次表演：Boas, *Shakespeare and His Predecessors*, 21-22. I want to make it clear that I mean "pre-Elizabethan extremist" in a very positive way.

121. 第一次书面提及莎士比亚：Schoenbaum, *Shakespeare's Lives*, 22.

121. 有些放荡不羁的剧作家：Greenblatt, *Will in the World*, 216.

121. 在创作《冬天的故事》时借鉴格林的传奇剧《潘朵斯托》的结构：Lee, *Life of William Shakespeare*, 250-51.

121.《哈姆雷特》：Ibid., 221.

121. 直接参考了马洛的作品：Weis, *Shakespeare Unbound*, 146-488; and Black, "Hamlet Hears Marlowe."

121. 马洛早期的《马耳他的犹太人》：Lee, *Life of William Shakespeare*, 68.

121.《安东尼与克里奥佩特拉》被认为受到了……影响：Logan, *Shakespeare's Marlowe*, ch. 7, 169-96.

121. ……认为，他们两人是相互认识的：Greenblatt, *Will in the World*, 199.

122. 奥利弗对……进行了指导："Routine Performance of Hamlet," review, *Times* (London), no. 55839, Oct. 23, 1963, 14.

122. 1959 年，第二城市剧团……建成：Rohter, "Second City Looks Back in Laughter."

122. DJ 库·哈克：Starr and Waterman, *American Popular Music*, 83, 86, 200.

123. 在杂货店里工作的人口是……的 1.8 倍：U.S. Census Bureau, County Business Patterns 2008, www.census.gov/econ/cbp.

123. 在纽约，这一比例完全颠倒过来还不止：U.S. Census Bureau, 2007 County Business Patterns, New York County (Manhattan), Bronx County, Queens County, Richmond County (Staten Island), and Kings County (Brooklyn).

123. 曼哈顿地区的饭店就业人口增长了 55%：1998 年，纽约县（曼哈顿）的饭店就业人口为 57,680 人。2007 年，这一数字达到 83,257，增长了 44%。U.S. Census Bureau, County Business Patterns, www.census.gov/econ/cbp, New York County, 1998 and 2007.

123. 亚当·斯密认为，劳动分工：Smith, *Wealth of Nations*, 1791, vol. 1, 26.

123. 被公认为餐馆老板第一人：Spang, *Invention of the Restaurant*, 11.

124. 避开了饮食行业协会关于……的严格规定：Ibid., 24.

124. La Grande Taverne de Londres 餐厅在巴黎开业："Restaurant," *Encyclopædia Britannica*.

124. "优雅的餐厅、聪明的服务员、上等的酒窖和一流的烹饪"：Brillat-Savarin, *Physiology of Taste*, 231.

124. 曼哈顿的戴尔莫尼克餐厅：Lately Thomas, *Delmonico's*.

124. 奥古斯特·爱斯克莫耶：Escoffier, *Memories of My Life*.

125. 第一家被……评为三星级的伦敦餐厅：www.albertroux.co.uk, Biography, Le Gavroche.

125. 有超过 20 万的伦敦人是在印度出生的：Spence, *A Profile of Londoners*, 18; and Greater London Authority, Data Management and Analysis Group, "ONS mid-2007 Ethnic Group Population Estimates," GLA Demography Update, 11-2009, Oct. 2009, p. 2.

125. 为伦敦的两家印度餐馆评定了星级：Robin Young, "First to Pull a Michelin Star."

125. Rasoi Vineet Bhatia 餐厅：*Zagat 2011 London Restaurants*, review of Rasoi Vineet Bhatia, 27, 144; review of Restaurant Gordon Ramsay (at 68 Royal Hospital Road), 28, 82.

126. 在服装和饰品店里工作：U.S. Census Bureau, County Business Patterns, www.census.gov/econ/cbp, New York County (Manhattan), 1998 and 2008.

127. 女士服装开支占家庭总开支的比例要……高出 42%：Bureau of Labor Statistics, *Consumer Expenditure Survey, 2008*, www.bls.gov/cex, table 2400: "Population Size of Area of Residence: Average Annual Expenditures and Characteristics."

127. 用于鞋类的支出要……高 25%：Ibid.

127. 居住着 140 万年龄在 15 周岁以上的人口：U.S. Census Bureau, American Community Survey, Data Profile for New York County, 2008, generated using American FactFinder.

127. 1/3 的人（460,000）已经结婚：Ibid.

127. 还有一半左右的人……已经离婚：Ibid.

127. 半数以上年龄在 15 周岁以上的人已经结婚：U.S. Census Bureau, American Community Survey, Data Profile for the United States, 2008, generated using American FactFinder.

注 释

127. 在 25 岁~34 岁之间的人口中，……更有可能是单身：U.S. Census Bureau, PCT7, Sex by Marital Status by Age for the Population 15 Years and Over, United States and New York County, Census 2000 Summary File 3, data generated using American FactFinder.

128. 大多数在经济上颇有成就的夫妻：Costa and Kahn, "Power Couples."

128. 西奥多·德莱塞……来到芝加哥：Dreiser, *Sister Carrie*, introduction by Richard Lingeman.

128. 嘉莉·米柏：Dreiser, *Sister Carrie*.

130. 某些城市的实际收入非常之低……明尼苏达州的罗切斯特：The ACCRA cost-of-living indexes for Rochester, Honolulu, San Diego, and Dallas are 96.7,162.8,136.4, and 92.1, respectively. The average cost of living for all areas included is indexed to 100, then each place is given an index relative to 100, so the higher the index number, the higher the cost of living. The median household incomes for Rochester (Minnesota), Honolulu, San Diego, and Dallas are ＄66,197, ＄60,531, ＄62,668, and ＄40,796, respectively.The ACCRA-adjusted median household income is calculated by dividing the household income for each place by its ACCRA cost-of-living index (divided by 100). The ACCRA-adjusted median household incomes for these places are ＄68,458, ＄37,189, ＄45,943, and ＄44,285, respectively, showing how low the real incomes of San Diego and Honolulu are compared with those of Rochester and Dallas. American Chamber of Commerce Research Association, Council for Community and Economic Research, ACCRA Cost-of-Living Index—Historical Dataset, 1Q1990–2009, http://hdl.handle.net/1902.1/14823, Council for Community and Economic Research, Arlington, VA; and U.S. Census Bureau, American Community Survey, Data Profile for Rochester (MN), Honolulu, San Diego, and Dallas, data generated using American FactFinder.

130. 在工资相等的情况下……位于加利福尼亚州的沿岸：Glaeser et al., "Consumer City."

131. 城市规定与实际工资之间……的关系：Glaeser and Gottlieb, "Urban Resurgence."

131. 接受较低的实际工资而在纽约生活：Ibid.

132. 从中心城区到郊外的通勤人口：Baum-Snow, "Transportation Infrastructure."

Chapter 6　摩天大楼有什么好处？

135. 奥斯曼男爵，他……重建了这座城市：All on Haussmann's Paris from Jordan, *Transforming Paris*.

136. 巴别塔：Genesis 11:4, King James Version.

137. 在世俗的布鲁日……羊毛的重要性……超过了礼拜：John Weale, *Quarterly Papers on Architecture*, vol. 1, London: Iohan Weale, 1844.

137. 284 英尺高的三一教堂的塔尖：Goldberger, "God's Stronghold."

137. 艾菲尔铁塔："The Eiffel Tower," *New York Times*, Apr. 21,1889, p. 13, ProQuest Historical Newspapers, Document ID:106346206.

137. 向高空拓展空间是一种渐进式的演变：Landau and Condit, *New York Skyscraper*, 5–18.

138. 高大的建筑在在 19 世纪成为了可能：Goodwin, *Otis*, 45.

138. 据说阿基米德……建造了一部升降机：Ibid., 8.

138. 路易十五……建造了一部个人专用的升降机：Taub, "Elevator Technology."

138. 马休·博尔顿先生和詹姆斯·瓦特先生：Landau and Condit, *New York Skyscraper*, 35–36.

138. 在纽约州扬克斯市做补锅匠的奥蒂斯解决了垂直升降带来的危险：Goodwin, *Otis*, 12–13.

138. 最先安装电动安全升降机的两栋建筑：Ibid., 17; and Landau and Condit, *New York Skyscraper*, 36.

138. 电梯为建造具有开创意义的建筑提供了可能: Landau and Condit, *New York Skyscraper*, 62.

139. 詹尼是否真的是摩天大楼的发明者: Turak, "Home Insurance Building."

139. 詹尼的第一座摩天大楼是一件拼凑而成的东西: Bascomb, Higher, 94–97.

139. 其他的建筑商……进一步发展了这一思想: Landau and Condit, *New York Skyscraper*, 268, 302, 334, and passim.

139. 他们是深深地陷入到……彼得·怀特发明的防火墙: Vermiel, *The Fireproof Building*.

140. 普利策的世界大楼使用了一些钢柱: Ibid., 199.

140. 被公园街大厦超过: Ibid., 252.

140. 于 1907 年建造了他的标志性的熨斗大厦: Ibid., 303.

140. 大都会人寿保险大楼,后者是当时全球最高的建筑: Ibid., 361.

140. 1913 年,伍尔沃思大厦的高度达到了 792 英尺;更为准确地说,是 792 英尺 1 英寸。Ibid., 382.

140. 在 20 世纪 20 年代末的经济繁荣之前,它一直是全球最高的建筑: Ibid., 395–96.

140. 就像霍雷肖·阿尔杰笔下的某一位英雄一样: "Romance in Lives of City Builders: New Building Peaks Adjacent to East River Waterfront," *New York Times*, Feb. 24, 1929.

140. 在找到一份全职的零售工作之后,他仍然坚持……卖报纸: "By-the-Bye in Wall Street," *Wall Street Journal*, Dec. 5, 1932.

140. 他用积攒下来的钱买了国库券,并把它别在了自己的衬衫上: Ibid.

140. 勒夫考特只有 30 岁出头,他是这场战斗中的资方领袖: "State Board Trying to End Cloak Strike: Employers' Committee Meets To-morrow to Consider a Joint Conference; No Settlement, They Say," *New York Times*, July 17, 1910.

141. 和平协议: Greenwald, "'More than a Strike.'"

141. 一个更少血腥,可能也更为有利的中间立场: Ibid.

141. 把自己的全部资金都投入到了……那座高达 12 层的建筑上: Tarshis, "Thirty-one Commercial Buildings."

141. 基岩可能……: Barr et al., "Bedrock Depth."

141. 他建造了 31 座大厦: Tarshis, "Thirty-one Commercial Buildings."

141. 勒夫考特在高楼中使用了奥蒂斯电梯: Ibid.

141. "他在纽约市内拆除的历史建筑……": "By-the-Bye in Wall Street," *Wall Street Journal*, Dec. 5, 1932.

141. 估价达到了 1 亿美元: "E. Lefcourt Dies Suddenly at 55: Was Credited with Building More Skyscrapers Than Any Other Individual," *New York Times*, Nov. 14, 1932.

141. 他的庆祝方式是开办了一家……银行: "In and Out of the Banks," *Wall Street Journal*, Sept. 12, 1928.

141. 乐观情绪没有受到证券市场暴跌的影响: "Lefcourt Plans for 1930 Large: Propose $50,000,000 Expenditure for New Buildings—Other Projects," *Wall Street Journal*, Dec. 2, 1929.

142. 死于 1932 年,当时他的身价只有 2,500 美元: "A. E. Lefcourt Left $2,500, No Realty: Builder of 20 Skyscrapers Had Property Valued at $100,000,000 in 1928," *New York Times*, Dec. 15, 1932.

142. 有两位经济学家试图……劳动生产率和工资要高得多: Rosenthal and Strange, "Attenuation of Human Capital Spillovers."

142. 聚集在布里尔大厦的艺术家们: Inglis, "'Some Kind of Wonderful.'"

注 释

142. "反对拆毁第五大道": "Saving Fifth Avenue: Building Height Restriction to Prevent It Becoming a Canyon," *New York Times*, July 20, 1913.

142. 反对开发的激进分子认为……那是灾难性的结果: Ibid.

143. 具有里程碑意义的《1916 年区域规划条例》: New York City, "About NYC Zoning."

143. 纽约有许多通灵塔式的建筑: Landau and Condit, *New York Skyscraper*, 395.

143. 在纽约市的十大最高建筑中,有 5 座……: Emporis.com, www.emporis.com/en/wm/ci/bu/?id=101028. They are, tallest first, Empire State Building, 1931; Bank of America Tower, 2009; Chrysler Building, 1930; New York Times Tower, 2007; American International Building, 1932; Trump Building, 1930; Citigroup Center, 1977; Beekman Tower, 2010; Trump World Tower, 2001; and GE Building, 1933.

143. 都想建造出纽约乃至全球最高的建筑: Bascomb, *Higher*, 139–53.

143. 进行了 2500 多处修改: Makielski, *Politics of Zoning*.

143. 共计 420 页的法规: New York City, City Planning Commission, Zoning Maps and Resolution.

143. 13 种不同的居住区……不少于 41 种的商业区: Ibid.

144. 这部法规的详细细节: Ibid., 25.

145. "内置式的僵尸": Alexiou, *Jane Jacobs*, 91.

145. 与简·雅各布斯……展开了一场斗争: Asbury, "Board Ends Plan."

146. 雅各布斯出版了她的代表作: Jacobs, *Death and Life*, Random House, 1961.

146. 每英亩 100-200 套住宅: Jacobs, *Death and Life*, 208–17.

148. 有些研究已经发现……建筑的价格也比较高: For example, Glaeser and Ward, "The Causes and Consequences of Land Use Regulation: Evidence from Greater Boston," 265–78; and Katz and Rosen. "The interjurisdictional effects of growth controls on housing prices," 149–60.

148. 其中一份最为聪明的研究报告……而且价格比较高: Albert Saiz, "The Geographic Determinants of Housing Supply," 1253–96.

148. 像简·雅各布斯一样,这座建筑的设计师……坚持建造了这座低矮的建筑: Moore, *Life and Times of Charles Follen Mckim*, 274; and Ballon and McGrath, *New York's Pennsylvania Stations*, 54.

148. 准备拆除旧的纽约火车站: Jacobs, *Death and Life*, Random House, 1961.

149.《纽约时报》……其副标题是: Bennett, "City Acts to Save Historical Sites."

149. 地标性建筑保护委员会还是成为了常设机构: Landmarks Preservation Committee, www.nyc.gov/html/lpc/html/about/mission.shtml; and "A Landmark Law," *New York Times*, Apr. 27,1965.

149. 25,000 座地标性建筑: New York City Landmarks Preservation Commission, Midcentury Modern Midtown Office Tower Becomes a Landmark, Apr. 13, 2010, No. 10–04, www.nyc.gov/html/lpc/downloads/pdf/10_04_springs_mills.pdf.

149. 曼哈顿 15% 以上的非公园用地: Glaeser, "Preservation Follies," 62. 这一数字是根据纽约市地图 http://gis.nyc.gov/doitt/nycitymap/ 和 GIS(地理信息系统)软件计算出来的,其目的是确定历史保护区和公园的边界以及占地面积。

149. 提出……加盖一座 22 层的玻璃建筑: Pogrebin, "Upper East Side Tower."

149. 曾经撰写过大量关于纽约弱点和房地产业的精彩文章的汤姆·沃尔夫……那将是对它的使命的背叛: Wolfe, "(Naked) City."

149. 对于他在麦迪逊大街 980 号……"这个问题就已经得到解决了!": Gillette, "Has Tom Wolfe Blown It?"

150. 要富 74% 左右：Author's calculations using Geolytics Neighborhood Change Database 1970—2000 Tract Data Short Form Release 1.1, CD-ROM (Brunswick, NJ: Geolytics, 2002) and landmark district information from http://gis.nyc.gov/doitt/nycitymap; and Glaeser, "Preservation Follies"

150. 居住在历史保护区内的 3/4 左右的成年人：Glaeser, "Preservation Follies," 62.

150. 白人的比例要高 20%：Author's calculations; Glaeser, "Preservation Follies," 62.

150. 在 1955—1964 年间……均超过了 11,000 套：U.S. Census Bureau, Manufacturing, Mining and Construction Statistics, Residential Building Permits, www.census.gov/const/www/permitsindex.html.

150. 在 1980—1999 年间……平均为 3,120 套：Ibid.

150. 一套曼哈顿住宅……的中位数房价上涨了 284%：Haines, "Historical, Demographic, Economic, and Social Data: The United States, 1790—2002."

150. 在一栋高楼的楼顶上新建 1 平方英尺居住空间的建筑成本不到 400 美元：Glaeser et al., "Why Is Manhattan So Expensive？"

151. 20 世纪 70 年代建造的 80% 以上的建筑都超过了 20 层：Ibid.

151. 20 世纪 90 年代建造达到这一高度的建筑不足 40%：Ibid.

153. 拥挤在狭窄的街道和古老的建筑里：Jordan, *Transforming Paris*, 93–96.

153. 巴黎早在几个世纪之前就已经制定了关于土地利用的法规：Papayanis, *Planning Paris*, 14.

153. 当亨利四世……巴黎最漂亮的广场：Sutcliffe, *Paris*, 19–22.

154. 1851 年巴黎预算总额的 44 倍：Pickney, "Rebuilding of Paris," 45.

154. 高度限制……增加：Sutcliffe, *Paris*, 66,91.

155. 古斯塔夫·卡勒波特于 1877 年创作了一幅非常著名的绘画作品：Gustave Caillebotte, *Paris Street; Rainy Day*, 1877, oil on canvas, 212.2 x 276.2 cm, Charles H. and Mary F. S. Worcester Collection, 1964.336, Art Institute of Chicago, www .artic.edu/artaccess/AA_Impressionist/pages/IMP_4.shtml.

155. 高度被限定为 98 英尺：Sutcliffe, *Paris*, 123.

156. 巴黎市议会取消了这座城市的高度限制：Ibid., 166.

156. 蒙帕纳斯塔受到了广泛的批评："Few Parisians consider the skyscrapers of La Defense or the 56-story tower at Montparnasse to be worthy of their city," LaFranchi, "New Look on the Left Bank."

156. 巴黎中心区……不得超过 83 英尺的高度限制：Sutcliffe, *Paris*, 185.

156. 4000 万平方英尺的商业区：Urban Land Institute, Award Winner Project.

157. 一套面积很小的公寓都要卖到 100 万美元：例如，在房地产网站 www.frenchentree.com 上，我看到了一套位于第六区的面积为 968 平方英尺的公寓，售价超过了 125 万美元。

158. 每天被挤下火车并摔死的人超过了 3 个：Blakely, "17 People Die Every Day Commuting to Work in Mumbai, India."

158. 孟买居民的平均通勤时间：American Community Survey, 2008 Data Profile for the United States, generated using American FactFinder; and Beniwal, "Commuting Time in Mumbai."

159. 容积率不得超过 1.33：Sridhar, "Impact of Land Use Regulations."

159. 在孟买的 6 座高度 490 英尺的建筑中，有 3 座……：Emporis.com, www.emporis.com/en/wm/ci/bu/ sk/li/? id=102037&bt-2&ht-2&sro=0.

160. 人均居住面积只有 30 平方英尺左右：The China figure is from Shanghai. Sridhar, "Impact of Land Use Regulations."

注 释

Chapter 7 为什么平面扩展会大行其道？

165. 休斯敦市 2009 年的居民人口……仅次于亚特兰大和达拉斯：U.S. Census Bureau, Population Estimates, "Combined Statistical Area Population and Estimated Components of Change: April 1, 2000 to July 1, 2009" www.census.gov/popest/metro/metro.html. 最快的增长是基于新增的人口总量，而不是增长的百分比。

165. 客流量达到 2,400 万人次：Simon Malls, "About the Houston Galleria," www.simon.com/mall/default.aspx？ID=805.

165. 模拟神圣的城市空间建造的：Swartz, "Born Again," 48.

166. 2008 年时单户住宅的平均占地面积超过了 1 英亩：U.S. Census Bureau, Residential Construction Branch, Characteristics of New Housing, "Lot Size of New Single-Family Houses Sold (Excluding Condominiums)," www.census.gov/const/C25Ann/malotsizesold.pdf.

166. 全国只有 13% 的人口处在这一年龄段：U.S. Census Bureau, American Community Survey, 2008 Data Profile for the United States and the County of New York, generated using American FactFinder.

168. 驮载动物不需要修改新的路网……改变了人类的地域分布：Lay, *Ways of the World*, 7.

168. 驮载动物为城市的出现提供了可能：Bairoch, *Cities and Economic Development*, 11–14.

168. 车轮似乎起源于……美索不达米亚平原：Lay, *Ways of the World*, 27.

168. 印加人从来没有研制过车轮：Diamond, *Guns, Germs, and Steel*, 248.

168. 随着中世纪鼎盛时期……将英国赶出了诺曼底：Lay, *Ways of the World*, 62, 112.

168. 饲养和训练让人们至少在 5,000 年前……一种供上层人士使用的交通工具：Ibid., 20.

169. 公共汽车之父：Ibid., 128.

169. 巴黎有经过铺装的道路，也有……人流：Ibid.

169. 纽约市的第一辆公交巴士：Burrows and Wallace, *Gotham*; and "New York City Transit—History and Chronology," Metropolitan Transit Authority, www.mta.info/nyct/facts/ffhist.htm.

169. 公交车可以轻易地达到步行者行程的一倍：Glaeser et al., "Why Do the Poor Live in Cities？"

169. 乘坐一次公交车可能只需要……只好继续步行上下班：Gin and Sonstelie, "The Streetcar and Residential Location in Nineteeth Century Philadelphia," 92–107.

170. 适应大量的马拉车辆：Burrows and Wallace, *Gotham*, 420–21.

170. 在公交车出现之前：Folpe, *It Happened on Washington Square*, 6–7.

170. 于 1804 年制造出了第一辆可以实际运行的火车：Lay, *Ways of the World*, 137; Mason, *Matthew Boulton*, 63–65.

170. 地下铁路系统：Fischler, *Subways of the World*, 10.

171. 高架轨道网络的投资：Burrows and Wallace, *Gotham*, 1053–55; and Donald L. Miller, *City of the Century*, 268–70.

171. 以每小时 12 英里的速度去市中心上班：Burrows and Wallace, *Gotham*, 1054.

171. 以蒸汽火车为基础修建的郊区：Conn, *Metropolitan Philadelphia*, 125, 175–76.

171. 用电力驱动了一辆城市列车：Lay, *Ways of the World*, 134.

171. 在格雷西亚大街上行驶的公交车："Barcelona," *Encyclopædia Britannica*.

172. 四冲程的内燃机……为他的汽车申请了专利：Lay, *Ways of the World*, 152–53.

172. 汽车拥有量达到了 2300 万辆：Suits, "Demand for New Automobiles."

173. 以每小时 25 英里的高速：Lay, *Ways of the World*, 194, 314.

173. 1921 年《联邦公路法案》: Ibid., 118, 314.

173. 沿着这条 "母亲公路": Steinbeck, *Grapes of Wrath*.

173. 46,000 英里的公路:(截至 2000 年) U. S. General Accounting Office, Report to the Chairman, Committee on Transportation and Infrastructure, House of Representatives, GAO-02-571, Status of the Interstate Highway System, *Highway Infrastructure: Interstate Physical Conditions Have Improved, but Congestion and Other Pressures Continue*, May 2002, www.gao.gov/new.items/d02571.pdf, p. 8.

174. 那些城市的收入和人口出现了明显和较快的增长: Gilles Duranton and Matthew Turner, "Urban Growth and Transportation," 2010, http://individual.utoronto.ca/gilles/Papers/GrowthTransport.pdf.

174. "人口减少 18% 左右": Baum-Snow, "Did Highways Cause Suburbanization?"

174. 威廉·莱维特: Gans, *Levittowners*.

175. 文化品位: Ibid., 8.

175. "最为重要的功能是满足其日常需要": Ibid., 186.

175. 可能不足为信的故事: Aaseng, *Business Builders*, 62.

175. 26 道独立的工序: Ibid.

175. 在一个地方迅速地建造数十万套住宅: "Line Forms Early in Sale of Houses," *New York Times*, Mar. 7,1949, p. 21, repr. in Nicolaides and Wiese, eds., *Suburb Reader*.

176. 提供住房补贴: Gans, *Levittowners*, 13-14, 22.

176.《退伍军人法案》……提供担保: U.S. Government Printing Office, Congressional Research Service, A Chronology of Housing Legislation and Selected Executive Actions, 1892–2003, Mar. 2004, www.gpo.gov/fdsys/pkg/CPRT-108HPRT92629/html/CPRT-108HPRT92629.htm.

176. 当时巨无霸级的豪宅: Hayden, "Building the American Way," 276.

176. 不成比例地进入了中产阶级在郊区的飞地: U.S. General Accounting Office, Resources, Community, and Economic Development Division, House of Representatives, *Community Development: The Extent of Federal Influ-ence on 'Urban Sprawl' Is Unclear*, Apr. 30, 1999, GAO/RCED-99-87 Research on "Urban Sprawl," www.gao.gov/archive/1999/rc99087.pdf.

176. 基本上是独门独户的房子: U.S. Census Bureau, U.S. Census 2000, Data Profile for the United States, Summary File 3, generated using American FactFinder.

177. 在美国最大的 98 个城市中……超过了 10 英里: Kneebone, "Job Sprawl."

177. 人口密度与汽车的使用之间存在着非常明确的负相关的关系: Glaeser and Kahn, "Sprawl," 2499-2500.

177. 本田雅阁……需要占用 100 平方英尺的道路面积: 根据本田公司网站上提供的数据, 一辆 2010 款的雅阁轿车的长度为 194.1 英寸, 宽度为 72.7 英寸, 面积为 98 平方英尺。http://automobiles.honda.com/accord-sedan/specifications.aspx?group=dimensions.

178. 典型的停车位: 例如, 马萨诸塞州的停车法规规定, 停车位的面积至少为 9 英尺宽、18 英尺长, 或 162 平方英尺。www.mass.gov/Cago/docs/Municipal/sb_parking.rtf.

178. 结构性的停车场, 一个停车位的建设费用可能在 50,000 美元以上: Marshall and Emblidge, *Beneath the Metropolis*, 181.

178. 法国的平均汽油税: Glaeser and Kahn, "Sprawl," 2499-2500.

178. 在将全球的 70 个城市加以对比之后……呈现出 40% 以上的增加: Glaeser and Kahn, "Sprawl."

178. 今天, 按照出行的里程计算……通过汽车来完成的: European Road Federation, *European*

注　释

Road Statistics 2009, table 6.3: "Inland Transport Modal Split by Country in EU-27," p. 43.

178. 在意大利……分别为 5 辆和 5.66 辆：European Automobile Manufacturing Association, *Automobile Industry Pocket Guide,* "Trends in Motorisation," p.4, www.acea.be/images/uploads/files/20090529_motorisation.pdf.

178. 每 10 位美国人拥有 7.76 辆汽车：Ibid.

178. 欧洲环保局的一份报告指出……"低密度的居住区"：European Environment Agency, *Urban Sprawl in Europe,* fig. 2, p. 12.

179. 美国 2006 年开车上下班……平均通勤时间为 48 分钟：Glaeser and Kahn, "Sprawl," 2499-2500.

179. 这些时间与路途的远近无关……平均需要 24 分钟左右：Glaeser et al., "Why Do the Poor Live in Cities?" 12.

180. 伍德兰兹：General history of The Woodlands from Galatas and Barlow, *The Woodlands*.

180. 在 28,000 英亩的森林地带上：The Woodlands. http://www.thewoodlands.com/masterplan.htm.

180. 有 92,000 多人居住在伍德兰兹：The Woodlands Development Company. *The Woodlands, Texas Demographics,* January 1, 2010. http://www.thewoodlandstownship-tx.gov/DocumentView.aspx?DID=667.

180. 今天，莱维敦每英亩土地上……3 倍以上：U.S. Census Bureau, American Community Survey, 2006—2008 Data Profile Levittown Census Designated Place, New York, generated using American FactFinder.

180. 在伍德兰兹，大约 28% 的土地：The Woodlands, http://www.thewoodlands.com/greenspace.htm.

181. 增长了一倍以上……在 2000—2008 年间的增长速度也超过了 40%：The Woodlands Development Company. *The Woodlands, Texas Demographics.* January 1, 2010. http://www.thewoodlandstownship-tx.gov/DocumentView.aspx?DID=667.

181. 伍德兰兹一半以上的成年人……用于住宅的支出可谓非常之少：U.S. Census Bureau, American Community Survey, 2006—2008 Data Profile for the Woodland Census Designated Place, generated using American FactFinder; and The Woodlands Development Company. *The Woodlands, Texas Demographics.* January 1, 2010. http://www.thewoodlandstownship-tx.gov/DocumentView.aspx?DID=667.

181. 当地住宅的平均价格为 20 万美元左右：Ibid.

182. 伍德兰兹有一半左右的家庭拥有不满 18 周岁的孩子：The Woodlands Development Company. *The Woodlands, Texas Demographics.* January 1, 2010. http://www.thewoodlandstownship-tx.gov/DocumentView.aspx?DID=667.

182. 伍德兰兹的平均通勤时间是 28.5 分钟：Ibid.

183. 休斯敦 56% 的工作岗位距离市中心超过 10 英里：Kneebone, "Job Sprawl Revisited: The Changing Geography of Metropolitan Employment."

183. 已经有 100 多万人：The calculations in this section first appeared in Glaeser, "Houston, New York Has a Problem," *City Journal*; U.S. Census Bureau, Population Estimates, "Combined Statistical Area Population and Estimated Components of Change: April 1, 2000 to July 1, 2009," www.census.gov/popest/metro/metro.html.

183. 在围绕着底特律的密歇根州的韦恩县……年收入为 60,000 美元。U.S. Census Bureau, American Community Survey, 2008 Data Profile for Wayne County, Michigan, and Harris County, Texas, generated using American FactFinder.

184. 得克萨斯州的失业率为……为 13.2%：Bureau of Labor Statistics, *Unemployment Rates for States, Monthly Ranking, Seasonally Adjusted, June 2010*, www.bls.gov/web/laus/laumstrk.htm.

184. 休斯敦平均每年有 98 天的气温高于 90 华氏度：National Climatic Data Center, "Mean Number of Days with Maximum Temperature 90 Degrees F or Higher," http://lwf.ncdc.noaa.gov/oa/climate/online/ccd/max90temp.html.

184. 2006 年，美国家庭的平均年收入为 60,000 美元左右：U.S. Census Bureau, American Community Survey, 2006 Data Profile for the United States, generated using American FactFinder.

184 注册护士在休斯敦和纽约的平均收入分别是 40,000 美元和 50,000 美元：Author's calculations using Ruggles et al., *Microdata Series*.

184. 销售经理在休斯敦和纽约的平均收入分别为 27,800 美元和 28,000 美元：Ibid.

185. 休斯敦地区业主自用住宅的平均价格为 120,000 美元：更为准确地说，是 119,400 美元。U.S. Census Bureau, American Community Survey, 2006 Data Profile for Houston–Sugar Land–Baytown, Texas, Metropolitan Statistical Area, and 2006 Data Profile for City of Houston; both generated using American FactFinder.

185. 这座城市 3/4 以上的住宅：U.S. Census Bureau, American Community Survey, 2006 Data Profile for city of Houston, generated using American FactFinder.

185. 售出的一套休斯敦住宅……中间价：National Association of Realtors, "Median Sales Price of Existing Single-Family Homes for Metropolitan Areas," www.realtor.org/wps/wcm/connect/497de980426de7ccb96eff03cc9fa30a/REL10Q1T_rev.pdf?MOD=AJPERES&CACHEID=497de980426de7ccb96eff03cc9fa30a.

185.2006 年，统计局给出的洛杉矶和纽约……496,000 美元：U.S. Census Bureau, American Community Survey, 2006 Data Profile for City of Los Angeles and City of New York, generated using American FactFinder.

185. 花 340,000 美元在史坦顿岛：Realtor.com, searched Aug. 31, 2010.

185. 新布莱顿……比较旧的房子：Ibid.

185. 这些房子没有休斯敦的新房子所拥有的……居住条件：Ibid.

185. 带两个或三个卧室的公寓：Ibid.

185. 如果这个家庭能够拿出……包括利息支出在内：作者在计算时假设 30 年固定贷款利率为 6.75%。

186. 休斯敦居民必须……大约需要缴纳 4,800 美元：作者使用 TAXSIM 进行的推算。

186. 在纽约市……州所得税和市所得税：Ibid.

186. 每年用于交通的支出达到了 8,500 美元：Bureau of Labor Statistics, *Consumer Expenditure Survey, 2006*, www.bls.gov/cex; and personal communication, Oct. 2007.

186. 休斯敦人的平均通勤时间为 26.4 分钟：U.S. Census Bureau, American Community Survey, 2008 Data Profile for City of Houston, generated using American FactFinder.

186. 在皇后区，平均通勤时间为 42.7 分钟：U.S. Census Bureau, American Community Survey, 2008 Data Profile for County of Queens, NY, generated using American FactFinder.

186. 在史坦顿岛……一场多种交通模式的马拉松：U.S. Census Bureau, American Community Survey, 2008 Data Profile for County of Richmond, NY, generated using American FactFinder.

186. 轮渡本身只需要……走到你在曼哈顿的最终目的地：From the official Web site, www.siferry.com.

187. 人们更加不喜欢把时间花在公共交通工具上：Small and Verhoef, *Economics of Urban Transportation.*

187. 最大的价格差异存在于食品杂货。ACCRA Cost of Living Index for Houston and Queens: 88 and 149.4.

187. 一块 T 字骨牛排……要贵 50%：Ibid.

187. 皇后区居民……实际收入只有不到 19,750 美元：Ibid.

187. 休斯敦居民的实际收入为 31,250 美元：Ibid.

187. 即使没有非常聪明的孩子，休斯敦居民：Houston Association of Realtors, School Finder, School District Detail, Spring Branch ISD, generated at www.har.com/school/dispDistrictDetailcfm？id=101920.

188. 拉斯维加斯的房价……神奇地翻了一番：Case-Shiller Home Price Indices, July 21, 2010.

188. 2/3 的城市房价的变化……它的价格就会提高 3%：Author's calculations using U.S. Census Bureau, Census 2000, County and City Data Book 2000, table C-7, "Cities—Government Finances and Climate," www.census.gov/prod/2002pubs/00ccdb/cc00_tabC7.pdf.

188. 1980—2000 年间……上涨 1.2 美元：Author's calculations using U.S. Census Bureau, Census 2000.

188. 加利福尼亚州的圣塔克莱拉县……付出更多的金钱：圣塔克莱拉县的平均房价为为 116,079 美元，中位数房价为 88,846 美元；美国的平均房价为 71,498 美元，中位数房价为 52,029 美元。U.S. Census Bureau, American Community Survey, 2008 Data Profile for County of Santa Clara, California, and for the United States, generated using American FactFinder.

188. 接近 800,000 美元，是美国平均房价的 4 倍：Ibid.

189. 仍然是美国大陆房价最高的地区：只有檀香山的房价比它高。National Association of Realtors, "Median Sales Price of Existing Single-Family Homes for Metropolitan Areas," www.realtor.org/wps/wcm/connect/497de980426de7ccb96eff03cc9fa30a/REL10Q1T_rev.pdf？MOD=AJPERES&CACHEID=497de980426de7ccb96eff03cc9fa30a.

189. 仅批准了大约 16,000 套新的单一家庭住宅：U.S. Census Bureau, Manufacturing, Mining and Construction Statistics, Residential Building Permits, www.census.gov/const/www/permitsindex.html.

189. 不到同期美国平均水平的 1/3：Ibid.

189. 如果硅谷在过去的 8 年中……尽管那里有良好的天气和较高的收入：圣塔克莱拉县目前大约拥有 390,000 套住宅，因此，新建 200,000 万套住宅将相当于住宅总量增加 50%。通常来说，关于住宅需求弹性的预测为 -0.7 左右。参见 Polinsky and Ellwood, "Empirical Reconciliation of Micro and Grouped Estimates of the Demand for Housing," 该文认为，住宅的供应每增加 50%，住宅的价格就会下降 40%。

189. 真正批准了超过 200,000 套的单一家庭住宅：U.S. Census Bureau, Manufacturing, Mining and Construction Statistics, Residential Building Permits, www.census.gov/const/www/permitsin-dex.html.

189. 底特律的平均家庭收入……相当于全国平均水平的一半：U.S. Census Bureau, American Community Survey, 2008 Data Profile for City of Detroit and for the United States, generated using American FactFinder.

190. 最近一次泡沫的高峰……上涨了 64%：Case-Shiller Home Price Indices (July 21, 2010).

190. 在达拉斯，房价……只上涨了 8%：Ibid.

190. 在泡沫高峰期之后的 3 年中……仅下跌了 5.5%：Ibid.

190. 休斯敦的房价仍然保持着惊人的稳定……2009年为153,100美元：National Association of Realtors, "Median Sales Price of Existing Single-Family Homes for Metropolitan Areas," www.realtor.org/wps/wcm/connect/497de980426de7ccb96eff03cc9fa30a/REL10Q1T_rev.pdf？MOD=AJPERES&CACHEID=497de980426de7ccb96eff03cc9fa30a.

190. 哈里斯县批准了……缓解了房价的下跌：U.S. Census Bureau, Manufacturing, Mining and Construction Statistics, Residential Building Permits, www.census.gov/const/www/permitsindex.html.

190. 在1996—2006年间……仅上涨了28%：Glaeser et al., "Housing Supply and Housing Bubbles."

190. 在20世纪80年代的经济繁荣时期……仅上涨了3%：Ibid.

190. 得克萨斯州的开发商可以提供……每平方英尺75美元：Gyourko and Saiz, "Construction Costs."

190. 得克萨斯州和加利福尼亚州加在一起……每人将拥有超过1,600平方英尺的土地：U.S. Census Bureau, State and County Quickfacts, http://quickfacts.census.gov/qfd/states; and U.S. Census Bureau, International Database, World Population Summary, www.census.gov/ipc/www/idb/worldpopinfo.php.

190. 美国拥有大量的土地……比有形的建造成本高出25%：Gyourko and Saiz, "Construction Costs."

191. 洛杉矶的住宅建造成本……高出了350%以上：U.S. Census Bureau, American Community Survey, 2006—2007 Data Profile for the City of Houston and the City of Los Angeles, generated using American FactFinder; and Gyourko and Saiz, "Construction Costs."

191. 影响建造房子的自然障碍……在住宅供应方面的差别：Saiz, "Geographic Determinants."

191. 在布莱斯·沃德和詹妮·舒兹的帮助下……可以用来建筑多户住宅：Glaeser et al., "Regulation and the Rise in Housing Prices."

192. 由两位……房地产开发商开发的：Haley, *Sam Houston*.

192. 新鲜的饮用水和令人神清气爽的海上微风：Schadewald, "Salute to the Allen Brothers."

194. 这项耗资150亿美元的"大开挖"项目……拒绝使用这条公路：Stern, "Boston's Big Dig Wraps Up."

194. 生活在多户住宅里的85%以上的人……是自有住房：U.S. Census Bureau, U.S. Census 2000, Data Profile for the United States, Summary File 3, generated using American FactFinder.

194. 如果住房的使用者是承租人……折旧率会增加1.5%：Shilling et al., "Measuring Depreciation."

195. 在曼哈顿，76%的住房是出租的：U.S. Census Bureau, American Community Survey, 2008 Data Profile for New York County (Manhattan), generated using American FactFinder.

195. 大城市里的学校的考试成绩……甚至还要更高一些：Loveless, "How Well Are American Students Learning？"

196. 削减住房抵押贷款利息扣除的规模：*Report of the President's Advisory Panel on Federal Tax Reform*.

Chapter 8　还有什么比柏油路更环保？

199. "很轻松地从河水中获取食物"：Thoreau, *I to Myself*, 52.

199. "火焰声速地蔓延开来"：Ibid., 52.

199. "我是在森林里点了火"：Ibid., 54.

199. "被阻止的流氓"和"饶舌的推卸责任的人"：Ibid., 52; and Thoreau, *Journal, vol.* 2, 25.

200. "很少对同事提供的帮助表示感谢": Thoreau, *Walden and Resistance*.

201. 集中居住在高楼里并步行上班: Jacobs, *Death and Life*, Random House; and David Owen, *Green Metropolis*.

201. 生态友好的家庭都在用苏斯博士的童话故事……曾经非常漂亮的城市风景: Seuss, *Lorax*.

202. "厌恶城镇, 向往神圣的果园": Horace, *Satires and Epistles*, 283.

202. 华兹华斯、柯勒律治、济慈、雪莱: 例如, in Ferguson et al., *Norton Anthology of Poetry*: Wordsworth, "I Wandered Lonely as a Cloud," p. 801; Coleridge, "Frost at Midnight," pp. 810–12; Keats, "Bright Star," p. 940; and Shelley, "Mont Blanc," pp. 866–70.

202. "全身心地走向大自然": Ruskin, *Works*, vol. 3,624.

202. 城市规划的一位早期支持者: Ruskin, *Genius*, 1997,353.

202. "从城市的任何地方……可以看到远处的地平线": Ruskin, *Genius*, 353.

202. "由美丽的花园和果园组成的玉带": Ibid.

203. 为了能够"看到远处的地平线"而……放弃一顿香甜可口的美餐: Ibid.

203. 不到300万套是用于休闲度假的第二套住宅: U.S. Department of Housing and Urban Development and U.S. Census Bureau, Current Housing Reports, *American Housing Survey for the United States*: 2007, H1 50/07, Sept. 2008, www.census.gov/prod/2008pubs/h150-07.pdf, table 1A–1.

203. 埃比尼泽·霍华德是一位著名的城市规划专家……对罗斯金的辅导教师进行了具体化: 最初出版时的书名是 *Tomorrow: A Peaceful Path to Real Reform*.

203. 这一绿化地带很难进入你的步行范围: Estimated using Journey Planner on www.tfl.gov.uk/tube.

203. 奥姆斯特德专门从事……建造田园景观的工作: Rybczynski, *Clearing in the Distance*.

205. 建成了五栋新的大楼, 最高的大楼达到849英尺: Empire State Building, 1931; Chrysler Building, 1930; American International Building, 1932; Trump Building, 1930; and GE Building, 1933. Emporis.com, www.emporis.com/en/wm/ci/bu/?id=101028.

205. 西欧最高的摩天大楼: The tallest building in Western Europe, at about 849 feet, is Commerzbank Tower, in Frankfurt, Germany. Emporis.com, www.emporis.com/en/bu/sk/st/tp/ct/?id=100001.

205. 在此后的36年中没有再建造一座那么高的大楼: 位于芝加哥的大通大厦 (The Chase Tower) 高849英尺, 建于1969年。Emporis.com, www.emporis.com/en/bu/sk/st/tp/wo.

205. 全球的气温一直在不断地升高: Archer and Rahmstorf, *Climate Crisis*, 3, 41.

206. 新建住宅的碳目录: Glaeser and Kahn, "Greenness of Cities" An earlier version of this analysis appeared in Glaeser, "Green Cities, Brown Suburbs."

206. 2006年, 美国产生了大约60亿吨……欧洲和拉丁美洲的排放量之和: U.S. Energy Information Administration, International Energy Annual 2006, H. lco2 World Carbon Dioxide Emissions from the Consumption and Flaring of Fossil Fuels, 1980—2006, www.eia.doe.gov/pub/international/iealf/tablehlco2.xls.

206. 住宅和汽车的碳排放……与我们的汽车有关: Glaeser and Kahn, "Greenness of Cities"

207. 如果你把在炼制和分销汽油过程中……取决于你是居住在城市还是居住在郊区: Ibid.

207. 人口密度和到市中心的距离: Ibid.

207. 生活在一个每平方英里居住人口超过10,000人……每年需要使用687加仑汽油: Ibid.

207. 每个家庭每年消耗的汽油就会减少106加仑: Ibid.

207. 运送乘客26亿人次: Ridership data from MTA, "The MTA Network," www.mta.info/mta/network.htm; fuel information from Kennedy, "New York's Bus Cleanup"; and electricity data from Metropolitan

Transit Authority, *Greening Mass Transit*.

208. 每年消耗的汽油总量还不到 850 加仑: Glaeser and Kahn, "Greenness of Cities."

208. 喜欢乘坐公共交通工具上班的人则是喜欢自己驾车上班的人的两倍以上: In 2008, 5 percent of Americans used public transportation to get to work, and 75.5 percent drove themselves to work. In the same year, 23.3 percent of New Yorkers drove themselves to work, while 54.8 percent used public transportation. U.S. Census Bureau, American Community Survey, 2008 Data Profile for the City of New York and the United States, generated using American FactFinder.

208. 平均来看，人口每增加 1 倍……居民的汽油消费量是最大的: Glaeser and Kahn, "Greenness of Cities."

208. 城市与郊区之间的最大差距往往出现在比较古老的地区: Ibid.

208. 也出现在像亚特兰大和纳什维尔这样一些地区: Ibid.

208. 城市居民使用更少的电: Ibid.

208. 家用电器占居民能源消费总量的 2/3: The Census Bureau gives us a convenient snapshot of electricity usage. It asks 5 percent of the U.S. population how much their household is spending on electricity. Using state-level price data from the Department of Energy, we can then convert that spending into electricity usage. With a little bit of statistics, we can use this data to estimate how much electricity an average family buys in different parts of the country. Because apartment dwellers often don't directly pay for their own electricity, we have to use the government's Residential Energy Consumption Survey to fill in the gaps. To figure out the total carbon emissions from electricity, we need to multiply average electricity usage in a place by the carbon emissions associated with creating electricity in that region. Glaeser and Kahn, "Greenness of Cities."

209. 电力消费水平最低的城市: Ibid.

209. 居于电力消费的前列: Ibid.

209. 中等的独门独户住宅: Department of Energy, U.S. Energy Information Administration, Residential Energy Consumption Survey (RECS), 2005 Consumption & Expenditures Tables, Table US8. Average Consumption by Fuels Used, 2005, http://www.eia.doe.gov/emeu/recs/2005/c&e/summary/pdf/ tableus8.pdf.

209. 郊区的中等家庭: Ibid.

209. 城市的中心城区的居民消耗的电力更少: Glaeser and Kahn, "The Greenness of Cities."

209. 那些更加集中化的城市……如达拉斯或菲尼克斯: Ibid.

209. 天然气是美国最主要的热源: Department of Energy, U.S. Energy Information Administration, Office of Integrated Analysis and Forecasting, "Emissions of Greenhouse Gases in the United States 2008," Dec. 2009, table 7, U.S. Carbon Dioxide Emissions from Residential Sector Energy Consumption, 1990—2008, www.eia.doe.gov/oiaf/1605/ggrpt/pdf/0573(2008).pdf.

209. 底特和密歇根州的大瀑布城……甚至夜里也一样: Glaeser and Kahn, "The Greenness of Cities."

209. 不应令人感到惊讶的是，城市比郊区更加绿色: Ibid.

210. 但是，城市之间的差异甚至……要比孟菲斯的一个家庭少 60%: Ibid.

210. 东北部和中西部比较古老的地区……产生了比较高的碳排放: Ibid.

210. 在圣塔克莱拉县，每英亩土地上大约只居住着 2 个人: Haines, "Historical, Demographic, Economic, and Social Data: The United States, 1790—2002"; and U.S. Census Bureau, American Community Survey, 2008 Data Profile for Marin and Santa Clara Counties, California, generated using

American FactFinder.

210. 在马里兰州的蒙哥马利县，每英亩土地上大约居住着3个人：Haines, "Historical, Demographic, Economic, and Social Data: The United States, 1790—2002"; and U.S. Census Bureau, American Community Survey, 2008 Data Profile for Montgomery County, Maryland, generated using American FactFinder.

210. 在伊利诺斯州的库克县，每英亩土地上大约居住着9个人：Haines, "Historical, Demographic, Economic, and Social Data: The United States, 1790—2002"; and U.S. Census Bureau; American Community Survey, 2008 Data Profile for Cook County, Illinois, generated using American FactFinder.

210. 在曼哈顿，每英亩土地居住着111个人：Haines, "Historical, Demographic, Economic, and Social Data: The United States, 1790-2002"; and U.S. Census Bureau, American Community Survey, 2008 Data Profile for New York County, generated using American FactFinder.

210. 圣塔克莱拉县的人口增长了两倍以上：Haines, "Historical, Demographic, Economic, and Social Data: The United States, 1790-2002."

211. 圣塔克莱拉县的人口只增长了17.8%：Ibid.; and U.S. Census Bureau, American Community Survey, 2008 Data Profile for Santa Clara County, California, generated using American FactFinder.

211. 中位消停价格都超过了800,000美元：National Association of Realtors, "Median Sales Price of Existing Single-Family Homes for Metropolitan Areas," 2nd Quarter 2010, www.realtor.org/wps/wcm/connect/497de980426de7ccb96eff03cc9fa30a/REL10Q1T_rev.pdf ? MOD=AJPERES&CACHEID=497de980426de7ccb96eff03cc9fa30a.

211. 这些地方仍然是美国大陆价格最高的两个地区：Ibid.

211. 由于严格限制新的开发项目……一直维持着高位运行：Marin County Development and Zoning Code, www.marin.ca.gov/depts/CD/main/comdev/CURRENT/devCode.cfm.

211. 海湾地区有1/4的土地：California, Government of, Association of Bay Area Governments, San Francisco Bay Area Housing Needs Plan 2007—2014, p. 3. According to the Greenbelt Alliance, 1.1 million of these acres are protected. About Greenbelt Alliance: www.greenbelt.org/downloads/resources/factsheets/AboutGA_08.pdf.

211. 大约为870万英亩英尺：*California Water Plan Update 2005,* vol. 2, ch. 22, p. 1.

211. 每年的灌溉用水量为3,400英亩英尺：Ibid., vol. 2, ch. 3, p. 1.

212. 1970年的《加利福尼亚州环境质量法案》：California, Government of, California Environmental Quality Act (CEQA), Statute and Guidelines 2009.

212. 而且包括经地方政府批准的项目：*Friends of Mammoth v. Board of Supervisors.*

212. 产生了583项环境评估：Author's calculations using the databases at www.ceqanet.ca.gov, California's clearinghouse for California Environmental Quality Act (CEQA) documents, and www.epa.gov/oecaerth/nepa/eisdata.html, the U.S. Environmental Protection Agency's Environmental Impact Statement Database.

213. "红色的"肯·利文斯通：Hoksen, Ken, 90, 240, 288-302, 317; Fiona Hamilton, "Boris Makes an Early Start."

213. "人类面临的一个最大难题"……"人类的最大威胁"：Ben Webster, "Congestion Charge Will Rise to £25"; Prince of Wales, "Speech ... Bali to Poznan."

213. 查尔斯王子于1948年出生在白金汉宫：www.princeofwales.gov.uk/personalprofiles/theprinceofwales/

biography.

213. 利文斯通比查尔斯王子大 3 岁……出生在兰贝斯区：Hoksen, *Ken*, 1.

213. 比任何一位英国国王都要正规的教育：Dimbleby, *Prince of Wales*, 25, 79, 89,103-4.

213. 利文斯通的教育是很零散的：Hoksen, *Ken*, 5-7.

213. "培养小型啮齿类动物体内的肿瘤"：Foggo, "Ken, the Animal Tester of X Block."

213. 在伦敦兰贝斯工党内部崛起：Hoksen, *Ken*, 38-80.

213. 查尔斯王子成了……一名忠实队员：Dimbleby, *Prince of Wales*, 159, 214, 217.

213. 这位年轻的亲王与……的灰姑娘婚礼：Ibid., 284-85, 288-90.

213. 大伦敦议会的领袖：Carvel, *Citizen Ken*, 18.

213. 肯·利文斯通却拒绝出席：Willis, "Royal Wedding"; and Hoksen, *Ken*, 99.

214. 利文斯通坚定而一贯地认为：Rowbotham, "London's 'Red Ken' Arrives."

214. 他支持修建更多的住宅，但反对建造摩天大楼：Hoksen, *Ken*, 408, and Sudjic, "Thoroughly Modernising Mayor."

214. 可持续农业的支持者和现代主义的反对者：Dimbleby, *Prince of Wales*, 312.

214. 一个推动发展有机农业……的机会：Ibid., 439. Explanation of the Duchy of Cornwall at www.duchyofcornwall.org/naturalenvironment.htm, linked from the Prince of Wales Web site.

214. 对现代主义建筑发起的一次猛烈抨击：Dimbleby, *Prince of Wales*, 314-17.

214. 提出了一种颇具怀旧色彩的愿景：Prince of Wales, Speech … Royal Institute of British Architects.

214. "脸了的一块非常可怕的红斑"：Ibid.

214. "为什么每一件东西必须是垂直的"：Ibid.

214. "一个……巨型的玻璃树桩"：Ibid.

214. 但查尔斯王子获得了胜利——尽管是以微弱的优势："Victoriana vs. Mies in London," *New York Times*, May 3,1984, p. C18.

214. "一座维多利亚早期的集镇"：Worsley, "A Model Village Grows Up Gracefully."

214. 支持新城市主义运动：Watson et al., *Learning from Poundbury*, 8.

214. 新城市主义"支持……并维护我们的建筑遗产"：Charter of the New Urbanism, www.cnu.org/charter.

214. 比美国的新城市主义专家在美国建成的社区更加保守：Compare the Web site of Poundbury, www.duchyofcornwall.org/designanddevelopment_poundbury_livinginpoundbury.htm, with its note that "It is intended to be a sustainable development" and that it is "designed to maintain the quality of the environment" and its photographs of green space, with the Web site of Celebration, Florida, www.celebration.fl.us/towninfo.html, with its emphasis on its "strong sense of self" and photographs of people at play.

215. 在庆典城……需要驾驶汽车：U.S. Census Bureau, Census 2000, P30, Means of Transportation to Work for Workers 16 Years and Over, Summary File 3, generated using American FactFinder.

215. 庞德伯里驾车去上旋涡状的的人（64.5%）要多于周围的地区：Watson, *Learning from Poundbury*, 37.

215. 3/4 的庞德伯里居民开车去购物：Ibid.

215. 庆典城大约 70% 的房子是独户的：U.S. Census Bureau, Census 2000, H30, Units in Structure, Summary File 3, generated using American FactFinder.

215. 庞德伯里只有 17% 的房子是公寓：Watson, *Learning from Poundbury*, 19.

215. 在每次进入伦敦内城时缴纳 5 英镑的交通拥堵费：Leape, "London Congestion Charge."

215. 经济学家们一直在呼吁征收交通拥堵费：例如，Vickrey, "Congestion Theory," 251; Vickrey, "Pricing of Urban Street Use"; Vickrey, "Pricing in Urban and Suburban Transport"; and Walters, "Private and Social Cost of Highway Congestion."

215. 通过促使人们放弃回车而乘坐地铁：Behar, "Livingstone Wins Fight."

215. 他还认为，这是一项具有进步意义的法规：Giles, "A Logical Effort to Ease the London Gridlock"; see also: "Traffic Decongestant," *Economist*, Feb. 15, 2003.

216. 驾车行为减少了 20% 以上：Lewis Smith, "Traffic Still Light."

216. 在接下来的两年中，交通拥堵下降了 30%：Leape, "London Congestion Charge."

216. 后现代主义风格的一号家禽大厦：Lillyman et al., *Critical Architecture*, 143.

216. 气候变化组颁发的低碳冠军奖："London Leaders Lauded," www.edie.net/news/news_story.asp？id=10857.

216. 当他率领 20 位随从人员……招致了一些批评：Philip Webster, "Miliband Attacks Prince for Flying."

217. 支持建造高密度的建筑，以便保护伦敦的绿色地带：Design for London, "Housing for a Compact City."

217. "华而不实的带有阴茎崇拜色彩的雕刻作品"：Prince of Wales, Speech ... "Tall Buildings."

217. 在 2000 年，美国大约有一半的房子是在 1970—2000 年间建成的：U.S. Census Bureau, American Community Survey, 2008 Data Profile for the United States, generated using American FactFinder.

218. 碳消耗也将增长 139%：In 2006, per capita emissions in the United States were 19.78 metric tons. In France, they were 6.60 metric tons; in China, 4.58 metric tons; and in India, 1.16 metric tons. Total emissions in 2006 were 29.195 billion metric tons. If we subtract China's 2006 emissions from this total (1.314 billion people times 4.58 metric tons per capita fora total of 6.018 billion tons) as well as India's (1.112 billion people times 1.16 metric tons per capita for a total of 1.293 billion tons), and then add Chinas total emissions if they were at the U.S. per capita level (1.314 billion people times 19.78 metric tons for a total of 25.998 billion tons) as well as India's (1.112 billion people times 19.78 metric tons per capita for a total of 21.988 billion tons), the new world total would be 69.8601 billion tons, an increase of 139 percent.

218. 平均每年每人排放大约 20 吨的二氧化碳：U.S. Energy Information Administration, International Energy Annual 2006, table H. 1cco2, "World Per Capita Carbon Dioxide Emissions from the Consumption and Flaring of Fossil Fuels, 1980-2006," www.eia.doe.gov/pub/international/iealf/tableh1cco2.xls.

218. 同样大量驾车出行的加拿大人的人均排放量与美国人相差无几：Ibid.

218. 英国人每年每人排放的二氧化碳略低于 10 吨：Ibid.

218. 意大利人的人均年排放量为 8 吨左右：Ibid.

218. 中国每人每年大约排放 5 吨二氧化碳：Ibid.

218. 如果中国的人均二氧化碳排放量达到美国的水平……全球的碳排放总量增加 69%：Total emissions in 2006 were 29 billion tons. If we subtract China's 2006 emissions from this total (1.314 billion people times 4.58 metric tons per capita for a total of 6.018 billion tons) and then add China's total emissions if they were at the U.S. per capita level (1.314 billion people times 19.78 metric tons for a total of 25.998 billion tons), the new world total would be 48.98 billion tons, an increase of 69 percent. U.S. Energy

Information Administration, *International Energy Annual* 2006, table H.1cco2, "World Per Capita Carbon Dioxide Emissions from the Consumption and Flaring of Fossil Fuels, 1980-2006," www.eia.doe.gov/pub/international/iealf/tableh1cco2.xls.

218. 但是，如果印度和中国的能源消费总量……抵消了美国和其他国家的碳减排总量: If, instead, we used France's 6.60 metric ton per capita figure, China's revised emissions would be 8.668 billion tons (1.314 billion people times 6.60 metric tons per capita) and India's would be 7.334 billion tons (1.112 billion people times 6.60 metric tons per capita), for a revised world total of 37.887 billion tons, or an increase of about 30 percent. U.S. Energy Information Administration, International Energy Annual 2006, table H.1cco2, "World Per Capita Carbon Dioxide Emissions from the Consumption and Flaring of Fossil Fuels, 1980-2006," www.eia.doe.gov/pub/international/iealf/tableh1cco2.xls.

218. 对中国家庭的碳排放进行了逐个城市的分析: Zheng et al., "Greenness of China."

218. 一个华盛顿地区的典型家庭每年产生……中国最灰色的地区之一: Glaeser and Kahn, "Greenness of Cities"; and Zheng et al., "Greenness of China."

220. 每平方英里5万人: Mumbai, *Mumbai Human Development Report 2009*, 238; and American Community Survey, 2008 Data Profile for the City of New York, generated using American FactFinder.

220. 加尔各答和班加罗尔: Kolkata: "Seoul 6th Most Densely Populated City," *Korea Times*, Dec. 26, 2007. Bangalore: Annemarie Schneider and Curtis E. Woodcock, "Compact, Dispersed, Fragmented, Extensive? A Comparison of Urban Growth in Twenty-five Global Cities Using Remotely Sensed Data, Pattern Metrics, and Census Information," *Urban Studies* 45 (Mar. 2008): 659-92, doi: 10.1177/0042098007087340.

220. 作为中国大陆发展速度最快……每平方英里1.5万人以上: "Around China," *China Daily*, www.chinadaily.com.cn, Apr. 29, 2010.

220. 上海和北京分别拥有……洛杉矶人口密度（大约每平方英里2,600人）的一半: Los Angeles population in 2008 was 3,803,383, and land area is 469 square miles, for a density of 8,109.5 per square mile. American Community Survey, 2008 Data Profile for the City of New York and the City of Los Angeles, generated using American FactFinder.

220. 中国的汽车保有量: "Chinese Agency Highlights Problems of Rising Car Ownership," BBC Worldwide Monitoring, Asia Pacific, July 19, 2010.

220. 生产出了价格仅为2,500美元的汽车: Timmons, "A Tiny Car."

Chapter 9　城市是如何取得成功的？

223. "幸福的家庭都是相似的": Tolstoy, *Anna Karenina*, 3.

224. 东京……成为了全球最大的城市之一: "Tokyo," *Encyclopædia Britannica*.

224. 新城堡江户成了日本实际上的首都: "Japan," *Encyclopædia Britannica*.

225. 日本大米收入的一半: Ades and Glaeser, "Trade and Circuses."

225. 一个国家的政府越是集权，它的首都就会越大: Ibid.

225. 独裁政权统治下的最大城市……居住着全国35%的城市人口: Ibid.

225. 稳定的民主政权统治下的最大城市仅居住着全国23%的城市人口: Ibid.

225. 江户拥有100万人口: Seidensticker, *Low City, High City*, 13.

225. 明治维新重新确立了皇室的权力: Ibid., 26-28.

225. 把他的宫廷从京都迁到了江户，并为其更名为东京: Ibid., 26.

225. 幕府城堡变成了皇宫：Ibid., 28-29.

225. 当时日本仍然很贫穷，但日本人的文化程度非常高：Maddison, "Statistics on World Population."

225. 大大高于法国、荷兰或西班牙：法国为6年，荷兰为5.42年，西班牙为3.4年。Barro and Lee, "Educational Attainment."

226. 通产省：Chalmers Johnson, *MITI and the Japanese Miracle*.

226. 它通常雇用的是失败者而非胜利者：Beason and Weinstein, "Growth, Economies of Scale."

227. 英属东印度公司的成功还得益于……典型的英国式组合：Boulger, *Life of Sir Stamford Raffles*; and Wurtzburg, *Raffles of the Eastern Isles*, 16.

227. 对植物和动物很感兴趣，曾经养了一只马来熊的幼崽作为宠物：Raffles, *History of Java*; and Wurtzburg, *Raffles of the Eastern Isles*, 113-14, 197-98, 569-71.

227. 他后来担任过伦敦动物园的第一任总裁……设立贸易口岸的权利：Wurtzburg, *Raffles of the Eastern Isles*, 256-70, 643-44, 648; and "Singapore," *Encyclopædia Britannica*.

228. 可能有2500万人死于后来的血腥战争之中：Ebrey et al., *East Asia*, 308.

228. 12年之后……1个独立的城市国家：Yew, *Singapore Story*.

228. 该国的国土面积为217平方英里：Ibid.; 1965年的人口资料来自：Maddison, "Statistics on World Population."

228. 新加坡的人均收入仅相当于美国的1/5左右：Maddison, "Statistics on World Population."

228. 平均每年8%以上的发展速度，成为了全球发展速度最快的国家之一：Author's caculations using Maddison, "Statistics on World Population."

228. 新加坡是一片贫穷的棚户区：Yew, *From Third World to First*, 120.

228. 人均国内生产总值居于世界前列：Maddison, "Statistics on World Population."

228. 进入赌场时必须至少支付70美元："The Dragon's Gambling Den," *Economist*, July 10, 2010.

228. 新加坡成年人接受学校教育的时间平均只有3年：Barro and Lee, "Educational Attainment."

229. 新加坡13岁的中学生……名列前茅：Boston College, "Highlights of Results from TIMSS."

229. 现在有大量文献表明，极为丰富的自然资料反而往往会对国家造成伤害：Frankel, "The Natural Resource Curse: A Survey."

229. 提供了很高的薪水，并对他们的不当行为施以更重的处罚：Yew, *From Third World to First*, 182-98.

229. 全球最好的贸易和运输物流：United Nations Industrial Development Organization, Industrial Development Report 2009, p. 69; and World Bank, *Connecting to Compete*, 26.

230. 直到最近之前……对废水进行再利用："Singapore's Deep Tunnel Sewerage System Wins Global Water Awards 2009," *Marketwire*, Apr. 28, 2009.

230. 在1975年采取了征收交通拥堵费的方式：Goh, "Congestion Management."

230. 通勤时间大约为35分钟：Payscale.com, www.payscale.com/research/SG/Country= Singapore/Commute_Time.

230. 共有42座建筑高度在490英尺以上的大楼：Emporis.com: Singapore high-rises—www.emporis.com/en/wm/ci/bu/sk/li/?id=100422&bt=5&ht=2&sro=0; London high-rises—www.emporis.com/en/wm/ci/bu/sk/li/?id=100637&bt=5&ht=2&sro=0; and Paris high-rises—www.emporis.com/en/wm/ci/bu/sk/li/?id=100603&bt=5&ht=2&sro=0.

231. 其国内生产总值的增长速度可能居于全球第二位：Maddison, "Statistics on World Population."

231. 撒哈拉以南非洲大陆上经济最繁荣的两三个国家之一：Ibid.

231. 哈博罗内创立于 1965 年……相当于全国人口总量的 1/10 左右：Botswana, "Stats Update Dec. 2009."

231. 博茨瓦纳的成功依赖于……然后用于实物资本和人力资本的投资："Khama, Sir Seretse," *Encyclopædia Britannica*.

231. 博茨瓦纳人接受学校教育的平均时间：Barro and Lee, "Educational Attainment."

231. 哈博罗内的发展是与博茨瓦纳相辅相成的：They do census on the "1" year, so it's 1971–2001. Botswana, table 1.6, "Distribution of Population in Urban Settlements."

231. 人道的和相对有效的：Botswana, "MASA: Anti-Retroviral Therapy."

231. 大大提高了 HIV 感染者的预期寿命：Dorrington et al., *Demographic Impact of HIV/AIDS*.

232. 从统计学的角度来看……可以用 1940 年时的教育水平来解释：2000 is the year with the latest comprehensive Census data across 256 metropolitan areas. When share of adults with a college degree in 2000 is regressed on share of adults with college degrees in 1940, the r-squared is 53 percent and the coefficient is over three. Glaeser et al., "Inequality in Cities."

232. 如果某个地区在 1940 年时只有不到 5% 的成年人持有大学文凭，平均来看，这个地区在 2000 年时持有大学文凭的成年人不会超过 19%：Author's calculations using data from U.S. Census Bureau, 1940 and 2000 Census.

232. 如果某个地区在 1940 年时有 5% 以上的成年人持有大学文凭，这个地区在 2000 年时平均就有 29% 的成年人持有大学文凭：Author's calculations using data from U.S. Census Bureau, 1940 and 2000 Census.

232. "构筑与……反基督徒王国相抗衡的堡垒"：Vaughan, *Puritan Tradition*, 26.

232. 于 1635 年创办了波士顿拉丁学校：Ibid., 27; Boston Latin School, "History (375 Years), Celebrating a Public Treasure," www.bls.org/podium/default.aspx?t=113646.

232. 拨款 400 英镑创办了一所大学：Morison, *Three Centuries of Harvard*; and Quincy, *History of Harvard*.

232. 捐赠了 375 英镑和 400 册图书：Morison, *Three Centuries of Harvard*, 9.

232. "当时地球上最有文化的团体"：McCullough, *Reformation*, 520.

233. 1647 年，一场饥荒……大发了一笔横财：Rutman, "Governor Winthrop's Garden Crop."

233. 波士顿向持有现金的南方殖民地出口基础商品……来购买这些加工产品：Ibid., 131–32.

233. 波士顿在这种三边贸易中的先发优势……在远至中国和南非的许多地方建立了贸易网络：Ibid.

234. 对曼彻斯特动力织布机的认识："Lowell, Francis Cabot," *Encyclopædia Britannica*.

234. 宗教机构……创办新的大学：Tufts: "The Founding of Tufts University," www.tufts.edu/home/get_to_know_tufts/history; Boston College: "History: From the South End to Chestnut Hill," www.bc.edu/about/history.html, Feb. 5, 2010; Boston University: "Timeline," www.bu.edu/timeline; and Wellesley: "College History," web.wellesley.edu/web/AboutWellesley/CollegeHistory.

234. 万尼瓦尔·布什："Raytheon: A History of Global Technology Leadership," www.raytheon.com/ourcompany/history.

234. 雷神公司目前的总部：雷神公司的网站有一幅谷歌地图，证实该公司位于靠近 128 号公路的

注　释

水库的地方，地址：Raytheon Company, 870 Winter Street, Waltham, MA 02451-1449.

234. 来自麻省理工学院和哈佛大学的工程师纷纷创办公司：Dorfman, "High Technology Economy."

234. 王安电脑公司拥有 30,000 名雇员，数据设备公司的雇员超过了 120,000 人：Wang: "An American Tragedy," *Economist*, Aug. 22, 1992, 56–58. DEC: Edgar H. Schein, *DEC Is Dead, Long Live DEC: The Lasting Legacy of Digital Equipment Corporation* (San Francisco: Berrett-Koehler, 2003), 152.

234. 推动了城市人口密集所具有的优势：Saxenian, *Regional Advantage*.

235. 于 1827 年成立了第一家商业信托机构：Adams, *Boston Money Tree*.

235. 第一家投资信托公司：Markham, *Financial History of the United States*, 324.

235. 管理咨询业的诞生：Arthur D. Little "About Us/History," www.adl.com/9.html.

235. 对于……这样的聪明人来说，亚瑟·利特尔的公司是一个培训基地：Treynor bio: Treynor, *Treynor*, xviii. Black bio: *New York Times*, Aug. 31, 1995; and Henriques, "Fischer Black." BCG: Boston Consulting Group, "BCG History: 1963," www.bcg.com/about_bcg/history/History_1963.aspx. Bain: Bain and Company, "History Based on Results," www.joinbain.com/this-is-bain/measurable-results/history-based-on-results.asp.

235. 外国公司也来到了剑桥……新英格兰糖果公司的原址：Treffinger, "Alchemy Will Turn a Candy Factory into Biotech Offices."

236. 它的人口流失了 30%：Gibson, "Population of the 100 Largest Cities."

236. 明尼阿波利斯城区的人均收入：U.S. Department of Commerce, Bureau of Economic Analysis, "Personal Income for Metropolitan Areas, 2009," Monday, August 9, 2010. http://www.bea.gov/newreleases/regional/mpi/2010/pdf/mpi0810.pdf.

236. 它的文化程度在美国人口规模超过 100 万的城市中位居第七：U.S. Census Bureau, American Community Survey, 2008 Data Profile for the Minneapolis-St. Paul-Bloomington, MN-WI Metropolitan Statistical Area, generated using American FactFinder.

236. 美敦力公司："Medtronic Annual Revenue Up 8 Percent to $14.6 Billion," May 19, 2009, wwwp.medtronic.com/Newsroom/NewsReleaseDetails.do?itemId=1242677732763&lang=en_US; expansion: www.medtronic.com/about-medtronic/locations/index.htm; employee count: www.medtronic.com/about-medtronic/diversity/index.htm; history: "Our Story: The Garage Years," www.medtronic.com/about-medtronic/our-story/index.htm.

236. 沃尔特·利勒黑：Medtronic, "Our Story: The Pacemaker Years," www.medtronic.com/about-medtronic/our-story/our-first-pacemakers/index.htm.

236. 鲍勃·乌尔里希：Wakin, "Hit, Strummed or Plucked."

237. 培养出了两位数学大师：我具体指的是 Francesco Brioschi，教育部长的秘书和米兰工学院的创办者，以及 Gabrio Casati，教育部长和米兰学院（后来并入了米兰大学）的创办者，他还是 Casati Law 的传播者，组织了意大利统一之后的教育工作。参见 *The Men of the Time: or Sketches of Living Notables*, 1852, 161.

237. 倍耐力是米兰工学院的第一批毕业生……橡胶的使用：Polese, "In Search of a New Industry."

237. 利用橡胶作为绝缘材料的电报电缆：Ibid.

237. 总部是一座建筑精品：Foot, *Milan Since the Miracle*, 118.

237. 两本设计杂志：Nelson, *Building a New Europe*, 161–62.

237. 设计过陶器、瓶子和椅子：Ibid., 58–59; Foot, *Milan Since the Miracle*, 113.

237. 造成了米兰人口的大量流失："Milan," *Encyclopædia Britannica*.

238. 在 2000—2008 年间，米兰的人口出现了增长：Istat, Demography in Figures.

238. 米兰的全员劳动生产率是意大利最高的：在这里，我所说的劳动生产率是指人均创造的增加值。Author's calculations using Istat, Regional Accounts and National Economic Accounts.

238. 米兰有 3/4 的工人从事服务业：Author's calculations using Istat, Regional Accounts.

238. 缪西娅·普拉达和帕特里齐奥·贝尔泰利：Galloni, "Miuccia and Me"; "Learning from Prada," *RFID Journal*, June 24, 2002, www.rfidjournal.com/article/view/272/1; and for Pocone, "Prada, Miuccia," *Britannica Book of the Year, 2003, Encyclopædia Britannica*.

238. 范思哲：Spindler, "Gianni Versace."

238. 温哥华地区有 1/4……居民：Canada: Statistics Canada, Population 15 Years and Over; and Canada: Statistics Canada, Greater Vancouver.

239. 在全球生活质量排行榜上名列前茅：For instance, Mercer's Quality of Living Worldwide City Rankings, www.mercer.com/qualityoflivingpr#City_Ranking_Tables, or the *Economist* Intelligence Unit, Global Liveability Report, www.eiu.com/site_info.asp?info_name=The_Global_Liveability_Report_Press_Release&rf=0; and Canada: Statistics Canada, Greater Vancouver.

239. 它在 1 月份的平均气温为华氏 37 度……又比那两座城市凉爽：一家旅游网站提供的关于温哥华气温的资料，http://vancouver.ca/aboutvan.htm; U.S. cities temperature from U.S. Census Bureau, County and City Data Book 2000, table C-7, "Cities—Government Finances and Climate," www.census.gov/prod/2002pubs/00ccdb/cc00_tabC7.pdf.

239. 温哥华是一个……伐木小镇……为这座城市提供了一个高素质市民的来源：Morley, *Vancouver*, 33–34, 58–61, 79, 84–89, 145, 222.

239. 在经济大萧条时期……几乎增长了 50%：Vancouver Public Library, "City of Vancouver Population."

239. 亚瑟·埃里克森经常被称为温哥华主义之父……结合在了一起："A Tribute to Arthur Erickson" *AI Architect*, http://info.aia.org/aiarchitect/thisweek09/0612/0612n_arthur.cfm; "Arthur Erickson, Lauded Canadian Architect, Dies," *Architectural Record*, 197, no. 7: 24; "Massey, Raymond," *Encyclopædia Britannica*; "Massey, Vincent," *Encyclopædia Britannica*; "MacMillan Bloedel Building," www.arthurerickson.com/txt_macm.html;and UBC Robson Square, "About Us: Hisory," www.robsonsquare.ubc.ca/about/history.html.

240. 埃里克森成了一位全国性的偶像：Martin, "'Greatest Architect.'"

240. 20 多座 20 层以上的建筑：Emporis.com, "James KM Cheng Architects Inc.," www.emporis.com/application/?nav=company&lng=3&id=101306.

240. 优秀的规划意味着……在夜间不会变成沙漠：Emporis.com, "Buildings of Vancouver," www.emporis.com/en/wm/ci/bu/?id=100997.

240. 全市 40% 的人口出生在国外：Canada: Statistics Canada, Greater Vancouver.

240. 有 1/4 的市民出生在亚洲：Canada: Statistics Canada, Population by Selected Ethnic Origins.

240. 它的移民素质非常高：Author's calculations using Canada: Statistics Canada, Immigrant Status and Period of Immigration; and Canada: Statistics Canada, Educational Portrait of Canada.

241. 文化程度大大超过了土生土长的加拿大人：Galarneau and Morissette, "Immigrants' Education."

241. 拥有博士学位的加拿大人接近一半是在其他地方出生的：Canada: Statistics Canada,

Educational Portrait of Canada.

241. 每年新增的移民通常在 20 万以上：Canada: Statistics Canada, Components of Population Growth.

241. 大量的签证被发放给了所谓的独立移民：Becklumb, "Canada's Immigration Program."

241. 它有 1/5 的居民是华裔：Canada: Statistics Canada, Population by Selected Ethnic Origins.

242. 拥有不少豪华官邸……只能以远远低于建筑成本的价格出售：The Web page www.explorechicago.org/city/en/things_see_do/attractions/tourism/former_home_of_muhammad.html confirms Ali's former address, 4944 S. Woodlawn Ave., Chicago, IL 60615, where he moved to be closer to his mentor at the Nation of Islam, Elijah Muhammad.

242. 芝加哥的居住人口大约流失了 18%：Gibson, "Population of the 100 Largest Cities."

242. 芝加哥产生了 5 位市长，但没有 1 位能够坐稳市长的宝座与降低犯罪率：Miranda, "Post-machine Regimes."

242. 少数几个有所增长的中西部地区的较大城市之一：Gibson, "Population of the 100 Largest Cities"; and U.S. Census Bureau, American Community Survey, 2008 Data Profile for the City of Chicago, generated using American FactFinder.

242. 尽管它的人口素质不如……天气可能是非常恶劣的：U.S. Census Bureau, American Community Survey, 2008 Data Profile for the City of Chicago, generated using American FactFinder.

242 金融企业家……对健康有益的中西部地区的气氛：这句话的基础是笔者与格里芬先生的对话。

242 芝加哥签发了 68,000 份建房许可：U.S. Census Bureau, Manufacturing, Mining and Construction Statistics, Residential Building Permits, www.census.gov/const/www/permitsindex.html.

242. 波士顿签发了 8,500 份建房许可：Ibid.

243. 超过了加利福尼亚州圣何塞的 3 倍：Ibid.

243. 在芝加哥的人口中，10.8% 的人居住在 1990 年之后建造的房子里：U.S. Census Bureau, American Community Survey, 2008 Data Profile for the Cities of Chicago, New York, and Boston, generated using American FactFinder.

243. 波士顿的中位租金比芝加哥高 30%，住房价格大约高 39%：U.S. Census Bureau, American Community Survey, 2008 Data Profile for the Cities of Chicago and Boston, generated using American FactFinder.

243. 一套公寓……的中位售价：National Association of Realtors, Median Sales Price of Existing Condo-Coops Homes for Metropolitan Areas for Second Quarter 2010, www.realtor.org/research/research/metroprice.

243. 在芝加哥市中心……在纽约至少需要花上双倍的价钱：Realtor.com, searched Sept. 1, 2010.

243. 大约 4,000 万平方英尺的办公面积：Calculations performed by Joseph Gyourko using REIS office real estate market data.

243. 比波士顿或旧金山便宜 30% 左右：Calculations performed by Joseph Gyourko using REIS office real estate market data.

243. 亚特兰大市区新增加了 112 万人口：U.S. Census Bureau, Population Estimates, "Combined Statistical Area Population and Estimated Components of Change: April 1, 2000, to July 1, 2009," www.census.gov/popest/metro/metro.html.

244. 通常要比芝加哥便宜 20%：Calculations performed by Joseph Gyourko using REIS office real estate market data.

244. 拥有大学文凭的成年人所占的比例几乎与明尼阿波利斯持平：U.S. Census Bureau, American Community Survey, 2008 Data Profile for the Cities of Atlanta, Boston, and Minneapolis, generated using American FactFinder.

244. 富尔敦县超过 47% 的成年人……与马萨诸塞州的米德尔塞克斯县相差无几：U.S. Census Bureau, American Community Survey, 2008 Data Profile for Fulton County, Georgia; Westchester County, New York; Fairfield County, Connecticut; Santa Ciara County, California; and Middlesex County, Massachusetts; generated using American FactFinder.

244. 埃默里大学和佐治亚理工学院：*A Thousand Wheels Are Set in Motion: The Building of Georgia Tech at the Turn of the Century: 1888-1908*, "The Hopkins Administration, 1888–1895," www.library.gatech.edu/gtbuildings/ hopkins.htm.

244. 希望奖学金计划：Kiss and Schuster, "Hope Scholarships."

244. 本科毕业生在富尔敦县人口中所占比例：U.S. Census Bureau, American Community Survey, 2008 Data Profile for Fulton County, Georgia, and the United States; and U.S. Census 2000, Data for Fulton County, Georgia, and the United States; both generated using American FactFinder.

245. 1892 年，迪拜受到了英国的保护……与中东之间的天然桥梁："Dubayy," *Encyclopædia Britannica*.

245. 杰贝 – 阿里自由贸易区：Ibid.

245. 阿拉伯塔："Sailing into a New Luxury at Famous Dubai Hotel," *Toronto Star*, Sept. 11, 2004, Travel.

246. 一座高达 2,684 英尺的多功能大楼：Davis, "Dubai Hits the Heights."

246. 迪拜购物中心……全球最大的购物中心之一：官方网站上说它是全球最大的购物中心之一。www.thedubaimall.com/en/section/faq; dimensions: www.thedubaimall.com/en/news/media-centre/news-section/the-dubai-mall-opens-largest.html.

246. 谢赫·穆罕默德已经规划了一个……中央商务区："Richard Spencer in Dubai: Developer to Resume Work on Dubai's Troubled World," *London Daily Telegraph*, Dec. 18, 2009, City.

246. 迪拜乐园：迪拜乐园目前尚未建成。Kolesnikov-Jessop, "Theme Park Developers."

246. 市场似乎已经认定，他的冲动在一定程度上是非理性的："Dredging the Debt: Dubai's Debt Mountain," *Economist*, Oct. 31, 2009.

结语　平坦的世界，高耸的城市

247. "城市是人类的深渊"：Rousseau, *Émile*, 52.

247. 莫奈和塞尚……贝鲁西和艾克罗伊德："Cézanne, Paul," *Encyclopædia Britannica*; and "Dan Aykroyd," Blues Brothers Central, www.bluesbrotherscentral.com/profiles/dan-aykroyd.

251. 在 1790—1970 年间的每一个十年中……关税实际上关闭了边境：U.S. Census Bureau, *1990 Census of Population and Housing*, "1990 Population and Housing Unit Counts: United States," (CPH-2), p. 5, www.census.gov/population/www/censusdata/files/table-4.pdf.

252. 美国人党或一无所知党："Know-Nothing Party," *Encyclopædia Britannica*.

252. 三 K 党：Jackson, *Ku Klux Klan*.

253. 大学毕业生 2007 年的年收入……仅为 31,000 美元：U.S. Census Bureau, Census in Schools, Educational Attainment, www.census.gov/schools/census_for_teens/educational_attainment.html.

注 释

253. 去上大学相当于年收入增长 80% 以上：Ibid. Much of the economic literature on the returns to schooling has focused on trying to correct for unobserved factors that push the earnings of the skilled up, by comparing only identical twins, for example; see Ashenfelter and Krueger, "Estimates of the Economic Return to Schooling."

253. 城市地区大学毕业生的数量每提高 10%……不论他们是以何种方式接受教育的：Glaeser and Gottlieb, "Place-Making Policies."

253. 就国家而言……个人的收入通常只能增加不到 20%：Barro and Lee, "Educational Attainment"; and Maddison, "Statistics on World Population."

254. "如果一个民族期望在无知时拥有自由"：Padover, *Thomas Jefferson on Democracy.*

254. 教育与民主之间具有很强的关联性：Glaeser et al., "Why Does Democracy Need Education?"

254. 文化素质较高的华沙条约组织成员国：Ibid.

254. 对各国义务教育法的研究：Milligan et al., "Does Education Improve Citizenship?"

254. 对波士顿和纽约的特许学校的研究：Kane et al., *Informing the Debate*; and Hoxby and Murarka, "Charter Schools."

254. 研究已经发现了好学校与差学校在教学成果上的巨大差距：Kane and Staiger, "Estimating teacher impacts on student achievement: An experimental evaluation."

255. 1800 年，在美国 20 座规模最大的城市中，有 6 座：Gibson, "Population of the 100 Largest Cities."

256. 因卡特里娜飓风而离开新奥尔良的孩子：The gains from leaving the city were equal to about 37 percent of the test-score gap between whites and African Americans. Sacerdote, "When the Saints Come Marching In."

257. 投资 2,000 亿美元重建新奥尔良：Heath, "Katrina Claims Stagger Corps."

257. 平均到那场飓风到来之前……超过了 400,000 美元：U.S. Census Bureau, American Community Survey, 2006 Data Profile for the City of New Orleans and the New Orleans MSA, generated using American FactFinder.

257. 在一个很久之前就已经失去了……建造基础设施：A recent article estimates ＄142 billion in federal funds have been spent. Sasser, "Katrina Anniversary."

261. 现状偏见：Kahneman et al., "Experimental tests of the endowment effect and the Coase theorem," 1325-48.

262. 影响偏见：Gilbert, *Stumbling on Happiness.*

263. 它现有的迂回铁路线只能达到每小时 86 英里的平均速度：Dennis, "Gas Prices, Global Warming."

264. 60% 以上的美国人是住房的所有者：U.S. Census Bureau, Current Population Survey, Housing Vacancies and Homeownership Annual Statistics: 2009, table 1 A, "Rental Vacancy Rates, Homeowner Vacancy Rates, Gross Vacancy Rates, and Homeownership Rates for Old and New Construction," www.census.gov/hhes/www/housing/hvs/annual09/ann09ind.html.

264. 收入在 25 万美元以上的美国家庭……平均扣除额的 10 倍以上：Poterba and Sinai, "Tax Expenditures for Owner-Occupied Housing."

265. 这种公寓 85% 是由承租人使用的：U.S. Census Bureau, Data Profile for the United States, Census 2000 Summary File 3, generated using American FactFinder.

265. 2009 年经济刺激方案中的基础设施部分是不利于城市中的美国人的：www.recovery. gov/？q=content/rebuilding-infrastructure.

265. 在 2009 年 3 月～12 月间……是其他州的两倍：The least dense states are Alaska, Wyoming, Montana, North Dakota, and South Dakota. U.S. Government, State/Territory Totals by Award Type, www.recovery.gov/ Transparency/RecipientReportedData/Pages/RecipientAwardSummarybyState.aspx. Population from U.S. Census Bureau, United States—States, Geographical Comparison Tables, GCT-T1-R, 2009 population estimates generated using American FactFinder.

265. 控制着参议院 10% 的席位，尽管它们的人口只占全国人口的 1.2%：U.S. Census Bureau, United States—States, Geographical Comparison Tables, GCT-T1-R, Population Estimates, generated using American FactFinder.

265. 但是，这并不意味着……平均失业率在 2009 年 12 月时只有 6.4%：Bureau of Labor Statistics, *Regional and State Employment and Unemployment—December 2009*, www.bls.gov/news.release/archives/laus_01222010.htm.

266. 在最近的 20 年里……只有人口密度最低的 10 个州的一半：Glaeser and Gottlieb, "Place-Making Policies".

266. "资金的拨付并不是基于需要或业绩"：White House Office of Management and Budget, Program Assessment: Highway Infrastructure, www.whitehouse.gov/omb/expectmore/summary/10000412.2007.html.

267. 美国现行的燃油税严重偏低：Parry et al., "Automobile Externalities and Policies."

269. "为人类智力的深化奠定了基础"：Pinker, *How the Mind Works*, 192.

参考书目

《不动产的商业开发商》Aaseng, Nathan. *Business Builders in Real Estate*. Minneapolis: Oliver Press, 2002.

《新技术为什么会成为技能的补充？有针对性的技术变革与工资的不平衡》Acemoğlu, Daron. "Why Do New Technologies Complement Skills？ Directed Technological Change and Wage Inequality." *Quarterly Journal of Economics* 113, no. 4 (Nov. 1998): 1055–89.

《伟大的构想：乔治·华盛顿的波托马克河与西部大开发》Achenbach, Joel. *The Grand Idea: George Washington's Potomac and the Race to the West*. New York: Simon & Schuster, 2004.

《波士顿摇钱树》Adams, Russell B., Jr. *The Boston Money Tree*. New York: Crowell, 1977.

《贸易与马戏团：解读城市巨人》Ades, Alberto F., and Edward L. Glaeser. "Trade and Circuses: Explaining Urban Giants." *Quarterly Journal of Economics* 110, no. 1 (Feb. 1995): 195–227.

《连续波：技术与美国无线电，1900—1932 年》Aitken, Hugh G. J. *The Continuous Wave: Technology and American Radio 1900-1932*. Princeton, NJ: Princeton University Press, 1985.

《纽约港的崛起（1815—1960）》Albion, Robert Greenhalgh. *The Rise of New York Port* [1815–860]. New York: Scribner's, 1939.

《简·雅各布斯：城市幻想家》Alexiou, Alice Sparberg. *Jane Jacobs: Urban Visionary*. New Brunswick, NJ: Rutgers University Press, 2006.

《麦利肯 vs. 布拉德利：宪法在学校种族隔离案例中的意义》Amaker, Norman C. "*Milliken v. Bradley*: The Meaning of the Constitution in School Desegregation Cases." *Hastings Constitutional Law Quarterly* 2, no. 2 (Spring 1975): 349–72.

American Chamber of Commerce Research Association. ACCRA Cost of Living Index—Historical Dataset (1Q1990–2009), Arlington, VA: Council for Community and Economic Research [distributor] version 1, http:// hdl.handle.net/1902.1/14823.

American FactFinder, U.S. Census Bureau, http://factfinder.census.gov.

《伊利奇说，是修复乔还是新建溜冰场？红翼队可能会在年底之前作出决定》Ankeny, Brent, and Robert Snavely. "Renovate Joe or Build Rink? Wings Likely to Decide by Year's End, Ilitch Says." *Crain's Detroit Business*, June 19, 2006, p. 1.

《混乱的命运：穆斯林眼中的世界史》Ansary, Tamim. *Destiny Disrupted: A History of the World through Islamic Eyes*. New York: PublicAffairs, 2009.

《气候危机：气候变化指南》Archer, David, and Stefan Rahmstorf. *The Climate Crisis: An Introductory Guide to Climate Change*. Cambridge University Press, 2010.

《2006 年美国寿命统计表》Arias, Elizabeth. "United States Life Tables, 2006." *National Vital Statistics Reports* 58, no. 21 (June 28, 2010), Centers for Disease Control and Prevention, www.cdc.gov/nchs/data/nvsr/nvsr58/nvsr58_21.pdf.

《其他的晶体管：金属氧化物半导体场效晶体管的早期历史》Arns, R. G. "The Other Transistor: Early History of the Metal-Oxide Semiconductor Field-Effect Transistor." *Engineering Science and Education Journal* 7, no. 5 (Oct. 1998): 233-40.

《委员会停止实施西村计划：居民赢得了保护 16 个街区不在"交易"中被拆除的胜利；瓦格纳受到表扬：助手说他的反对者阻止了这一试图消除贫民窟标签的项目》Asbury, Edith Evans. "Board Ends Plan for West Village: Residents Win Fight to Save 16 Blocks from Being Bulldozed in 'Deal'; Wagner's Stand Cited: Aides Say His Opposition Bars Project—Lifting of Slum Label Sought." *New York Times*, Oct. 25, 1961.

《评估上学读书的经济回报：以新的双胞胎样本为例》Ashenfelter, Orley, and Alan Krueger. "Estimates of the Economic Return to Schooling from a New Sample of Twins." *American Economic Review* 84, no. 5 (Dec. 1994): 1157-73.

《城市与经济发展：从历史之初直至今天》Bairoch, Paul. *Cities and Economic Development: From the Dawn of History to the Present*, tr. Christopher Braider. University of Chicago Press, 1988.

《人类的历史：从公元前 7 世纪到公元 7 世纪》Bakhit, Mohammad Adnan. *History of Humanity: From the Seventh Century BC to the Seventh Century AD*. Paris: UNESCO; and London: Routledge; 2000.

《纽约宾夕法尼亚火车站》Ballon, Hillary, and Norman McGrath. *New York's Pennsylvania Stations*. New York: W. W. Norton & Company, 2002.

《巴尔的摩尝试激烈的种族隔离计划》"Baltimore Tries Drastic Plan of Race Segregation," *New York Times*, Dec. 25, 1910.

《公民皇帝：佩德罗二世与巴西建国，1825—1891 年》Barman, Roderick J. *Citizen Emperor: Pedro II and the Making of Brazil, 1825-1891*. Stanford: Stanford University Press, 1999.

《曼哈顿天际线的基础和形成，1890—1915 年》Barr, Jason, Troy Tassier, and Rossen Trendafilov. "Bedrock Depth and the Formation of the Manhattan Skyline, 1890-1915." New York: Columbia University Working Paper, January 2010.

《关于教育成就的国际数据：最新情况和影响》Barro, Robert J., and Jong-Wha Lee. "International Data on Educational Attainment: Updates and Implications." Cambridge, MA: Harvard Center for International Development, Working Paper no. 42, Apr. 2000, www.cid.harvard.edu/ciddata/ciddata.html.

《更高：具有历史意义的向空中拓展与城市的发展》Bascomb, Neal. *Higher: A Historic Race to the Sky and the Making of a City*. New York: Doubleday, 2003.

《企业家精神：生产、不生产与破坏》Baumol, William J. "Entrepreneurship: Productive, Unproductive, and Destructive," *The Journal of Political Economy* 98, no. 5, part 1 (Oct. 1990): 893-921.

《美国都市地区交通基础设施和通勤方式的变化》Baum-Snow, Nathaniel. "Changes in Transportation Infrastructure and Commuting Patterns in U.S. Metropolitan Areas, 1960-2000." *American Economic Review*, 100, no. 2 (May 2010): 378-82.

———. "Did Highways Cause Suburbanization?" *Quarterly Journal of Economics* 122, no. 2 (2007): 775-805.

《外来威胁与港口开放》Beasley, William G. "The Foreign Threat and the Opening of the Ports." In

The Cambridge History of Japan, vol. 5, *The Nineteenth Century*, ed. Marius B. Jansen, ch. 4. Cambridge, UK: Cambridge University Press, 1989.

《日本的经济增长、规模经济和目标选择（1955—1990）》Beason, Richard, and David Weinstein. "Growth, Economies of Scale and Targeting in Japan (1955–1990)." *Review of Economics and Statistics* 78, no. 2 (May 1996): 286–95.

《流氓头子：詹姆斯·迈克尔·科利的人生与时代，1874—1958 年》Beatty, Jack. *The Rascal King: The Life and Times of James Michael Curley, 1874-1958*. Reading, MA: Addison Wesley, 1992.

《犯罪与惩罚：经济措施》Becker, Gary S. "Crime and Punishment: An Economic Approach." *Journal of Political Economy* 76, no. 2 (Mar.–Apr. 1968): 169–217.

《加拿大移民计划》Becklumb, Penny. "Canada's Immigration Program," rev. Sept. 10, 2008. Ottawa: Library of Parliament, Law and Government Division, www2.parl.gc.ca/content/lop/researchpublications/bpl90-e.pdf.

《列文斯顿在5英镑的汽车拥堵费争执中赢得了胜利》Behar, Darren. "Livingstone Wins Fight over £5 Car Charge." *Daily Mail* (London), Aug. 1, 2002.

《孟加拉国位居饥饿名单的首位，糟糕的土地 – 人口比例受到指责》"Bengal Leads Hunger List, Poor Land–Man Ratio Blamed." *Financial Express*, Apr. 4, 2007.

《研究称，孟买上下班途中用时最长》Beniwal, Vrishti. "Commuting Time in Mumbai the Maximum, Says Study." Financial Express, Aug. 16, 2007.

《城市开始保护历史遗迹：瓦格纳任命12人为新机构的成员——建筑师对拆除宾夕法尼亚火车站提出责难》Bennett, Charles G. "City Acts to Save Historical Sites: Wagner Names 12 to New Agency—Architects Decry Razing of Penn Station." *New York Times*, Apr. 22, 1962.

《经过清扫和改造的地狱厨房》Berger, Joseph. "Hell's Kitchen, Swept Out and Remodeled." *New York Times*, Mar. 19, 2006.

《与神为敌：值得注意的风险故事》Bernstein, Peter L. *Against the Gods: The Remarkable Story of Risk*. New York: Wiley, 1996.

———. *Wedding of the Waters: The Erie Canal and the Making of a Great Nation*. New York: Norton, 2005.

《来自波士顿警察 – 社区合作的教训》Berrien, Jenny, and Christopher Winship. "Lessons Learned from Boston's Police-Community Collaboration." *Federal Probation* 63, no. 2 (Dec. 1999), Academic Search Premier, EBSCOhost.

《劳动法规会阻碍经济发展吗？以印度为例》Besley, Timothy, and Robin Burgess. "Can Labor Regulation Hinder Economic Performance? Evidence from India." *Quarterly Journal of Economics* 119, no. 1 (Feb. 2004): 91–134.

《孟买金融服务业面临的难题：完美风暴——限制孟买建造新的空间的四个因素》Bertaud, Alain. "Mumbai FSI Conundrum: The Perfect Storm—the Four Factors Restricting the Construction of New Floor Space in Mumbai," July 15, 2004, http://alain-bertaud.com/AB_Files/AB_Mumbai_FSI_conun drum.pdf

《亿万富翁》Bertoni, Steven, Keren Blankfeld, Katie Evans, Russell Flannery, Duncan Greenberg, Naazneen Karmali, Benjamin Klauder, et al. "Billionaires." *Forbes* 185, no. 5: 69–76.

《亿万富翁最爱出没的地方》"Billionaires' Favorite Hangouts." *Forbes* 181, no. 6: 120ff.

《斯坦福大学的历史》"The Birth of the University." *History of Stanford*. Stanford University, www.stanford.edu/about/history/index.html (accessed July 20, 2010).

《哈姆雷特听马洛的戏剧，莎士比亚读维吉尔的作品》Black, James. "Hamlet Hears Marlowe; Shakespeare Reads Virgil." *Renaissance and Reformation*, 18, no. 4 (1994): 17–28.

《印度孟买每天有17人死于上班的途中》Blakely, Rhys. "17 People Die Every Day Commuting to Work in Mumbai, India." *Times* (London), Apr. 1, 2009.

Bloomberg, Michael, and Matthew Winkler. *Bloomberg by Bloomberg*. New York: Wiley, 1997.

《莎士比亚和他的前辈》Boas, Frederick S. *Shakespeare and His Predecessors*. New York: Scribner's, 1900.

Bond Street Association, http://www.bondstreetassociation.com/.

《发现者》Boorstin, Daniel Joseph. *The Discoverers*. New York: Random House, 1985.

《第三次国际数学和科学研究的主要成果》Boston College. "Highlights of Results from TIMSS" [Third International Mathematics and Science Study], Nov. 1996, http://timss.bc.edu/timssl995i/TIMSSPDF/P2HiLite.pdf.

《历史（375年），庆祝一笔属于公众的财富》Boston Latin School. "History (375 Years), Celebrating a Public Treasure," www.bls.org/podium/default.aspx？t=113646.

《法学博士塞缪尔·约翰逊生平》Boswell, James. *The Life of Samuel Johnson, LL.D*. London: Printed by Henry Baldwin, for Charles Dilly, 1791.

《MASA：抗逆转录病毒疗法》Botswana, Republic of. "MASA: Anti-Retroviral Therapy," www.gov.bw/Global/MOH/Masa_ARV_Program.pdf.

《2009年12月最新统计数据》Botswana, Republic of, Central Statistics Office. "Stats Update December 2009." www.cso.gov.bw/images/stories/ StatsUpdates/update_dec09.pdf.pdf.

——. Table 1.6, "Distribution of Population in Urban Settlements: 1971—2001 Censuses," www.cso.gov.bw/index.php？option=com_content&task=view&id=147&Itemid=94.

《斯坦福·莱佛士爵士的人生》Boulger, Demetrius Charles. *The Life of Sir Stamford Raffles*. London: Horace Marshall & Son, 1899.

《南方农场工人的工资率，1909—1948年》Braunhut, Herman Jay. "Farm Labor Wage Rates in the South, 1909–1948," *Southern Economic Journal* 16, no. 2 (Oct. 1949): 189–96.

《美味的生理学》Brillat-Savarin, Jean Anthelme. *The Physiology of Taste*, trans. M. F. K. Fisher. New York: Courier Dover Publications, 2002.

《世界的车轮：亨利·福特及其公司与进步的一个世纪》Brinkley, Douglas. *Wheels for the World: Henry Ford, His Company, and a Century of Progress*. New York: Viking, 2003.

《在百老汇大街上绘制地图并创造神话：伦敦霍乱传染病，1854年》Brody, Howard, Michael Russell Rip, Peter Vinten-Johansen, Nigel Paneth, and Stephen Rachman. "Map-Making and Myth-Making in Broad Street: The London Cholera Epidemic, 1854." *Lancet* 356, no. 9223 (July 1, 2000): 64–68.

《在她自己的地盘上：沃克尔女士的人生与时代》Bundles, A'Lelia. *On Her Own Ground: The Life and Times of Madam C. J. Walker*. New York: Scribner, 2001.

《巴西历史》Burns, E. Bradford. *A History of Brazil*, 3d ed. New York: Columbia University Press, 1993.

《门口的野蛮人：纳贝斯克的衰落》Burrough, Bryan, and John Helyar. *Barbarians at the Gate: The Fall of RJR Nabisco*. New York: HarperCollins, 2003.

《哥谭：纽约市1898年之前的历史》Burrows, Edwin G., and Mike Wallace. *Gotham: A History of*

New York City to 1898. New York: Oxford University Press, 1999.

《地方经济发展计划有效吗？以联邦授权开发区为例》Busso, Matias, and Patrick Kline. "Do Local Economic Development Programs Work ? Evidence from the Federal Empowerment Zone Program." *American Economic Journal: Economic Policy*, forthcoming.

《顺便说一说华尔街》"By-the-Bye in Wall Street." *Wall Street Journal*, Dec. 5, 1932.

《美国的历史修正统计数据，1850—1984年》Cahalan, Margaret Werner. "Historical Corrections Statistics in the United States, 1850-1984." Rockville, MD: U.S. Department of Justice, Bureau of Justice Statistics, 1986, www.ncjrs.gov/pdffiles1/pr/102529.pdf.

《巴黎街头，雨天》Caillebotte, Gustave. *Paris Street; Rainy Day*, 1877, oil on canvas, 212.2 x 276.2 cm, Charles H. and Mary F. S. Worcester Collection, 1964.336, Art Institute of Chicago, www.artic.edu/artaccess/AA_Impressionist/pages/IMP_4.shtml.

《洛杉矶县2010年健康状况》California Department of Public Health. *Los Angeles County's Health Status Profile for 2010*, www.cdph.ca.gov/programs/ohir/Documents/losangeles.xls.

——. *San Francisco County's Health Status Profile for 2010*, www.cdph.ca.gov/programs/ohir/Documents/sanfrancisco.xls.

California Department of Water Resources. *California Water Plan Update 2005*, vol. 2, ch. 3, "Agricultural Water Use Efficiency," www.waterplan.water.ca.gov/docs/cwpu2005/vol2/v2ch03.pdf; vol. 2, ch. 22, "Urban Water Use Efficiency," www.waterplan.water.ca.gov/docs/cwpu2005/vol2/v2ch22.pdf (accessed Aug. 11, 2010).

California, Government of. Association of Bay Area Governments, San Francisco Bay Area Housing Needs Plan 2007—2014, www.abag.ca.gov/planning/pdfs/SFHousingNeedsPlan.pdf.

——. California Environmental Quality Act (CEQA), Statute and Guidelines 2009, http://ceres.ca.gov/ceqa/stat.

Canada: Statistics Canada. Components of Population Growth, by Province and Territory, www40.statcan.gc.ca/101/cst01/demo33a-eng.htm.

——. Educational Portrait of Canada, 2006 Census: Immigration, "Immigrants Account for a Large Proportion of Doctorate and Master's Degree Holders, www12.statcan.ca/census-recensement/2006/as-sa/97-560/pl3-eng.cfm.

——. Greater Vancouver, 2006 Community Profiles, www12.statcan.gc.ca/census-recensement/2006/dp-pd/prof/92-591/details/Page.cfm?Lang=E&Geo1=CD&Code1-5915&Geo2=PR&Code2=59&Data=Count&SearchText=Greater%20Vancouver&SearchType=Begins&SearchPR=01&B1=All&Custom=.

——. Immigrant Population by Place of Birth, by Census Metropolitan Area, 2006 Census, Vancouver, www40.statcan.gc.ca/l01/cst01/demo35g-eng.htm.

——. Immigrant Status and Period of Immigration (9), Work Activity in 2005 (14), Highest Certificate, Diploma or Degree (7), Age Groups (9), and Sex (3) for the Population 15 Years and Over of Canada, Provinces, Territories, Census Metropolitan Areas, and Census Agglomerations, 2006 Census—20% Sample Data, www12.statcan.gc.ca.

——. Population 15 Years and Over by Highest Degree, Certificate or Diploma (1986 to 2006 Census), www40.statcan.gc.ca/101/cst01/EDUC42-eng.htm.

——. Population by Selected Ethnic Origins, by Census Metropolitan areas, 2006 Census, Vancouver, www40.statcan.gc.ca/l01/cst01/demo27y-eng.htm.

《尼日利亚贫困和福利的变化，1985—1992年》Canagarajan, Sudharshanv, John Ngwafon, and Saji Thomas. "The Evolution of Poverty and Welfare in Nigeria, 1985-1992." Policy Research Working Paper Series 1715. World Bank, 1997.

《难于管理的城市：约翰·林赛和他为拯救纽约而付出的努力》Cannato, Vincent J. *The Ungovernable City: John Lindsay and His Struggle to Save New York*. New York: Basic Books, 2001.

《评估读书带来的回报：在某些长期存在的经济计量学问题上取得的进步》Card, David. "Estimating the Return to Schooling: Progress on Some Persistent Econometric Problems." *Econometrica* 69, no. 5 (Sept. 2001): 1127-60.

"Carlos Slim Helú, Biography of," www.carlosslim.com/biografia_ing.html (accessed Aug. 4, 2010).

《古希腊：11座城市的历史》Cartledge, Paul. *Ancient Greece: A History in Eleven Cities*. New York: Oxford University Press, 2009.

《公民肯》Carvel, John. *Citizen Ken*. London: Chatto & Windus/Hogarth Press, 1984.

Case-Shiller Home Price Indices, Standard & Poor's, www.standardandpoors.com/indices/sp-case-shiller-home-price-indices/en/us/?indexId=SPUSA-CASHPIDFF--P-US----.

《西班牙的高速列车迅速地改变了这个国家》Catan, Thomas. "Spain's Bullet Train Changes Nation—and Fast." *Wall Street Journal*, Apr. 20,2009.

《4000年来的城市发展：历史调查》Chandler, Tertius. *Four Thousand Years of Urban Growth: A Historical Census*. Lewiston, NY: Mellon House, 1987.

《在血与火中诞生：拉丁美洲简史》Chasteen, John Charles. *Born in Blood and Fire: A Concise History of Latin America*. New York: Norton, 2001.

《中国当局关注汽车拥有量增加带来的问题》"Chinese Agency Highlights Problems of Rising Car Ownership," BBC Worldwide Monitoring, Asia Pacific, July 19, 2010.

《聚集的对比：纽约与匹兹堡》Chinitz, Benjamin. "Contrasts in Agglomeration: New York and Pittsburgh." *American Economic Review* 51, no. 2 (May 1961): 279-89.

《1968年以前国家住宅公平法规的政治经济学意义》Collins, William J. "The Political Economy of State Fair Housing Laws before 1968," *Social Science History* 30 (2006): 15-49.

《诺贝尔奖获得者威廉·维克里：切实可行的解决城市问题的经济学方案》Columbia University, Office of Public Affairs. "Nobelist William S. Vickrey: Practical Economic Solutions to Urban Problems," Oct. 8, 1996, www.columbia.edu/cu/pr/96/18968.html.

Congo, *République Démocratique du. Enquête Démographique et de Santé 2007*. Macro International, Calverton, MD, Aug. 2008, www.measuredhs.com/pubs/pdf/FR208/FR208.pdf.

《都市费城：保留过去》Conn, Steven. *Metropolitan Philadelphia: Living with the Presence of the Past*. Philadelphia: University of Pennsylvania Press, 2006.

《富裕家庭：在选择就读本地院校时的变化，1940—1990年》Costa, Dora L., and Matthew E. Kahn. "Power Couples: Changes in the Locational Choice of the College Educated, 1940-1990." *Quarterly Journal of Economics* 115, no. 4 (Nov. 2000): 1287-1315.

《信息技术与社会秩序》Couch, Carl J., David R. Maines, and Shing-Ling Chen. *Information Technologies and Social Orders*. New Brunswick, NJ: Transactions, 2006.

《天然的都市：芝加哥和大西部》Cronon, William. *Nature's Metropolis: Chicago and the Great West*.

New York: W. W. Norton, 1991.

《沃霍尔经济：时装、艺术和音乐是怎样促进纽约市的发展的？》Currid, Elizabeth. *The Warhol Economy: How Fashion, Art, and Music Drive New York City*. Princeton, NJ: Princeton University Press, 2007.

《贫民区是好还是坏？》Cutler, David M., and Edward L. Glaeser. "Are Ghettos Good or Bad?" *Quarterly Journal of Economics* 112, no. 3 (Aug. 1997): 827–72.

《关于青年人自杀情况的增加》Cutler, David M., Edward L. Glaeser, and Karen Norberg. "Explaining the Rise in Youth Suicide." Chapter in Jonathan Gruber, ed. *Risky Behavior Among Youths: An Economic Analysis*. Chicago: University of Chicago Press, 2001.

《美国贫民区的兴衰》Cutler, David M., Edward L. Glaeser, and Jacob L. Vigdor. "The Rise and Decline of the American Ghetto." *Journal of Political Economy* 107, no. 3 (June 1999): 455–506.

《水，还是水：美国城市的财政与供水》Cutler, David M., and Grant Miller. "Water, Water Everywhere: Municipal Finance and Water Supply in American Cities." In *Corruption and Reform: Lessons from America's Economic History*, Edward L. Glaeser and Claudia Goldin, eds., pp. 153–84. Chicago: University of Chicago Press, 2006.

《底特律市长的严厉之爱给选举带来了风险》Davey, Monica. "Detroit Mayor's Tough Love Poses Risks in Election." *New York Times*, Sept. 25, 2009.

《迪拜再次创造新的高度：全球最高的建筑极尽奢华》Davis, Heather Greenwood. "Dubai Hits the Heights Again: World's Tallest Tower Goes over the Top with Luxury Complex." *Toronto Star*, Jan. 7, 2010, Travel.

《亲王与商人：欧洲城市在工业革命之前的发展》de Long, J. Bradford, and Andrei Shleifer. "Princes and Merchants: European City Growth Before the Industrial Revolution." *Journal of Law and Economics* 36 (Oct. 1993).

DeNavas-Walt, Carmen, Bernadette D. Proctor, and Jessica C. Smith. U.S. Bureau of the Census, Current Population Reports, *Income, Poverty, and Health Insurance Coverage in the United States: 2008*, September 2009, Table 4: "People and Families in Poverty by Selected Characteristics: 2007 and 2008," p. 14.

《汽油价格和全球变暖重新激起了人们对于高速铁路的兴趣》Dennis, Jan. "Gas Prices, Global Warming Renewing Interest in High-Speed Rail." Associated Press, Sept. 7, 2007.

《六大企业巨头：约翰·雅各布·阿斯达·科尼利厄斯·范德比尔特、安德鲁·卡耐基、约翰·洛克菲勒、亨利·福特和约瑟夫·肯尼迪的一生》Derbyshire, Wyn. *Six Tycoons: The Lives of John Jacob Astor, Cornelius Vanderbilt, Andrew Carnegie, John D. Rockefeller, Henry Ford, and Joseph P. Kennedy*. London: Spiramus, 2008.

《一座紧凑型城市的住宅问题》Design for London. "Housing for a Compact City" June 2003, www.london.gov.uk/archive/mayor/auu/docs/housing_compact_city_1.pdf.

《枪支、细菌与钢铁：人类社会的命运》Diamond, Jared. *Guns, Germs and Steel: The Fates of Human Societies*, rev. ed. New York: Norton, 2005.

《威尔士亲王》Dimbleby, Jonathan. *The Prince of Wales*. Boston: Little, Brown, 1994.

《洛杉矶骚乱与城市动荡的经济学意义》DiPasquale, Denise, and Edward L. Glaeser. "The Los Angeles Riot and the Economics of Urban Unrest." *Journal of Urban Economics* 43, no. 1 (Jan. 1998): 52–78.

《优质学校足以消除成绩差距吗？以哈莱姆的社会实践为证》Dobbie, Will, and Roland G. Fryer. "Are

High Quality Schools Enough to Close the Achievement Gap? Evidence from a Social Experiment in Harlem." National Bureau of Economic Research Working Paper 15473, Nov. 2009.

《工人、工资与技术》Doms, Mark, Timothy Dunne, and Kenneth R. Troske. "Workers, Wages, and Technology." *Quarterly Journal of Economics* 112, no. 1 (Feb. 1997): 253-90.

《打击犯罪：经济学家的观点》Donohue, John J., Ⅲ. "Fighting Crime: An Economist's View." *Milken Institute Review*, 1st quarter 2005, http:// works.bepress.com/cgi/viewcontent.cgi?article=1016&context=john_donohue.

《合法堕胎对犯罪的影响》Donohue, John J., Ⅲ, and Steven D. Levitt. "The Impact of Legalized Abortion on Crime." *Quarterly Journal of Economics* 116, no. 2 (May 2001): 379-420.

《128 号公路：一个地区性高科技经济体的发展》Dorfman, Nancy S. "Route 128: The Development of a Regional High Technology Economy." *Research Policy* 12 no. 6 (1983): 299-316.

《HIV/AIDS 对博茨瓦纳人口造成的影响》Dorrington, R. E., T. A. Moultrie, and T. Daniel. *The Demographic Impact of HIV/AIDS in Botswana*. Gaborone: UNDP and NACA, Botswana, 2006, www.gov.bw/Global/NACA%20Ministry/Demographic_Report.pdf.

《龙的赌场》"The Dragon's Gambling Den," *Economist*, July 10, 2010.

《挖掘债务：迪拜的债务大山》"Dredging the Debt: Dubai's Debt Mountain," *Economist*, Oct. 31, 2009.

《嘉莉妹妹》Dreiser, Theodore. *Sister Carrie*. New York: Doubleday, Page & Co., 1900.

迪拜购物中心，Dubai Mall, www.thedubaimall.com/en.

《希腊大屠杀：一次具有历史意义的临床病理学会议》Durack, David T., Robert J. Littman, R. Michael Benitez, and Philip A. Mackowiak. "Hellenic Holocaust: A Historical Clinico-Pathologic Conference." *American Journal of Medicine* 109, no. 5 (Oct. 1, 2000): 391-97.

《文明的故事》，第 4 卷，《信仰的时代：中世纪文明史——基督教、伊斯兰教和犹太教，从康斯坦丁到但丁，公元 325—1300 年》Durant, Will, and Ariel Durant. *The Story of Civilization*, vol. 4, *The Age of Faith: A History of Medieval Civilization— Christian, Islamic, and Judaic—from Constantine to Dante, A.D. 325-1300*. New York: Simon & Schuster, 1950.

《道路拥堵的基本规律：以美国为证》Duranton, Gilles, and Matthew Turner. "The Fundamental Law of Road Congestion: Evidence from the U.S." University of Toronto Department of Economics Working Paper 370, 2009.

《城市的发展与交通》Duranton, Gilles, and Matthew Turner: "Urban Growth and Transportation," (2010). http://individual.utoronto.ca/gilles/Papers/GrowthTransport.pdf.

《杰克·梅波：押宝于智力》Dussault, Raymond. "Jack Maple: Betting on Intelligence." *Government Technology*, Apr. 1, 1999.

《东亚：文化、社会和政治史》Ebrey, Patricia, Anne Walthall, and James Palais. *East Asia: A Cultural, Social, and Political History*. Boston: Houghton Mifflin, 2008.

Economist Intelligence Unit, Global Liveability Report, www.eiu.com/site_info.asp?info_name=The_Global_Liveability_Report_Press_Release&rf=0.

《动荡不安的非洲心脏：刚果历史》Edgerton, Robert B. *The Troubled Heart of Africa: A History of the Congo*. New York: St. Martin's. 2003.

《斯坦福大学：前 25 年》Elliott, Orrin Leslie. *Stanford University: The First Twenty-Five Years*. Palo

Alto, CA: Stanford University Press, 1937. Encyclopædia Britannica Online, www.britannica.com.

《我的人生回忆录》Escoffier, Auguste. *Memories of My Life*, trans. Laurence Escoffier. New York: Van Nostrand Reinhold, 1997.

《汽车工业指南》European Automobile Manufacturing Association. *The Automobile Industry Pocket Guide.* "The Trends in Motorisation," data for 2006, www.acea.be/images/uploads/files/20090529_motorisation.pdf.

《欧洲城市的无序扩展：被忽视的挑战》European Environment Agency. *Urban Sprawl in Europe: The Ignored Challenge.* Report No. 10/2006. Nov. 24,2006, www.eea.europa.eu/publications/eea_report_2006_10/eea_report_10_2006.pdf.

《欧洲公路统计数据，2009年》European Road Federation. *European Road Statistics 2009*, www.irfnet.eu/media/stats/ERF-2009%20European%20Union%20Road%20Statistics%20BOOKLET_V07_update.pdf.

《"仙章"，谁来主导技术领域？》"'Fairchildren' Who Came to Dominate the World of Technology." *Financial Times* (London), Oct. 31,2007, Business Life.

《地区检察官着手调查洛克菲勒的毒品处罚案件》Farrell, William E. "D.A.'s Assail Rockefeller Drug Penalties." *New York Times*, Feb. 7, 1973, p. A4.

《美国的犯罪（2008）》Federal Bureau of Investigation. *Crime in the United States, 2008*, Sept. 2009, www.fbi.gov/ucr/cius2008/index.html.

《著名案例》Federal Bureau of Investigation. *Famous Cases.* "Willie Sutton," www.fbi.gov/libref/historic/famcases/sutton/sutton.htm.

《诺顿诗歌选集》Ferguson, Margaret, Mary Jo Salter, and Jon Stallworthy, eds. *Norton Anthology of Poetry*, 5th ed. New York: Norton, 2005.

《根据多方数据为巴西描绘出来的一幅非常贫困的画像》Ferreira, Francisco H. G., Peter Lanjouwr, and Marcelo Neri. "A Robust Poverty Profile for Brazil Using Multiple Data Sources." *Revista Brasileira de Economia* 57, no.l (Mar. 2003): 59–92.

《水与芝加哥的死亡率变化，1850—1925年》Ferrie, Joseph P., and Werner Troesken. "Water and Chicago's Mortality Transition, 1850-1925." *Explorations in Economic History* 45, no. 1 (Jan. 2008): 1–16.

《世界各地的地铁》Fischler, Stan. *Subways of the World.* Minneapolis: MBI, 2000.

《评估政治沟通的价值》Fisman, Raymond. "Estimating the Value of Political Connections." *American Economic Review* 91, no. 4 (Sept. 2001): 1095–1102.

《肯，X拥堵的动物试验者》Foggo, Daniel. "Ken, the Animal Tester of X Block." *Times* (London), Feb. 17, 2008, Home News.

《发生在华盛顿广场上》Folpe, Emily Kies. *It Happened on Washington Square.* Baltimore: Johns Hopkins University Press, 2002.

《创造奇迹之后的米兰：城市、文化与特性》Foot, John. *Milan Since the Miracle: City, Culture and Identity.* Oxford: Berg, 2001. 47th Street Business Improvement District, The Diamond District, www.diamonddistrict.org/home.html.

《自然资源之咒：一次调查》Frankel, Jeffrey A. "The Natural Resource Curse: A Survey," National Bureau of Economic Research Working Paper no. 15836, 2010.

《猛犸之友 vs. 县议会》*Friends of Mammoth v. Board of Supervisors*, Sac. No. 7924 Cal. 3d, 8, 247

(Supreme Court of California).

《移民的教育和必要的工作技能》Galarneau, Diane, and René Morissette. "Immigrants' Education and Required Job Skills." Statistics Canada, *Perspectives*, Dec. 2008, www.statcan.gc.ca/pub/75-001-x/2008112/pdf/10766-eng.pdf.

《伍德兰兹：建设一个更好家园的内幕故事》Galatas, Roger, and Jim Barlow. *The Woodlands: The Inside Story of Creating a Better Hometown*. Washington, DC: Urban Land Institute, 2004.

《缪西娅与我》Galloni, Alessandra. "Miuccia and Me." *Wall Street Journal Magazine*, Mar. 2010.

《圣雄甘地：著作精选》Gandhi, Mahatma. *Mahatma Gandhi: The Essential Writings*, ed. Judith Margaret Brown. New York: Oxford University Press, 2008.

《莱维敦区的居民：在一个新的郊外社区里的生活与政治》Gans, Herbert J. *The Levittowners: Life and Politics in a New Suburban Community*. New York: Columbia University Press, 1982.

《关于环境污染问题的阿拉伯语论文可以追溯到13世纪末》Gari, L. "Arabic Treatises on Environmental Pollution up to the End of the Thirteenth Century." *Environment and History* 8, no. 4 (2002): 475-88.

《信息技术与城市的未来》Gaspar, Jess, and Edward L. Glaeser. "Information Technology and the Future of Cities." *Journal of Urban Economics* 43, no. 1 (Jan. 1998): 136-56.

《联络员：作为亲身参与措施的邻居通知出现在社区里》Gelzinis, Peter. "Commissioner Connecting: Neighbors Notice as Hands-on Meaasures Take Root in Neighborhoods." *Boston Herald*, Aug. 22, 2007, News.

Geolytics Neighborhood Change Database 1970—2000 Tract Data Short Form Release 1.1, CD-ROM. Brunswick, NJ: Geolytics, 2002.

《生活中的企业家：创造非凡生活的凡人》Gergen, Christopher, and Gregg Vanourek. *Life Entrepreneurs: Ordinary People Creating Extraordinary Lives*. San Francisco: Wiley, 2008.

《荷兰叛乱，1555—1609年》Geyl, Pieter. *The Revolt of the Netherlands 1555-1609*. London: Cassel, 1932.

《美国100座最大城市和其他城市地区的人口：1790—1990年》Gibson, Campbell. "Population of the 100 Largest Cities and Other Urban Places in the United States: 1790 to 1990." U.S. Census Bureau, Working Paper No. 27, June 1998, www.census.gov/population/www/documentation/twps0027/twps0027.html.

《美国大型城市及其他城市地区1790—1990年按照种族和1970—1990年按照西班牙裔进行的人口普查统计数据》Gibson, Campbell, and Kay Jung. "Historical Census Statistics on Population Totals by Race, 1790 to 1990, and by Hispanic Origin, 1970 to 1990, for Large Cities and Other Urban Places in the United States. "U.S. Census Bureau, Population Division, Working Paper No. 76, Feb. 2005; detailed tables for Illinois, Michigan, and New York: "Race and Hispanic Origin for Selected Large Cities and Other Places: Earliest Census to 1990" ; and New York— Race and Hispanic Origin for Selected Large Cities and Other Places: Earliest Census to 1990; www.census.gov/population/www/documentation/twps0076/twps0076.html.

《幸福的阻碍》Gilbert, Daniel. *Stumbling on Happiness*. New York: Vintage Books, 2007.

《为缓解伦敦的交通拥堵而进行的一次合乎逻辑的努力》Giles, Chris. "A Logical Effort to Ease the London Gridlock." *Financial Times* (London), Jan. 24,2003, Comment & Analysis.

《汤姆·沃尔夫把它搞坏了？》Gillette, Felix. "Has Tom Wolfe Blown It ?" *Village Voice*, Jan. 10, 2007, www.proquest.com.ezp-prod1.hul.har vard.edu.

《弗雷德·特曼在斯坦福》Gillmor, C. Stewart. *Fred Terman at Stanford*. Palo Alto, CA: Stanford University Press, 2004.

《19世纪费城的有轨电车与居住地点》Gin, Alan, and Jon Sonstelie. "The Streetcar and Residential Location in Nineteenth Century Philadelphia." *Journal of Urban Economics*, Elsevier 32, no. 1 (July 1992) 92–107.

《城市要死亡了吗？》Glaeser, Edward L. "Are Cities Dying?" *Journal of Economic Perspectives* 12, no. 2 (Spring 1998): 139–60.

——. "Can Buffalo Ever Come Back?" *City Journal*, Fall 2007.

——. "Green Cities, Brown Suburbs." *City Journal*, Winter 2009.

——. "Growth: The Death and Life of Cities." In *Making Cities Work: Prospects and Policies for Urban America*, Robert P. Inman, ed. Princeton, NJ: Princeton University Press, 2009.

——. "Houston, New York Has a Problem." *City Journal*, Summer 2008.

——. "Preservation Follies." *City Journal*, Spring 2010.

——. "Reinventing Boston: 1640—2003." *Journal of Economic Geography* 5, no. 2 (Nov. 2005): 119–53.

——. "Urban Colossus: Why Is New York America's Largest City?" Federal Reserve Bank of New York, *Economic Policy Review*, Dec. 2005.

《谁拥有枪支？犯罪分子、受害者与暴力文化》Glaeser, Edward L., and Spencer Glendon. "Who Owns Guns? Criminals, Victims, and the Culture of Violence." *American Economic Review* 88, no. 2 (May 1998), Papers and Proceedings of the 110th Annual Meeting of the American Economic Association, 458–62.

《造地政策的经济学意义》Glaeser, Edward L., and Joshua D. Gottlieb. "The Economics of Place-Making Policies." *Brookings Papers on Economic Activity* 2008.1: 155–253.

——. "Urban Resurgence and the Consumer City." *Urban Studies* 43, no. 8 (July 2006): 1275–99.

《城市衰退与经久耐用的住宅》Glaeser, Edward L., and Joseph Gyourko. "Urban Decline and Durable Housing." *Journal of Political Economy* 113, no. 2 (Apr. 2005): 345–75.

《住宅供应与住宅泡沫》Glaeser, Edward L., Joseph Gyourko, and Albert Saiz. "Housing Supply and Housing Bubbles." *Journal of Urban Economics* 64, no. 2 (Sept. 2008): 198–217.

《城市发展与住宅供应》Glaeser, Edward L., Joseph Gyourko, and Raven E. Saks. "Urban Growth and Housing Supply." *Journal of Economic Geography* 6, no. 1 (Jan. 2006): 71–89.

——. "Why Is Manhattan So Expensive? Regulation and the Rise in Housing Prices." *Journal of Law and Economics* 48, no. 2 (Oct. 1, 2005): 331–69.

《从约翰·林赛到鲁迪·朱利安尼：本地社会保障网络的衰落》Glaeser, Edward L., and Matthew E. Kahn. "From John Lindsay to Rudy Giuliani: The Decline of the Local Safety Net." *Economic Policy Review* 5, no. 3 (Sept. 1999).

——. "The Greenness of Cities: Carbon Dioxide Emissions and Urban Development." *Journal of Urban Economics* 67, no. 3 (May 2010): 404–18.

——. "Sprawl and Urban Growth." In *Handbook of Regional and Urban Economics*, ed. J. Vernon Henderson and Jacques-François Thisse, vol. 4, ch. 56, pp. 2481–2527. Amsterdam: Elsevier, 2004.

《分散就业与美国城市的转变》Glaeser, Edward L., Matthew E. Kahn, Richard Arnott, and Christopher Mayer. "Decentralized Employment and the Transformation of the American City." *Brookings-Wharton Papers on Urban Affairs*, 2001.

《为什么穷人会住在城市里？公共交通的作用》Glaeser, Edward L., Matthew E. Kahn, and Jordan Rappaport. "Why Do the Poor Live in Cities? The Role of Public Transportation." *Journal of Urban Economics* 63, no 1 (2008): 1–24.

《城市里的增长》Glaeser, Edward L., Hedi D. Kallal, José A. Scheinkman, and Andrei Shleifer. "Growth in Cities." Journal of Political Economy 100 no. 6 (Dec. 1992): 1126–52.

《企业家精神的聚合》Glaeser, Edward L., William R. Kerr, and Giacomo A. M. Ponzetto. "Clusters of Entrepreneurship." *Journal of Urban Economics*, Special Issue: *Cities and Entrepreneurship*, vol. 67, no. 1 (Jan. 2010): 150–68.

《城市、地区和运输成本的下降》Glaeser, Edward L., and Janet E. Kohlhase. "Cities, Regions, and the Decline of Transport Costs." *Papers in Regional Science* 83, no. 1 (2003): 197–228.

《消费型城市》Glaeser, Edward L., Jed Kolko, and Albert Saiz. "Consumer City." *Journal of Economic Geography* 1, no. 1 (Jan. 2001): 27–50.

《为什么民主需要教育？》Glaeser, Edward L., Giacomo A. M. Ponzetto, and Andrei Shleifer. "Why Does Democracy Need Education?" *Journal of Economic Growth* 12, no. 2 (2007): 77–99.

《城市里的不平等》Glaeser, Edward L., Matt Resseger, and Kristina Tobio. "Inequality in Cities." *Journal of Regional Science* 49, no. 4 (Oct. 2009): 617–46, http://ssrn.com/abstract=1487265 or doi:10.1111/j.1467–9787.2009.00627.x.

《为什么城市里的犯罪更多？》Glaeser, Edward L., and Bruce Sacerdote. "Why Is There More Crime in Cities?" *Journal of Political Economy* 107, no. 6, part 2 (*Symposium on the Economic Analysis of Social Behavior in Honor of Gary S. Becker*, Dec. 1999): 225–58.

《技能型城市的崛起》Glaeser, Edward L., and Albert Saiz. "The Rise of the Skilled City." *Brookings-Wharton Papers on Urban Affairs*, 2004: 47–105.

《美国的腐败》Glaeser, Edward L., and Raven E. Saks. "Corruption in America." *Journal of Public Economics* 90, no. 6–7 (Aug. 2006): 1053–72.

《既不是借款人，也不是出借人：关于利息限制和高利贷法律的经济学分析》Glaeser, Edward L., and Jose Scheinkman. "Neither a Borrower nor a Lender Be: An Economic Analysis of Interest Restrictions and Usury Laws." *Journal of Law and Economics* 41, no. 1 (Apr. 1998): 1–36.

《大波士顿地区住宅价格的管理与上涨：根据马萨诸塞州187年社区的数据对该地区的住宅建设和价格进行管理所造成的影响》Glaeser, Edward L., Jenny Schuetz, and Bryce Ward. "Regulation and the Rise in Housing Prices in Greater Boston: The Impacts of Regulation on Housing Production and Prices in the Region Based on Data from 187 Communities in Massachusetts." Pioneer Institute for Public Policy Research and Rappaport Institute of Greater Boston Research, Jan. 2006.

《城市与福利：恐怖主义对城市的形式造成的影响》Glaeser, Edward L., and Jesse M. Shapiro. "Cities and Warfare: The Impact of Terrorism on Urban Form." *Journal of Urban Economics*, Elsevier 51, no. 2 (March 2002): 205–24.

《科利效应：确定选区的经济学意义》Glaeser, Edward L., and Andrei Shleifer. "The Curley Effect: The Economics of Shaping the Electorate." *Journal of Law, Economics, and Organization* 21, no. 1 (Apr. 2005): 1–19.

《阳光地带的崛起》Glaeser, Edward L., and Kristina Tobio. "The Rise of the Sunbelt." *Southern Economic Journal* 74, no. 3 (Jan. 2008): 609–43.

《土地利用法规的起因与结果：以大波士顿为证》Glaeser, Edward L., and Bryce A. Ward. "The Causes and Consequences of Land Use Regulation: Evidence from Greater Boston." *Journal of Urban Economics* 65, no. 3 (May 2009): 265-78.

《若隐若现的前景：1906年亚特兰大种族骚乱与美国种族关系的重塑》Godshalk, David Fort. *Veiled Visions: The 1906 Atlanta Race Riot and the Reshaping of American Race Relations*. Chapel Hill: University of North Carolina Press, 2009.

《新加坡的拥堵管理和公路电子收费》Goh, Mark. "Congestion Management and Electronic Road Pricing in Singapore." *Journal of Transport Geography* 10, no. 1 (Mar. 2002): 29-38.

《上帝在财富大门口的大本营：三位一体的尖塔在150年之后依然屹立在华尔街上的高楼大厦之间》Goldberger, Paul. "God's Stronghold at Mammon's Door: After 150 Years, Trinity's Spire Still Looms Amid Wall St. Towers." *New York Times*, May 14, 1996.

《教育与科技之间的竞争》Goldin, Claudia, and Lawrence F. Katz. *The Race Between Education and Technology*. Cambridge, MA: Belknap/Harvard University Press, 2008.

《没有效率的城市》Gómez-Ibáñez, José A., and Fernanda Ruiz Nunez. "Inefficient Cities." Harvard University, Working Paper, Mar. 2007.

《刚果历史》Gondola, Ch. Didier. *The History of Congo*. Westport, CT: Greenwood Press. 2003.

《日本与荷兰：1600—1843年》Goodman, Grant K. *Japan and the Dutch: 1600-1843*. Richmond, UK: Curzon Press, 2000.

《奥蒂斯：提升现代城市》Goodwin, Jason. *Otis: Giving Rise to the Modern City*. Chicago: Ivan R. Dee., 2001.

《世界的愿望：莎士比亚是怎样成为莎士比亚的》Greenblatt, Stephen. *Will in the World: How Shakespeare Became Shakespeare*. New York: Norton, 2004.

《"超越罢工"：种族划分、劳资关系与纽约女性服装行业和平协议的起源》Greenwald, Richard A. "'More than a Strike': Ethnicity, Labor Relations, and the Origins of the Protocol of Peace in the New York Ladies' Garment Industry." *Business and Economic History* 27, no. 2 (Winter 1998): 318-32.

《住宅领域的种族歧视》Groner, Isaac N., and David M. Helfeld. "Race Discrimination in Housing." *Yale Law Journal* 57, no. 3 (Jan. 1948): 426-58.

《吉尼斯世界记录，2008年》*Guinness World Records 2008*. New York: Bantam Dell, 2007.

《凯文·史派西的新角色，海外和幕后》Gussow, Mel. "Kevin Spacey's New Role, Overseas and Behind the Scenes." *New York Times*, May 25, 2004.

《住宅结构的建造成本和供应》Gyourko, Joseph, and Albert Saiz. "Construction Costs and the Supply of Housing Structure." *Journal of Regional Science* 46, no. 4 (Oct. 2006): 661-80.

《历史、人口、经济和社会数据：美国，1790—2002年》Haines, Michael R. "Historical, Demographic, Economic, and Social Data: The United States, 1790-2002," version 1, Feb. 25,2005, Inter-university Consortium for Political and Social Research, http://hdl.handIe.net/1902.2/2896.

《山姆·休斯敦》Haley, James L. *Sam Houston*. Norman: University of Oklahoma Press, 2004.

《文明社会中的城市》Hall, Sir Peter. *Cities in Civilization*. New York: Pantheon Books, 1998.

《你们正在抹掉天空中的错误部分，亲王告诉建筑师们说》Hamilton, Alan. "You're Scraping Wrong Part of the Sky, Prince Tells Architects," *Sunday Times* (London), Feb. 1,2008.

《鉴于必须打击犯罪，鲍里斯提前采取了行动》Hamilton, Fiona. "Boris Makes an Early Start with

Demands on Action to Cut Crime." *Times* (London), May 5, Home News.

《历史》Harlem Children's Zone. "History," www.hcz.org/about-us/history.

《土壤分布图的密度与一个国家的财富和收入》Hartemink, Alfred E. "Soil Map Density and a Nation's Wealth and Income." In *Digital Soil Mapping with Limited Data*, ed. Alfred E. Hartemink, Alex McBratney, and Maria de Lourdes Mendonça-Santos, pp. 53–66. New York: Springer, 2008.

《塞缪尔·冈珀斯：劳苦大众的保护者》Harvey, Rowland Hill. *Samuel Gompers: Champion of the Toiling Masses*. Palo Alto, CA: Stanford University Press, 1935.

《地方收入的增长：来自美国 4 座城市的证据》Haughwout, Andrew, Robert Inman, Steven Craig, and Thomas Luce. "Local Revenue Hills: Evidence from Four U.S. Cities." *Review of Economics and Statistics* 86, no.2 (2004): 570–85.

《打造美国的方式：政府补贴，私人空间》Hayden, Dolores. "Building the American Way: Public Subsidy, Private Space." In *The Suburb Reader*, ed. Becky M. Nicolaides and Andrew Wiese. New York: Routledge, 2006.

《卡特里娜飓风索赔案令各大公司犹豫不决：新奥尔良需要 2770 亿美元》Heath, Brad. 2007. "Katrina Claims Stagger Corps: La., New Orleans Want ﹩277 Billion." *USA Today*, Apr. 9,2007, News.

《纽约市：支付账单》Henig, Jeffrey R., "New York City: Paying the Tab," review of *Political Crisis/Fiscal Crisis: The Collapse and Revival of New York City*, by Martin Shefter. Washington Post, Nov. 10, 1985.

《捷运系统的扩建：建议将延伸到新的中心》Henion, Andy. "People Mover Grows Up: Proposal Would Extend Route to New Center." *Detroit News*, Dec. 23, 2006, Metro A.

《华尔街的理论家费舍尔·布莱克去世，终年 57 岁》Henriques, Diana B. "Fischer Black, 57, Wall Street Theorist, Dies." *New York Times*, Aug. 31, 1995.

《炫耀性消费》Hessel, Evan. "Conspicuous Consumption." Forbes 175, no. 6: 180.

《肯：肯·利文斯顿的人生起伏》Hoksen, Andrew. *Ken: The Ups and Downs of Ken Livingstone*. London: Arcadia Books, 2008.

《1989 年选举：市长和公投；投票者赞成连任，但反对增税》Holmes, Steven A. "The 1989 Elections: Mayors and Referendums; Voters Say Yea to Incumbents, Nay to More Taxes." *New York Times*, Nov. 9, 1989.

《国家政策对于制造业本地化的影响：来自国家边界的证据》Holmes, Thomas J. "The Effect of State Policies on the Location of Manufacturing: Evidence from State Borders." *Journal of Political Economy* 106, no. 4 (Aug. 1998): 667–705.

《哈瑞思的讽刺诗和书信选编》Horace. *The Satires and Epistles of Horace*, trans. Smith Palmer Bovie. Chicago: University of Chicago Press, 2002.

《明天：一条走向真正改革的和平道路》Howard, Ebenezer. *Tomorrow: A Peaceful Path to Real Reform*. London: Sonnenschein, 1898.

《书籍：一项技术的生命史》Howard, Nicole. *The Book: The Life Story of a Technology*. Westport, CT: Greenwood Press, 2005.

《纽约市的特许学校：谁负责招生，他们是如何影响学生的成绩的》Hoxby, Caroline M., and Sonali Murarka. "Charter Schools in New York City: Who Enrolls and How They Affect Their Students' Achievement." National Bureau of Economic Research Working Paper Series, vol. w14852, Apr. 2009, http://ssrn.com/abstract=1376155.

《芝加哥土地价值的 100 年：芝加哥的发展与其土地价值上升之间的关系，1830—1933 年》Hoyt, Homer. *One Hundred Years of Land Values in Chicago: The Relationship of the Growth of Chicago to the Rise of Its Land Values, 1830-1933*. Washington, DC: Beard Books, 1933.

《都市骚乱的演变》Hudgins, Bert. "Evolution of Metropolitan Detroit." *Economic Geography* 21, no. 3 (July 1945): 206–20.

《理查德·罗杰斯》Hyland, William. *Richard Rogers*. New Haven, CT: Yale University Press, 1998.

India, Government of. "Climatological Data of Important Cities." India Meteorological Department, Ministry of Earth Sciences, www.imd.gov.in/doc/climateimp.pdf.

《印度的犯罪情况，2008 年》India, Government of, National Crime Records Bureau. *Crime in India 2008*, ch. 2, "Crime in Megacities," http:// ncrb.nic.in.

《2004—2005 年贫困评估》India, Planning Commission of. "Poverty Estimates for 2004–05," 2007, www.planningcommission.gov.in/news/ prmar07.pdf.

《"某些类别的优点"：布里尔大厦的创造性遗产》Inglis, Ian. "'Some Kind of Wonderful': The Creative Legacy of the Brill Building." *American Music* 21, no. 2 (Summer 2003): 214–35.

《AIDS 病毒在 1983 年的发现》Institut Pasteur. HIV/AIDS research at the Institut Pasteur: "The discovery of the AIDS virus in 1983." http://www.pasteur.fr/ip/easysite/go/03b-000027-00i/the-discovery-of-the-aids-virus-in-1983.

《日本谋求大国地位》Iriye, Akira. "Japan's Drive to Great-Power Status." In *The Cambridge History of Japan*, vol. 5, *The Nineteenth Century*, ed. Marius B. Jansen, ch. 12, 765–82. Cambridge, UK: Cambridge University Press, 1989.

Istat—Institute of National Statistics (Italy). Demography in Figures, http://demo.istat.it/index_e.html.

——. National Economic Accounts, http://en.istat.it/dati/dataset/20100604_00.

——. Regional Accounts, http://en.istat.it/dati/dataset/20100114_01.

《城市里的三 K 党：1915—1930 年》Jackson, Kenneth. *The Ku Klux Klan in the City: 1915-1930*. New York: Oxford University Press, 1967.

《社交网络现在有了声音，泡泡网可以提供音频博客》Jacob, Sarah. "Now, Social Networking Gets a Voice, Bubbly Allows for Audio Blogging." *Economic Times*, Mar. 23, 2010.

《美国大城市的死与生》Jacobs, Jane. *The Death and Life of Great American Cities*. New York: Random House, 1961.

——. *The Economy of Cities*. New York: Random House, 1969.

《知识溢出的地缘本土化：以专利引用为证》Jaffe, Adam B., Manuel Trajtenberg, and Rebecca Henderson. "Geographic Localization of Knowledge Spillovers as Evidenced by Patent Citations." *Quarterly Journal of Economics* 108, no. 3 (Aug. 1993): 577–98.

《关于巴豆引水管的描述》Jervis, John Bloomfield. *Description of the Croton Aqueduct*. New York: Slamm and Guion, 1842.

《通商产业省与日本奇迹：产业政策的增长，1925—1975 年》Johnson, Chalmers. *MITI and the Japanese Miracle: The Growth of Industrial Policy, 1925-1975*. Palo Alto, CA: Stanford University Press, 1982.

《幽灵地图：关于伦敦最恐怖的传染病的故事——它是如何改变了科学、城市和现代世界的》Johnson, Steven. *The Ghost Map: The Story of London's Most Terrifying Epidemic—and How It Changed*

Science, Cities, and the Modern World. New York: Riverhead Books, 2006.

《巴伦·奥斯曼的人生与成就》Jordan, David P. Transforming Paris: The Life and Labors of Baron Haussmann. New York: Free Press, 1995.

《捐助效应与科斯理论的实验性测试》Kahneman, D., J. L. Knetsch, and R. H. Thaler. "Experimental Tests of the Endowment Effect and the Coase Theorem." Journal of Political Economy 98 no. 6 (1990): 1325-48. http://www.journals.uchicago.edu/doi/abs/10.1086/261737.

《镀金贫民区的其他选择》Kain, John F., and Joseph J. Persky. "Alternatives to the Gilded Ghetto." Public Interest 14 (Winter 1969): 74-83.

《住宅市场歧视、自置居所与储蓄行为》Kain, John F., and John M. Quigley. "Housing Market Discrimination, Home-Ownership, and Savings Behavior." American Economic Review 62, no. 3 (June 1972): 263-77.

《辩论解析：关于波士顿的特许学校、实验学校和传统学校的对比》Kane, Thomas, Atila Abdulkadiroglu, Josh Angrist, Sarah Cohodes, Susan Dynarski, Jon Fullerton, and Parag Pathak. Informing the Debate: Comparing Boston's Charter, Pilot, and Traditional Schools. Boston Foundation, Jan. 2009, www.gse.harvard.edu/%7Epfpie/pdf/InformingTheDebate_Final.pdf.

《预测教师对学生成绩的影响：试验性评估》Kane, T. J., and D. O. Staiger. "Estimating teacher impacts on student achievement: An experimental evaluation." National Bureau of Economic Research Working Paper no. 14607, 2008.

《控制增长对住宅价格的跨地区影响》Katz, Lawrence F., and Kenneth T. Rosen. "The Interjurisdictional Effects of Growth Controls on Housing Prices." Journal of Law and Economics 30, no.1 (1987): 149-60.

《刚果民主共和国首都金沙萨小学生和婴儿患有疟疾：20世纪80年代和2000年的调查》Kazadi, Walter, John D. Sexton, Makengo Bigonsa, Bompela W'Okanga, and Matezo Way. "Malaria in Primary School Children and Infants in Kinshasa, Democratic Republic of the Congo: Surveys from the 1980s and 2000," American Journal of Tropical Medicine and Hygiene 71, no. 2 suppl. (Aug. 2004): 97-102.

《与枪支持有权相关的家中自杀》Kellermann, Arthur L., Frederick P. Rivara, Grant Somes, Donald T. Reay, Jerry Francisco, Joyce Gillentine Banton, Janice Prodzinski, Corinne Fligner, and Bela B. Hackman. "Suicide in the Home in Relation to Gun Ownership." New England Journal of Medicine 327, no. 7 (Aug. 13, 1992): 467-72.

《纽约清扫公共汽车为其他城市树立了榜样》Kennedy, Randy. "New York's Bus Cleanup Brings Other Cities on Board." New York Times, June 16, 2002, Metropolitan Desk.

《希望奖学金》Kiss, Gary, and Elizabeth Schuster. "Hope Scholarships." Atlanta Journal-Constitution, Dec, 8, 2008.

《近程射击：美国的枪支与暴力》Kleck, Gary. Point Blank: Guns and Violence in America. Piscataway, NJ: Aldine Transaction, 2009.

《邻居效应的实验分析》Kling, Jeffrey R., Jeffrey B. Liebman, and Lawrence F. Katz. "Experimental Analysis of Neighborhood Effects." Econometrica 75, no. 1 (Jan. 2007): 83-119.

《关于工作地点无序伸延的反思：都市就业岗位的地理变化》Kneebone, Elizabeth. "Job Sprawl Revisited: The Changing Geography of Metropolitan Employment." Metropolitan Policy Program at the Brookings Institute, Apr. 2009, www.brookings.edu/reports/2009/0406_job_sprawl_kneebone.aspx.

《中世纪思想的演变》Knowles, David. *The Evolution of Medieval Thought*. New York: Vintage Books, 1962.

《主题公园开发商转而关注商业走向繁荣的亚洲》Kolesnikov-Jessop, Sonia. "Theme Park Developers Turn Their Attention to Asia, Where Business Is Growing." *New York Times*, Dec. 26, 2009, Business/Financial.

《约瑟夫·肯尼迪:人生与时代》Koskoff, David E. *Joseph P. Kennedy: A Life and Times*. Englewood Cliffs, NJ: Prentice-Hall, 1974.

《计算机是如何改变工资结构的:来自微观数据的证据,1984—1989 年》Krueger, Alan B. "How Computers Have Changed the Wage Structure: Evidence from Microdata, 1984-1989." *Quarterly Journal of Economics* 108, no. 1 (Feb 1993): 33-60.

《家庭经济的完整真相》Kumar, Satish. "The Whole Truth of a Home Economy." In *Mahatma Gandhi: 125 Years*, ed. Manmohan Choudhuri and Ramjee Singh. Varanasi, India: Sarva Seva Sangh Prakashan, Gandhian Institute of Studies, 1995.

《巴黎左岸的新面貌》LaFranchi, Howard. "New Look on the Left Bank in Paris." *Christian Science Monitor*, Aug. 14,1989.

《纽约摩天高楼的崛起(1865—1913)》Landau, Sarah Brandford, and Carl W. Condit. *The Rise of the New York Skyscraper 1865-1913*. New Haven: Yale University Press, 1996.

《拆除围墙:桑迪·威尔是怎样走到金融界的顶峰……然后几乎失去了一切的?》Langley, Monica. *Tearing Down the Walls: How Sandy Weill Fought His Way to the Top of the Financial World... and Then Nearly Lost It All*. New York: Free Press, 2003.

《世界之路:全球的公路以及行驶在公路上的车辆的历史》Lay, Maxwell Gordon. *Ways of the World: A History of the World's Roads and of the Vehicles That Used Them*. New Brunswick, NJ: Rutgers University Press, 1992.

《伦敦的交通拥堵费》Leape, Jonathan. "The London Congestion Charge." *Journal of Economic Perspectives* 20, no. 4 (Autumn 2006): 157-76.

《向普拉达学习》"Learning from Prada." *RFID Journal*, June 24, 2002, www.rfidjournal.com/article/view/272/1.

《威廉·莎士比亚生平》Lee, Sidney. *A Life of William Shakespeare*. London: Smith Elder, 1898.

《维斯帕先》Levick, Barbara. *Vespasian*. New York: Routledge, 1999.

《巴西历史》Levine, Robert M. *The History of Brazil*. Westport, CT: Greenwood Press, 1999.

——. *Vale of Tears: Revisiting the Canudos Massacre in Northeastern Brazil, 1893—1897*. Berkeley: University of California Press, 1992.

《箱子:船运集装箱是怎样让世界变小并让世界经济变大的?》Levinson, Marc. *The Box: How the Shipping Container Made the World Smaller and the World Economy Bigger*. Princeton, NJ: Princeton University Press, 2006.

《监狱人口规模对犯罪率的影响:来自监狱过度拥挤诉讼的证据》Levitt, Steven D. "The Effect of Prison Population Size on Crime Rates: Evidence from Prison Overcrowding Litigation." *Quarterly Journal of Economics* 111, no. 2 (May 1996): 319-51.

——. "The Limited Role of Changing Age Structure in Explaining Aggregate Crime Rates" *Criminology* 37, no. 3 (Aug. 1999): 581-98.

——. "Understanding Why Crime Fell in the 1990s: Four Factors That Explain the Decline and Six That Do Not." *Journal of Economic Perspectives* 18, no. 1 (Winter 2004): 163-90.

《说谎者的扑克：踩着华尔街的尸骨残骸前进》Lewis, Michael M. *Liar's Poker: Rising Through the Wreckage on Wall Street*. New York: Norton, 1989.

《批判建筑学与当代文化》Lillyman, William J., Marilyn F. Moriarty, and David J. Neuman. *Critical Architecture and Contemporary Culture*. New York: Oxford University Press, 1994.

《莎士比亚的马洛：克里斯托弗·马洛对莎士比亚艺术的影响》Logan, Robert A. *Shakespeare's Marlowe: The Influence of Christopher Marlowe on Shakespeare's Artistry*. Hampshire, UK: Ashgate, 2007.

《2008 布朗中心关于美国教育的报告：美国学生是怎样学习的？》Loveless, Tom. *The 2008 Brown Center Report on American Education: How Well Are American Students Learning?* Washington, D.C.: Brown Center on Education Policy, Brookings Institution, 2008.

《修道院在中世纪磨坊发展中的作用》Lucas, Adam. "The Role of the Monasteries in the Development of Medieval Milling." *In Wind and Water in the Middle Ages: Fluid Technologies from Antiquity to the Renaissance*, ed. Steven A. Walton. Tempe: Arizona Center for Medieval and Renaissance Studies, 2006.

《空间的溢出：与地缘有关吗？》Lychagin, Sergey, Joris Pinkse, Margaret E. Slade, and John Michael Van Reenen. "Spillovers in Space: Does Geography Matter?" National Bureau of Economic Research Working Paper Series, vol. w16188, July 2010.

《智慧之家：阿拉伯人是如何转换西方文明的？》Lyons, Jonathan. *The House of Wisdom: How the Arabs Transformed Western Civilization*. New York: Bloomsbury, 2010.

《关于世界人口、国内生产总值和人均国内生产总值的统计数据（公元 1—2008）》Maddison, Angus. "Statistics on World Population, GDP, and Per Capita GDP, 1-2008 A.D." Mar. 2010, links at www.ggdc.net/maddison.

《肯尼迪家庭：美国的翡翠之王》Maier, Thomas. *The Kennedys: America's Emerald Kings*. New York: Basic Books, 2004.

《区域规划中的政治学：纽约的经验》Makielski, Stanislaw J., Jr. *The Politics of Zoning: The New York Experience*. New York: Columbia University Press, 1966.

《美国金融史：从克里斯托弗·哥伦布到强盗大亨（1492—1900）》Markham, Jerry W. *A Financial History of the United States: From Christopher Columbus to the Robber Barons 1492-1900*. Armonk, NY: M. E. Sharpe, 2002.

《在大都市的下面：城市的隐密生活》Marshall, Alex, and David Emblidge. *Beneath the Metropolis: The Secret Lives of Cities*. New York: Carroll & Graf, 2006.

《我们已经产生了最伟大的建筑师》Martin, Sandra. "'The Greatest Architect We Have Ever Produced.'" Toronto *Globe and Mail*, May 22, 2009, p. S8.

《工作中的同事》Mas, Alexandre, and Enrico Moretti. "Peers at Work." *American Economic Review* 99, no. 1 (Mar. 2009): 112-45.

《马休·博尔顿：销售全球都迫切需要的产品》Mason, Shena. *Matthew Boulton: Selling What All the World Desires*. New Haven, CT: Yale University Press, 2009.

《欧洲的知识溢出：专利引用分析》Maurseth, Per Botolf, and Bart Verspagen. "Knowledge Spillovers in Europe: A Patent Citations Analysis." *Scandinavian Journal of Economics* 104, no. 4 (Dec. 2002): 531-45.

《日本现代史》McClain, James L. *Japan: A Modern History*. New York: Norton, 2002.

《下一个硅谷有可能出现在（原文如此）发展中国家吗？非营利性组织促进了高潜力企业所需要的辅导支持》McConnell, Kathryn. "Could the Next Silicon Valley Be in [sic] Developing Country ? Nonprofit Group Fosters Mentorship Support for High-Potential Businesses." America.gov, Jan. 22, 2009, www.america.gov/st/develop english/2009/January/20090122143528AKllennoCcM0.4231378.html?CP.rss=true.

《改革》McCullough, Diarmaid. *The Reformation*. New York: Penguin, 2005.

《重要统计数据公报》McElroy, Joanne, ed. *Key Statistic Bulletin No. 6*, Apr. 2009, Liverpool City Council, www.liverpool.gov.uk/Images/ tcm21-151075.pdf.

《西方文明史：指南》McNeill, William H. *History of Western Civilization: A Handbook*, 6th ed. University of Chicago Press, 1986.

——. *Plagues and Peoples*. Garden City, NY: Doubleday, 1976.

——. *Venice: The Hinge of Europe, 1081-1797*. Chicago: University of Chicago Press, 1974.

《住宅给城市绿地让路》McWhirter, Cameron. "Homes Give Way to Urban Prairie." *Detroit News*, June 21, 2001.

《里约热内卢的文明化：1904年的公共卫生战役与骚乱》Meade, Teresa. "'Civilizing Rio de Janeiro': The Public Health Campaign and the Riot of 1904." *Journal of Social History* 20, no. 2 (Winter 1986): 301-22, www.jstor.org/stable/3787709.

《卡洛斯·史林姆：全球首富》Mehta, Stephanie N. "Carlos Slim, the Richest Man in the World." *Fortune*, Aug. 20, 2007.

《〈时代周刊〉封面人物》或《现存知名人士素描》*Men of the Time*; or, *Sketches of Living Notables*. London: David Bogue, 1852.

Mercer's Quality of Living Worldwide City Rankings, www.mercer.com/qualityoflivingpr#City_Ranking_Tables.

《通用汽车公司购买了底特律的一座地标性建筑作为自己的本部》Meredith, Robin. "G.M. Buys a Landmark of Detroit for Its Home." *New York Times*, May 17, 1996.

《公共交通和地铁周边的绿色化：可持续性蓝带委员会与大纽约交通运输管理局的最终报告》Metropolitan Transit Authority. *Greening Mass Transit and Metro Regions: The Final Report of the Blue Ribbon Commission on Sustainability and the MTA*, www.mta.info/sustainability/pdf/SustRptFinal.pdf.

《日本简史》Meyer, Milton W. *Japan: A Concise History*, 4th ed. Lanham, MD: Rowman & Littlefield, 2009.

《只要他们不搬到隔壁来：种族隔离与美国邻居之间的种族冲突》Meyer, Stephen Grant. *As Long as They Don't Move Next Door: Segregation and Racial Conflict in American Neighborhoods*. Lanham, MD: Rowman & Littlefield, 2001.

《制度在贸易复兴中的作用：中世纪的商法、个人法官和香槟博览会》Milgrom, Paul R., Douglass C. North, and Barry R. Weingast. "The Role of Institutions in the Revival of Trade: The Medieval Law Merchant, Private Judges, and the Champagne Fairs." *Economics and Politics* 1 (1990): 1-23.

《世纪之城：芝加哥史诗与美国制造》Miller, Donald L. *City of the Century: The Epic of Chicago and the Making of America*. New York: Simon & Schuster,1996.

《家庭持有武器的权利与美国的自杀率》Miller, Matthew, Deborah Azrael, and David Hemenway. "Household Firearm Ownership and Suicide Rates in the United States." *Epidemiology* 13, no. 5 (Sept.

2002): 517–24.

《教育会提升公民素质吗? 来自美国和英国的证明》Milligan, Kevin, Enrico Moretti, and Philip Oreopoulous. "Does Education Improve Citizenship ? Evidence from the U.S. and the U.K." *Journal of Public Economics* 88, no. 9–10 (Aug. 2004): 1667–95.

《布里斯托尔: 18 世纪的西方大都市》Minchinton, Walter E. "Bristol: Metropolis of the West in the Eighteenth Century." *Transactions of the Royal Historical Society*, Fifth Series, vol. 4 (1954): 69–89.

《后工业化时代的政权与政府的发展: 芝加哥市的财政历史 (1970—1990)》Miranda, Rowan A. "Post-machine Regimes and the Growth of Government: A Fiscal History of the City of Chicago, 1970–1990" *Urban Affairs Review* 28, no. 3 (Mar. 1993): 397–422.

《纽约市的杀人犯 (1797—1999)》Monkkonen, Eric. *Homicides in New York City, 1797-1999* (and various historical comparison sites; computer file in several formats). Los Angeles: University of California, Los Angeles (producer), 2000; and Ann Arbor, MI: Interuniversity Consortium for Political and Social Research (distributor), 2001.

《查尔斯·佛伦·马吉姆的一生和时代》Moore, Charles. *The Life and Times of Charles Follen Mckim*. Boston and New York: Houghton Mifflin, 1929.

《令人困惑的 ADIS 起源》Moore, Jim. "The Puzzling Origins of AIDS." *American Scientist* 92, no. 6 (Nov.–Dec. 2004): 540–47.

《哈佛的 3 个世纪 (1636—1936)》Morison, Samuel Eliot. *Three Centuries of Harvard 1636-1936*. Cambridge, MA: Belknap Press/Harvard University Press, 1937.

《温哥华: 从密尔城到大都市》Morley, Alan. *Vancouver: From Milltown to Metropolis*. Vancouver: Mitchell Press, 1961.

《日本的技术进步: 从 17 世纪到 21 世纪》Morris-Suzuki, Tessa. *The Technological Transformation of Japan: From the Seventeenth to the Twenty-first Century*. Cambridge, UK: Cambridge University Press, 1994.

《宝贵的多数: 美国畅销书的故事》Mott, Frank Luther. *Golden Multitudes: The Story of Best-Sellers in the United States*. New York: Macmillan, 1947.

《孟买人力资源开发报告, 2009 年》Mumbai, Office of the Executive President, State Planning Board, Government of Maharashtra. *Mumbai Human Development Report 2009*. New Delhi: Oxford University Press, 2010, http://mhupa.gov.in/W_new/Mumbai%20 HDR%20Complete.pdf.

《这座城市的历史: 它的起源、转变和前景》Mumford, Lewis. *The City in History: Its Origins, Its Transformations, and Its Prospects*. Boston: Houghton Mifflin Harcourt, 1961.

《历史学院: 苏格拉底时期的雅典》Munn, Mark H. *The School of History: Athens in the Age of Socrates*. Berkeley: University of California Press, 2000.

《日本历史 (第三卷): 德川时代, 1652—1868 年》Murdoch, James. *A History of Japan*, vol. 3., *The Tokugawa Epoch, 1652-1868*, rev. Joseph H. Longford. Hertford, UK: Stephen Austin and Sons, 1996.

《8 个美国人: 关于美国不同种族、县和种族县之间的死亡率差异的调查》Murray, Christopher J. L., Sandeep C. Kulkarni, Catherine Michaud, Niels Tomijima, Maria T. Bulzacchelli, Terrell Iandiorio, and Majid Ezzati. "Eight Americas: Investigating Mortality Disparities Across Races, Counties, and Race-Counties in the United States," Dataset SI. Life Expectancy at Birth by County. *Public Library of Science: Medicine* 3, no. 9 (2006): 1513–24.

《布鲁日, 资本主义的发源地, 1280—1390 年》Murray, James M. Bruges, *Cradle of Capitalism,*

1280-1390. New York: Cambridge University Press, 2005.

《国家平民骚乱咨询委员会报告》(肯纳报告) National Advisory Commission on Civil Disorders, *Report of the*, (Kerner Report), Washington, D.C., 1968.

National Center for Injury Prevention and Control, www.cdc.gov/injury/index.html, and WISQARS (Web-based Injury Statistics Query and Reporting System), www.cdc.gov/injury/wisqars.

《最高气温为华氏90度或以上的平均天数》National Climatic Data Center. "Mean Number of Days With Maximum Temperature 90 Degrees F or Higher," http://lwf.ncdc.noaa.gov/oa/climate/online/ccd/max90temp.html.

《直接走向监狱而且不需要集合？关于监狱释放人员的重新犯罪、就业和收入模式的长期研究》Needels, Karen E. "Go Directly to Jail and Do Not Collect? A Long-Term Study of Recidivism, Employment, and Earnings Patterns Among Prison Releases" *Journal of Research in Crime and Delinquency* 33, no. 4 (Nov. 1996): 471–96.

《建设一个新的欧洲：现代建筑师的肖像》Nelson, George. *Building a New Europe: Portraits of Modern Architects*. New Haven, CT: Yale University Press, 2007.

《人力资本投资、技术传播与经济增长》Nelson, Richard R., and Edmund S. Phelps. "Investment in Humans, Technological Diffusion, and Economic Growth." *American Economic Review* 56, no. 1–2 (Mar. 1966): 69–75.

《福特》Nevins, Allan, and Frank Ernest Hill. *Ford*, vol. 1, *The Times, the Man, the Company*; vol. 2, *Expansion and Challenge, 1915-1933*; vol. 3, *Decline and Rebirth, 1933-1962*. New York: Scribner's, 1954–63.

《关于纽约市的区域规划》New York City, Department of City Planning. "About NYC Zoning," http://home2.nyc.gov/html/dcp/html/zone/zonehis.shtml.

New York City, Department of City Planning, City Planning Commission. Zoning Maps and Resolution, Dec. 15, 1961, www.nyc.gov/html/dcp/pdf/zone/zoning_maps_and_resolution_1961.pdf.

New York City Department of Health and Mental Hygiene, Bureau of Vital Statistics. *Summary of Vital Statistics 2008,* Jan. 2010, http://home2.nyc.gov/html/doh/downloads/pdf/vs/2008sum.pdf; *Summary of Vital Statistics 2007,* http://home2.nyc.gov/html/doh/downloads/pdf/vs/2007sum.pdf; *Summary of Vital Statistics 2000,* http://home2.nyc.gov/html/doh/downloads/pdf/vs/2000sum.pdf; and *Summary of Vital Statistics 1961,* http://home2.nyc.gov/html/doh/downloads/pdf/vs/1961sum.pdf.

《由哈佛学生创建的在线网络一片繁荣》Nguyen, Lananh. "Online Network Created by Harvard Students Flourishes," Tufts Daily, Apr. 12, 2004.

《底特律新建的希望之塔》Nicholson, Tom, and James C. Jones. "Detroit's New Towers of Hope." *Newsweek*, Mar. 28, 1977.

《郊区读者》Nicolaides, Becky M., and Andrew Wiese, eds. *The Suburb Reader*. New York: Routledge, 2006.

《底特律河是怎样影响生活和历史的？》Nolan, Jenny. "How the Detroit River Shaped Lives and History." *Detroit News*, Feb. 11, 1997.

《参议员巴拉克·奥巴马的讲话：消除美国城市中的不平等》Obama, Barack. "Remarks of Senator Barack Obama: Changing the Odds for Urban America." Washington, DC, July 18, 2007, www.barackobama.com/2007/07/18/remarks_of_senator_barack_obam_19.php.

《里约热内卢的贫民窟：从时间和空间角度的分析》O' Hare, Greg, and Michael Barke. "The Favelas of Rio de Janeiro: A Temporal and Spatial Snalysis." *Geojournal* 56, no. 3: 225-40.

《绿色都市：为什么小型住宅、近距离居住和减少驾车是可持续性的关键？》Owen, David. *Green Metropolis: Why Living Smaller, Living Closer, and Driving Less Are the Keys to Sustainability*. New York: Riverhead Books, 2009.

《通向曼彻斯特的运河》Owen, David Elystan. *Canals to Manchester*. Manchester, UK: Manchester University Press, 1977.

《托马斯·杰斐逊论民主》Padover, Saul K. *Thomas Jefferson on Democracy*. New York: Appleton-Century, 1939.

《战争状态下的世界：东西方之间长达 2500 年的战斗》Pagden, Anthony. *Worlds at War: The 2,500-Year Struggle Between East and West*. New York: Random House, 2009.

《奥斯曼之前的巴黎规划》Papayanis, Nicholas. *Planning Paris Before Haussmann*. Baltimore: Johns Hopkins University Press, 2004.

《汽车的外部性与政策》Parry, Ian W. H., Margaret Walls, and Winston Harrington. "Automobile Externalities and Policies." *Journal of Economic Literature* 45, no. 2 (June 2007): 373-99.

《达拉维：改造还是接管？》Patel, Shirish B. "Dharavi: Makeover or Takeover ?" *Economic and Political Weekly* 45, no. 24 (June 12, 2010): 47-54.

《比利、阿尔弗雷德与通用汽车公司：美国历史上的两位特殊人士、一家传奇公司和一个伟大时代的故事》Pelfrey, William. *Billy, Alfred, and General Motors: The Story of Two Unique Men, a Legendary Company, and a Remarkable Time in American History*. New York: Amacom, 2006.

皮卡迪利大街拱廊 Piccadilly Arcade, http://piccadilly-arcade.com/.

《巴黎重建中的金钱与政治，1860—1870 年》Pickney, David H. "Money and Politics in the Rebuilding of Paris, 1860-1870." *Journal of Economic History* 17, no. 1 (Mar. 1957): 45-61.

《心智探奇》Pinker, Steven. *How the Mind Works*, 1st ed. New York: Norton, 1997.

《中世纪时期的城市：它们的起源与贸易的复兴》Pirenne, Henri. *Medieval Cities: Their Origins and the Revival of Trade*, trans. F. D. Halsey. Princeton, NJ: Princeton University Press, 1952.

《理想国》Plato. *The Republic of Plato*, trans. Benjamin Jowett and Thomas Herbert Warren, 3d ed. New York: Random House, 1973.

《关于毕尔巴鄂古根海姆博物馆的投资回报》Plaza, Beatriz. "The Return on Investment of the Guggenheim Museum Bilbao." *International Journal of Urban and Regional Research* 30, no. 2 (June 2006).

《毕尔巴鄂市报告》Plöger, Jörg. "Bilbao City Report." Centre for Analysis of Social Exclusion, Economic and Social Research Council (UK), 2007, http://eprints.lse.ac.Uk/3624/l/Bilbao_city_report_%28final%29.pdf (accessed July 29,2010).

——. "Leipzig City Report." Centre for Analysis of Social Exclusion, Economic and Social Research Council (UK), case report 42, 2007, http://eprints.lse.ac.uk/3622/l/Leipzig_city_report_(final).pdf.

《纽约市的住房史》Plunz, Richard. *A History of Housing in New York City*. New York: Columbia University Press, 1990.

《在上东区建造一座高层建筑的计划未能获得批准》Pogrebin, Robin. "Plan for an Upper East Side Tower Meets with Disapproval." *New York Times*, Oct. 17,2006.

《寻求一种新的工业：乔瓦尼·巴蒂斯塔·倍耐力和他的教育杂志在欧洲，1870—1871 年》Polese, Francesca. "In Search of a New Industry: Giovanni Battista Pirelli and His Educational Journey Through Europe, 1870-1871." *Business History* 48, no. 3 (2006): 354-75.

《关于住宅需求的微观和集团预测的经验主义调和》Polinsky, A. Mitchell, and David T. Ellwood. "An Empirical Reconciliation of Micro and Grouped Estimates of the Demand for Housing." *Review of Economics and Statistics* 61, no. 2 (May 1979): 199-205.

《住宅政策、城市贫困与政府：里约热内卢的贫民窟，1972—1976 年》Portes, Alejandro. "Housing Policy, Urban Poverty, and the State: The Favelas of Rio de Janeiro, 1972-1976." *Latin American Research Review* 14, no. 2 (Spring 1979): 3-24.

《用于自有住宅的税式支出：财产税和按揭利息的抵扣以及估算租金收入的排除》Poterba, James, and Todd Sinai. "Tax Expenditures for Owner-Occupied Housing: Deductions for Property Taxes and Mortgage Interest and the Exclusion of Imputed Rental Income." *American Economic Review* 98, no. 2 (May 2008): 84-89.

《种族隔离的巴尔的摩模式：1910—1913 年间的居住隔离法规》Power, Garrett. "Apartheid Baltimore Style: The Residential Segregation Ordinances of 1910-1913." *Maryland Law Review* 42 (1983): 289-328.

《简单、公平、促进增长：关于美国税收制度改革的建议》*President's Advisory Panel on Federal Tax Reform, Report of the*. "Simple, Fair, and Pro-Growth: Proposals to Fix America's Tax System," Nov. 2005, www.taxpolicycenter.org/taxtopics/upload/tax-panel-2.pdf.

《谁是全球最大的城市经济体？到 2025 年可能发生怎样的变化？》PricewaterhouseCoopers. "Which Are the Largest City Economies in the World and How Might This Change by 2025？" *Pricewaterhouse Coopers UK Economic Outlook*, Nov. 2009, https://www.ukmediacentre.pwc.com/imageli brary/downloadMedia.ashx？MediaDetailsID=1562.

《公众舆论与公共汽车的终结：对政策失败的（错误）理解》Pride, Richard A. "Public Opinion and the End of Busing: (Mis)Perceptions of Policy Failure." *Sociological Quarterly* 41, no. 2 (Spring 2000): 207-25.

《威尔士亲王在全球气候变化大会上的讲话》Prince of Wales. Speech by HRH the Prince of Wales for the Bali to Poznan Corporate Leaders Group on Climate Change Conference, St. James's Palace, London, July 16, 2008, www.princeofwales.gov.uk/speechesandarticles/a_speech_by_hrh_the_prince_of_wales_for_the_bali_to_poznan_c_1864009205.html.

——. Speech by HRH the Prince of Wales at the 150th Anniversary of the Royal Institute of British Architects(RIBA), Royal Gala Evening at Hampton Court Palace, May 29, 1984, www.princeofwales.gov.uk/speechesand articles/a_speech_by_hrh_the_prince_of_wales_at_the_150th_anniversary_1876801621.html.

——. Speech by HRH the Prince of Wales Titled "Tall Buildings," Invensys Conference, QE2 Centre, London, Dec. 11, 2001, www.princeofwales. gov. uk/speechesandarticles/a_speech_by_hrh_the_prince_of_wales_titled_tall_buildings_in_62434944.html.

《AIDS 在非洲：一个传染病学的范例》Quinn, Thomas C., Jonathan M. Mann, James W. Curran, and Peter Piot. "AIDS in Africa: An Epidemiologic Paradigm." *Science, New Series* 234, no. 4779 (Nov. 21,1986): 955-63.

《哈佛历史》Quincy, Josiah. *History of Harvard*, vol 1. New York: Arno, 1977.

《种族骚乱》"Race Riots." *Encyclopædia of Chicago*, http://encyclopedia.chicagohistory.org/pages/1032.html.

《亨利·福特支付效率工资了吗？》Raff, Daniel M. G., and Lawrence H. Summers. "Did Henry Ford Pay Efficiency Wages？" *Journal of Labor Economics* 5, no. 4, part 2 (Oct. 1987): S57–86.

《爪哇史》Raffles, Thomas Stamford. *History of Java*, 2 vols. London: Black, Parbury and Allen, 1817.

《Pixrat 收购了 Bixee……这是印度的第一例 Web 2.0 收购》Ranjan, Amit. "Bixee, Pixrat Acquired ... First Web 2.0 Acquisition in India." Webyantra, Dec. 5, 2006, www.webyantra.net/2006/12/05/bixeepixrat-acquiredfirst-web20-acquisition-in-india/. Recovery.gov. Track the Money, www.recovery.gov/?q=content/rebuilding-infrastructure.

《伯尔、汉密尔顿和曼哈顿公司，第一部分：取得执照》Reubens, Beatrice G. "Burr, Hamilton, and the Manhattan Company, Part I: Gaining the Charter." *Political Science Quarterly* 72, no. 4 (Dec. 1957): 578–607.

《科尔曼·扬与底特律的政治：从社会活动家到权力掮客》Rich, Wilbur C. *Coleman Young and Detroit Politics: From Social Activist to Power Broker*. Detroit: Wayne State University Press, 1989.

《信任在电子环境下丧失殆尽，但可以通过一些初步的面对面的交流加以修复》Rocco, Elena. "Trust Breaks Down in Electronic Contexts but Can Be Repaired by Some Initial Face-to-Face Contact." In *Proceedings of the SIGCHI Conference on Human Factors in Computing Systems*, 496–502. Los Angeles: Special Interest Group on Computer-Human Interaction, 1998.

《第二城市在笑声中回忆往昔》Rohter, Larry. "Second City Looks Back in Laughter." *New York Times*, Dec. 16, 2009, Arts/Cultural.

《粗心骑士：路易斯·奥金克洛斯自传（再版）》Roosevelt, Theodore. *The Rough Riders: An Autobiography* (reprint) Louis Auchincloss, ed. New York: Library of America, 2004.

《聚集、劳动力供给与城市的激烈竞争》Rosenthal, Stuart S., and William C. Strange. "Agglomeration, Labor Supply, and the Urban Rat Race." Center for Policy Research, Syracuse University Working Paper no. 106, 2003.

《人力资本溢出的衰减》Rosenthal, Stuart S., and William C. Strange. "The Attenuation of Human Capital Spillovers." *Journal of Urban Economics* 64, no. 2 (Sept. 2008): 373–89.

《爱弥儿》或《论教育》Rousseau, Jean-Jacques. *Émile: or, On Education*, ed. Allan Bloom. New York: Basic Books, 1979.

《凯恩斯：利物浦在品脱杯中的故事》Roudedge, Christopher. *Cains: The Story of Liverpool in a Pint Glass*. Liverpool: Liverpool University Press, 2009.

《伦敦"红色的肯"来了》Rowbotham, Jill. "London's 'Red Ken' Arrives." *Brisbane Courier-Mail* (Queensland, Australia), Sunday, May 12, 1985.

《生活与时代》Rowley, Hazel. *Richard Wright: The Life and Times*. New York: Holt, 2001.

《美国种族骚乱百科全书》Rucker, Walter C., and James N. Upton. *Encyclopedia of American Race Riots*. Westport, CT: Greenwood, 2007.

《综合公共使用微观数据系列》Ruggles, Steven, J. Trent Alexander, Katie Genadek, Ronald Goeken, Matthew B. Schroeder, and Matthew Sobek. *Integrated Public Use Microdata Series*, ver. 5.0 (machine-readable database). Minneapolis: University of Minnesota, 2010.

《约翰·拉斯金的才华：作品选集》Ruskin, John. *The Genius of John Ruskin: Selections from His Writings*, ed. John D. Rosenbefg. New York: Routledge, 1980; Charlottesville: University Press of Virginia, 1997.

——. *The Works of John Ruskin*. London: G. Alien, 1903.

《早期的瘟疫》Russell, Josiah C. "That Earlier Plague." *Demography* 5, no. 1 (1968): 174–84.

《州长温斯罗普的园艺作物：农业在马萨诸塞湾早期商业中的重要地位》Rutman, Darrett B. "Governor Winthrop's Garden Crop: The Significance of Agriculture in the Early Commerce of Massachusetts Bay." *William and Mary Quarterly*, 3d series, vol. 20, no. 3 (July 1963), 396–415.

《距离的消失：奥姆斯特德与19世纪的美国》Rybczynski, Witold. *A Clearing in the Distance: Frederick Law Olmsted and America in the Nineteenth Century*. New York: Scribner, 1999.

《当有圣人介入的时候：卡特里娜飓风和丽塔飓风对学生疏散的影响》Sacerdote, Bruce. "When the Saints Come Marching In: Effects of Hurricanes Katrina and Rita on Student Evacuees." National Bureau of Economic Research Working Paper No. 14385, Oct. 2008.

《打破贫困陷阱》Sachs, Jeffrey D. "Breaking the Poverty Trap." *Scientific American*, Sept. 2007.

《美国和发展中国家之间的贸易与工资不平等问题》Sachs, Jeffrey D., and Howard J. Shatz. "U.S. Trade with Developing Countries and Wage Inequality." *American Economic Review* 86, no. 2 (May 1996): 234–39.

《在著名的迪拜酒店享受全新的奢华》"Sailing into a New Luxury at Famous Dubai Hotel." *Toronto Star*, Sept. 11, 2004, Travel.

《住宅供应的地缘决定因素》Saiz, Albert. "The Geographic Determinants of Housing Supply." *The Quarterly Journal of Economics*, 125, no. 3 (Aug. 2010): 1253–96.

《卡特里娜飓风纪念日：重建资金是怎样得到合理使用的？在卡特里娜飓风纪念日之前发布的一份报告称，来自慈善机构的资金以及1420亿的联邦拨款已经帮助新奥尔良取得了巨大的重建进展》Sasser, Bill. "Katrina Anniversary: How Well Has Recovery Money Been Spent？: Money from Charitable Foundations and ＄142 Billion in Federal Funds Have Produced a Substantial Recovery in Metro New Orleans, Says a Report Released Ahead of Hurricane Katrina Anniversary." *Christian Science Monitor*, Aug. 27, 2010.

《为了拯救自己，底特律正在抹平自己》Saulney, Susan. "To Save Itself, Detroit Is Razing Itself." *New York Times*, June 20, 2010.

《保留贫民窟胜过一拆了之：亚洲领导人通过拆除存在已久的贫民窟来建造住宅的做法实际上是在重犯西方国家在20世纪五六十年代犯过的错误》Saunders, Doug. "Slumming It Is Better Than Bulldozing It: Asian Leaders Tearing Down Long-Standing Slums to Build Housing Projects Are Repeating Western Mistakes of the 1950s and 1960s." Focus Column, Reckoning—"Going Ghetto: Urban 'Improvements' That Aren't." *Toronto Globe and Mail*, Jan. 12, 2008.

《地区优势：硅谷和128号公路的文化与竞争》Saxenian, AnnaLee. *Regional Advantage: Culture and Competition in Silicon Valley and Route 128*. Cambridge, MA: Harvard University Press, 1994.

《向艾伦兄弟致敬》Schadewald, Bill. "A Speculative Salute to the Allen Brothers." *Houston Business Journal*, Sept. 12, 2008.

《街道照明设施的治安管理》Schivelbusch, Wolfgang. "The Policing of Street Lighting." *Yale French Studies*, no. 73, Everyday Life, ed. Alice Kaplan and Kristin Roth, pp. 61–74. New Haven, CT: Yale University Press, 1987.

《比哈佛更难》Schlosser, Julie. "Harder than Harvard." *Fortune*, Mar. 17,2006.

《莎士比亚的人生》Schoenbaum, Samuel. *Shakespeare's Lives*, rev. ed. Oxford, UK: Clarendon Press, 1991.

《解决不均衡问题的能力的价值》Schultz, Theodore W. "The Value of the Ability to Deal with Disequilibria." *Journal of Economic Literature* 13, no. 2 (June 1975): 827–46.

《低层城市、高层城市：东京从埃多走向地震》Seidensticker, Edward. *Low City, High City: Tokyo from Edo to the Earthquake*. New York: Knopf, 1983.

《老雷斯的故事》Seuss, Dr. (Theodor Seuss Geisel). *The Lorax*. New York: Random House, 1971.

《单户租用住宅和自有住宅的折旧测算》Shilling, James D., C. F. Sirmans, and Jonathan F. Dombrow. "Measuring Depreciation in Single-Family Rental and Owner-Occupied Housing." *Journal of Housing Economics* 1, no. 4 (Dec. 1991): 368–83.

《电子时代的奠基者威廉·肖克利的成功与失败》Shurkin, Joel N. *Broken Genius: The Rise and Fall of William Shockley, Creator of the Electronic Age*. New York: Palgrave Macmillan, 2008.

《新加坡的深层隧道污水系统获得 2009 年全球大奖》"Singapore's Deep Tunnel Sewerage System Wins Global Water Awards 2009." *Marketwire*, Apr. 28,2009.

《巴西各地区之间及其内部存在福利不平等的原因：来自 2002—2003 年住宅预算调查的证据》Skoufias, Emmanuel, and Roy Katayama. "Sources of Welfare Disparities Across and Within Regions of Brazil: Evidence from the 2002–03 Household Budget Survey." World Bank Poverty Reduction Group, Policy Research Working Paper 4803, Dec. 2008.

Small, Kenneth, and Erik Verhoef. *The Economics of Urban Transportation*. New York: Routledge, 2007.

《国富论》Smith, Adam. *An Inquiry into the Nature and Causes of the Wealth of Nations*, 3d ed. Basel: J. J. Tourneisen and J. L. LeGrand, 1791; New York: Cosimo, 2007.

《伦敦收费地区的交通流量仍不算多》Smith, Lewis. "Traffic Still Light in London Charge Zone." *Times* (London), Mar. 1, 2003.

《塔夫脱·哈特利法案与各州在劳资关系上的管辖权》Smith, Russell A. "The Taft-Hartley Act and State Jurisdiction over Labor Relations." *Michigan Law Review* 46, no. 5 (Mar. 1948): 593–624.

《餐馆的发明：巴黎与现代美食文化》Spang, Rebecca L. *The Invention of the Restaurant: Paris and Modern Gastronomic Culture*. Cambridge, MA: Harvard University Press, 2000.

《无刑事责任能力》Spelman, William. *Criminal Incapacitation*. New York: Plenum Press, 1994.

《以出生国别为标准来分类的伦敦人口概况：根据 2006 年度人口调查结果进行的测算》Spence, Lorna. *A Profile of Londoners by Country of Birth: Estimates from the 2006 Annual Population Survey*. Greater London Authority, Data Management and Analysis Group, DMAG Briefing 2008-05, Feb. 2008, http://static.london.gov.uk/gla/publications/factsandfigures/dmag-briefing-2008-05.pdf.

《范思哲，50 岁，将生活和艺术融入时装之中的设计师》Spindler, Amy M. "Gianni Versace, 50, the Designer Who Infused Fashion with Life and Art." *New York Times*, July 16, 1997.

《土地利用法规的影响：印度城市提供的证据》Sridhar, Kala Seetharam. "Impact of Land Use Regulations: Evidence from India's Cities." *Urban Studies* 47, no. 7 (June 2010): 1541–69.

《美国的流行音乐》Starr, Larry, and Christopher Waterman. *American Popular Music*. New York: Oxford University Press, 2003.

Steinbeck, John. *The Grapes of Wrath*. New York: Viking Press, 1939.

《后来产生了146亿美元的回报,波士顿的大隧道计划获得了成功》Stern, Seth. "$ 14.6 Billion Later, Boston's Big Dig Wraps Up." *Christian Science Monitor*, Dec. 19,2003.

《日本的麻醉:过去与现在》Stevens, J. E. "Anaesthesia in Japan: Past and Present." *Journal of the Royal Society of Medicine* 79, no. 5 (May 1986): 294-98.

《产业的组织》Stigler, George Joseph. *The Organization of Industry*. Chicago: University of Chicago Press, 1968.

《崔普雷实际上发现了什么?关于首次社会心理学试验的现代分析》Strube, Michael J. "What Did Triplett Really Find ? A Contemporary Analysis of the First Experiment in Social Psychology." *American Journal of Psychology* 118, no. 2 (Summer 2005): 271-86.

《硅谷是怎样发展起来的?》Sturgeon, Timothy J. "How Silicon Valley Came to Be." In *Understanding Silicon Valley: The Anatomy of an Entrepreneurial Region*, ed. Martin Kenny. Palo Alto, CA: Stanford University Press, 2000.

《一位完全现代主义风格的市长:肯·利文斯顿在20年之前是理查德·罗杰斯的坚定反对者,现在他们却成为了最好的朋友——以后会怎样呢?》Sudjic, Deyan. "A Thoroughly Modernising Mayor: Ken Livingstone Was a Dogged Opponent of Richard Rogers 20 Years Ago; Now They're the Best of Friends—What's Going On ?" *Observer*, July 8, 2001.

《西方科学在日本的兴起》Sugita, Genpaku. *Dawn of Western Science in Japan: Ranaku Kotohajime*, tr. Ryozo Matsumoto and Eiichi Kiyooka. Tokyo: Hokuseido Press, 1969.

《城市危机的起源:战后底特律的种族和不平等》Sugrue, Thomas J. *The Origins of the Urban Crisis: Race and Inequality in Postwar Detroit*. Princeton, NJ: Princeton University Press, 2005.

《美国在1929—1956年间对新型汽车的需求》Suits, Daniel B. "The Demand for New Automobiles in the United States 1929-1956." *Review of Economics and Statistics* 40, no. 3 (Aug. 1958): 273-80.

《日本转向西方》Sukehiro, Hirakawa. "Japan's Turn to the West." In *The Cambridge History of Japan*, vol. 5, *The Nineteenth Century*, ed. Marius B. Jansen, ch. 7,432-98. Cambridge, UK: Cambridge University Press, 1989.

《巴黎:一部建筑史》Sutcliffe, Anthony. *Paris: An Architectural History*. New Haven, CT: Yale University Press, 1993.

《再生》Swartz, Mimi. "Born Again." *Texas Monthly* 19, no. 10 (Oct. 1991): 46-50.

《勒夫考特在20年里建造的31座商业建筑》Tarshis, Arthur. "Thirty-one Commercial Buildings Erected by A. E. Lefcourt in Two Decades." *New York Times*, May 18, 1930, Real Estate.

《电梯技术:为信仰每天的进步提供灵感》Taub, Eric A. "Elevator Technology: Inspiring Many Everyday Leaps of Faith." *New York Times*, Dec. 3, 1998.

TAXSIM. National Bureau of Economic Research, Internet TAXSIM Version 8.2 Home Page, www.nber.org/~taxsim/ taxsim-calc8/index.html.

《交通革命(1815—1860)》Taylor, George Rogers. *The Transportation Revolution, 1815-1860*. New York: Rinehart, 1951.

《思想的弹药:从古至今的宣传历史》Taylor, Philip M. *Munitions of the Mind: A History of Propaganda from the Ancient World to the Present Day*. Manchester, UK: Manchester University Press, 2003.

《奴隶贸易：发生在亚特兰大的奴隶贸易故事（1440—1870）》Thomas, Hugh. *The Slave Trade: The Story of the Atlantic Slave Trade 1440-1870*. New York: Simon & Schuster, 1997.

《规划与产业衰退：战后底特律的教训》Thomas, June Manning. "Planning and Industrial Decline: Lessons from Postwar Detroit." *Journal of the American Planning Association* 56, no. 3 (Sept. 1990): 297–310.

《德尔蒙尼可餐馆：一个世纪的辉煌》Thomas, Lately. *Delmonico's: A Century of Splendor*. Boston: Houghton Mifflin, 1967.

《这是属于谁的底特律？一座现代美国城市中的政治、工人和种族》Thompson, Heather Ann. *Whose Detroit? Politics, Labor, and Race in a Modern American City*. Ithaca, NY: Cornell University Press, 2004.

《我的自白：〈亨利·梭罗日记〉选编》Thoreau, Henry David. *I to Myself: An Annotated Selection from the Journal of Henry David Thoreau*, ed. Jeffrey S. Cramer. New Haven, CT: Yale University Press, 2007.

——. *The Journal of Henry D. Thoreau*. Boston: Houghton Mifflin, 1906.

——. *Walden*. New York: Routledge, 1904.

——. *Walden and Resistance to Civil Government*, ed. Willaim Rossi, 2d ed. New York: Norton, 1996.

《反叛的世纪：1830—1975年》Tilly, Charles, Louise Tilly, and Richard Tilly, *The Rebellious Century: 1830-1975*. Cambridge: Harvard University Press, 1975.

《微型汽车是印度数百万司机实现汽车梦想的途径》Timmons, Heather. "A Tiny Car Is the Stuff of 4-Wheel Dreams for Millions of Drivers in India." *New York Times*, Mar. 24, 2009, Business/Financial.

《刚果民主共和国当前的粮食安全状况：诊断与展望》Tollens, Eric. "Current Situation of Food Security in the D. R. Congo: Diagnostic and Perspectives." Katholieke Universiteit Leuven, Faculty of Agricultural and Applied Biological Sciences, Working Paper, Aug. 2003, www.agr.kuleuven.ac.be/aee/clo/wp/tollens2003b.pdf.

《安娜·卡列尼娜》Tolstoy, Leo. *Anna Karenina*, trans. Constance Black Garnett. New York: Random House, 1939.

《点石成金术将把一家糖果工厂变成生物科技公司》Treffinger, Stephen. "Alchemy Will Turn a Candy Factory into Biotech Offices." *New York Times*, June 19, 2003, House & Home/Style.

《特雷诺论机构投资》Treynor, Jack L. *Treynor on Institutional Investing*. New York: Wiley, 2008.

《向阿瑟·埃里克森致敬》"A Tribute to Arthur Erickson." *AI Architect*, http://info.aia.org/aiarchitect/thisweek09/0612/0612n_arthur.cfrn.

《起搏和竞赛中的动力发生因素》Triplett, Norman. "The Dynamogenic Factors in Pacemaking and Competition." *American Journal of Psychology* 9, no. 4 (July 1898): 507–33.

《伤寒发病率与公众使用私人自来水系统（1880—1920）》Troesken, Werner. "Typhoid Rates and the Public Acquisition of Private Waterworks, 1880-1920." *Journal of Economic History* 59, no. 4 (Dec. 1999): 927–48.

《关于家庭保险大厦的回忆》Turak, Theodore. "Remembrances of the Home Insurance Building." *Journal of the Society of Architectural Historians* 44, no. 1 (Mar. 1985): 60–65.

《寻找工会标签：国际女性服装工人工会的历史》Tyler, Gus. *Look for the Union Label: A History of the International Ladies' Garment Workers' Union*. New York: M. E. Sharpe, 1995.

《当前拉丁美洲的监狱与政治》Ungar, Mark. "Prisons and Politics in Contemporary Latin America." *Human Rights Quarterly* 25, no. 4 (Nov. 2003): 909–34, www.jstor.org/stable/20069699.

《国别就业岗位与工资》U.S. Bureau of Labor Statistics, Economic News Releases, *County Employment and Wages,* "Table 1. Covered establishments, employment, and wages in the 327 largest counties, first quarter 2010." http://www.bls.gov/news .release/cewqtr.t01.htm. Last Modified Date: October 19, 2010.

U.S. Census Bureau, www.census.gov, numerous pages cited in full in individual notes; extensive use was made of American FactFinder, http://factfinder.census.gov.

《美国土地的主要用途（2002 年）》U.S. Department of Agriculture, Economic Research Services, *Major Uses of Land in the United States, 2002,* "Urban and Rural Residential Uses." http://www.ers.usda.gov/publications/ElB14/eib14g.pdf.

U.S. Department of Agriculture, National Agricultural Statistics Service, Crops by State (95111), cnl86629.csv. http://usda.mannlib.cornell.edu/MannUsda/viewDocumentInfo.do?documentID=1269.

《城市地区的个人收入》U.S. Department of Commerce, Bureau of Economic Analysis, "Personal Income for Metropolitan Areas, 2009," Monday, August 9, 2010. http://www.bea.gov/newsreleases/regional/mpi/2010/pdf/mpi0810.pdf.

《美国住宅调查（2007 年）》U.S. Department of Housing and Urban Development and U.S. Census Bureau, Current Housing Reports, *American Housing Survey for the United States: 2007,* H150/07, Sept. 2008, www.census.gov/prod/2008pubs/h150-07.pdf.

U.S. Energy Information Administration, Department of Energy, Residential Energy Consumption Survey (RECS), www.eia.doe.gov/emeu/recs.

U.S. Energy Information Administration, International Energy Annaual 2006, "H.1co2 World Carbon Dioxide Emissions from the Consumption and Flaring of Fossil Fuels, 1980–2006." www.eia.doe.gov/pub/international/iealf/tableh1co2.xls.

U.S. Environmental Protection Agency, Environmental Impact Statement Database, www.epa.gov/oecaerth/nepa/eisdata.html.

United Nations, Department of Economic and Social Affairs, Population Division, World Urbanization Prospects: 2009, File 12, Population of Urban Agglomerations with 750,000 Inhabitants or More in 2009, by Country, 1950–2025. http://esa.un.org/unpd/wup/CD-ROM_2009/WUP2009-F12-Cities_Over_750K.xls.

《全球城市的现状（2010/2011 年）》United Nations Habitat, *State of the World's Cities 2010/2011—Cities for All: Bridging the Urban Divide, 2010.* http:// www.unhabitat.org/pmss/listItemDetails.aspx ?publicationID=2917.

Urban Land Institute, Development Case Studies, ULI Award Winner Project Summary, http://casestudies.uli.org/rofile.aspx?j=7607&p=5&c=7.

《温哥华市的人口》Vancouver Public Library. "City of Vancouver Population." www.vpl.vancouver.bc.ca/research_guides/item/6848/C779.

《美国的清教传统》Vaughan, Alden T. *The Puritan Tradition in America, 1620-1730.* Hanover, NH: University Press of New England,1997.

《关于工作权利的法律：自由、繁荣与生活品质》Vedder, Richard. "Right-to-Work Laws: Liberty, Prosperity, and Quality of Life." *Cato Journal* 30, no. 1 (Jan. 1, 2010): 171–80.

《防火建筑：19 世纪美国城市的技术与公共安全》Vermiel, Sarah E. *The Fireproof Building:*

Technology and Public Safety in the Nineteenth-Century American City. Baltimore: Johns Hopkins University Press, 2000.

《交通拥堵理论与交通投资》Vickrey, William S. "Congestion Theory and Transport Investment." American Economic Review 59, no. 2 (1969): 251–60.

———. "Pricing in Urban and Suburban Transport." American Economic Review 52, no. 2 (May 1963): 452–65.

———. "A Proposal for Revising New York's Subway Fare Structure." Journal of the Operations Research Society of America 3, no. 1 (Feb. 1955): 38–68.

———. "Statement on the Pricing of Urban Street Use." In Hearings, U.S. Congress, Joint Committee on Metropolitan Washington Problems, Nov. 11, 1959, pp. 466–77.

《Ebay 的创始人》Viegas, Jennifer. Pierre Omidyar: The Founder of Ebay. New York: Rosen, 2007.

Wakin, Daniel J. "If It's Hit, Strummed or Plucked, It'll Be Here." New York Times, Feb. 2, 2008, Arts/Cultural.

《政治、救济与改革：罗斯福新政时期美国社会福利制度的改革》Wallis, John Joseph, Price V. Fishback, and Shawn Everett Kantor. "Politics, Relief, and Reform: The Transformation of America's Social Welfare System During the New Deal." In Corruption and Reform: Lessons from America's Economic History, ed. Edward L. Glaeser and Claudia Goldin, pp. 153–84. University of Chicago Press, 2006.

《关于公路拥堵的个人和社会成本的理论与测量》Walters, Alan A. "The Theory and Measurement of Private and Social Cost of Highway Congestion." Econometrica 29, no. 4 (Oct. 1961): 676–99.

《无形的壁垒：限制性条款案例中的法律策略研究》Ware, Leland B. "Invisible Walls: An Examination of the Legal Strategy of the Restrictive Covenant Cases." Washington University Law Quarterly 67, no. 3 (1989): 737–72.

《私有城市：在其3个发展阶段中的费城》Warner, Sam Bass. The Private City: Philadelphia in Three Periods of Its Growth. Philadelphia: University of Pennsylvania Press, 1968; repr. 1996.

《超越短缺：电力、贫困与全球性水危机》Watkins, Kevin. "Beyond Scarcity: Power, Poverty and the Global Water Crisis." United Nations Development Programme, Human Development Report, 2006, http://hdr.undp.org/en/media/HDR06-complete.pdf.

《向庞德伯里学习：关于西多塞特区自治会和康沃尔公爵领地的研究》Watson, Georgia Butina, Ian Bentley, Sue Roaf, and Pete Smith. Learning from Poundbury: Research for the West Dorset District Council and Duchy of Cornwall. School of the Built Environment, Oxford Brookes University, 2004.

《"切尔西拖拉机"的交通拥堵费将升至25英镑》Webster, Ben. "Congestion Charge Will Rise to £25 for 'Chelsea Tractors.'" Times (London), July 13, 2006, Home News.

《米利班德抨击亲王飞赴纽约领取绿色大奖》Webster, Philip. "Miliband Attacks Prince for Flying to Collect Green Award in New York." Times (London), Jan. 20, 2007, Home News.

《莎士比亚的散装书稿：揭示私密生活》Weis, René. Shakespeare Unbound: Decoding a Hidden Life. New York: Holt, 2007.

《克莱斯勒、福特、杜兰特和斯隆：美国汽车工业的奠基人》Weiss, H. Eugene. Chrysler, Ford, Durant, and Sloan: Founding Giants of the American Automotive Industry. Jefferson, NC: McFarland, 2003.

White House Office of Management and Budget, Program Assessment: Highway Infrastructure, www.

whitehouse.gov/omb/expectmore/summary/10000412.2007.html.

《风景如画之地的诞生与再生》White, John. *The Birth and Rebirth of Pictorial Space* 2nd ed. Boston: Boston Book and Art Shop, 1967.

《一家工厂获得了第二次机会》Whitford, David. "A Factory Gets a Second Chance." *Fortune* 160, no. 7 (Oct. 12,2009): 74–80.

《美国的粮食问题（1820—1890）》Williams, Susan. *Food in the United States, 1820s-18*90. Westport, CT: Greenwood, 2006.

《皇家婚礼》Willis, David K. "The Royal Wedding." *Christian Science Monito*r, July 6,1981.

《多年之后，底特律的单轨铁路开通了》Wilkerson, Isabel. "Years Late, Detroit's Monorail Opens." *New York Times*, Aug. 1, 1987.

《种族的重要性正在不断下降：黑人与不断变化的美国机构》Wilson, William Julius. *The Declining Significance of Race: Blacks and Changing American Institutions*. Chicago: University of Chicago Press, 1978.

WISQARS (Web-based Injury Statistics Query and Reporting System), www.cdc.gov/injury/wisqars.

《（赤裸裸的）城市与不死之身》Wolfe, Tom. "The (Naked) City and the Undead." *New York Times*, Nov. 26, 2006.

The Woodlands, http://www.thewoodlands.com/masterplan.htm and http://www.thewoodlands.com/greenspace.htm.

The Woodlands Development Company. The Woodlands, Texas Demographics. January 1, 2010. http://www.thewoodlandstownship-tx.gov/DocumentView.aspx？DID=667.

《关乎竞争：全球经济中的贸易物流》World Bank. *Connecting to Compete: Trade Logistics in the Global Economy*. Washington, DC, 2007.

——. "Nigeria: Expanding Access to Rural Infrastructure: Issues and Options for Rural Electrification, Water Supply, and Telecommunications." Energy Sector Management Assistance Program, Technical Paper 091, 2005, www-wds.worldbank.org/external/default/WDSContentServer/WDSP/IB/2006/04/28/000090341_2 0060428141651/Rendered/PDF/359940UNI0ESM01ural1Access01PUBLIC1.pdf.

——. World Development Indicators and Global Development Finance, Population in the Largest City (percent of urban population), data extracted July 26, 2010, databank.worldbank.org.

《刚果共和国的伤寒症——最新情况》World Health Organization, Global Alert and Response (GAR). "Typhoid Fever in the Democratic Republic of the Congo—Update," Jan. 19, 2005, www.who.int/csr/don/2005_01_19/en/index.html.

《一个具有示范意义的村庄飘然而至：威尔士亲王的宠物计划在首次提出时遭到了彻底的失败，但庞德伯里现在正成为现实》Worsley, Giles. "A Model Village Grows Up Gracefully: The Prince of Wales's Pet Project Received a Drubbing When It was First Mooted, But Now Poundbury Is Coming into Its Own." *Daily Telegraph* (London), Jan. 30,2001.

《黑孩子》Wright, Richard. *Black Boy*. New York: Harper & Row, 1945.

——. "I Tried to Be a Communist." *Atlantic Monthly*, Aug. 1944.

《英国人口史（1541—1871）：重建》Wrigley, Edward Anthony, and Roger S. Schofield. *The Population History of England 1541-1871: A Reconstruction*. Cambridge, MA: Harvard University Press, 1981.

《东海岛的莱佛士》Wurtzburg, C. E. *Raffles of the Eastern Isles*. Singapore: Oxford University Press, 1954, 1986.

《波兰镇：被出卖的社区》Wylie, Jeanie. *Poletown: Community Betrayed*. Urbana: University of Illinois Press, 1989.

《死亡：2007年最终数据》Xu, Jiaquan, Kenneth D. Kochanek, Sherry L. Murphy, and Betzaida Tejada-Vera. "Deaths: Final Data for 2007." *National Vital Statistics Report* 58, no. 19 (May 2010), Centers for Disease Control, www.cdc.gov/nchs/data/nvsr/nvsr58/nvsr58_19.pdf.

《从第三世界跃入第一世界：新加坡的故事（1965—2000）》Yew, Lee Kwan. *From Third World to First: The Singapore Story, 1965-2000*. Tarrytown, NY: Marshall Cavendish, 2000.

———. *The Singapore Story: Memoirs of Lee Kuan Yew*. Singapore Press Holdings, 1998.

《科尔曼·扬市长语录》Young, Coleman A. *The Quotations of Mayor Coleman A. Young*. Detroit: Wayne State University Press, 2005.

《烈性酒：科尔曼·扬自传》Young, Coleman A., and Lonnie Wheeler. *Hard Stuff: The Autobiography of Coleman Young*. New York: Penguin, 1994.

《乡村小酒馆是拉来一家米其林星级餐厅的第一步吗？》Young, Robin. "Village Pub Is First to Pull a Michelin Star." *Times* (London), Jan. 19, 2001, Home News.

Zagat 2011 London Restaurants. Zagat Survey, September 2010.

《反叛者与统治者（1500—1660）》，第二卷，《各省的反叛：革命内战（1560—1660）》Zagorín, Pérez. *Rebels and Rulers 1500-1660*, vol. 2, *Provincial Rebellion: Revolutionary Civil Wars 1560-1660*. Cambridge, UK: Cambridge University Press, 1982, repr. 1984.

《中国的绿色之路：来自家庭的二氧化碳排放与城市开发》Zheng, Siqi, Rui Wang, Edward L. Glaeser, and Matthew E. Kahn. "The Greenness of China: Household Carbon Dioxide Emissions and Urban Development." National Bureau of Economic Research Working Paper no. 15621, 2009.

索 引 ①

Acela Express, 263
Adams, Sam, 55, 78
African Americans, 52, 54, 80–85, 101
　busing and, 89–90
　in Chicago, 81–82, 83
　in Detroit, 52, 54–55, 60
　housing and, 82–84
　in New York City, 81–82, 83, 87–88, 170
　northward migration of, 71, 80, 81–82
　poverty among, 79–80
　segregation and, 82–90, 94
　zoning ordinances and, 82–83
agriculture, 72, 75, 219
AIDS, 96–97, 109, 116, 231
Aid to Families with Dependent Children(AFDC), 89
airports, 183
American Chamber of Commerce Research Association (ACCRA), 187
Amtrak, 263
Anchorage, 130
animals, pack, 168
Antonio the Counselor, 73
Archimedes, 138
arts, 66, 108, 202, 248, 260
　live performance, 122
　museums, 10, 64, 65–66, 118, 119, 126, 261
　music, 122, 142, 248
　in Renaissance, 1, 8, 56, 120, 248, 250
　theater, 10, 11,118, 119–20, 123, 132

Ashcroft, Peggy, 121
asphalt paving, 103, 172–73
Athens, 1, 19, 21, 24, 40, 97, 116
Atlanta, 13, 82, 83, 165, 183, 188, 193, 208, 210, 224, 243–44
automobile industry, 5, 29, 49, 58, 172–73
　in Detroit, 5, 8–9, 29, 42, 43, 47–49, 51, 54, 56–59, 81, 248, 250
automobiles, 12, 205
　cities and lifestyles built around, 13–15, 32–33, 165–67, 173–74, 176–80, 196–97, 249, 269
　environmental impact of, 13–15; see also carbon emissions
　fuel-efficient, 207, 221–22
　gas for, see gasoline
　space needed by, 177–78
　traffic congestion from, see traffic congestion

Bagchi, Subroto, 17
Baghdad, 21, 24, 40
Bairoch, Paul, 168
Baltimore, 82
Bangalore, 1, 7, 8, 17, 19, 24–27, 29, 31, 34, 40, 197, 220, 223, 248, 251
　information technology companies in, 17–18, 25–26, 27
Barcelona:
　Eixample district in, 167, 172, 176, 177

① 条目后的数字代表英文原书页码，见本书边码。

Passeig de Gràcia in, 172
Barron, Patrick, 77
Baum-Snow, Nathaniel, 174
Beame, Abe, 3
Becker, Gary, 109, 111
Beethoven, Ludwig van, 248
Beijing, 220
Benz, Karl, 172
Berkeley, 14
Bertelli, Patrizio, 238
Bible, 39
Bilbao, 52, 64, 65–66, 256
Bing, David, 66
biomedical research, 235
Birmingham (Alabama), 210
Birmingham (England), 1, 42, 46, 56, 65
Bixee, 18
Black Boy (Wright), 80
Bloomberg, Michael, 33, 57, 58, 115, 151
Bogotá, 110
books, 38–40, 269
Boston, 28, 43, 55, 58, 90, 114, 129, 165, 166, 194, 204, 209, 223, 224, 232–35, 250, 255
  biomedical research in, 235
  crime in, 113
  Curley as mayor of, 60–61
  education in, 232, 234
  financial services in, 234–35
  founding of, 232
  immigrants in, 77–79, 233
  Kennedy family in, 77–79
  management counseling in, 235
  port of, 3, 44, 51, 77
  streets in, 170
  transit and income zones in, 85
  travel between New York and, 263
Boston, 185
Boston Scientific, 235
Botswana, 230–31
Boulton, Matthew, 138, 170
Brandeis, Louis, 141
Bratton, William, 112
Brazil, 10, 71, 72–73, 75, 76

Rio de Janeiro, *see* Rio de Janeiro
  slavery in, 72, 73, 74
Brillat-Savarin, Jean Anthelme, 124
Brill Building, 142
Brin, Sergey, 253
British East India Company, 159, 227
Brookline, 204, 205
Bruges, 137, 165
Brunelleschi, Filippo, 8, 108, 250
Brussels, 178
Buenos Aires, 18, 128, 251
Buffalo, 42, 44–45, 65, 89, 204, 209, 256, 257
building construction, 9, 15, 27, 43, 53, 61–62, 135–63, 241, 249
  in Atlanta, 244
  in Chicago, 139, 140, 151, 162, 242–43
  in Detroit, 53, 62–63
  and helping people vs. places, 9, 53–54, 63
  in Houston, 163, 189, 192, 193
  in London, 11, 12, 216
  in Mumbai, 12, 90, 157–60, 264
  in New York City, 11, 137, 139–44, 147–53, 162, 163, 192–93
  NIMBYism and, 162, 163, 192, 260–64
  in Paris, 11, 12, 152, 154, 155–57, 162, 263
  population growth and, 151–52
  property rights and, 262
  restrictions on, 11–12, 14, 90, 133, 136, 142–48, 150–52, 155–63, 192–93, 262, 264
  in Singapore, 159, 160
buildings, 135–63
  elevators in, 13, 45, 50, 138, 141, 205
  height of, 11, 12, 15, 136–48, 150–52, 154–63, 204–5, 249, 263
  preservation of, *see* preservation
  skyscrapers, 3, 12, 136–43, 150–53, 156, 159, 160, 178, 202, 205, 214, 217, 248
Burbage, James, 120
Burbage, Richard, 120
Burj Al Arab, 245–46
Burnham, Daniel, 139, 140, 248
Burr, Aaron, 99, 100
buses, 165, 169–70, 172, 173, 174, 179

索 引

Bush, Vannevar, 234
busing, 89–90
Byron, George Gordon, Lord, 202

Caillebotte, Gustave, 155
Cain, Robert, 79
Cairo, 197
Calhoun, John B. 94, 116
California, 186, 190, 193, 209, 210
　environmentalism and growth controls in,14, 192, 211–12, 221, 262
　housing in, 211
　Los Angeles, see Los Angeles
　San Francisco, see San Francisco
　San Francisco Bay, 211
　Santa Clara County, 33, 34, 188–89, 191, 210–11
　Silicon Valley, see Silicon Valley
　water supplies in, 211
California Environmental Quality Act(1970), 212
Canada, 218
　immigrants in, 240–41,252
Canudos, 73
carbon emissions, 14, 15, 200, 201, 205–12, 213, 217–18, 220, 222, 267–68
　in China, 14–15, 206, 217–20, 268, 269
　in India, 14–15, 217–20, 268
　tax on, 221, 268
Carnegie, Andrew, 78
cars, see automobiles
Cavanagh, Jerome, 52–54, 55, 59, 61, 62
Celebration, 215
Cerdà, Ildefons, 172
Charles, Prince, 12, 213–17
Charlottesville, 132
Cheng, James, 240, 241
Chicago, 6, 10, 18, 46, 90, 160, 193, 204, 209, 223, 224, 241–43, 248, 252
　African American population in, 81–82, 83
　building construction in, 139, 140, 151, 162, 242–43
　Gold Coast, 151
　housing in, 150, 243

　Loop in, 13
　restaurants in, 123
　Second City in, 122
　water supply in, 101
　waterways and, 44–45
China, 12, 20, 22, 23, 40, 50, 51, 75, 197, 221, 269
　carbon emissions in, 14–15, 206, 217–20, 268, 269
　cars in, 14–15, 220
　growth patterns in, 219–20
　Guangdong rebellion in, 227–28
　Hong Kong, 146, 152, 159, 223, 224, 227, 270
　Shanghai, 1, 12, 14, 220, 248
　urbanization in, 201, 268, 269
Chinitz, Benjamin, 56
cholera, 98, 116
Chrysler Building, 143
Churchill, Winston, 117
Civil Rights Act (1964), 89
Civil Rights Act (1968), 83
Cleveland, 28, 42, 65
climate change,201, 205–6, 213, 218, 220, 221, 268, 269
commuting, 13, 85, 186–87, 196, 204
　by car, 13
　in Houston, 182–83, 186
　in New York City, 186
　by public transit, 13, 14
　reverse, 11, 131–32
　time spent in, 13, 179–80, 266
CompStat, 112, 113
computer industry:
　geographic concentration in, 34
　see also information technology
Constantinople, 97
construction, see building construction
consumer cities, 10–11, 119, 131, 132, 259–60
consumer pleasures, 10–11,126, 129–30, 132–33
　museums, 10, 64, 65–66, 118, 119, 126, 261
　restaurants, 10, 11, 117, 122–25, 130, 132, 146
　shops, 117, 146
　theaters, 10, 11, 118, 119–20, 123, 132

Copenhagen, 178–79
corn, 45
corruption, 95, 96, 103–4, 108, 113, 229, 230, 231, 253
Costa, Dora, 128
cost of living, 6, 130
crime, 10, 11, 52, 55, 91, 94, 96, 106–14, 116, 130, 132, 196, 258
  in Boston, 113
  building height and, 146
  community policing and, 112
  CompStat and, 112, 113
  in Detroit, 41, 54
  incarceration and, 111, 114
  law enforcement and, 107, 109–13, 114, 116, 132
  in Mumbai, 94, 107
  murder, 41, 54, 106–9, 110, 114
  in New York City, 41, 54, 107–9, 111, 114, 131
  riots, 52, 54, 55, 110
  waves of, 108–9, 110
criminal system, 111
Croton Aqueduct, 100, 116, 230
cultures, cities as gateways between, 19, 21–25
  culinary knowledge and, 124, 125
Curley, James Michael, 60–61
Cutler, David, 115

Daimler, Gottfried, 172
Daley, Richard J., 78, 242
Daley, Richard M., 78, 242, 243, 246
Dallas, 130, 165, 183, 188, 190, 193, 209, 243
death:
  murder, 41, 54, 106–9, 110, 114
  rates of, 97–98, 100, 109, 114–15
  suicide, 114–15
Death and Life of Great American Cities, The (Jacobs), 107, 146, 148
decline, 41–67, 241, 266
  construction projects and, 9
  of Detroit, 8–9, 41–42, 52–58, 63, 165
  and helping people vs. places, 9, 53–54, 63, 250, 255–57

population loss, 8, 41–42
De Forest, Lee, 30
Democratic Republic of Congo, 96, 97
  Kinshasa, 95–97
Design with Nature (McHarg), 181
Detroit, 28, 33, 34, 65, 130, 165, 183, 204, 209, 210, 223, 224, 255, 256, 257
  African Americans in, 52, 54–55, 60
  automobile industry in, 5, 8–9, 29, 42, 43,47–49, 51, 54, 56–59, 81, 248, 250
  building projects in, 53, 62–63
  Cavanagh as mayor of, 52–54, 55, 59, 61, 62
  crime in, 41, 54
  decline of, 8–9, 41–42, 52–58, 63, 165
  founding of, 43
  growth of, 45–46
  housing in, 53, 63–64, 66, 189
  income in, 63, 183, 189
  income tax in, 59
  People Mover in, 62, 63, 266
  poverty in, 9, 89
  Renaissance Center in, 62, 63, 160
  riots in, 54–55
  unemployment in, 63
  waterborne commerce and, 43–46
  Young as mayor of, 58–60, 61–63
Detroit Dry Dock, 46–47
Detroit Red Wings, 62
Detroit River, 46
dictatorships, 96, 97, 225, 251–52
Digital Equipment Corporation (DEC), 234
Dinkins, David, 58
disease and health, 10, 11, 91, 114–16, 202, 219, 257
  AIDS, 96–97, 109, 116, 231
  cholera, 98, 116
  death rates, 97–98, 100, 109, 114–15
  in Kinshasa, 95–97
  life expectancy, 94, 101,103, 109, 114
  in Los Angeles, 115
  in Mumbai, 93–94
  in New York City, 10, 99–100, 101, 103, 109, 114, 115

索 引

plague, 97–98, 116
   street cleaning and, 101–3
   typhoid fever, 96, 101
   water supply and, 93–95, 97–101, 116,158, 159, 257, 258
   yellow fever, 99, 116
division of labor, 123
Donatello, 8
Donohue, John, 109
Dreiser, Theodore, 128–29
Dubai, 224, 244–46
Durant, Billy, 47, 53
Duranton, Gilles, 104
Dutch, 23–24
Dutch Revolt, 39–40, 55

East St. Louis, 89
eBay, 32, 33, 34
economics, 250
Edison, Thomas, 47, 72, 171
education and skills, 8–9, 27–29, 42, 66–67, 132, 223–24, 232, 249, 253–55, 258
   in Atlanta, 244
   in Boston, 232, 234
   democracy and, 254
   improving, 254–55
   in Japan, 225
   in Milan, 237
   in Minneapolis, 236
   political corruption decreased by, 103, 253
   in Singapore, 228–29
   wages and, 27, 28, 36
   see also schools
Eiffel Tower, 137
Eisenhower, Dwight, 78, 173
electricity use, 197, 208, 217, 219
electronic communications, 34–38
elevators, 13, 45, 50, 138, 141, 171–72, 205
Elwell, Cyril, 30
Emerson, Ralph Waldo, 200
Empire State Building, 143
employment, *see* jobs
energy consumption, 208–9, 210, 219, 220, 221–22
electricity, 197, 208, 217, 219
   in New York State, 14
   in suburbs, 14, 200, 201, 209, 268
England, 22, 218
   unions in, 52
entertainment, *see* consumer pleasures
entrepreneurship, 5, 8, 11, 25, 33, 46, 53, 67, 132
   in India, 18, 25, 26, 93, 158
   in New York City, 46, 56–57
   in Silicon Valley, 32, 34
   see also ideas and innovation
environment, 197
   car-based living and, 13–15
   carbon emissions and, *see* carbon emissions
   cities as good for, 14, 145, 197, 200–201, 208–9, 217, 222, 267–68
   energy consumption and,*see* energy consumption
   garden living and, 202–6
   global warming and, 201, 205–6, 213, 218, 220, 221, 268, 269
   suburbs and, 14, 145, 200, 201, 208, 209, 268
   wetlands, 192
environmental impact reviews, 212
environmentalism, 21,192, 201–2, 205, 213
   in California, 14, 192, 211–12, 221, 262
   first phase of, 220–21
   global perspective in, 14
   Livingstone and, 213–17, 221
   Lorax fallacy in, 201–2, 221
   Prince Charles and, 213–17
   smart, 15, 220–22
   unintended consequences of, 210–12, 221
   wealth and, 203
   The Woodlands and, 180–81, 182
Equitable Life Assurance Association, 142–43
Erickson, Arthur, 239–40
Erie Canal, 44, 45
Escoffier, Auguste, 124–25
Europe, 20, 21–22, 42, 52, 58, 64, 193, 218
   car ownership in, 178–79
   industrial cities in, 46
   plague in, 97–98

sprawl in, 178–79
externalities, 100
exurbs, 13, 15, 167, 180
   see also suburbs

Facebook, 33, 34, 37
face-to-face contact, 34–38, 57, 248, 249, 269
Fairchild, Sherman, 32
farming, 72, 75, 219
fashion, garment, and textile industries, 4, 5, 42, 43, 50, 51, 52, 56, 126–27, 238
Federal Highway Act (1921), 173
Federal Housing Administration (FHA), 176, 265
Federal Telegraph Corporation (FTC), 30–31
Fermi, Enrico, 79
Ferrie, Joseph, 101
Ferriss, Hugh, 204–5
Fidelity Investments, 235
finance, 5, 52, 56–57, 234–35, 238, 242, 249
firearms, 115
Fitzgerald, F Scott, 174
Fitzgerald, John F "Honey Fitz," 78
Flatiron Building, 140, 161
Florence, 12, 22
   Renaissance in, 1, 8, 56, 248, 250
Florida, 209
Florida, Richard, 260
Forbes, 118
Ford, Gerald, 3
Ford, Henry, 8, 46–49, 50, 53, 57, 72, 81, 171, 172–73, 224, 250
Ford, Henry, II, 62, 160
Foster, Norman, 149
Fountainhead, The (Rand), 139
France, 15, 218, 221, 263
   car travel in, 178
   Paris, *see* Paris
   schools in, 89, 195, 254, 258
Franco, Francisco, 52
Freeman Field, 59
free trade, 252
Frick, Henry Clay, 141
friends and social networks, 128

Fryer, Roland, 88
Fuller, George, 139

Gaborone, 230–31
Gandhi, Mohandas K., 7, 9, 13
Gans, Herbert, 175
Garden Cities of Tomorrow (Howard), 203
garment, textile, and fashion industries, 4, 5, 42, 43, 50, 51, 52, 56, 126–27, 238
gasoline:
   carbon emissions and, 207
   consumption of, 207, 208
   price of, 179
   taxes on, 178, 267
Gates, Bill, 27
General Motors, 47, 49, 62–53, 256
Geneva, 129
Germany, 47, 178, 263
ghettos, see slums and ghettos
Gielgud, John, 121
Giuliani, Rudy, 54, 56, 58, 110–11
globalization, 18, 40, 216, 251–53
   New York City and, 4–5
   skills and, 29
global trade, 252
global warming, 201, 205–6, 213, 218, 220, 221, 268, 269
Gompers, Samuel, 50
government, 101, 103, 225, 227, 250
   corruption in, 95, 96, 103–4, 108, 113, 229, 230, 231, 253
   democratic, 95, 96, 225, 250, 251, 254
   dictatorships, 96, 97, 219, 225, 251–52
   public policies of, *see* public policies
Grand Rapids, 209
Great Lakes, 43–44, 45, 47
Great Recession, 5
Greece, ancient, 19–20, 22
greenbelts, 203–4
Greenblatt, Stephen, 121
Greene, Robert, 121
greenhouse effect, 206
Green Metropolis (Owen), 201

索 引

Greenville, 208
Griffin, Kenneth, 242
groceries, 187
grocery stores, 123
Guggenheim Museum, 64, 65-66, 256
gun ownership, 115,265
Gutenberg, Johannes, 38

Hamilton, Alexander, 99, 100, 253
Hancock, John, 55
happiness, 7-8, 74, 249
Hart, Lorenz, 109
Haydn, Joseph, 108, 248
Harlem Children's Zone, 87-88
Harlem Renaissance, 81
Harvard, John, 232, 233
Haussmann, Georges-Eugène, 100, 103, 135-36, 153-55, 157
Hawkins, W. Ashbie, 82
health, see disease and health
Henry IV, King, 153
Hershey, 72
highways, 13, 173, 174, 176, 177, 182-83, 196, 256, 266, 267
hip-hop, 122
Holland, 40
Home Insurance Building, 139
homicide, 41, 54, 106-9, 110, 114
Honda, 5
Hong Kong, 146, 152, 159, 223, 224, 227, 270
Honolulu, 130
Hood, Raymond, 204-5
Horace, 202
horse travel, 168-69
housing, homes, 9, 41, 43, 64, 67, 152
  African Americans and, 82-84
  in California, 211
  in Chicago, 150, 243
  construction costs of, 191
  in Dallas, 190
  depreciation of, 86, 194-95
  in Detroit, 53, 63-64, 66, 189
  fair-housing laws, 83
  federal policies on, 176, 264
  heating and cooling of, 208, 209, 215, 217, 219, 222
  home ownership, 13, 15, 194-95
  in Houston, 150, 151, 184-86, 189, 190, 191, 193, 241
  land availability and, 190-91
  in Leipzig, 66
  Levittown, 174-77, 180, 193, 265
  in Los Angeles, 191
  mass-produced, 174-77
  middle-income families and, 184-88
  mortgages and, 176, 194, 196, 256, 264-65
  in New York City, 118, 150-51, 157, 184-85, 186, 191, 192-93, 195
  in Paris, 157
  population growth and, 151-52
  price swings in, 190, 265
  relationship between supply and affordability of, 133, 147-48, 150, 188, 189-90
  renting of, 194-95
  in Santa Clara County, 33, 34, 188-89, 191
  second homes, 203
  in Sunbelt, 188-93
  vouchers for, 87
  wages and, 130, 131
  in Youngstown, 66
Housing and Urban Development, Department of, 87
Houston, 13, 165-66, 167, 183-88, 193, 195-96, 212, 243
  building construction in, 163, 189, 192, 193
  carbon emissions in, 210
  commuting in, 182-83, 186
  energy use in, 197, 208, 209
  Galleria shopping mall in, 165, 187
  housing in, 150, 151,184-86, 189, 190, 191, 193, 241
  The Woodlands, 180-83, 193, 204, 265
Howard, Ebenezer, 203, 205
human capital, 7, 27-29, 32, 35-36, 43, 53, 63, 71, 74, 196, 223-24, 253-55

see also education and skills
Hunt, Richard Morris, 138
Hurricane Katrina, 9, 256–57
Ibibo, 18
ideas and innovation, 7, 8–9, 18, 21, 33, 196, 247–49
 in Bangalore, 7
 and cities as gateways between cultures, 19, 21–25
 knowledge–destroying, in decline of Detroit, 8–9, 48–49
 in medieval world, 21–22
 in New York City, 5
 proximity and, 19, 36
 talent and creativity, 119, 122
 see also entrepreneurship
Illinois, 89
immigrants, 40, 71, 77, 78–79, 251–53
 in Boston, 77–79, 233
 in Canada, 240–41, 252
 Irish, 76–78
 nativism and, 252–53
 in New York City, 77, 78, 184, 252
 restaurants and, 125
impact bias, 262
income and wages, 129–31, 193
 crime rate and, 110
 in Detroit, 63, 183, 189
 gap between urban and rural areas, 6–7
 in Harris County, Texas, 183–84
 housing costs and, 130, 131
 middle-income families, 184–88
 in New York City, 5, 131, 184–85
 population size and, 131
 productivity and, 6
 skills and, 27, 28, 36
India, 7, 20, 40, 75, 125, 197
 Bangalore, *see* Bangalore
 building restrictions in, 12, 90
 carbon emissions in, 14–15, 217–20, 268
 cars in, 14–15, 220
 crime in, 107
 government in, 95

 growth patterns in, 219–20
 information technology industry in, 17–18, 25–26, 27
 Kolkata, 8, 9, 70, 74, 220
 Mumbai, *see* Mumbai
 Mysore, 25–27
 urbanization in, 201, 268, 269
Indonesia, 96
industrial cities, 9, 33, 34, 40, 51–52, 56, 58, 67, 255
industry and manufacturing, 1, 6, 8–9, 27, 28, 56
 large, vertically integrated firms in, 57–58
 in New York City, 4, 5, 42, 48, 51, 72
information technology, 33, 37, 248
 in India, 17–18, 25–26, 27
 Jevons's paradox and, 37–38
 in Silicon Valley, 18, 25, 29–34, 36, 40
Infosys, 25–26, 27
infrastructure, 9, 27, 63, 75–76, 114, 218
 building new, 263
 restaurants and, 123
 spending on, 265–66
 water supplies, 93–95, 97–101, 104, 114, 116, 158, 159, 230, 257, 258
Interfaith, 181–82
Internet, 248
Iowa, 45
Irish immigrants, 76–78
Islamic world, 20–22
Italy, 22, 64, 178, 179, 218
 Milan, 6, 58, 128, 165, 179, 236–38

Jacobs, Jane, 11, 33, 144–47, 152, 153, 154, 170, 173, 201, 266
 The Death and Life of Great American Cities, 107, 146, 148
Jacobs, Robert, 145
Japan, 23, 58, 225, 263
 education in, 225
 Ministry of International Trade and Industry, 226
 Nagasaki, 23–24
 Tokyo, 1, 159, 223, 224–26, 227

索 引

Jefferson, Thomas, 13, 55, 254
Jenney, William Le Baron, 139, 202, 248
Jerusalem, 12, 113
Jevons, William Stanley, 37
  complementarity corollary of, 37–38, 48
  paradox of, 37–38, 222
jobs, 71
  business tax breaks and, 65, 86
  crime rate and, 110
  diversity of, 71–72
  outsourcing of, 4, 7, 29
  unemployment, 63, 72, 130, 184, 266
  wages from, see income and wages
Johnson, Edward C., II, 235
Johnson, Samuel, 118
Jonson, Ben, 121

Kahn, Matthew, 128, 178, 206, 207, 208, 218
Kain, John, 83, 87
Kean, Edmund, 121
Kennedy, Joe, 78
Kennedy, Patrick, 77, 79
Kennedy, Patrick, Jr., 77–78, 79
Kennedy family, 77–78, 79
Kentlands, 215
Kerner Commission, 110
Khama, Seretse, 231
King, Martin Luther, Jr., 53, 83
Kinshasa, 95–97
knowledge–destroying idea, 8–9, 48–49
Koch, Ed, 2, 58, 110
Kolkata, 8, 9, 70, 74, 220
Kravis, Henry, 5
Krier, Leon, 214
Kyd, Thomas, 121

labor, division of, 123
labor unions, see unions
Lagos, 70, 73–74
Lake Erie, 43–44
land availability, 19091
Landmarks Preservation Commission, 149, 150, 162

land-use regulations, 191–92, 205
  building restrictions, 11–12, 14, 90, 133, 136, 142–48, 150–52, 155–63
  preservation and, see preservation
  zoning ordinances, see zoning ordinances
Lung, Fritz, 12, 205
Las Vegas, 14, 132, 188, 209, 212
Latrobe, Benjamin, 99
law enforcement, 107, 109–13, 114, 116, 132
Le Corbusier, 12, 205
Lee Bok Boon, 228
Lee Kuan Yew, 228, 229, 230, 231
Lefcourt, A. E., 140–42, 143, 202
Leicester, Earl of, 120
Leipzig, 66, 223
Leopold, King, 96
Levitt, Arthur, 174
Levitt, Steven, 108, 109, 111
Levitt, William, 174–75, 177
Levittown, 174–77, 180, 193, 265
life expectancy, 94, 101,103, 109, 114
Lillehei, Walt, 236
Lindsay, John, 3, 52–54, 55
Little, Arthur D., 235
Liverpool, 46, 52, 64, 65, 79, 118
Livingstone, "Red" Ken, 213–17, 221
London, 1, 6, 8, 11, 14, 20, 52, 71, 97, 113, 117–22, 132–33, 150, 179, 251, 259, 270
  Bond Street in, 117
  building construction in, 11, 12, 216
  bus transit in, 169
  cholera in, 98
  Green Belt of, 203, 217
  Indian immigrants in, 125, 252
  Livingstone as mayor of, 213–17, 221
  restaurants in, 123, 124–25
  tailors in, 126
  theater in, 119–22
  traffic congestion in, 105, 215–16, 221
Los Angeles, 11, 13, 86, 114, 128, 193, 210, 249
  health in, 115
  housing in, 191
  theater in, 122

Louis XIV, King, 106
Louis XV, King, 138
Louisville, 82, 204
Lowell, Francis Cabot, 233–34
Luther, Martin, 39

Manchester, 33, 42, 46, 52, 56, 65, 71, 203, 218, 234
Manhattan Company, 99, 100
management counseling, 235
manufacturing, *see* industry and manufacturing
Maple, Jack, 112
Maria Theresa, Empress, 237
Marlowe, Christopher, 121
marriage, 11, 127–29
Marshall, Alfred, 36
Marshall, Thurgood, 83
Marseilles, 178
Marx, Karl, 153
Masaccio, 8
Massachusetts, 192, 255, 259
  Boston, *see* Boston
Massey, Geoffrey, 240
Massey, Raymond, 240
Maybach, Wilhelm, 172
McCarty, Francis, 30
McHarg, Ian, 181,182
McMechen, George W. F., 82
medieval era, 21–22, 120, 168
Medtronic, 236
megacities, 70, 75
Mellon, Andrew, 78
Memphis, 209, 210
Merton, Robert, 84
Metropolis, 205
Mexico City, 70, 79, 197
Miami, 11,209
Midland, 130
Mies van der Rohe, Ludwig, 214, 216
MIH Holdings, 18
Milan, 6, 58, 128, 165, 179, 236–38
Milken, Michael, 5
Milliken v. Bradley, 89

Milwaukee, 204
Minneapolis, 28, 114, 209, 224, 231
Missouri, 89
Mitchell, George Phydias, 180–81, 182, 209
Mittal, Lakshmi, 118
Mobutu Sese Seko, 96, 97
Mohammed, Sheikh, 245, 246
Monkkonen, Eric, 107
Montreal, 204
Moses, Robert, 173, 266
Moving to Opportunity, 87
Mozart, Wolfgang Amadeus, 248
Mumbai, 1, 2, 7, 8, 10, 25, 70, 107, 125, 150, 197, 220, 245, 250
  building restrictions in, 12, 90, 157–60, 264
  crime in, 94, 107
  Dharavi neighborhood of, 93–95, 101, 158, 270
  disease in, 93–94
  traffic congestion in, 94, 106, 158–59, 160
  transportation network in, 158–59
Mumford, Lewis, 14, 175
murder, 41, 54, 106–9, 110, 114
Murthy, Narayana, 25–26
museums, 10, 64, 65–66, 118, 119, 126, 261
music, 122, 142, 248
Mysore, 25–27

Nagasaki, 23–24
Napoléon I, Emperor, 153
Napoléon III, Emperor, 153, 154, 155
Nashville, 208, 210
National Association for the Advancement of Colored People (NAACP), 82–83
National Labor Relations Act (1935), 50
Native Son (Wright), 81
neighborhood preservation, *see* preservation
Netherlands, 248
Nevins, Allan, 46
New Brighton, 185
New Deal, 103–4, 173
New Orleans, 42, 209
  Hurricane Katrina in, 9, 256–57
  poor in, 9, 256

索　引

New Urbanism, 214–15
New York City, 2–6, 8, 11, 19, 21, 64, 65, 97, 119, 132–33, 183, 184, 249, 251, 259
　African Americans in, 81–82, 83, 87–88, 170
　age statistics in, 166
　Bloomberg as mayor of, 57, 58, 115, 151
　building construction in, 11, 137, 139–44, 147–53, 162, 163, 192–93
　Central Park, 102, 109, 149–50, 184, 204
　commuting in, 186
　crime in, 41, 54, 107–9, 111, 114, 131
　death rates in, 114–15
　decline of, 3, 4–5, 6, 56, 118
　entrepreneurs in, 46, 56–57
　environmental footprint of, 14, 209, 210
　fair-housing law in, 83
　Fifth Avenue Commission in, 142
　finance in, 5, 56–57
　founding of, 3
　garment and fashion industries in, 4, 5, 43, 50, 51, 56, 126
　garment worker strike in, 140–41
　Giuliani as mayor of, 54, 56, 110–11
　globalization and, 4–5
　Greenwich Village, 107, 145–46, 147, 152
　Harlem Children's Zone in, 87–88
　Harlem Renaissance in, 81
　health in, 10, 99–100, 101, 103, 109, 114, 115
　Hell's Kitchen, 76
　housing in, 118, 150–51, 157, 184–85, 186, 191, 192–93, 195
　immigrants in, 77, 78, 184, 252
　industries in, 4, 5, 42, 48, 51, 72
　Koch as mayor of, 2, 58, 110
　Lindsay as mayor of, 3, 52–54, 55
　Lower East Side, 74
　marital statistics in, 127
　Midtown Manhattan, 13, 141, 146, 159, 186
　Penn Station in, 148–49, 156, 161
　poor in, 10, 74
　population explosion in, 3
　port of, 3–4, 43, 44, 50
　preservation in, 148–50, 161–62, 243, 260–61, 263
　Promise Academy in, 88
　public transportation in, 169–71, 184, 186–87, 207
　publishing industry in, 4, 39
　rebirth of, 5, 6, 56–58
　restaurants in, 123, 124
　reverse commuting and, 131–32
　rise of, 3–4, 6
　September 11 attack on, 113
　social connections in, 128
　sprawl in, 170, 171, 177
　streets in, 13, 101–3, 165, 169, 170, 172, 258

New York City (cont.)
　subways in, 107, 112, 170–71, 187
　suicides in, 114–15
　Tammany Hall in, 101–2, 103, 108
　taxes in, 186
　theater in, 119, 120, 122
　transit and income zones in, 85
　travel between Boston and, 263
　Upper East Side, 76–77, 149
　wages in, 5, 131, 184–85
　Washington Square, 145, 167, 170, 171, 177
　water supply for, 99–100, 114, 230
　zoning regulations in, 143–44, 145
New York Panorama, 81
New York Philharmonic, 78
New York State, 56
　energy consumption in, 14
　parkway system of, 173
New York Times, 82, 102, 149
NIMBYism, 162, 163, 192, 260–64
Nimitz, Chester, 78
9/11 attacks, 113, 181–82
Norberg, Karen, 115

Obama, Barack, 78, 88, 265
Oklahoma City, 208, 210
Old Vic Theatre Company, 119, 120, 122
Olivier, Laurence, 121–22
Olmsted, Frederick Law, 203–4, 205

Otis, Elisha, 138
O'Toole, Peter, 122
Otto, Nikolaus, 172
Owen, David, 201

Paris, 6, 118, 128, 132–33, 178, 224, 247–48, 259
  building regulations in, 11, 12, 155–57, 162, 263
  bus transit in, 169
  Eiffel Tower in, 137
  housing in, 157
  La Défense in, 156–57
  Montparnasse Tower in, 156
  paving of, 168
  planning of, 12, 103, 135–36, 152–55
  police force formed in, 106
  restaurants in, 123–24
  schools in, 89, 195, 258
  sewage system in, 100
  transit and income zones in, 85
parks, 203–4
Pascal, Blaise, 169
patent citations, 36
Patni Computers, 26
Pedro II, Emperor, 72
Penn Station, 148–49, 156, 161
Pennsylvania Railroad, 148–49, 171
Pericles, 97
Perlman, Philip, 83
Philadelphia, 65
  Main Line in, 171
  transit and income zones in, 85
  water supply in, 99, 100
Philip Augustus, 168
Phoenix, 13, 163, 183, 188, 193, 209, 262
Phukan, Ruban, 18
Pinker, Steven, 269
Pirelli, Giovanni Battista, 237
Pittsburgh, 42, 56, 118, 218
plague, 97–98, 116
Plato, 1, 21, 69–70
police, 107, 109–13, 114, 116, 132

policies, *see* public policies
politics, 225
  ethnic, 60–61
  power and, 95, 96, 225, 226
  social groups and, 128
Ponti, Gio, 237
populations:
  loss of, 8, 41–42
  new building and, 151–52
  wages and, 131
Potemkin villages, 53, 61–62
Poulsen, Valdemar, 30
Poundbury, 214–15
poverty, 7, 76, 249
  rural, 10, 70, 71, 73–76, 94, 197, 201, 219
  suburban, 70
poverty, urban, 9–10, 67, 70–71, 73–74, 76, 90, 257–59
  African Americans and, 79–80
  and attraction of poor to cities, 67, 70, 71, 90, 257
  education and, 256–57, 258–59
  in favelas, 69–76, 90, 107, 270
  and helping people vs. places, 9, 53–54, 63, 250, 255–57
  in megacities, 70, 75
  path to prosperity from, 1, 70, 74–79
  public policies' magnification of, 86–91
  in Rio, 69–76, 90
  slums and ghettos, 53, 69–76, 81–85, 87–90, 93–95, 101, 107
  transportation and, 71, 85–86
Prada, Miuccia, 238
preservation, 11–12, 15, 135–36, 147, 157, 161–62, 163, 260–64
  in New York City, 148–50, 161–62, 243, 260–61, 263
printing press, 38–40
prisons, 111, 114
Procopius, 97
productivity, 10
  education and, 253
  geographic proximity and, 36

impact of peers on, 35
　　skills and, 28
　　wages and, 6
Promise Academy, 88
property rights, 262
prosperity and wealth, 1, 74, 76, 219
　　education and, 27
　　environmentalism and, 203
　　path from urban poverty to, 1, 70, 74–79
　　urbanization and, 7, 10
Protestantism, 39
public policies, 9, 193, 249–68
　　building restrictions, 11–12, 14, 90, 133, 136, 142–48, 150–52, 155–63
　　consumer cities and, 259–60
　　education and, 253–55, 258–59
　　environmental, 267–68; see also environmentalism
　　helping people vs. places, 9, 53–54, 63, 250, 255–57
　　immigration and, 251–53
　　industrial, 252
　　land-use regulations, 191–92, 205
　　level playing field in, 249–51
　　national, 65
　　NIMBYism and, 162,163, 192, 260–64
　　poverty magnified by, 86–91
　　preservation, see preservation
　　suburban living encouraged by, 13, 167, 194–95, 196, 264–67
　　urban poverty and, 257–59
　　zoning ordinances, see zoning ordinances
public spaces, 124, 217
publishing:
　　in New York, 4, 39
　　printing technology and, 38–40, 250, 269
Pulitzer, Joseph, 137, 140

quality of life, 90, 118, 130, 132, 193, 224, 239
Quigley, John, 83

Raffles, Thomas Stamford, 227, 228
rail travel, 45,49, 50, 64–65, 148, 170–71, 263
Ramsay, Gordon, 117, 125

Rand, Ayn, 139
Ranieri, Lewis, 5
Raytheon, 234
recession, 265–66
Reformation, 39, 120
Renaissance, 1, 8, 56, 120, 248, 250
restaurants, 10, 11, 117, 122–25, 130, 132, 146
Richardson, Ralph, 121
Richmond, 82
right-to-work states, 50, 51
Rio de Janeiro, 10, 69, 70, 72, 76, 110
　　favelas in, 69–76, 90, 107, 270
　　transportation in, 85
riots, 52, 54–55, 110
River Rouge plant, 49, 50
Riverside, 204, 205
roads, 168
　　asphalt paving for, 103, 172–73
　　highways, 13, 173, 174, 176, 177, 182–83, 196, 256, 266, 267
　　New York City streets, 13, 101–3, 165, 169, 170, 172, 258
　　traffic congestion and, see traffic congestion
Robson Square, 240
Rochester (Minnesota), 130
Rochester (New York), 44
Rockefeller, Nelson, 110
Rogers, Richard, 214, 216
Roman Empire, 20, 61, 168
Roosevelt, Franklin D., 117
Roosevelt, Theodore, 95, 96, 102, 265
Root, John, 139
Rosen, Aby, 149
Rousseau, Jean-Jacques, 247
Roze de Chantoiseau, Mathurin, 123–24
rural areas, 15, 167, 217
　　poverty in, 10, 70, 71, 73–76, 94, 197, 201, 219
Ruskin, John, 202, 203, 205
Rust Belt, 42–46, 63–64, 65, 89, 162, 183–84, 189, 224

Sacerdote, Bruce, 256–57

Sacramento, 210
St. Louis, 42, 45, 83, 89
Saiz, Albert, 191
Salt Lake City, 71
San Diego, 130, 210, 219
San Francisco, 6, 11, 40, 114, 115, 123, 163, 184, 193, 205, 209, 210, 249, 263
San Francisco Bay, 211
San Jose, 33, 209, 210
São Paulo, 10, 197
Saxenian, AnnaLee, 234
schools, 253–55, 258–59
　busing and, 89–90
　charter, 254–55
　costs of, 187
　curriculum in, 255
　in France, 89, 195, 254, 258
　improving, 254–55
　in New Orleans, 256–57
　poverty and, 256–57, 258–59
　Promise Academy, 88
　quality of, 88–89, 90, 132, 187, 195, 196, 254–55
　in suburbs, 86, 89, 258
　teachers in, 254–55
　voucher programs for, 195, 257, 259
　in The Woodlands, 182
　see also education and skills
Schuetz, Jenny, 191
Scientific American, 94
Seaside, 215
Second City, 122
segregation, 82–87, 88, 94
　busing and, 89–90
　zoning ordinances and, 82–83
September 11 attacks, 113, 181–82
Shakespeare, William, 121,136
Shanghai, 1, 12, 14, 220, 248
Sheffield, 66
Shenzhen, 220
ships and waterways, 3–4, 43–46, 51, 77
Shockley, William B., 30–32
shrinking to greatness, 64–67

Siemens, Werner yon, 171
Silicon Valley, 5, 7, 13, 188, 189, 191, 205, 210, 211, 234, 248
　information technology industry in, 18, 25, 29–34, 36, 40
Singapore, 6, 7, 40, 159, 223, 224, 227–30, 231–32, 251, 258
　building construction in, 159, 160
　traffic congestion in, 105, 158, 179, 230
Sister Carrie (Dreiser), 128–29
skills, see education and skills
skyscrapers, 3, 12, 136–43, 150–53, 156, 159, 160, 178, 202, 205, 214, 217, 248
Slim, Carlos, 79
slums and ghettos, 53, 69–76, 81–85, 87–90, 93–95, 101, 107
　Rio's favelas, 69–76, 90, 107, 270
Smith, Adam, 48, 123
Smith, A1, 78
smoking, 115
Snow, John, 98, 112, 116
socialism, 90
social conventions, 129
social networks, 128
South:
　African–American exodus from, 71, 80, 81–82
　right-to-work states in, 50, 51
　see also Sunbelt
Spacey, Kevin, 119, 122
Spain, 21, 52, 64–65
specialization, 123
Sprague, Frank, 171–72
sprawl, 13, 163, 165–97, 249
　see also suburbs
Stanford, Leland, 29–30
Stanford University, 29–32
Stanley, Henry Morton, 96
status quo bias, 262
steam engines, 37, 38, 138, 170–71
Stephenson, George, 98
Stigler, George, 79
stimulus bill, 265–66
streetcars, 171–72, 173, 174, 178, 205

streets, see roads
Strong, William L., 102, 103
suburbs, 13–15, 49, 70, 118, 166–67, 173–74, 193–96, 204, 205, 258, 268, 269
　author's move to, 166–67, 193–94
　cooking in, 123
　environment and, 14, 145, 200, 201, 208, 209, 268
　planned communities, 204
　poverty in, 70
　public policies and, 13, 167, 194–95, 196, 264–67
　reverse commuting and, 11, 131–32
　schools in, 86, 89, 258
　in Sunbelt, see Sunbelt
subways, 105, 107, 112, 170–71, 179, 187
successful cities, 223–46, 251
　Atlanta, 13, 82, 83, 165, 183, 188, 193, 208, 210, 224, 243–44
　Boston, see Boston
　Chicago, see Chicago
　Dubai, 224, 244–46
　Gaborone, 230–31
　human capital in, 27–29, 32, 223–24
　Milan, 6, 58, 128, 165, 179, 236–38
　Minneapolis, 28, 114, 209, 224, 231
　Singapore, see Singapore
　Tokyo, 1, 159, 223, 224–26, 227
　Vancouver, 238–41
sugar production, 4, 52
suicide, 114–15
Sullivan, Louis, 139, 248
Sunbelt, 51,118, 152, 166, 167, 177, 178, 180, 183, 188–93, 196, 208, 212, 255, 269
Supreme Court, 83, 89
Sutton, Willie, 106
Sweden, 254
Swift, Gustavus, 45
Syracuse, 44

Taft–Hartley Act (1947), 51
Tammany Hall, 101–2, 103, 108
Target, 236

taxes, 67, 106, 216, 231, 258
　breaks for businesses, 65, 86
　on carbon emissions, 221, 268
　construction projects and, 161
　in Detroit, 59
　on gas, 178, 267
　home mortgage deduction, 176, 194, 196, 256, 264–65
　income, 59, 186, 267
　in New York City, 186
　property, 186
　in Texas, 186
technology, 28–29, 40, 269
telephone calls, 35
Ten Point Coalition, 113
Terman, Frederick, 31
terrorism, 113–14
Texas, 166, 193, 210
　Dallas, 130, 165, 183, 188, 190, 193, 209, 243
　Harris County, 183–84, 189, 190
　housing in, 190
　Houston, see Houston
　taxes in, 186
　The Woodlands, 180–83, 193, 204, 265
textile, garment, and fashion industries, 4, 5, 42, 43, 50, 51, 52, 56, 126–27, 238
theater, 10, 11, 118, 119–20, 123, 132
　medieval, 120
Thoreau, Henry David, 14, 199–200, 201, 202, 204, 205, 249
Tokyo, 1,159, 223, 224–26, 227
tourists, 65, 66, 69, 100, 132, 135, 155, 165, 171, 179, 245
traffic congestion, 94, 104–6, 116, 158, 179, 267
　in London, 105, 215–16, 221
　in Mumbai, 94, 158–59, 160
　in Singapore, 105, 158, 179, 230
transportation, 6, 12–13, 44, 50, 58, 64–65, 66, 85, 167–74, 204
　automobiles, see automobiles
　buses, 165, 169–70, 172, 173, 174, 179
　carbon emissions and, 207–8, 209
　communities shaped by, 167–68

costs of, for businesses, 29, 45, 46, 50, 52, 58, 118, 248, 269
electricity and, 171–72
funding for, 266–67
highways, 13, 173, 174, 176, 177, 182–83, 196, 256, 266, 267
by horse, 168–69
internal combustion engine and, 172
new types of, three phases of, 168
pack animals and, 168
poverty and, 71, 85–86
public, 13, 14, 62, 71, 169–71, 179, 184, 186–87, 207–8, 209, 217
rail, 45, 49, 50, 64–65, 148, 170–71, 263
ships and waterways, 3–4, 43–46, 51, 77
steam engine and, 170–71
streetcars, 171–72, 173, 174, 178, 205
subways, 105, 107, 112, 170–71, 179, 187
time involved in, 179
walking, 12–15, 159, 162, 166, 169–70, 177, 179–80, 196
wheel and, 168
see also commuting
Trenton, 130
Trevithick, Richard, 170
Troesken, Werner, 100–101
trucks, 49, 177
Turner, Matthew, 104
Tuskegee Airmen, 59
typhoid fever, 96, 101

Uncle Tom's Children (Wright), 81
unemployment, 63, 72, 130, 184, 266
unions, 28, 50–51, 53
  in Britain, 52
  closed shops and, 50–51
  in India, 18
  Levitt and, 175
  strikes and, 140–41
  teachers', 255
United Auto Workers (UAW), 50, 51, 52
universities, 132, 224
Upright Citizens Brigade, 122

Van Alen, William, 12
Vancouver, 238–41
Vancouverism, 239
Vaux, Calvert, 204
Velez, Leila, 74–75
Venice, 21, 38–39
Versace, Gianni, 238
Vickrey, William, 105, 116, 215
videoconferencing, 34, 37
Vienna, 178, 248
Village Voice, 149
Visvesvaraya, Sir Mokshagundam, 26–27
Von Neumann, John, 79
voters, 60–51, 265

wages, *see* income and wages
Wagner, Robert, 149
Wainwright Building, 139
Walden (Thoreau), 200
Walden Pond, 14, 202, 205
Walker, C. J., 75
walking, 12–13, 159, 162, 166, 169–70, 177, 179–80, 196
Wall Street Journal, 141
Wang, Rui, 218
Wang Laboratories, 234
Ward, Bryce, 191
Waring, George, 102–3, 104, 116, 258
Washington, D.C., 105, 128, 204, 218
Washington, George, 44, 173
water supplies, 93–95, 97–101, 104, 114, 116, 158, 159, 230, 257, 258
waterways and ships, 3–4, 43–46, 51, 77
Watt, James, 138, 224
wealth, *see* prosperity and wealth
Weber, Max, 39
Weill, Sandy, 56
welfare, 89
West Bengal, 74
wetlands, 192
wheels, 168
Wight, Peter B., 139, 140, 202

Williams, "Clubber;" 102, 113, 229
Wilson, William Julius, 84
Wirth, Louis, 80
Whitman, Meg, 33
Winthrop, John, 232
Wolfe, Tom, 149–50
Woodlands, The, 180–83, 193, 204, 265
Wordsworth, William, 204, 205
World Building, 137, 140
Wright, Frank Lloyd, 139, 239, 248
Wright, Richard, 79–81

Yahoo!, 18, 40
yellow fever, 99, 116
Yerkes, Charles, 129
Young, Coleman, 58–60, 61–63, 80
Youngstown, 66

Zheng, Siqi, 218
zoning ordinances, 146, 151, 161, 162, 192
   in New York City, 143–44, 145
   race-based, 82–83

图书在版编目（CIP）数据

城市的胜利/（美）格莱泽（Glaeser, E.）著；刘润泉译．
—上海：上海社会科学院出版社，2012
书名原文：Triumph of the City
ISBN 978-7-5520-0197-6

Ⅰ.①城…　Ⅱ.①格…②刘…　Ⅲ.①城市学—研究
Ⅳ.① C912.81

中国版本图书馆 CIP 数据核字（2012）第 254854 号

Triumph of the city: how our greatest invention makes us richer, smarter, greener, healthier, and happier / Edward L.Glaeser.

Copyright © 2011 Edward Glaeser

Simplified Chinese edition copyright © 2012 Beijing Green Beans Book Co., Ltd.

through Andrew Nurnberg Associates International Limited

All rights reserved

上海市版权局著作权合同登记号：图字 09-2012-191

城市的胜利：城市如何让我们变得更加富有、智慧、绿色、健康和幸福

作　　者：	［美］爱德华·格莱泽
译　　者：	刘润泉
责任编辑：	唐云松　李　慧
出版发行：	上海社会科学院出版社
	上海顺昌路 622 号　邮编 200025
	http://www.sassp.org.cn　E-mail: sassp@sassp.org.cn
印　　刷：	天津旭丰源印刷有限公司
开　　本：	710×1000 毫米　1/16 开
印　　张：	22.75
字　　数：	341 千字
版　　次：	2012 年 12 月第 1 版　2022 年 10 月第 6 次印刷

ISBN 978-7-5520-0197-6/C·056　　　　　　　　　　　定价：49.80 元

版权所有　翻印必究